ちくま学芸文庫

価値の社会学

作田啓一

筑摩書房

目次

第一編　社会的価値の理論……7
Ⅰ　行為の概念……9
Ⅱ　社会体系のモデル……51
Ⅲ　価値の制度化と内面化……93
Ⅳ　責任の進化……165
Ⅴ　アノミーの概念……251
Ⅵ　市民社会と大衆社会……287
第二編　日本社会の価値体系……319
Ⅶ　価値体系の戦前と戦後……321
Ⅷ　恥と羞恥……381
Ⅸ　同調の諸形態……429

Ⅹ　戦犯受刑者の死生観……467
Ⅺ　戦後日本におけるアメリカニゼイション……507
Ⅻ　日本人の連続観……529

あとがき　571
解説（出口剛司）　577
索引　606

価値の社会学

第一編　社会的価値の理論

I　行為の概念

一　行為の諸要因

行為は、環境の中で起こる。行為者にとって意味をもつ環境の一部分が状況（situation）であり、行為者と状況との関連において行為が生ずる。というよりも、このような関連枠を通じて行動（behavior）がとらえられる時、それは行為（action）と呼ばれる。行為者は状況側に何らかの事態が発生・存続・消滅することを予期し期待している。このような事態が目標（goal）であり、したがって、行為は定義上目標を含む。目標に志向する行動が行為である。

行為を左右する要因として、さまざまなものが挙げられてきた。これらの要因のうち、第一次的なもの、最も基礎的なものとして、何を挙げることができるだろうか。行為は定義上目標志向的であるから、目標を位置づけている文脈の種類に即して行為の要因を考えるのが先決事項である。そういう仕方で取り出された要因を、第一次的とみなすことができる。この観点から、次の問に答えることにしよう。可能性としては数多い目標の中から、なぜ特定の目標が選ばれたか。選択が行なわれる文脈は最小限度三つであり、これらは相互に他に還元されえない。

第一に、選択は、行為者がいだいているヨリ遠い目的にとって、ある状態が有効な手段である、という見地から行なわれる。目標を目的―手段系列の手段の位置に置いてみるなら、行為者の目的によって目標が決定されたことがわかる。その意味で、目的は行為の要因である。この場合、目標は〈手段としての有効性〉の見地から設定されている、と言うことができる。一つの行為が、〈手段としての有効性〉だけではなく、それ以外の文脈とかかわって生起することもある。だが、行為がこのような複合的な意味をもつ場合でも、普通はその中に〈手段としての有効性〉の意味が含まれている。たとえば、ある人が釣りにゆくために自動車を走らせているとしよう。この行為が選ばれたのは、目的地に達するにあたり他の交通機関を利用するよりも有効だからである。もっとも、彼はドライブそのものを楽しみたい、という気持をもっているかもしれない。だが、その場合にも、〈手段としての有効性〉が、やはりドライブの意味の中に含まれている。有効性の意味を全く欠く行為はまれである。われわれは、この種の無数の例を思い浮かべることができよう。

第二に、選択は、行為者を導く価値の一貫的な実現にとって、ある状態が適当である、という見地から行なわれる。価値の概念はのちに議論した上で規定することにしたいので、ここではとりあえず、次の意味で価値という言葉を用いるということを断っておいて、現在の議論を進めることにしよう。価値とは、何らかの犠牲（または排除）を伴う選択の上で、到達あるいは入手に値する、とみなされている客体のことである。行為者にそのように「みなされ」なければ、同一の客体でも価値はないから、価値は、そのようにみなす志向とともに成立する。価値は志向の客体であり、同時に客体への志向でもある。見田宗介はこの志向の側面をさして特に価値意識と呼ぶ。(1) 行為者を導く価値または価値意識によって、可能な諸目標のあいだの選択が行なわれる。宗教団体は、その事業の一環として大学を経営することはあるだろうが、キャバレーや賭博場に投資はしない。芸術家としての誇りをもつ画家も、生活のためにはパトロンに買ってもらう画を画くかもしれないが、画の主題までは任せはしないだろう。政治的イデオロギーは当然のことながら人の投票行動に影響し、その一票が、支持する候補者の当落に全くかかわりがないことがわかっていても、彼は投票する。〈価値の一貫性〉は〈手段としての有効性〉とは異なった選択の原理である。ごく少人数のデモは、デモのもたらす状況側での変化の予想よりも、参加者の価値の表現のために行なわれる。社会主義体制のもとでは、市場の需給調整機能が認められていても、市場経済は、容易に、あるいは部分的にしか導入されえない（しかし、資本主義や自由主義のイデオロギーは〈価値の一貫性〉の要請をもたない、というのではない）。

第三に、選択は、行為者を動かす欲求の充足にとって、ある状態がぴったりする、という見地から行なわれる。個々の行為者のパーソナリティや個々の集団の社会的性格により、同一の欲求でも、適切な充足の仕方は多少とも異なる。料理の味、異性に関する好み、色や音から受ける快感などは、その一例である。最も直接的なレベルでのこの選好は、第一と第二の選好と区別され、合性(congeniality)、感情(feeling)などと名づけられている。(2)〈手段としての有効性〉と〈価値の一貫性〉による選択を、M・ウェーバーにならってともに「合理的」と呼ぶなら、合性による選択は非合理的である。この選択を経た行為は、ウェーバーの「感情的行為」に相当する。〈欲求充足《カセクシス》にとっての適切性《コンジニアリティ》〉は、〈手段としての有効性〉に基づく選択や〈価値の一貫性〉に基づく選択に先立つ選択である、と主張しうる。後の二者の選択が考慮を経ているのに対し、前者の選択は反省を経ない直接性を特徴とするからである。しかし、適切性《コンジニアリティ》を、他の二つの原理による選択の習慣化の結果とみなしうる場合も、ないとは言えない。単に人種ないし種族を異にするということだけで、人びとが感ずる反発は、自己分析を行なっても、直接的なものとしか言いようがないが、この反発は、あるいは〈手段としての有効性〉や〈価値の一貫性〉による選択が、人種群ないし種族群に関してすでに行なわれていて、その選択が習慣化したものであるかもしれない。しかし、たとえそういう解釈が可能である場合でも、選択を行なう行為者の立場からは〈欲求充足《カセクシス》にとっての適切性《コンジニアリティ》〉は、その直接性によって他の二つの選択原理と

明らかに区別される。(3)

以上を要するに、行為の目標は、第一次的には、より遠い目的、価値の実現、欲求の充足《カセクシス》の三者によって左右される。目的、価値、欲求以外の要因として、おもに外部の状況の側に位置するとみなされる手段、素材、条件、障害、拘束を挙げることができる。(4)なお、これらの外部の状況は広い意味での知識による認知図の中に含まれているから、これらとは別に、そしてこれらと結びつく知識という要因を加える必要がある。そうすると、第二次的な要因としては、目標達成を促進もしくは阻害する与件（促進する与件は用具）および知識（技術を含む）が見いだされる。だがここでは、行為の分析のための概念図式を展開する意図はないから、目的、価値、欲求という行為の第一次的な要因だけに議論を限定しよう。(5)

これらの要因は行為者の目標を限定するが、またそうであるために、観察者が所与の行為を説明しようとする際のカテゴリーでもある。すなわち観察者は、〈手段としての有効性〉、〈価値の一貫性〉、〈欲求充足の適切性〉という三つのカテゴリーのどれかを、あるいはそのすべてを用いて、観察の対象である行為を説明しようとする。用語は異なるが、S・F・ネーデルもほぼ同じ内容の三つのカテゴリーを相互に識別した。ただし彼の場合には、このカテゴリーは行為者の立場に立った要因論から導かれたものではなく、一定の状況に対する行動の規則性をどう説明するかという関心から導かれたものである。彼は説明のカテゴリーとして、目的―手段、論理的一貫性、心理＝生理的メカニズムの三つを挙げる。「Ⅰ一定の行動の状態ないし様式に達しようとする意図（目的）が他の行動様式に向かう合理的な動機づけとなる。Ⅱある行動様式に潜む思想ないし意味が同じ思想を表現する他の（論理的に首尾一貫的な）様式を導く。Ⅲある行動の文脈において生起する経験が何らかの心理学的メカニズムによって他の行動様式を生み出す。私は、これら三つの『心の中での結びつき《ネクサス》』が、社会的規則性の『適合性』（"fitness"）を理解するに際しての必要で十分なカテゴリーのすべてを尽くしている、と主張する」[6]。ネーデルの三つのカテゴリーのうちの最初の二つは、目的合理的行為と価値合理的行為とにほぼ対応することは明らかだ。当然のことながら、同じ一つの行動が二つのカテゴリーによって説明されうる場合も少なくない。たとえば、近代資本主義社会においては、目的合理性そのものがエートスとなっているのであるから、利益追求の動機（profit motive）は二つの説明のカテゴリーにおいて用いられる。要するに、この二つのカテゴリーは、目的合理性にせよ価値合理性にせよ、ともかく合理的行動の場合にのみ適用されうる。合理性に関する両カテゴリーによる説明が困難に直面する時、心理学的メカニズムを媒介とする説明が求められる。言いかえれば、合理性の両カテゴリーでもって納得のゆく説明が行なわれれば、第三の説明のカテゴリーに訴える必要はない。更にさかのぼると、合理性の両カテゴリーのうち最初に訴えられるのは「目的―手段」のカテゴリーである。なぜか。目的―手段の系列は経験的に可視的《ヴィジブル》だからである。観察者は、問題の行為を手段として理解することにより、それがどのような目的に結びついているかを、経験的確率に頼り行為者とほぼ同じ仕方で表象しうる。他方、残りの二つの結びつきに関しては、行為者の側と観察者の側とで、同一内容のものとなっているかどうかは、一見したところでは明らかではない。そのためにネーデルは次のように定式化しているのだと考えられる。「社会行動は定義上目的的であるから、可視的な目的の結びつきが論理的な結びつきと重なる場合には、目的の結びつきが論理的な結びつきを支配し、それに優先する」と。目的のカテゴリーによって説明が困難な場合、援用されるレジデュアル・カテゴリーの第一位にくるのは論理的一貫性のカテゴリーであり、心理＝生理的メカニズムが第二位のカテゴリーである。社会学が自己充足的で自律的である場合には、すなわち「純粋」社会学の場合には、合理的目的および論理的一貫性のみによって説明されうる領域に、その対象を限定する。そのような社会学が「純粋」であると言えるのは、他の科学から概念を借用するに及ばないからである。「このような〔二つのカテゴリーによる〕説明が失敗に終わる時にのみ……われわれは心理＝身体的メカニズムという『隠された機械』を招請しなければならない」(7)。

ネーデルが「純粋」社会学という言葉でリファーしているのは、おそらくウェーバーの理解社会学である。ウェーバーは、価値合理的行為も合理的であるという点で、不可視的でありながら（行為者の側の価値志向が理解できなければ、万人に共通の経験的確率に訴えても無駄であるという意味で)、説明のカテゴリーの中に繰り入れた。しかし、非合理的な心理=生理的メカニズムは説明のカテゴリー群の中から除去される。これに対してT・パーソンズは基本的には、ウェーバーの行為概念を踏襲しながら、心理=生理的メカニズムをレジデュアル・カテゴリーとして説明に利用する立場を採る。

たとえば、経済的苦境と外国人もしくは少数民族への敵意との相関が問題であるとしよう。なるほど、ここでも完全に合理的な動機を指摘しうる。すなわち、競争者の勢力を軽減ないし除去しようとする動機がそれである。だがこの説明の適合性の度合はごく低い。この相関をよりよく説明するのは、言うまでもなく「フラストレーションから攻撃へ」という転換であり、「スケープ・ゴーツ狩り」のメカニズムである。観察者がこの種の説明のカテゴリー(心理=生理的因果関係)を採用する時、行為者の合理的な動機の表明は「合理化」と呼ばれる。たとえば、経済的困難をもたらしたユダヤ人の陰謀を阻止すること。「合理化」の際には、しばしば社会的に承認されない真の動機が隠されている。それは、時としては行為者自身にも気づかれることなく、意識下に抑圧される。抑圧によって、内面化された社会的価値と他の動機との間の葛藤が、パーソナリティ内で顕在化することが避けられるからである。パーソンズはこの種の「パーソナリティのメカニズム」を、正常な評価の失敗(この場合には、満足の最適化の要請から導かれた動機を正当化しえないこと)に対処する特別手段として位置づけており、動機による説明の第三のカテゴリーを

承認する形となっている。(8)

ここで再び、行為の説明のカテゴリーの議論から離れて行為の要因論に戻ろう。説明のカテゴリー論は要因論に関する公準《ポステュリット》の上で展開されてきたのであるから、説明のカテゴリー論について得た知識は、要因論を更に検討する上で参考になる。人間的事象の研究者は、彼自身の人間としての行動の経験を素材として、方法論を構築しうる利点をもつ。(9)この利点はまた、研究者の方法論の検討を通じて、実在の側にあると公準化されている彼の要因論を知るための利点ともなる。行為を〈手段としての有効性〉のカテゴリーでとらえる時、論理的に（時間的にではなく）先行する状態（目的）と行為との結びつきは、可視的である。すなわち、この結びつきは行為者と観察者との間で同一内容をもつ。それゆえ、ネーデルは「社会行動は定義上目的的である」と述べた。そこで、何らかの目的に達するための〈手段としての有効性〉を行為の内容そのものに含めてしまうことができる。そうすれば、行為はすなわち目的達成行為である。言いかえれば、目的―手段の果てしなく続く系列の一部分を切り取って、われわれは単位としての行為を問題にしている、ということになる。筆者は先に目標は目的・価値・欲求によって左右されると言ったが、この場合の目的を目標と呼びかえて行為を目標追求行為と定義するなら、この行為を左右する要因としては、価値と欲求だけが残ることになる。ウェーバー＝パーソンズの系譜では、欲求を行為の概念の中に含めてしまい、目的と価値を独立の変数として位置づける図式が採用されているように思われる。しかし、ここでは、次の理由により、行為を目標追求的とみなし、目的―手段の系列に価値と欲求が作用するという図式を選びたい。第一に、個人行為者は、たいていの場合、目的合理的な適合性に即して行為している、とみなすわれわれの常識が[10]、特に経験的事実に反しない限り、それに依拠して理論を発展させることが効果的である（もちろんこのことは、社会学的知識が常識を越ええないという主張には結びつかない）。第二に、目標追求行為の相互連関が社会体系であるとみなし、のちに述べる四つの機能的要件の充足を社会体系の目標であると考えれば[11]、行為理論と体系理論とが概念図式の上で一貫する。第三に、この概念図式によって、目標追求行為の相互連関である社会体系を焦点におき、価値の拠点である文化体系と欲求の拠点であるパーソナリティ体系[12]とが、それぞれ社会体系に接合されると見る伝統的な三体系の分類は、機能主義的体系理論にそのまま包摂されうる。これら三つの理由により、目的を行為の概念に含める立場を採りたい。そしてその上でもやはり、説明のレジデュアル・カテゴリーの第一位におかれた価値を要因として重要視し、目的合理的行為と価値合理的行為という、ウェーバーの対概念に近い主要類型のリストを構成することができる。ただし、先に述べたようにウエーバー＝パーソンズの場合は、欲求が行為の概念そのものの中に含まれているようであるから（もっとも、この場合の欲求は非合理的な回り道を通って充足されるという考え方はない）、〈欲求充足の適切性〉というカテゴリーを用意する必要はなかった。彼らの場合には、目的の達成がすなわち欲求の充足を意味していたのである。そのために、パーソンズは行為体系の理論の枠組の中で、目標達成(goal-attainment)を目標充足(goal gratification)と呼ぶこともできた[13]。

(1) 見田宗介『価値意識の理論』弘文堂、一九六六年。そこでは価値にかかわる諸概念が最も包括的、体系的に位置づけられている。その中での、価値意識と価値客体を区別する用語法は有効であると思う。もっとも、両者は論理的には同時に成立するものであって、価値客体が初めにあるから価値意識が出てくるのでもなければ、その逆でもない。この同時成立性のゆえに、そして両者は分析上の位置の違いにもかかわらず同一であるために、便宜上、意識と客体の両方にまたがる用語として、価値という言葉を温存し、利用したい。

(2) 吉田民人「動機の社会学的理論」『井上先生古稀記念新聞学論集』関西大学新聞学会、一九六〇年。G. W. England & R. Koike, Personal Value Systems of Japanese Managers, *Journal of Cross-Cultural Psychology*, Vol. 1, No. 1, 1970, p. 25.

(3) 行為を原因に対する結果としてとらえる動機論的理解と、目的に対する手段としてとらえる目的論的理解とに分ける二分法の立場を採ると、価値は目的のカテゴリーに含まれざるをえない(見田、前掲書、四九、五三頁)。この立場から「価値と目的」というふうに、両者をほとんど相互交換的な意味で用いる用語法がしばしば現われてくる。

しかしここでは、本文のような三分法を採用する。概念図式の中で価値に独自の位置を与えたいからである。吉田民人は前掲論文において本文と同様の三分法を採っている。ただ、この論文の中での〈当為—正当性〉は、道徳的価値のみに関連しているので、本文の〈価値の一貫性〉よりも狭い。〈価値の一貫性〉という場合の価値は、認識的価値や鑑賞的価値をも含む。周知のように、T・パーソンズも、行為志向を認知的、カセクシス的、評価的の三つに分けている。評価的志向とは「認知的要因とカセクシス的要因の統合」の志向である（T. Parsons, *The Social System*, 1951, pp. 47-48）。しかし、本文の〈価値の一貫性〉はパーソンズ的な意味での統合性をもたない。それは、〈手段としての有効性〉および〈欲求充足にとっての適切性〉と同じレベルで並ぶ一選択原理にすぎない。

（4）これらの要因は富永健一によってリストされた。一例によれば、農耕の行為の場合の農機具は手段、種子は素材、風土は条件、切株は障害である。拘束は他者の存在あるいは他者と共有の規範からくる（「社会行動分析の基礎」『思想』一九六六年十二月、三五—三六頁）。

（5）目的・価値・欲求の相互連関の分析は動機分析と呼ばれてよく、主として外部の状況側に位置する諸要因の目的に対する作用の分析は状況分析と呼ばれてよい。この二つの分析を総合することは、行為理論のレベルではむつかしく、この総合の問題の解決は機能主義理論に持ち込まれたというのが、佐藤勉の基本的な主張である（『社会学的機能主義の研究』恒星社厚生閣、一九七一年、五三頁）。動機分析のうち、目的と欲求の両者のあいだの相対的な優先性の問題は、行為理論の一つのアポリアであった（F. Znaniecki, *Social Actions*, reissued, 1967, pp. 65-77）。目的と欲求の両方が同時に文化的に規定される状況を構想することで、この困難を乗り越えるとしても、より高い次元において再び「主観的」サイドにある動機分析と「客観的」サイドにある状況分析の総合の問題が起こる。だが、問題の所在を認めながらも、先に進まなければならない。

(6) S. F. Nadel, *The Foundations of Social Anthropology*, 1951, p. 257.

(7) *ibid.*, p. 280. 引用文中の「心理《サイコ》＝身体的《フィジカル》」は本文中の「心理＝生理的」という表現と同じである。

(8) 作田啓一・間場寿一「社会行動の動機と原因」『思想』一九五九年五月、三八頁。

(9) 人間的事象を取り扱う研究者＝主体とその対象＝客体との同一性に関しては、多くの人びとによって論じられてきた。社会学の分野でこの点を強調した一人としてズナニエッキーを挙げることができる。F. Znaniecki, *The Method of Sociology*, 1934（下田直春訳『社会学の方法』新泉社、一九七一年、特に三九―四三頁）を参照。

(10) たとえば新聞配達の少年が、配達区域を回るのに、いつもは自転車で三〇分ないし三五分を要しているとしよう。配達所で受け取った新聞の束が刺激であり、自転車を走らせる行動が反応である。ところが、ある日彼が一五分で回ったのを知って、人は驚く。そして、なぜ彼がその日にかぎって、そんなに速く走ったかに興味をいだく。この驚きや興味は、一定の賃金と交通の安全という与件からみて、三〇分ないし三五分という所要時間が合理的であることを暗に前提としているところから生ずるのである（H. Becker, *Through Values to Social Interpretation*, 1950, p. 197）。この前提は常識である。前提である〈目的―手段〉のカテゴリーを適用しえない時、価値による説明が始まる。

(11) 複数の機能的要件の充足が、行為者の目標に相当する社会体系の目標（references）であるという指摘は、小室直樹によっても行なわれている（「社会科学における行動理論の展開」下の2『思想』一九六九年一月、一三八頁。なお「構造機能分析の原理」『社会学評論』71、一九六七年、二四—二六頁参照)。全体社会に関しての同じ見解については、富永健一「経済行動と社会行動」下『思想』一九七一年六月、七七頁を参照。

(12) パーソナリティ体系は、それ自体としてはやはり目標追求行為の相互連関である。パーソナリティ体系の見地からは、社会体系は役割期待の拠点となる。

(13) T. Parsons, A Revised Analytical Approach to the Theory of Social Stratification, *Essays in Sociological Theory*, rev. edit., 1954, pp. 412-13; T. Parsons *et al.*, *Working Papers in the Theory of Action*, 1953, pp. 181, 184. 個人は社会の目標達成に貢献するサービスを行ない、その代わり社会から報酬の配分を受けてパーソナリティの諸欲求を満足させる。そこで、この「交換」が行なわれる次元が、「目標達成」と名づけられると同時に「目標充足」とも呼ばれる。その点について、パーソンズの見解は変わっていない。「意外に思われるかもしれないが、パーソナリティと社会体系との関係は、われわれがサービスと呼んだものを通じて構造化され、社会の政治的側面にとっての基本的単位となっている」(T. Parsons, *Societies: Evolutionary and Comparative Perspectives*, 1966, p. 13)。

二　価値の概念

1「望ましいもの」と「ほしいもの」

よく知られているように、人間の生活は文化(culture)と呼ばれるさまざまの行動様式に従って営まれている。道具や言語の使用法、技術や科学的知識、人びとのあいだの交渉のあり方を規制する各種の慣習、それらが体系化され強い拘束力をもつに至った法律、善悪を分かつ内面的な規準としての道徳、人間の感情を生命体のリズムに即して表現する芸術、人生の究極の意味に従ってものごとを位置づける宗教など。これらやその他の項目を含む文化は、もともとは人間の生物学的素質から発生してきたとしても、社会生活を通じて伝承されているうちに、反射的な、あるいは本能的な行動様式からしだいに遠く離れていった。そしてわれわれがしばしば経験するとおり、文化の様式に従うと、特定の時と場所においては、有機体に根ざす欲求のたちどころの充足を断念しなければならない。たとえば食事や睡眠の欲求が毎日のスケジュールによって充足の時間を区切られているように。こうして文化と欲求とは対立する。あるいは欲求は文化の制限をとおして充足される。しかし文化にはさまざまの領域があるので、文化の中から何らかの共通部分を取り出さないと、現在の課題の周辺をさまようだけでスペースを埋めてしまう恐れがある。現在の課題というのは、文化によって規制された欲求を出発点において、文化と行動、更には文化と社会（行動の相互交換としての）との関連を一貫的に追求することである。このような課題に答えるために、文化の共通部分としての価値（value）に焦点を合わせることにしよう。

日常用語では価値は何らかの欲求を満たしうる客体もしくは客体の性質を意味する。食物、衣服、家屋、異性、金銭、書物、絵画などは、すべて価値である。経済学で使用価値と呼ばれているものは、だいたいこの用法での価値と一致する。しかし、他方においては稀少価値という用語法がある。この用語法によれば、容易に接近したり入手したりできないものが価値である。あるいは容易に到達できない目標が価値とみなされる。たとえば、単なる書物や絵画ではなく、誰もが容易に創造できない学問的労作や芸術作品のみが価値をもつとみなされることがある。同様に、誰もが日常的に行なっている行為は価値はもたず、強い正義感や深い信仰から出てくる禁欲的行為だけが価値をもつ、という見方もある。

右に述べた二つの価値の概念は、明らかに対立している。一方では、欲求を充足させるものが価値であるとみなされ、他方では、ふだんの欲求の充足を抑えることで到達したものが価値であるとみなされている。経済学を除いた領域では、しばしば第二の価値の概念が用いられてきた。筆者はこの第二の価値の概念をまず採用し、更にそれを精練させてゆきたい。しかしこの選択を正当化するためには、いくらかのコメントが必要であろう。そして、日常的な用語法をもっと精確なものにする必要がある。

行為者の特定の欲求を充足させうる客体は、欲求充足的な意味をもっている。この意味を価値と呼ぶ用法は、欲求充足という意味に何ら新しい属性を付与しない。欲求充足的な意味を単に価値という表現に代えるだけである。これに対して、入手あるいは到達に困難を伴う客体にのみ、価値を認めるという用語法は、価値に欲求充足的な意味以上のものを含ませている。この客体は明らかに欲求充足的な意味をもつが、しかしそれだけにはとどまらない。客体へのこの志向は、他の欲求充足の否定を伴うからである。言いかえれば、いくつかの欲求のうち、どれかを犠牲にすることによって、初めて問題の客体に近づくことができる。この犠牲が入手あるいは到達に伴う困難として感ぜられる。複数の欲求のあいだに選択が行なわれ、充足の犠牲が伴う場合に初めて、入手あるいは到達された客体に価値が付与されるのである。価値を入手あるいは到達の困難に結びつける日常的な概念を分析してゆくと、以上のような選択過程が含意されていることがわかる。複数の欲求が競争し、選択が行なわれ、犠牲の上で何らかの客体が追求される時、その時に初めてこの客体は価値をもつ。この概念に立つなら、選択を伴わない単なる欲求充足的な意味を何らかの客体がもつとしても、その客体は価値をもたない。

価値を選択過程と結びつける時、入手や到達がそれほど困難でない客体への志向の場合にも、やはりいくらかの困難が、つまり何らかの欲求の犠牲が背景になっているという仮定が可能になる。食物や衣服を得るために、労働が行なわれるとしよう。労働は休息の欲求を否定する。空気のように犠牲を全く伴わないで取り入れうる客体もあるが、そのような客体はまさに入手に犠牲を伴わないという理由で、価値をもたない。社会の中で生きる人間の何らかの欲求を満たしうる客体は、それへの接近に多少とも犠牲を要求する。それゆえ、実際には非常に多くの客体が行為者にとって価値をもっているのである。

以上のような観点から、G・ジンメルは『貨幣の哲学』の中で、価値を効用からはっきり区別している。すなわち、彼によれば、価値とは、入手あるいは到達に犠牲を伴った客体のもつ充足的な意味である。価値は充足的な意味を含んではいるが、その充足の側面は、それ自体としては価値とはならない。したがって、価値の本質、それなくしては価値が成立しない本質を追求してゆけば、究極のところ何らかの欲求の犠牲にある、と言わざるをえない。その点で、価値への委託（commitment）は欲求の充足に解消される概念ではなく、むしろそれと対照的な概念である。あるいはまた、次のように表現することもできよう。目標追求行為のポジティブな表の側面をとらえれば〈欲求の充足〉であり、ネガティブな裏の側面をとらえれば〈価値への委託〉である、と。価値は欲求との連関なしには正しくとらえることはできない。この連関を抜きにすると、価値は超経験的、神秘的な客体となってしまう。しかし、価値をポジティブな欲求充足的な意味に限定してしまうと、それは欲求の対象ということにとどまってしまう。その場合には、価値という特別の用語を使用する必要はほとんどなくなる。価値は欲求の充足との連関においてとらえる必要があるが、それにもかかわらず、否定された欲求、犠牲になった欲求との結びつきによってのみ、分析的用語としての独自な意味をもつ。

右の論点を誇張するなら、価値は否定を受けた欲求の見返りとして肯定された欲求を満たしうる客体に付着する、と言えよう。すなわち、価値は犠牲の代価である。この相関関係を図示してみよう。

客体 ← 欲求充足的意味 ← 肯定された欲求A ⎫
　　 ← 価値体現的意味 ← 否定された欲求B ⎭ 選択

客体の欲求充足的意味は、欲求Aの強さに比例して、大きくもなり小さくもなる。客体の価値体現的意味は、欲求Bの強さに比例して、大きくもなり小さくもなる。同一の客体が行為者にとって同時に二つの意味をもっていることを、ここで再確認しておきたい。しかし選択過程が全然介在しない場合には、客体は欲求充足的意味しかもたない。

次に、右の価値の概念を発生論的に敷衍してみよう。第一に、価値は客体に付与される性質であるから、価値が発生するためには、まず客体が主体から独立した対象として、主体によって意識される必要がある。したがって、与えられた欲求を充足させうる客体が何であっても、それに向かってただちに欲求充足行動が起こる段階においては、価値は存在しない。欲求を充足させうる客体群の中から特定の客体が現われ、行為者がこれを他の客体と明確に識別する時に初めて、主客未分の状態から主体と客体とが分離してくる。この過程を通じて、問題の客体だけが欲求充足的な意味をもつようになり、他の客体はその意味を失う。こうして、問題の客体に対して行為者は全体として向かい合う。

しかし第二に、ジンメルによれば、客体への到達が何らかの困難を伴わない場合には、まだ価値は発生しない。価値の発生過程を明らかにするために、単純な交換過程を考えてみよう。行為者Aは行為者Bに対して客体aを提供し、その代わりに行為者Bから客体bを獲得する。客体bが行為者Aにとって価値をもつのは、彼が客体aを犠牲にしているからである。ふつう人は、客体aと客体bとが等しい価値をもっているから、両者を所有する人びとのあいだに交換が行なわれる、と考える。確かに、経済がある発展段階に達すると、さまざまの財やサービスが具体的内容から切り離された価値の相関表の中に位置づけられるに至る。一枚の上衣と一〇ポンドの茶は等価であるというふうに。この場合、一枚の上衣と一〇ポンドの茶とのあいだの等価の関係は、上衣や茶そのものが素材として含んでいない新しい属性である。こういう特異な属性をもつ客体群が存在し、それらの客体間の相関関係が統一的に認識されるに至った時、市場の体系が成立する。市場の体系は他のすべての体系がそうであるように、現実の総体からの抽象であり、そこから分化した下属体系である。この下属体系の中で、私たちは二つの客体が等価の価値物であるがゆえに交換を行なうのだ、と考える。しかし発生論的に、あるいは行為者の立場から見れば、価値があるから交換が起こるのではなく、交換が行なわれるから、価値が生ずるのである。行為者の立場から見れば、客体の交換は犠牲と獲得の交換である。そして獲得される客体の価値の量は支出される犠牲によって規定される。

交換を犠牲と獲得の関係としてとらえるなら、一人の行為者が自然の環境に対して働きかけ、その中から有用な物を獲得する過程についても、同じことが言える。労働の成果が価値をもつのは、労働という犠牲が物の獲得のために投下されたからである。労働はそれ自体、活動の欲求の充足であり、したがって犠牲を意味しない、という考え方もある。しかしもしそうであるとしても、事情は根本的には変わらない。同じ労働力を費すことによって、他の有用な物が獲得されえた、と仮定しよう。この仮定どおりに事態が生ずるなら、やはり犠牲が介入してくる。すなわち、限られた時間のあいだに一定の労働力を消費して客体aを獲得したために、獲得できたであろう客体bを犠牲にしているからである。

経済的交換の原理は、美的、倫理的、宗教的その他の分野に関しても作用している。それらの分野において価値をもつ客体（財、行為など）は、いずれも犠牲との引きかえに、困難を克服して、入手あるいは到達されたものである。即座に利用可能な、接近にあたって何らの犠牲をも伴わない対象は、価値を有しない。高峰への登山が多くの人たちに強い美的関心をひき起こすのはなぜだろうか。なみなみならぬ辛苦と冒険との代価を要求するからである。珍しい骨董品のもつ刺激もまた、一つにはそれを発見し入手することの困難さに起因している。またすべての倫理的功績は、倫理上望ましい行為のために、望ましくない本能を抑制し、犠牲にしなければならなかったことに基づく。この功績の峰は、誘惑の魅力が強ければ強いほど、その犠牲が深くかつ広いほど、ますます高くなる。「どんな人間的業績が最高の名誉と尊重を受けるかを見ると、それはつねに、全人格の沈潜、骨折り、堅忍不抜な専念の極致――したがってまたおよそ本筋をはずれた一切のものの断念――を示すところの、あるいは少なくとも示すように思われるところの業績である」。もちろん、犠牲を伴わない行為が長い骨折りの結果と、たまたま一致することがあるかもしれない。その場合でも、私たちは同じように賞賛をおくるだろう。しかしそれは、通常なら費されるはずのコストとの関連において、重荷や犠牲を連想することによってである。(1)

ジンメルは価値を効用から区別するために、犠牲の要素を強調している。だが、右に述べたところから明らかなように、価値を形成するのは選択過程であって、犠牲はこの過程の一つの顕現にすぎない。そこで、価値の普通の定義においては、犠牲はインプリシットに言及されているにとどまる。一例を挙げるにとどめよう。「私が何かが善《グッド》である――単にそれが好きだと言うのではなく――と言う場合、私が意味するのは、そのものが、私の孤立した関心を満足させるだろう、ということだけではない。そのものは私の体系《システム》を形成している他の諸関心を妨げないだろうし、むしろこれらを援助し助長するだろう、ということを意味する」(2)。この引用文の中でも、価値は即自的な欲求充足的意味ではない、ということが明示されている。すなわち、「他の諸関心を妨げない」ようにするのが善である。しかし、他の諸関心と両立させるためには、問題の関心は何らかの程度において犠牲をこうむるだろう。

ジンメルの価値の概念は、選択に伴う犠牲という観点を導入することによって、価値を効用から区別することにひとまず成功している。しかし、この点を越えて前へ進むと、われわれはもう一つの困難に直面する。それは選択が準拠する体系《システム》の性質の問題である。犠牲を強いるのは体系であり、どんな体系であっても、体系が存在する以上、選択が行なわれ、犠牲が生ずる。〈目的―手段〉の体系も一つの体系であり、したがって、効用も、何らかの犠牲を背景としているという点で価値であることが論証された。しかし、この点だけにとどまるなら、それは経済学の効用の概念を裏からとらえたにすぎない。経済学の価値の概念と社会学や文化人類学の価値の概念が分かれてきたのは、犠牲がどんな体系の名において行なわれるかという、システム・レファレンスの違いに基づいている。犠牲はどんな体系のもとでも生ずる。だから、この概念は、あらゆる価値の概念が交わる共有点であって、この点の強調は、価値概念に普遍的な一属性を明確にするというメリットをもつ。だが、それは異なった価値概念の種差の問題をのちに残す。

社会学や文化人類学の価値の概念においても、選択から価値が生ずるとみなす見解が有力であって、システム・レファレンスが問題になっている。ただそこでは、目的―手段の体系だけが問題になっているのではない。ここで問題になっているのは、むしろすでに述べた論理的一貫性ないし意味の一貫性と呼ばれるシステムである。客体の意味は〈目的―手段〉体系の中で、犠牲を通じて獲得されるように、〈一貫性〉体系の中でも犠牲――むしろ排除と言ったほうが適切であろう――を通じて獲得される。ジンメルは『貨幣の哲学』の中では、二つの体系の差異の側面に焦点をおかないで、両体系に共通する犠牲もしくは排除の側面に焦点をおいた。しかし彼は別のところで、〈目的―手段〉体系とは区別された〈一貫性〉体系すなわち文化体系のもつ「統一」の内容を明確にとらえている。ここでは、あらゆる体系に共通の側面ではなく、特に文化的価値にかかわる〈一貫性〉の体系に焦点がおかれる。「断片的な孤立した感覚から理解可能な連関した世界像を形成してゆくことが認識の本質であるように、また、連関のない、あるいは孤立した諸関心を和解させながら統一することが道徳の責務であるように、互いに別の方向に向かっているもろもろの印象、観念、刺激の充満の中に統一を発見し、あるいは創造することが、美的な満足の究極の動機の一つである(3)」。ここでジンメルが「美的な満足の動機」と言っているのは、審美的価値への志向にほかならない。同様にジンメルは、体系との連関のもとで、認識的価値と道徳的価値を定義している。「統一」が発見され、創造された時、この体系の中の一つびとつの要素は、もはや「断片的な」「孤立した」「別々の」感覚、関心、欲求の対象としての意味を超えたところの、価値としての意味をもってくる。

右の引用文の中での価値の概念は、〈目的―手段〉の体系との連関ではなく、意味の〈一貫性〉の体系との連関において定義されている。この体系の中での客体の価値は、同様に手段のカテゴリー内に位置する他の客体を犠牲にして獲得されたものではなく、意味的に一貫しない他を排除して獲得されたものである。価値を広義に解するなら、それは、どのような体系との連関によっても生ずる客体の性質一般をさす。しかし、獲得と犠牲のバランスを考慮することを命ずる体系に基づいた選択と、意味の一貫性を命ずる体系に基づいた選択とは異なる。選択の結果、同じように犠牲（または排除）が生ずるが、それが生まれる脈絡の違いに注意しなければならない。

実際には、価値という言葉が使用される際、異なったシステム・レファレンスのあいだが区別されない場合が多い。たとえばズナニエッキーによれば、「価値は、それを一つの経験的対象として他の種々の対象から区別する一定の内容と、他の種々の対象……を連想させるある意味とをともにもっている点で、事物とは異なる」。このように彼はシステム・レファレンスによって価値を事物から区別する。事物は内容をもつが意味をもたない。しかし、その意味が付与されるに至るシステムは、彼にとっては同一である。「価値が特定のシステムとの関連においてとりあげられる場合には、それは、そのシステムに含まれるその他の価値との関連において、またその価値の実現という観点からして、『望ましい』か『望ましくない』か、『有益』か『有害』か、などのかたちで現われるかもしれない。われわれは、価値のもつこの性格を、価値の肯定ないしは否定的な価値論的（axiological）意義と呼ぶ」[4]。「望ましい」かどうかがかかわる体系は〈一貫性〉であり、「有害」かどうかがかかわる体系は〈目的―手段〉であるように思われる。しかし彼はこの区別を明示しない。

異なったシステム・レファレンスの区別とは、文化体系に固有の意味の一貫性の要請が、この体系と接合はするけれども異質的な行為体系（社会体系とパーソナリティ体系）に課せられてゆく、ということを意味する。獲得―犠牲のバランスを志向する行為体系に、それには本来異質的な要請がはいり込んでくる。文化体系の中の価値は、行為体系を通してしか実現されえないけれども、しかしそのことによって、この種の価値を獲得―犠牲のバランスの図式によって位置づけることはできない。もしあらゆるシステム・レファレンスから価値が生ずるという立場に立って、価値の分類を行なうなら、文化体系の要請から出てくる文化的価値と、行為体系の要請から出てくる行為的価値とに分かれる。[5] 文化的価値が社会体系に取り入れられた（制度化された）場合が社会的価値であり、文化的価値がパーソナリティ体系に取り入れられた（内面化された）場合が個人的価値である。[6]

右に述べた価値の概念は従来の価値の概念に伴ういくつかの困難を克服しているとともに、今日の機能主義的な体系理論に適合している。まず、この概念の長所は価値を経験的欲求と結びつけ、それを超経験的な実体とみなす形而上学的思考に伴いがちな発生論に関しての弱点を克服しているところに見いだされる。第二に、この概念は、価値を欲求の対象あるいは対象の性質と同一視する欲求理論の不当な侵略から、価値の独自の領域を保護することを目ざしている。広義の価値の一部分である行為的価値は、肯定された欲求充足的な意味ではなく、否定された欲求充足的な意味を背後に含む。この観点を継承して、同一の客体が同時に欲求充足の意味と価値体現の意味とをにないうる、という命題を発展させることができる。その工夫を通して、欲求の世界と価値の世界とを分析的に区別しうる。(7)第三に、この概念は価値を客体の欲求充足的な意味に見いだす経済学の価値概念を裏側からとらえ直すことによって、社会学、文化人類学などに伝統的な行為的価値や文化的価値の概念と一貫させ、あるいは関連づけることができる。行動科学や社会科学の全体を通じて、同一の内容をもつ概念が用いられることは、どの分野の研究者にとっても望ましい。ここで筆者が主としてジンメルに準拠を求めた価値の概念は、価値の他のさまざまに異なった概念との十分な調整作業を経たものではないが、調整が可能な方向を示唆していることは疑いえない。第四は、この概念の機能主義的な体系理論との適合性の問題である。この概念は複数の要素単位間の相互関係を前提にしており、要素単位間の選択過程から価値が発生すると見るところに独自性がある。ところが、複数の相互に連関する要素単位間の選択の過程こそ、行為体系に固有の過程にほかならない。その意味で、この価値の概念は機能主義的な体系理論と完全に接合する。(8)価値は行為体系の選択過程から発生するという観点を、ジンメルはおそらく最初に提示した社会学者であった。そして第五に、この観点は、ウェーバー＝パーソンズの行為理論を補強するものであることに注目したい。行為理論においては、価値はもっぱら行為へのインプットとして取り扱われている。だから、インプットとして行為を規制する価値がどこからやってくるかという問題は、「行為理論」

では解けない。この種の観念論的弱点が「行為理論」には含まれているが、行為の交換である体系から価値が産出（アウトプット）されるという体系理論（行為理論に対しての）の価値概念は、この弱点を克服している。産出された価値（文化的価値）が再び行為者に投入（インプット）されるという循環を考えることによって、体系理論は行為理論を包摂することができる。

以上のような長所をもつところから、筆者は、体系一般（このレファレンスからは広義の価値が出てくる）ないしは〈一貫性〉の体系（このレファレンスからは狭義の価値が出てくる）の立場に立つ犠牲または排除の過程に価値の発生を認める立場を採りたい。ただ、以下で価値という場合は、狭義の価値すなわち文化的価値をさし、それが社会体系とかかわる場合の社会的価値のみを取り扱う。社会的価値についての煩瑣な記述をあえて繰り返すなら、それは、文化体系の中で他の諸要素と一貫する文化的価値が、社会体系にかかわる行為者のなんらかの犠牲を経て彼に受容されている場合を意味する。

右に述べたところから、社会的価値を簡単に定義すれば、選択過程を通じ、何が望ましいかについて社会の成員が後天的に習得した観念ということになる。(9) 望ましいもの（the desirable）は、ほしいもの（the desired）とたまたま一致することもあるが、行為者—状況の図式の中で、両者の占める位置ははっきり異なる。組織内の活動家にとって、休息はほしいものであるが、望ましいものではない。勤勉な企業家は、ぜいたくな消費を欲しているかもしれないが、それを望ましいとは考えていない。しかし、望ましいものはいつも倫理にかかわっているとは限らない。人間はしばしば審美的な望ましさのために、暑さや寒さに逆らって服装を整える。それゆえ、価値はその時どきの欲求の対象ではない。むしろ究極においては、欲求の対象として何を選ぶかという選択過程を規制する原則である。その意味では、望ましさは行為者の外側の対象に付着する性質と見るよりも、行為者を内側から支配する指南の規準と見るべきであろう。それに対して、ほしいもの、すなわち欲求の対象は明らかに外側の状況に位置する。

しかし、時どきの欲求の対象とは区別された意味での価値もまた、もともと人間に生得的に与えられたものではなく、後天的に習得されたものであるという点で、この価値をもっぱら行為者の志向の側だけに位置づけておくわけにはゆかない。何が望ましいかの観念は最初は行為者の学ぶべき対象として彼の外側にある。これを行為者が内側に取り入れて、みずからの行為規準とするようになる。社会学や社会心理学では、この意味での価値、つまり時どきの欲求の対象と区別された「望ましいもの」についての相対的に恒常的な観念を、行為の客体として位置づけるか、それとも行為者の志向の一要素として取り扱うかに関して、相互に対立する学説があった[10]。しかし最近では、客体としての価値と志向の一要素としての価値を、それぞれ独立のカテゴリーとして行為理論の枠組の中に位置づける図式が優勢となっている。実際、両方の概念のうちの一つを採って他を捨てるなら、われわれは文化・パーソナリティ・社会の三者の相互連関にアプローチする重要な視点を失うことになるだろう。客観的に存在する外側の価値が個人のうちに取り入れられる際、それはパーソナリティの相違によってさまざまの屈折を受ける。[11] 同様に、外側の価値が集団の中に取り入れられて、相互行為を調整する規準となる際にも、集団の相違によってさまざまに変容される。このようなパーソナリティにおいての内面化（internalization）と、集団においての制度化（institutionalization）とは、文化・パーソナリティ・社会の相互連関を取り扱う場合の基本的な概念となる。もし価値をパーソナリティや集団の外側だけに位置づけるなら、それらの行為体系（パーソナリティおよび集団）がどうして自主的にみずからの行動を統制しうるかが説明できなくなる。逆に価値を内側だけに位置づけるなら、価値が行為体系に対してもっている拘束力を見失うことになるのである。

右に述べた意味での価値は、確かに文化の属性ではあるけれども、しかしそれは数多くの属性（たとえば一社会の中での伝承性、遍在性など）のうちの一つにすぎない。のみならず、「望ましさ」は常に顕在化しているとは限らない。純粋に認識的なシンボルの解釈の仕方や事実の存在に関する命題は、たいていの場合、価値の要素を伴っていない。しかしたとえば、あるできごとを表わす標準語の用法を知らない成人は、周囲の人から笑われる。標準語の使用が望ましいということになっているからである。認識のシンボルは、児童・学生・研究者のような役割の場合は別として、一般に行動の直接の目標となることはまれであり、行動の手段であるコミュニケーションのそのまた手段としての機能をもつにとどまるから、行動の選択過程にほとんど介入しない。このように、文化が行動の選択に介入する役割が小さい時、価値としての性格はそれだけ稀薄になる。それで、文化の様式を実体としてではなく、機能としてとらえるなら、それが、いろいろの状況において選択に関し異なった位置を占めることを認めなければならない。言いかえれば、同一の様式が文脈の違いによってさまざまの価値のニュアンスをもちうる。それゆえ、多くの場合価値としての性格が稀薄な様式も、時としてはその性格を濃厚にもってくる。家庭においてはほとんどどうでもよい食事のマナーが、特定の機会には重要視されるように。

右に述べたところから、文化の総体をとらえるにあたって価値の次元に焦点を合わせることは不当ではないと言えるが、最後に、価値の次元を選ぶ積極的な理由を挙げておこう。文化を様式と見る時、この様式がゆきわたっている範囲が限定され、その範囲である社会や階級を相互に比較しうる利点がある。しかし文化を主体的な行為者との連関から理解しようとするならば、様式よりも価値の概念が有効である。(12) ここでは文化現象を行為者に即して追及すること、言いかえれば集団およびパーソナリティの枠組の中に位置づけられた行動の主観的な動機を、(13) 文化との連関において追及することが課題なのであるから、その意味で有効な価値の概念から出発しよう。

2 セルフ・インタレスト（動機志向）と価値志向

行動はすべて自己の利益を追求する関心（self-interest）から生ずるという素朴な常識論がある。いや、それは常識論にとどまらない。イギリスの功利主義の哲学のように、人間のあらゆる行動を利己主義的な動機によって説明し尽くそうとする体系的な試みもある。しかしこの理論には大きな難点がある。かりに人間が利己主義的な動物であるとしても、物質的な見返りを当てにしえない行動を通じて満足を求めることがあるからである。たとえば人は自尊心や名誉心のために、提供される物品を拒んだり、身体の疲労をいとわなかったりする。しかしその場合には、全く自己だけに連関する動機と、他者の評価を通じて心理的な満足を得ようとする動機とを区別しなければならない。こうして、利己的な動機の中に、純粋に利己的な動機だけではなく愛他的な（この表現は適切ではないが）動機をも包摂する必要がある。そうなると両者を包摂したものを利己的と名づけることは、あってもなくてもよい形容の問題に帰する。愛他的な動機を純粋に利己的な動機からどのように導き出すかは、功利主義の流れを汲む理論家たちにとって、常に重要な、だが解決困難な課題であった。たとえばアダム・スミスやE・A・ウェスターマークは、同情の概念によってこの困難を乗り越えようとした。「あわれな立場におかれている人がもし自分であったら」という想定が、愛他的動機を生み出す。しかしそれは、想像力によって自己が拡大したにすぎない、というのである。この推論は正しい。だが想像上の自己は現実の自己ではない。したがって、スミスも認めているように、同情が同苦である場合、現実の自己ではないところの他人を、その苦しみから救い出すという動機が生ずるとは限らない。私がかりに非合理的な生理のメカニズムによって、他人の苦しみに同化したとしても、純粋に利己的な動機だけに忠実であろうとするなら、私は同苦の刺激となった対象、あわれな立場の人から遠ざかろうとするだけであろう(14)。その人を助けようとする行動が起こるとすれば、それは純粋に利己的な動機からは説明できない。

それでは行動の動機づけとして、純粋に利己的な動機のほかにどんなカテゴリーを挙げることができるだろうか。その答えはすでに用意されている。すなわち、われわれが価値と名づけた「望ましいもの」へ近づこうとする動機である。この動機をパーソンズに従って価値への委託《コミットメント》と呼ぶことにしよう。他方、これまで用いてきた利己的動機という表現は、言葉の含みが限られ過ぎているので、セルフ・インタレストないし動機志向という言葉に置きかえよう。同様に、価値への委託は愛他的動機以外のものも含んでいる。島崎藤村は『破戒』を書き上げようと決意し、その執筆中に貧苦のため子供たちが病死してゆくのを見送らねばならなかった。彼は作品の完成という業績価値にコミットしたために、多くのものを犠牲にした。価値の実現を目ざして、一時的な衝動を抑え、エネルギーを系統的に配分してゆく行動のシリーズを、ウェーバーは価値合理的行為と呼んだが(15)、このようなシリーズの中の一つびとつの行動への動機が、価値への委託にほかならない。他方、シリーズ全体を通じて、行為者を内側から方向づける一貫した志向には、価値志向（value-orientation）なる用語を当てることにしよう。価値志向は、行為者が次つぎに経験する状況を、究極目標である価値との連関のもとで構成する原理なのである。たとえば、名誉をすぐれた価値としている行為者は、あらゆる状況においてこの価値を保ち、高めようとするだろう。それはちょうど山を見るたびに、それが絵になるかどうかを感ずる山専門の画家の場合に似ている。どちらの場合も、一つのパターンあるいはイメージを、あらゆる状況の中に一貫して読み取り、それに基づいて状況を構成しようとしているのである。

別の種類の一貫性ではあるけれども、やはりある種の一貫性がセルフ・インタレストの追求の場合にも見られる。それはウェーバーにおいては、価値合理的行為に対して目的合理的と呼ばれたものであった。この行為の型の特徴は、欲求の充足—阻害のバランスをとった上での行動の決定であり、損得の収支計算があらゆる状況を通じて一貫する。これもまた状況の構成原理であることは確かである。だが価値志向の原理はいわば理想主義的であり、動機志向の原理はいわば現実主義的である。

右に述べたところから明らかなように、価値志向や動機志向は、個々の行動に一つびとつ対応して緊張したり弛緩したりする（もしくは緊張・弛緩すると推定される）動機ではなくて、それらを支配する高い次元の組織化の様式である。

右に述べたように、二つの動機の様式は、異なった行動の選択を導くが、また逆に、選択された行動の結果である賞罰が、それぞれの動機様式を強化する。動機志向の原理に従えば、言うまでもなく、目標到達にあたって行為者が支払う犠牲は小さいほどよい。ところが価値志向から選ばれた目標への到達にあたっては、動機志向の引くある限界線の内側においてではあるが、[16]犠牲は大きければ大きいほどよいのである。ジンメルが言ったように、登山家にとっては、山は高く険しくなければならない。失敗はその頻度のある範囲内においてではあるが、効果の法則（law of effect）に反して、人をますます強く目標到達に向かってかり立てる。良心的な芸術家は、現在までの制作はすべて何らかの点で失敗であると主観的に評価しがちである。にもかかわらず、あるいはまさにそれゆえに、彼はますます創造への価値志向を強める。組織内の活動家や宗派《セクト》の伝導者が、しばしば私生活の幸福を犠牲にして、組織化や布教に献身することは、われわれがよく知っているとおりである。彼らは努力するが、究極の目標への距離は、虹を追う人の場合のように縮まらない。しかし、彼らは「報酬」を得ないわけではない。彼らは行動するごとに、犠牲を支払うたびごとに、一種の目標に到達する。ただ到達された瞬間に、もっと高い目標が設定されるだけなのである。到達された目標とは、到達以前に考えられていた価値との合一の状態にほかならない。そのかぎりにおいて、彼らは報いられている。彼らの中に、なにものかが入りこむ。彼らはもはや以前の彼らではない。そのことで彼らは満足し、「報酬」を得る。

この種の満足はふつう自尊心の満足と呼ばれる。H・キャントリルによれば、「個人はいつも彼自身の自尊の感情を維持し、あるいはたかめようと試みている。……大部分が内面化された諸価値からつくられているような自我をもっている人は、もし彼が自分自身を維持しようとするか、あるいは統一を失った異常なパーソナリティになることを望まないならば、それらの価値をどこまでも尊重しなければならない」[17]。次のように言いかえてもよいだろう、すなわち、人は価値へのコミットメントに伴って多少とも犠牲を支払うが、この犠牲こそ自尊の感情を維持・高揚する条件である、と。犠牲がなくては、つまり外界の抵抗がなくては、エゴであるところの内面化した価値を意識しにくい。犠牲を通じて、価値の内面化をそのたびごとに確認し、強化してゆくこと、これが犠牲のもつ「報酬」の意味である[18]。

発展途上にある社会運動への献身は、セルフ・インタレストの追求よりも、むしろ自己犠牲への情熱から生ずる。E・ホッファーによれば、「私たちの個人的な利益や将来性が、人生の目的として価値がないように思われるとき、私たちは必死になって自分以外のものに人生の目的を求める。献身、愛着、忠誠、そして自己放棄は、どんな形をとっていても、本質において、私たちのやくざな、損われた人生に、価値と意味とを与えるかもしれぬものへの、絶望的な執着なのである」[19]。だが価値は個人のパーソナリティに内面化し、彼自身の中核的な部分となるということを認めるなら、トゥルー・ビリーヴァー（忠実な信仰者）は「自分以外のものに人生の目的を求めている」とは言えない。この点を別にすれば、ホッファーは、なぜ人が時としてセルフ・インタレストの追求を犠牲にするかを巧みに説明した一人である。もちろん筆者はここで、社会運動の心理学に深入りするつもりはない。ただ、自己犠牲が価値の内面化の確信と自尊心を強め、そのために、効果の法則に反して、いっそう人を特定の行動様式（報酬の乏しい行動様式）にコミットさせるという過程が、社会運動への積極的な参加のケースにおいて典型的に展開されていることに、注目したかったただけである。運動のための組織は、しばしば活動家に極度の多忙を強いる。次つぎにやってくる組織の命令は、活動家に休息の余裕を与えない。そのために、彼は外界の抵抗にふだんに直面しなければならない。しかしそのことが、確信をふだんに維持し、強化する重要な条件となっているのである。動機志向が引く通常の限界線を越えた人にとっては、多忙や自己犠牲は、活動への動機づけを低下させる原因にはならなくて、逆にそれを強化する条件になる。その限界線を越えることができない人にとっては、このような自己犠牲がもつ「報酬」的な意味は理解しにくいし、あるいは（同じことになるが）、彼はそれを動機志向の枠組に無理に位置づけて、理解しえたとする誤解に陥りやすい[20]。

（1） G. Simmel, *Philosophie des Geldes*, 2 vermehrte Aufl., 1907, Analytischer Teil, Kap. 1（傍島省三訳『貨幣の哲学——分析篇』日本評論社、一九四〇年、第一章）。
（2） E. Vivas, *The Moral Life and the Ethical Life*, 1950, p. 32.
（3） G. Simmel, *Zur Philosophie der Kunst*, 1922, p. 19（藤野渉訳『芸術の哲学』文進堂、一九四三

年)。

(4) ズナニエッキー、前掲訳書、四五、四七頁。

(5) 価値を文化的価値にではなく行為的価値に引き寄せて定義する用語法もある。一例を挙げると、上山春平は、価値を「主体の生存に必要な選択作用における選択基準として機能する表象」と定義している(「価値研究の課題」『岩波講座哲学9「価値」』一九六八年、三五三頁)。この主体は個人でもありうるし、集団でもありうる。生存という言葉により、行為体系の機能主義的なとらえ方が明示されている。

(6) 社会体系にとっての価値に相当するものが、パーソナリティ体系にとっては効用であるという規定は(富永健一「経済行動と社会行動」上『思想』一九七一年四月、二四頁)、明快ではあるが、ここではパーソナリティ体系にとっても価値はあると見る立場を採りたい。効用は〈目的―手段〉の見地からの選択により客体に付与された性質であり、価値は〈一貫性〉の見地からの選択により客体に付与された性質である。ただし、どちらの見地に立っても選択は行なわれるから、効用は、広い意味では価値である。

(7) 操作主義の立場に立つなら、このような区別はもとより無意味である。しかし、この立場を徹底させてゆけば、刺激―反応の行動主義の立場にゆき着くだけであり、その場合には、欲求の概念そのものも不要となる。操作主義の立場からの価値概念への不信については、たとえば、A. M. Rose, Sociology and the Study of Values, *British Journal of Sociology*, 1956, No. 1.

(8) H・D・ラスウェルの勢力の基礎としての八つの価値――権力、尊敬、愛情、徳義、健康、富、開明、技能――のリストは広く知られている(H. D. Laswell, *Power and Personality*, 1948〔永井陽之助訳『権力と人間』創元社、一九五四年、二一頁〕)。これらは社会体系の諸必要(機能的諸要件)を満たす活動にとって道具的に役立つパーソナリティの性能である。これらの性能は、社会体系の見地から選定されているという意味で価値がある。これらは望ましい性能であるが、この望ましさは、一次的には社会体系との連関から出てくる。

(9) 広く採用されているC・クラックホーンの定義によれば、「価値とは行為の利用可能な様式・手段・目的の選択に影響するところの、望ましいものについての、顕在的もしくは潜在的な、また個人もしくは集団に特有の観念(conception)である」(C. Kluckhohn, Values and Value-orientations in the Theory of Action, in T. Parsons & E. A. Shils [eds.], *Toward a General Theory of Action*, 1951, p. 395)。

(10) この対立は価値と態度との概念をめぐって展開されてきた。(1)社会秩序が純粋な力関係のバランスによってのみ保たれると見る立場(功利主義理論)からは、理論の枠組の中では「欲求の対象」だけで十分であり、「何が望ましいかの観念」を含ませる必要はない。この場合、「欲求の対象」としての価値は、言うまでもなく行為者の外側に位置づけられる。(2)人間社会の秩序は、本能による規制だけでは保ちえないと見る立場(いわゆる「規範主義」理論)からは、理論の枠組の中で、「何が望ましいかの観念」に適当な位置を与えねばならない。(3)この意味での価値を対象界に位置づけ、それと並行する主観的な志向を態度と呼ぶ用語法が、トマス(W. I. Thomas)＝ズナニエッキーいらいかなり有力であった。たとえばリントンのような文化人類学者もこれに従っている(R. Linton, *The Cultural Background of Personality*, 1945〔清水幾太郎他訳『文化人類学入門』創元社、一九五二年、一三八—三九頁〕)。(4)価値と態度とが同一現象の二面だとすれば、価値を完全に態度に還元するフェアリス(E. Faris)やミード(G.H. Mead)の社会心理学ですべてが片づくはずである。しかしそれでは、社会規範の客観性・拘束性から出発する「社会実在論」的な社会学理論の成果を十分に取り入れることはできない。(5)そこで、価値を外側と内側との両方に位置づける行為理論が必要となる。右の整理は、主として W. L. Kolb, The Changing Prominence of Values in Modern Sociological Theory, in H. Becker & A. Boskoff (eds.), *Modern Sociological Theory*, 1957, pp. 94–119, 121 に拠った。なお、見田宗介、前掲書、一四―二〇頁を参照。

(11) この点を最初に理論化したのはおそらくデュルケームであろう(E. Durkheim, Représentations individuelles et représentations collectives, *Sociologie et philosophie* 1924〔山田吉彦訳『社会学と哲学』創元社、一九五二年〕)。

(12) C. Kluckhohn, Values and Value-orientations, in Parsons & Shils, *op. cit.*, pp. 422–33.

(13) 広義においては価値は反価値を含む。たとえば、一般に暴力に対しては人は価値的にニュートラルではない。だが以下においては、反価値の問題には触れない。

(14) A. Smith, *The Theory of Moral Sentiments*, 1759(米林富男訳『道徳情操論』二冊、上、日光書院、一九四八年、八一頁)。E. A. Westermarck, *The Origin and Development of the Moral Ideas*, 2 vols., 1906–8, vol. I, pp. 109–10.

(15) M. Weber, Soziologische Grundbegriffe, *Wirtschaft und Gesellschaft*, 1921–22(阿閉吉男他訳『社会学の基礎概念』角川文庫、一九五三年、三九―四〇頁)。

(16) この線がどこで引かれるかは、社会・集団・個人によって異なる。また、セルフ・インタレストの追求に際しては、逆に価値志向がある限界を定めることは言うまでもない。

(17) H. Cantril, *The Psychology of Social Movements*, 1941（南博他訳『社会運動の心理学』岩波書店、一九五九年、五八―五九頁）。

(18) この報酬をかちうるために、人は時として意識的に外界の抵抗に身をさらすことがある。そのうえ、犠牲を通してかちえようとする自尊心の満足それ自体をも、犠牲にすることさえある。自尊心を傷つけ、屈辱をこうむる状況を、みずからことさらに求めてさまよう人たちの心理は、A・ジードが指摘したように、ドストエフスキーの得意のテーマであった。疑いもなく〈地下室の住人〉の一人である一人物は次のように語る。「何しろ世の中には、当人にとっては高尚なもので、心の底に秘蔵し尊重しているものでも、同時に何故か、仲間の連中を笑わせるような場合があるものである」。この人物はその「高尚なもの」を笑われたので、そのためにかえって、「恥かしい思いをするなら、うんと恥かしい目をしよう」と決意する（米川正夫訳「おとなしい女」『作家の日記』所収）。

(19) E. Hoffer, *The True Believer*, 1951（高根正昭訳『大衆運動』紀伊國屋書店、一九六一年、一七頁）。

(20) たとえば、いわゆる反体制の組織内での地位の昇進を目ざして活動するというような説明。もちろんこの種の説明があてはまる場合がないではない。あるいは、多くの場合を通じて、一面的には当てはまるであろう。しかし、それは犠牲→価値の内面化→確信という中核に触れていない。

Ⅱ　社会体系のモデル

一　関係体系と集団体系

前の章で目標追求行為は、一次的には価値と欲求という二つの要因によって規定されることを明らかにした。社会体系が最も抽象的に定義される場合、それは複数の行為者の行為の相互連関を意味する。したがって、行為の概念図式をそのまま社会体系に適用するなら、社会体系内の諸行為の相互連関もまた、一次的には価値と欲求という二つの要因によって規定される。ただし、社会体系の中には共同目標をもたない体系もある。共同目標をもたない社会体系も、〈結合〉などの必要を満たさなければならないという意味で目標をもつ。しかし、このような体系は、社会体系として十分に「成長」していない[1]という意味で典型的な社会体系ではない。そこで、共同目標をもち、外部から一つの要素単位として取り扱われうる、組織のレベルでの社会体系を問題にする場合に、先の行為の概念図式が最も適切に当てはまる、と考えられる。

社会体系は、社会関係、社会集団、社会組織の三つのレベルを含んでいる。組織は集団を含むから、関係体系と組織体系との二つに分けて論ずることにする。ただ、組織という言葉はフォーマルな組織だけをさす場合が多いので、ここでは、実際には組織レベルの集団を問題にするのではあるけれども、組織の代わりに集団という言葉を用いることにしよう。集団体系の分析方法のうち、社会学の分野で最近すぐれた理論的成果を挙げてきたのは、体系〔的〕機能主義理論もしくは機能主義〔的〕体系理論である。吉田民人によると、この理論は体系の要因間の〔相互〕連関分析と個々の要因の要件分析から成る(2)。要件分析とは、理想的には各要因に要件性を割り当て、それらの要件性が何によってどの程度満たされているかを求める分析である。要件性とは、体系が一定の外界との関連において存続するためには、問題の要因がどの程度不可欠でかつ代替不可能であるかという観点から、要因に帰せられる属性を意味する。機能主義理論とは無縁の社会的相互作用の理論の枠組の中には、要件の概念はなかった。しかし、〔相互〕連関分析はあった。この点で、連関分析を含む体系機能主義の分析方法は、社会学の伝統とつながる。ただ、その上に、文化人類学やその他の科学から導き入れられた要件分析が付け加わるところに異質性がある。体系機能主義の光に照らしてみると、相互作用の理論ないし社会関係の理論の中での当事者の欲求の充足は、組織の要件の充足とパラレルな位置を占める。しかし、後に述べるように、社会関係には当事者の私的目標ないし個人目標があるだけで、共同目標はない。共同目標を含まない現実の考察からは、当然要件分析の概念は導き出されてこない。共同目標の設定とともに、言葉の十分な意味での全体性が体系に現われ、体系全体が問題になって初めて要件の概念が生まれるからである。そこでまず、体系機能主義の光のもとにではあるが社会関係の概念図式を記述し、次いで要件性の概念を含む集団のモデルを述べよう。

（1） 集団の成長の概念については、Th. M. Mills, *The Sociology of Small Groups*, 1967（片岡徳雄他訳『小集団社会学』〔現代社会学入門9〕至誠堂、一九七一年、一八三—八七頁）を参照。

（2） 吉田民人「集団系のモデル構成」『社会学評論』54、一九六三年。「行動科学における〈機能連関のモデル〉」『思想』一九六四年八月。

二 社会関係のモデル

社会関係はふつう相互作用のパターナイズされた形態とみなされている。パターナイズされた形態のことを構造（structure）という。構造の概念は行動のパターナイズされた形態にも適用されるが、社会学の観点からは、やはり構造としての社会関係から出発するのが適切である。同じ種類の相互作用が何度も反復され、一定の型《パターン》が形成されると、当事者相互は相手の行動を予期し期待し合うに至る。そのような場合に、社会関係が成立したとみなされうる。

社会関係に参加する単位を構造要素または要素単位と呼ぶことにしよう。個人間の関係においては構造要素は個人であり、集団間の関係においてはそれは集団である。構造要素はそれ自身構造でもあるが（集団構造またはパーソナリティ構造）、いまはこの点に立ち入らない。

社会関係は常に二重の意味で機能的な（functional）関係であると言われる。第一に、一つの要素単位の行動が変われば、それにつれて他の要素単位の行動が、多少とも、顕在的あるいは潜在的に変わる。第二に、社会関係に参加する要素単位は相互に相手の行動によって自己の欲求を充足する。第一の意味での機能的関係はふつう函数的関係と呼ばれるものの一つであり、パーソンズは共変的（contingent）関係と名づけている。共変性は関係の非常に抽象的な属性なので、機能という言葉で呼ぶのを避け、この語を第二の意味に限って使用するのが望ましい。第二の意味での機能はやや抽象性のレベルが低いから、この概念の中に、第一の意味の機能（共変）は当然含まれてくる。相手の行動による自己の欲求の充足程度のいかんによって、相手に対する出方が多かれ少なかれ、顕在的あるいは潜在的に、変わってこざるをえないからである。

社会関係は継続的な欲求充足の単位であるという意味で構造であるが、その構造の内部の諸要素間に機能的な関係がある点に着目して、構造を体系または系（system）と呼ぶ人が多い。それゆえ、構造と体系とは別の実体をさす用語ではない。まとまった単位としての側面を構造と呼び、内部の機能的な諸関係を総称して体系と呼ぶだけである。

個人は欲求の充足にあたって他者とかかり合いをもつに至る。その欲求の充足に他者が何らかの貢献を行ない、そのかわり他者が報酬を受け取る時、相互作用は平衡的であると言える。他者に充足を求める欲求と、他者がその充足の報酬として充足を得る欲求とは、同質であったり異質であったりする。海辺の人や集団と内陸の人や集団とのあいだに魚と野菜とが交換される場合、両当事者は同じ安全の欲求を満たし合う。他方、職業集団の中で個人が同僚に仕事の上で知恵を借りる場合、欲求の質は相互に異なる。相談するほうは安全の欲求を満たそうとするが、されるほうの臨時コンサルタントは、アドバイスを与えるかわりに優越した地位の承認を受け取る。

相互作用を通じて両当事者がかちうる満足の量が完全に等しいという事態は、現実にはめったに起こらないだろう。しかしある程度等しい事態はしばしば生ずる。その場合、相互作用は繰り返され、恒常過程となって両当事者のあいだに相互の行動の予期および期待が成長する。こうして、交換の相互作用から社会関係なる構造が形成されてくる。逆に、最初の一回の、あるいは数回の相互作用において、満足量がかなり不平等であるなら、社会関係が成立せず、再び相互作用が起こらない場合も多い。しかし、自己が特定の他者を通じて得る満足が彼にとって極めて重要である場合、彼は相互作用の反復を願い、そのために他者の側の満足量を高める努力を行なうのが常であるが、その努力によって、初めは不平等な満足量がしだいに平等に近づくこともある。たとえば最初のデートの際、満足の点で不平等であった間柄が、その後平等に近づくケースがそうである。不平等を平等に近づけるためには、もちろん、より多くの満足を得たほうの側(たとえば男の子)が、続くデートの際に相手をより楽しくさせるよう努力をしなければならない。(1) たとえば男の子が上等の食事をとるために、一層の出費をする、など。この努力が成功すると、満足量が平等に近づいて社会関係が成立する。

相互作用がパターナイズされ、社会関係なる構造(ないし恒常過程)が生まれる過程は、右の通りである。この過程を調べてみてわかったのは、構造は動的に理解されなければならない、ということである。すなわち、一構造はより以上の構造化へ向かって進んでゆきもするし、反対に非構造化へ向かう危機をも内在的にはらんでいることを認めなければならない。満足量が平等に向かう過程は構造化の過程であるが、平等に達し、水平となった秤の棒が、ふたたび今度はどちらかに傾く場合もある。そういうふうに考えると、完全な構造なるものは理想的な適合状態であって、この適合状態に向かい、現実の社会関係はたえず近づいたり遠ざかったりしているとみなさなければならない。このようにわれわれは適合状態を仮定するけれども、しかし、あらゆる社会関係は適合に向かうと仮定するわけではない。以下に述べるように、適合化を阻止する力も働くからである。

満足の平衡《バランス》の概念を使用したので、別のタイプの平衡に触れる必要がある。それはパーソナリティの観点からみた努力と報酬との平衡である。先のデートの例にもう一度頼るなら、デートで相手をより楽しくさせるために費す努力によって、相手が楽しい気分になり、その結果自分に好意をもつようになれば、その好意は彼の社交の欲求（この場合は愛情への欲求）を充足させる報酬を意味する。こうして努力と報酬とが平衡する。あるいは平衡に近づく。だが彼の努力にもかかわらず、相手が楽しまず、自分に好意を返してくれなければ、努力と報酬とが平衡しない。その場合には、彼はデートの継続を断念するかもしれない。そこで当事者の一方あるいは両方の側で、努力と報酬とが平衡から遠ければ遠いほど、社会関係はそれだけ構造化されにくい。この平衡の程度が高いほど、社会関係は構造化される。だから、社会関係の構造化にとって、両当事者の満足の平衡化が第一の条件であり、各当事者の努力と報酬との平衡化が第二の条件である、と言える。

相互作用の体系の中で満足量を平衡化してゆく努力が行なわれるように、パーソナリティ体系内でも、努力と報酬を平衡化する努力が行なわれうる。たとえば、報われない愛を持続することに自己の誇りを見いだすというようなメカニズムの活動によって、相手から不十分にしか与えられない報酬に、自分自身が報酬を追加する場合がそうである。しかし、努力と報酬との平衡化や不平衡化の過程の追及は、むしろパーソナリティの心理学の第一次的な課題である。社会学は相互作用体系の満足量の平衡化あるいは不平衡化の過程に関心の焦点をおく。

相互作用の構造化にとって両当事者の共有価値（shared value）が不可欠であるという見解が、ひろく拡がっている。この見解はデュルケームを経たパーソンズの社会体系の理論において中枢的な位置を占め、多くの支持者をもつ。しかしここでは、価値は構造化の一要件であると同時に非構造化の一要件でもあることを認めた上で、その見解を部分的に取入れることにしたい。相互作用体系の構造化に貢献する価値の側面はA・W・グールドナーが互酬性の規範（norm of reciprocity）と呼ぶものである。(2) 確かにこの規範は平等のあるべき状態が何であるかを教える点で、不当に限界をこえて相手に要求をもつ傾向を抑制する。この規範がなければ、デュルケームがアノミーと名づけた現象、すなわち際限なく欲求が肥大して満足を知らない現象が出現するだろう。何をどこまで望んでよいかの限界を画することによって、この規範は構造化に寄与する。しかし現実に平等でなければ、この規範はかえって、より以上の非構造化を促進する働きを演ずる。平等の規範を知らなかったならばぼんやりと感ずるだけで済んだはずの不満が、その規範を知ったために、はっきり自覚され、不満な当事者を社会関係から離脱させる方向に導くこともあるだろう。それゆえ、共有価値が相互作用体系を構造化する側面だけに注意を向けるのは、事態の半面しか見ないことになる。たとえば、人間の基本的な平等を成文化したフランス革命の人権宣言は、その後のさまざまの全体社会において、既存の社会関係を打ち壊す方向に人民を導いた。

　右に述べたところから類推しうるように、個人の観点に立ってみると、価値に身を託し(commit)、価値を実現しようとする志向は、努力と報酬とを平衡化しようとする志向と別の次元に属する。だから前者の価値志向(value-orientation)と後者の動機志向(motivation-al orientation)とのあいだには、一方が強くなれば他方が弱くなるというような非両立の関係はない。

　以上で二者間の社会関係を社会学的な分析にとっての最小の単位としてとらえ、構造、機能、体系、適合、価値などの主要概念を説明してきた。しかし二者間の社会関係はいわば社会関係の原型であるにとどまり、現実の社会関係はたいがい第三者を前提として存在している。そこで以下では、三者間の社会関係を考えて、これまで述べてきた構造化の仮説がどこまで妥当するかを検討する必要がある。二者関係においては、適合化がすなわち構造化であった。ところが三者間の関係になると、この仮説を補充する必要が出てくる。ＡＢ間の関係が適合化の度合を高めてゆくと、ＢＣ間、あるいはＣＡ間の関係が逆に不適合化してゆく場合がありうる。(3) そして、ＡＢ間のより以上の適合化が全体の適合度を低下させることになるならば、ＡＢ間の適合化は三者間の構造化と両立しないという結論が出てくる。(4) したがって三者間の非構造化を望まず、またＡＢ間の適合化が三者間に分裂的な結果をもたらすことを見通しうる当事者は、ＡＢ間の適合化が進行してゆかないような処置を講ずるだろう。たとえばBがこの当事者であるなら、彼はAをこれまで以上に満足させようと努力しないであろう。

要するに二者間の関係においては、適合化がすなわち構造化であった。三者間の関係においても、適合化の概念を拡大すれば、この命題を変更する必要はない。だがこの拡大は重要である。二者間の適合化の進行がかえって全体を非構造化する場合、全体構造の立場から見れば、部分の適合化をむしろ抑制する処置が望ましい。部分の適合化の抑制によって、全体の適合度が維持される時、部分の適合化と全体の適合化とは非両立の関連にある。だから、三者以上の当事者が含まれる関係においても、全体の適合化がすなわち構造化である点では変りはないが、この全体の適合化なるものは部分の適合化とは異なる。

社会関係の適合化に巻き込まれる単位の側に、適合化の対応部分を求めるなら、それは互酬への用意あるいは互酬性である。反対に適合化にさからう傾向は機能的自律性（functional autonomy）[5]と呼ばれる。グールドナーは自律性を適合化の傾向（彼のいう相互依存）と対立させたが、正確に言えば、単位の自律性に対立するのは単位の互酬性である。自律性は先の例のように、全体の適合化のために部分の適合化を抑制するBの態度に見られるが、単に、要素単位だけの立場から、努力と報酬とのバランスを考えて、自律性を堅持することもある。いずれにしても社会関係の構造化にとって、各要素単位の自律性の程度は重要な影響をもつ。ある要素単位が強い自律性をもっているために、部分の適合化が抑制される場合が、日常経験においてしばしば確認される。たとえば小集団の中での孤立者の場合がそうである。彼はそのゆえに集団の他の成員から非難されがちである。だが、ある要素単位の強い自律性のために、全体の非適合化の進行がくいとめられる、という逆の側面も無視できない。民主主義社会においての司法権の自律性のもつ貢献はこの種のものである。統治者に対して司法機関が自律性をもたず、互酬的であるなら、統治者の被治者に対する搾取が始まり、社会の中に分裂の傾向が起こる。それゆえ、司法権の自律性は、民主主義社会の構造をあるレベルで維持する機能をもっていると言わなければならない。

右に提示した互酬的関係のモデルはふつう「相互作用派（interactionist）」とみずからの立場を規定するP・M・ブラウの交換モデルから導かれたものであるが、このモデルはすでに機能の概念を含んでおり、それなしには成立しえないことが、右に述べたところから明らかである。しかし、ただそれだけでは、インターアクショニストとファンクショナリストとのあいだの距離は、まだ依然として大きい。両者の相違は、かつての形式社会学と総合社会学の相違の現代版であると、見えないこともない。だが、モデル構成の側面から考えてゆくと、インターアクショニストとファンクショナリストとのあいだの距離は、意外に小さいことがわかる。すなわち、ファンクショナリストの用語である要因ないし要件を欲求と読みかえるなら、先に提示した構造、体系、適合、価値という基本的概念がそのまま機能主義の枠組の中にはまり込む。というよりも、欲求から出発して諸概念を規定してゆくほうが、単純なものから複雑なものへという思考の過程にそくしているので、構造、体系、適合などの体系機能主義の諸概念を逆に相互作用派のモデルに当てはめたわけである。そこでこんどはもう一度順序を逆にし、インターアクショナリストの欲求の位置に、ファンクショナリストの要因ないし要件をおいてみよう。そうすると、諸欲求間の相互連関と全く同じように諸要因間ないし諸要件間にも相互連関が問題とされているということに、われわれは気づく。ただ、初めに述べたように、組織分析に適用される体系機能主義の特徴は、要件性という概念の構成にある。そこで、ただちにこの点にはいってゆこう。

　要件性をもつとみなされる要因すなわち構造要素が構造的要件であり、この構造要素の要件性実現の働きの面をとらえれば、この要因は機能的要件と呼ばれる。働きないし活動の要件性実現にかかわる結果こそ、機能理論の構成から見ると、最も直接的な機能を意味する。(6) 要件性の概念こそ機能理論の核心なのだから。次に、構造的要件（X）の働きを促進―阻止する他の要因（Y）の働きが考えられる。この場合のXに対するYの作用は、Xの働きを通じて直接機能が満たされるという観点から見ると、体系全体にとって間接機能をもつと言える。最後に、間接機能の主体であるYは、それ自身要件性をもち、Xによってその働きを促進―阻止されるのであるから、そして同様の連関はすべての要因に関して一般化されるから、間接機能は相互的である。この第三の相互的機能の概念が、先に述べた社会関係のモデルの中での機能の概念に最も近い。しかし、間接機能の主体は、その機能の客体の活動を促進―阻止することで、体系全体に機能する。この概念は、社会関係のモデルにおいては欠落している。しかし、間接機能の変量の測定を加えれば、この量は社会関係の当事者の欲求充足度に相当するから、先に述べた仮説は、ここでもそのまま当てはまる。すなわち、組織の諸要件間の機能連関の作用（適合化）はどこまでも正の方向に進行してゆくとは限らない。この連関作用が、より以上に進行すると、体系全体としての適合度がより低下する点があるなら、この点において連関作用は停止する。この点が均衡点であって、吉田民人はこれを「系のいかなる部分の適合化も、その条件ないし結果として、他の部分にヨリ大きな不適合化を惹起するような状態」と定義している。[7] 連関作用により、一つの部分の適合のプラス価の増大よりも他の部分の適合のマイナス価が大きくなるということは、体系全体の適合度がより低下することを意味する。社会学の場合は、適合度を数量化しえないから、均衡点は実際にはある幅をもった状態として考えなければならない。[8]

（1） P. M. Blau, *Exchange and Power in Social Life*, 1964, pp. 26–27.

（2） A. W. Gouldner, The Norm of Reciprocity: A Preliminary Statement, *American Sociological Review*, April, 1960.

（3）「社会的結合の所与の平衡は、同じ結合内の他の関連での不平衡によってもたらされたものである」とブラウは言う（Blau, *op. cit.*, p. 28）。しかし、一部分の平衡は必ず他の部分の不平衡を条件として成り立つという命題を採用することはできない。これを採用するためには、「結合定量の法則」を前提としなければならない(次の注4を参照)。複数の部分単位間の平衡に関する非両立は、単に一つのケースである。しかしながら、このケースは二人関係とは異なった三人関係の性質を浮き彫りにするという意味で、戦略的な重要性をもつケースであるから、これを取り上げた。

(4) 高田保馬は「結合定量の法則」の作用を、個人から見た場合と社会から見た場合とに分ける。前者は、個人が一方の他者との結合を強めると、他方の他者との結合を弱める場合である。この相互連関は、パーソナリティの結合欲求(もしくはその動機づけエネルギー)の定量を仮定することで説明されているが、本文の命題はこの仮定を含まない。また、他方との結合(部分の結合)が弱くなることそれ自体ではなく、その結果として全体の結合が弱くなることが、現在の関心事である。しかしながら、この法則を社会から見た場合、一社会の結合の力は定量であるとする仮定は、本文の「全体の適合度」(後述の均衡点)の仮定に非常に近い(高田保馬『社会学概論』〔改版〕岩波書店、一九七一年、一八四―一八八頁参照)。

(5) A. W. Gouldner, Reciprocity and Autonomy in Functional Theory, in L. Gross (ed.), *Symposium on Sociological Theory*, 1959.

(6) 要件性をもつ構造要素の活動そのものを、新明正道は機能と呼ぶ(「機能の概念について」『社会学的機能主義』誠信書房、一九六七年)。デュルケームは生体のシステムに関して、呼吸の作用(活動それ自体)と作用の結果である生命の維持とを区別し、後者を機能と呼んだ。本文の活動と機能の区別はこれに従っている(作田啓一「文化の機能」『講座社会学3』〔社会と文化〕東大出版会、一九五八年、三四―三五頁参照)。人間の生体のように高度に統合された(この統合は後に述べる最適統合の能力の意味）システムにおいては、高い要件性をもつ構造要素の活動は、ほとんどの場合、生命の維持にとって正機能をもつ。ところがマートンのイソギンチャクの例のように、統合度の低い生体の場合には、ある構造要素の活動がかえって生命の維持に逆機能をもつことがある（金沢実訳「顕在的機能と潜在的機能」『社会理論と機能分析』〔現代社会学大系13〕青木書店、一九六九年、六七―六八頁）。そこで、活動とその結果を別の言葉で呼ぶことが望ましい。新明正道もその必要を認めており、活動の結果のほうを、対応関係（順対応ないし逆対応）と名づけている。

（7） 吉田民人「行動科学における〈機能〉連関のモデル」前掲誌、四六頁。吉田の仮説群の中では、適合化と均衡化が中心的な仮説となっている。この両者は純粋な相互連関作用に対する負エントロピー増大系の制約と見てよいから、従来曖昧であった相互連関作用の内容は、Ⅰ（あらゆるシステムに共通の）純粋な相互連関作用、すなわち正負機能の結果ないしその予想にかかわりなく進行する相互作用、Ⅱ適合化作用、Ⅲ均衡化作用の三者を含むことが明らかにされた。

（8） もちろん、全体の適合度のみならず、個々の機能的要件の充足に関しても、ミニマムな限界があると同様にマクシマムな限界がある。マクシマムな限界は青井和夫によって指摘された。たとえば、サークルでの「情緒的安定」が過度になると、「集団への埋没」が始まる（「小集団の構造と機能」『集団・組織・リーダーシップ』〔今日の社会心理学3〕培風館、一九六二年、一五五―一五六頁）。

三　社会集団のモデル

集団体系（厳密には組織体系）の機能的要件として何を挙げるか。これは体系機能主義者たちを多かれ少なかれ苦しめてきた問である。この問に答えることは容易ではないが、行為の概念図式を適用すれば、相互行為（相互作用）の互酬性を保ち高める活動そのものが基本的な機能的要件である、と言わなければならない。しかし、この活動は、集団内行為者が共通して準拠する行動のパターンの体系としての文化体系の維持と彼らの行為の動機づけの源泉であるパーソナリティの維持とによって規制される。言いかえれば、互酬性の維持、文化体系の維持、パーソナリティの維持の三者が、第一次的な機能的要件としてリストされる。

それでは、互酬性の維持とは何か。社会関係のモデルを拡張適用して、その内容を明らかにしてゆこう。

まず、交換関係を最も原初的な、したがって未分化の関係として設定し、そこから、いくつかの社会関係が分化して、それぞれが特有の活動のにない手となってゆく過程の展開を考えてみたい。たとえば、農夫（A）と漁夫（B）とがそれぞれ野菜と魚を交換するケースを念頭においてみよう。両者は継続的に欲求を充足させ、社会関係を形成している。

この関係を更に持続させてゆくために、次の諸要件を充足させる諸関係が派生する。

第一に、相手の欲求の充足のために、環境に働きかけて、自家消費量以上のものを獲得する生産活動が必要である。当事者は相互に相手の生産活動を通して相互に依存し合う。そこで、体系にとっての環境への〈適応〉活動を営む構造要素を、右のように限定された意味で〈依存関係〉と名づけることができる。〈適応〉活動によって、関係構造の内部に環境から何らかの種類の用具が持ち込まれる。すなわちこの活動は用具を生産する。ところが、当事者の環境からの獲得の程度に関しては、誰もが一様であるとは限らない。むしろ必ず程度の差が現われてくる。この分化がどうして現われてくるかは、ここで概括的に論じえないほどの多様な因子にもとづく。パーソナリティの能力はその一因子であるが、パーソナリティに外在するさまざまの因子のほうが、この種の活動の社会学的分析の焦点となってきた。生産用具の所有・非所有の違いを、主要な外在的因子としてこの文脈に置いてみることもできる。どんな因子に基づこうと、二人の当事者のあいだで獲得量が違えば、二人の間に勢力（power）の違いが出てくる。獲得量の分化と勢力の分化との関連は、次のように定式化できる。Aは彼の必要とする客体bを交換を通じてBから得るが、そのほかのところからも獲得してくる。ほかのところとは問題の社会関係の外の環境一切を意味し、第三者、自然などを含む。同様に、Bも彼の必要とする客体aを交換を通じてAから得るが、そのほかのところからも獲得してくる。その場合Bの提供分／bの必要量＜A

の提供分／aの必要量であるならば、AがBに依存する程度はBがAに依存する程度より低い。BがAに依存するほどにはAはBに依存しない。この依存の程度の差がBに対するAの勢力を成立させる源泉となる。[1] なぜなら、Bはこの関係の断絶をAよりも恐れているからである。そこで、Aが客体bの提供以外の要求（たとえば労働奉仕の要求）をBに対して行なう場合、Bはこの要求を受け容れる傾向がある。つまり、Aが命令し、Bが服従する傾向が生ずる。命令に服従させるこの力が勢力にほかならない。〈依存関係〉を構造要素とする〈適応〉活動は所有の分化を産み出し、そのことによって〈勢力関係〉を結果する。

　第二に、互酬関係の構造が維持されてゆくためには、この関係の当事者仲間とそうでない者とのあいだに待遇の区別の線が引かれなくてはならない。そうでないと、仲間に属さない誰かが欲求充足の客体を誘因として提示するたびごとに、内部の仲間と外部の者とのあいだに交換が行なわれ、特定の互酬関係がいつまでたっても構造化されないからである。内集団と外集団とを区別する〈結合〉活動は、自然に展開される集団過程においては格別意識的に行なわれるわけではない。いく度か互酬的な交換が行なわれると、それ以後人びとは相互に相手に対して信頼感をもつようになり、信頼に基づいて相互に愛着をいだき合う。愛着の結果、本来の交換の客体以外のもの（贈り物や言葉）までが愛情のシンボルとして交換されるに至る。このような〈結合〉活動を営む構造要素を〈連帯関係〉と名づけよう。その活動と並行して、関係当事者以外の者は「外」にある者として、「内」にある者とは異なった待遇を受ける。たとえば、交換用のものは仲間のために保留しておき、外集団の者が交換を申し込んでも容易に応じない。時としては、仲間との交換の場合よりも有利な条件のついた申し出があっても、交換に応じないことがしばしば起こる。こうした内と外との待遇の分化が進むにつれて、〈連帯関係〉は一層強まってゆく。右のような同類意識によって結ばれた連帯関係はゲマインシャフト関係と呼ばれ、社会学にとってはなじみの深い概念である。

〈連帯関係〉が確立すると、構造要素間の互酬性の度が低下した時にも、構造はすぐには壊れない。この関係の確立によって、社会関係の構造は新しい次元を獲得する。それは社会集団の次元である。言いかえれば、〈連帯関係〉によって結ばれた当事者は、一つの社会集団を形成するとみなされる。〈結合〉活動は個々の当事者の情動を相互に交流させることによって、凝集力（ないし集団士気）を形成する。

小人数の第一次集団においては、直接的接触を通じての友誼の交換が、そのままただちに連帯意識を形成・維持する。しかし集団のすべての成員が直接的に接触しえないほど、集団の規模が大きくなると、パーソナルな友誼の交換だけでは連帯意識を形成することはできない。これだけに頼れば、集団の中のサブ・グループである第一次集団ごとに連帯意識が形成されても、全体としての集団構造は統一性をもちえない。サブ・グループの連帯は、全体の統一性の形成をむしろ妨害するのが普通である。そこで第一次集団をこえた規模の集団は、その統一を維持するために、集団に共通の価値を制度化する。そして集団成員がこの〈結合〉機能をもつ価値にコミットすることによって、全体としての連帯が維持される。(2)

共有価値は、集団構造のモデルが依拠している図式の上では、もともと集団構造の外の文化体系に属している。だから図式上は、構造の〈結合〉活動が、価値を文化体系の中から構造内に取り入れることになる。図式上の取入れにとどまらず、現実にも取入れが行なわれる事例を一つあげるなら、外国文化の受容の場合である。

共有価値が制度化されると、〈適応〉次元において発生した勢力の格差は威信（prestige）の格差として評価され、成層化（stratification）が進行してゆく。強者はもはや単なる強者としてではなく、その強さにより共有価値の規準によってサンクションされた報酬（富、余暇、情報など）を大量に所有するものとして、集団の中で優位者としての位置をもつに至る。彼はその勢力によって恐れられるのではなく、その威信によって羨望もしくは尊敬の対象となる。集団の中の構造要素に異なった程度に心理的報酬が配分されるということは、もちろん同質者としての連帯を強めることにはならないが、しかし〈勢力関係〉がむき出しのまま意識されている場合よりも、連帯を維持することに役立つ。弱者もまた強者と同じようにコミットしている共有価値なる規準によって、連続的な段階が制度化されるからである。集団成員がすべて一様に、同じ価値を志向するという側面においては、彼らのあいだに同質性が保たれる(3)。もちろん、この価値規準に基づく報酬の異なった配分量において、人びとは相互に異質的ではあるのだが。こうして〈連帯関係〉を構造要素とする〈結合〉活動は〈階層関係〉をもたらす(4)。

第三に、集団レベルに達した社会関係が存続してゆくためには、集団の共同目標を達成しなければならない。社会集団が成立すると、それは外部から一つの単位として取り扱われるようになる。そして外部の単位と相互作用し、互酬的行為を交換し始める。外部の単位の要求にこたえると、それに伴って、この単位から報酬が返ってくる(5)。右に述べた意味での報酬の限界的なケースは自然の与える報酬であって、その場合の自然は、問題の集団に何かを「要求する」わけではなく、集団の側が、自然に適応することを自然から「要求されている」とみなすだけにとどまる。全く孤立した、完全に自足的な集団は、自然の「要求」だけしか意識しない。だがそれは限界的なケースであり、またその場合でも「要求」にこたえれば、報酬を与えられることに変りはない。

自然や他の集団から与えられる報酬は、純粋な社会関係の次元において関係への参加者が相互に与え合う報酬と別の次元に属すると言わなければならない。しかし集団としての報酬もまた関係の参加者に配分され、関係自身から与えられる報酬に加算される。集団を形成したために発生する付加報酬は、そのうちに関係参加者にとっては当然の報酬とみなされるようになるから、この報酬を抜きにしては、社会関係への参加の動機づけが多少とも失われるに至る。外界の要求にこたえることで、集団としての報酬を得ようとする場合、この報酬の獲得は集団の共同目標であると言える。それは集団成員ひとりびとりの目標ではなく、一つの単位としての集団の目標である。共同目標を設定し、それを達成しようとして、集団成員間に〈協働関係〉が生ずると、集団は更に新しい次元に到達する。それは組織次元である。組織次元をもつ集団は単なる集団と区別され、特に組織体または組織〈organization〉と呼ばれる。先に述べた限界的ケースの共同目標は「自然」に順応あるいは対抗して、みずからの集団を存続させることである。共同目標が適当に決定され、その達成が十分に行なわれることで、集団の構造は維持される。したがって〈共同目標の達成〉は構造の第三の機能的要件である。

目標決定にあたっては、集団の既存の社会関係が強い影響力をもつ。初めに述べたように、外部の要求から、まず可能な目標の範囲がほぼ限定されてくる。しかし、それだけでは目標は決定しない。それを決定するのは〈連帯関係〉と〈勢力関係〉とである。〈連帯関係〉は、集団のすべての成員が平等に報酬を享受できるような方向で、共同目標を決定しようとする。このような方向で決定された目標は、いわば同一目標である。ところが、目標は、〈勢力関係〉において上位にある者に特に報酬が大きくなるような方向で決定されることもある。その際には、上位者は下位者の服従の態度を利用して、上位者の私的な目標の達成に下位者を協力させることになる。このような場合、上位者の目標は厳密にいえば集団の共同目標ではない。下位者の目標はそれとは別に、上位者の目標達成に協力するところから結果する報酬にあるからである。しかし、下位者が上位者の目標達成に協力し、そのことによってみずからも利益の分配にあずかること、そしてこの関係を離れた時には利益を失うこと、この二点が下位者に自覚されて、上位者の私的目標の達成をめぐる協力が行なわれる場合には、上位者の私的目標が集団の共通目標となる、と言ってよかろう[6]。ここでは同一目標と共通目標の上位概念をさすものとして共同目標なる用語を用いよう。共同目標は、所与の条件のもとで、集団参加によって得られる成員の満足量が適合化するように設定される。共同目標をめぐる〈協働関係〉の成立によって、社会関係から派生した新しい次元としての組織体が出現するとみなすことにしたい。

〈協働関係〉は組織構造の次元で現われてくるが、この次元の成立によって、〈適応〉および〈結合〉の諸活動が何らかの影響をこうむることを意味する。たとえば、搾取が共同目標の名において正当化されたり、自然発生的な結合活動が目的意識的になったりする場合がそうである。

〈適応〉活動は用具を、〈結合〉活動は凝集力をそれぞれ産出した。〈目標達成〉活動は何を産出するか。共同目標達成のために諸役割が相互に矛盾しないように按配され、命令と服従の系列が形成される。この系列に従って権威（authority）が配分されるから、〈目標達成〉活動は、共同目標の名のもとに〈拘束力ある決定（binding decision）〉を産出すると言ってよい。

第四に、集団は、それに所属する諸個人が集団成員としての役割を遂行しうる能力を、彼らに付与しなければならない。能力とは、動機づけの力とその力をパターナイズされた仕方で消費する力との両方を含む。この能力を付与する作用を、社会化という言葉になぞらえて集団化と名づけることもできよう。集団化は個人の側から見れば、パターナイズされた動機の、あるいは動機づけられた行動様式の学習を意味する。集団が専門化した役割を構造要素としている場合には、パターンそのものの学習が機能的要件として重要である。また、コミュニティのように、つぎつぎに新しい世代が誕生してくる場合にも、パターンそのものの学習のもつ重要性は明白であると言わなければならない。しかし、この二つの場合を除けば、パターナイズされた動機の学習に際して重要であるのは、とりわけ動機の側面である。そして、役割遂行の適正な動機づけの継続的な確保は、専門化した役割を含む集団においてもコミュニティにおいても、ともに重要な機能的要件であることは言うまでもない。そこで、集団化の機能的要件を〈動機調整〉と名づけることが許されよう。

〈適応〉〈結合〉〈目標達成〉の諸活動により、集団成員としての欲求は何らかの程度において充足される。だがかりにその限りでの欲求充足がマクシマムに達したとしても、個人としての欲求は必ずしも充足されるとは限らない。すでに述べたように、集団が構造化するためには、集団成員間の満足量の適合化とは別に、成員各個人の努力と報酬との平衡化が必要である。努力と報酬とが平衡化することによって、成員は集団内の諸活動を行なう動機づけを継続させうる。そうでないと、動機づけエネルギーが低減し、ひいては成員間の行為の交換が行なわれにくくなる。それゆえ集団構造は、努力と報酬とのアンバランスに苦しむ成員の緊張を操作してゆかなければならない。これが社会化（集団化）の一特殊ケースとしての〈動機調整〉活動である。〈動機調整〉は広義に解された社会化の一ケースであるが、この概念の中に普通の社会化を含めることにしよう。社会化という言葉によって、このような〈動機調整〉をも指示することはむつかしいからである。

努力と報酬とのアンバランスの一般的な源泉としてよく知られているのは〈勢力関係〉であるが、そのほかにもいろいろの源泉がある。だが、その源泉の多様性にもかかわらず、動機調整活動の諸様式は一つのカテゴリーの中に収まる。それは、問題のアンバランスが生じた相互作用状況から、アンバランスに悩む当事者を隔離する活動のカテゴリーである。〈隔離（insulation）〉には二つの主要なタイプがある。一つは、アンバランスをもっぱら内面的に解決しようとするパーソナリティ・メカニズムを助けるタイプであって、たとえば、禁欲モラルを援軍としてさし向ける方法が、しばしば指摘されてきた。I章二節2で述べたように、パーソナリティ内の超自我は、外からの報酬を断念する行為を賞賛することで、自前により報酬を調達する。ピューリタニズムの禁欲倫理が自前の報酬追加を助けたことは、ウェーバーの研究いらい周知の社会学的知識となった。その場合、この動機調整活動を主として担当したのは宗教的セクトであった。もちろん、ピューリタニズムの禁欲倫理は一例にすぎないわけで、われわれはそのほかに多くの禁欲倫理を知っている（日本の家父長家族が担当してきた「家のため」という禁欲倫理など）。一般に宗教や道徳の説く禁欲は、努力と報酬のアンバランスに苦しむ集団成員が自前の報酬をつくり出すのを助け、アンバランスを緩和して、動機づけを生産してゆく。隔離のもう一つのタイプは、努力と報酬とのアンバランスから生ずる攻撃性（怒り）を無害な形で表出させる方法である。芸術や遊戯はその有力なルートであり、また多少とも逸脱的な行動（賭博など）が行なわれる場所や時間も用意される。仕事の場と隔離された余暇の場において、集団成員が仕事の上での勢力関係や権威関係から離れ、共同でレクリエーションを楽しむ場合も、一種の隔離である。しかしこの種のレクリエーション活動は、〈動機調整〉次元に固有の活動というよりも〈結合〉次元にかかわる活動である。

右に述べた二つの方法を〈隔離〉という一つのカテゴリーに入れてよいのは、どちらも、アンバランスが生じている問題の相互作用状況から個人を引き離し、別の報酬の獲得を助ける点が共通しているからである。一方は垂直的な方向に向かい、他方は水平的な方向に向かうという違いはあるけれども、どちらの場合も、個人は問題の相互作用状況から離れる。彼は一方では利害状況から隔離され、他方では「実生活」から隔離される。一方は宗教や道徳などのシリアスな領域へ向かうルートであり、他方は芸術や娯楽などの気ばらしの領域へ向かうルートである。こうして、集団構造の〈動機調整〉活動を通じて、成員は利害状況や「実生活」と切り離され、離脱状態におかれるが、そのことによって成員の動機づけが産出されてゆく。先に述べた構造要素の自律性は、このような離脱状態の経験なしには形成されえない。〈動機調整〉活動は、成員の互酬的傾向をいったん抑制し、彼を離脱状態におくことによって、これらの関係への参加の動機づけを産出するという意味で、離脱状態は関係の単なる否定ではない。そこでこの状態を〈隔離関係〉と呼んでも、関係という用語の不当な拡張使用とはいえないだろう。(7)

以上で集団の互酬的構造とその活動の基本的な概念図式の提示を終わる。要約すると、集団の互酬的構造はみずからの存続のために、適応、目標達成、結合、動機調整の諸活動を行ない、構造内に依存関係（そして勢力関係）、協働関係（そして権威関係）、連帯関係（そして階層関係）、隔離関係という構造要素を形成してゆく。これらの活動の結果、用具、決定、凝集力、動機づけが産出される。これらの出力を保ち高めるのが互酬性の維持発展要件である。(8)

どのような集団体系をとってみても、右の諸活動の遂行によって要件の充足に向かうということは、すでに述べた。しかしまた、同様に前に述べたごとく、あらゆる集団体系の要件は体系存続に必要な程度において充足される、という公準はない。右の諸活動を他の要件充足の諸活動に助けられて遂行するにつれ、逆に、体系の全体としての適合度が低下してゆくような仕方で、体系の内外の条件が与えられている、という場合もありうる。機能的要件の理論は、体系の存続にとって必要な要件が何であるかを示しはするが——また、これらの要件充足の上下の幅を示すことを理想とするが——、これらの要件が常に充足されるという公準は設けない。そこで、最後に、適合度を高めようとして内部条件を変えてゆく変動の一ケースを指摘しておこう。勢力、権威、威信の不平等な配分のために、物質的、心理的な報酬の配分が偏り、第一次的な機能的要件である成員の〈欲求の充足〉要件を不十分にしか満たしえず、また〈動機調整〉も十分な動機づけを産出しえない場合、変動への圧力が生ずる。そこで、各要件の充足度を高め、また全体としての適合度を高めるため、〈依存関係〉、〈協働関係〉、〈連帯関係〉、〈隔離関係〉の構造を変える運動が起こってくる。この運動を起こす側と抑える側との闘争が展開するなら、ここにブラウの言う対立（opposition）関係が成立する。運動を起こすのは、通常下位者であるが、この構造要素の目標の焦点は、現存の集団から離脱して別の新しい集団を形成しえない限り、現存の集団の報酬配分の様式を変更することにある。この変更のために必要とあれば、共同目標の決定の仕方や目標に達するための手段の選択の仕方をも変更しようとする。これらの変更が下位者の私的目標となり、それは、既存の目標決定、手段選択、報酬配分の諸様式を維持しようとする上位者の私的目標とくい違う。この点に関して、上位者と下位者とは対立関係にある。下位者はさまざまの手段——たとえば企業体内の労働者のサボタージュやストライキ——を用いて闘争する。闘争が下位者の勝利に帰すると、その勝利の程度に従って既存の集団の構造が大きく、あるいは小さく変わってゆく。したがって、各機能的要件の充足度や全体の適合度も変わる。上位者が勝つと、闘争は抑圧される。しかし報酬の配分をめぐる〈対立関係〉そのものは潜在的には依然として存続する。現存の集団を分割しないで、一単位として維持してゆくという目標に関しては、上位者と下位者との間に〈協働関係〉は残り、これと併存して〈対立関係〉が潜在的に持続するのである。

互酬性の維持のカテゴリーに含まれる集団の機能的要件は、〈適応〉〈目標達成〉〈結合〉〈動機調整〉の四つであるが、互酬性の維持に加えて、集団の中にあってもコミュニティないし全体社会を問題にする場合には、他の二つの機能的要件を特に考慮しなければならない。それらは文化体系の維持とパーソナリティ体系の維持である。

コミュニティ存続の要件である社会化（個体にとっては学習）は、人間以外の動物によっても行なわれるということは、毒を加えた食物がネズミ退治に何回もの効果をもたない例から明らかである。だが人間の場合には、主として言語性シンボルを通して経験の伝達範囲が世代を越えるところから文化体系が成立し、また、主として言語性シンボルを内記号として使用するところから自己意識をもつ個体すなわちパーソナリティが成立する。文化体系は、動物社会の指導的な個体に宿る経験の貯蔵とは異なり、個々の状況、更には特定の社会を越えて適用範囲をもつ行動様式の体系である。パーソナリティは諸欲求の相互連関から成る体系であるが、その連関の仕方をもっぱら個体の立場から規制しうる主体性をもつ点で、動物の場合のように、種としての要求（社会の要求）と個としての欲求とが未分化な無主体的生体と区別される。それゆえ、人間社会における学習は、社会体系から相対的に独立している文化体系とパーソナリティ体系との関連において行なわれる。パターンは文化体系から取り入れられ、動機づけはパーソナリティ体系から取り入れられる。この学習がスムーズに行なわれるためには、文化体系が必要な程度において固定しており、パーソナリティ体系が必要な程度において安定していなければならない。言いかえれば、文化体系を崩さないように維持し、そして更には精練する活動が行なわれる必要がある。また、パーソナリティ体系に関しては、その基礎にある生体の保護、私生活の安全、心理的な健康を通じて、役割遂行に必要な動機づけが継続的に産出されうるような欲求発動の源泉を維持しておかなければならない。主体性のゆえに個性をもつに至ったパーソナリティの動機の調整が〈動機調整〉次元で行なわれるのに対し、維持されるのは、パーソナリティの無個性的な生体としての側面である。そこで、雌雄同体の下等動物がオスとメスの細胞を二つながら産み出す場合のように、動物個体は人間社会においては文化体系とパーソナリティとに分裂する。ただし、人間の社会体系の図形の上では、動物個体の位置は個性をもつパーソナリティによって占められ（その動機は〈動機調整〉次元において調整される)、文化体系と生体(ただしパーソナリティの基礎であり、それとインテグラルな)とが図形の外に出る。この、図形外に位置するところの、やや特殊な意味での〈「パーソナリティ」の維持〉は、〈文化体系の維持〉と並んで、〈互酬性の維持〉とともに社会体系の機能的要件群を構成する。文化体系の維持とパーソナリティの維持とは、理論図式の上では、行為の概念枠組においての〈価値の実現〉と〈欲求の充足〉とに、それぞれ対応する。

〈共有価値の実現〉は〈動機調整(社会化を含む)〉活動と〈文化体系の維持〉活動の両次元に属している。〈共有価値の実現〉は、文化体系の立場から見ると、集団体系内の行為者のパターン(=価値)実現行為を通じてみずからの体系を維持することを意味する。一方、集団体系の立場から見ると、価値実現活動は、既存の文化体系の中から価値を集団の中に取り入れることで、各個人に一貫的価値志向を植えつけ、ともすれば状況に応じて「機会主義」的に動いてゆこうとする集団の互酬的活動を「原理」的に規制することを意味する。次に、〈成員の欲求充足〉もまた〈動機調整(社会化を含む)〉活動と〈パーソナリティの維持〉活動の両次元に属している。〈成員の欲求充足〉活動は、パーソナリティ体系の立場から見ると、集団体系内の行為者(自己もしくは他者)による自己の適正な動機づけの産出(この欲求は集団の互酬的活動を通じて当然充足される)や緊張処理の活動を通じて、自己のパーソナリティ体系の社会的適応能力や生理的・心理的健康を形成ないし維持することを意味する。一方、集団体系の立場から見ると、欲求の充足活動は、成員の個人としての「私」的な欲求を充足させることを通じて、「公」的な役割遂行の動機づけを継続的に確保することを意味する。

周知の通り、パーソンズの潜在（latency）次元は、型の維持（pattern-maintenance）と緊張処理（tension management）から成る。(9) 最初は、潜在はⅠ集団体系にとって必要不可欠《インテグラル》な文化的および動機づけの型の維持と表現、Ⅱ集団の成員にとって必要不可欠《インテグラル》な文化的および動機づけの型の維持と表現、の両方を含み、Ⅱの型はⅠの型と葛藤しはするが、それにもかかわらず、Ⅱの型の周期的な表現は、集団体系の存続の前提条件である、と考えられていた。(10) この見解がやや修正され、潜在次元は、集団にとって必要不可欠な文化型の維持と個体にとって必要不可欠な動機の表現（緊張処理）から成る、とみなされるようになる。筆者の用語法では、型の維持は、どちらかというと文化体系の立場から見た〈共有価値の実現〉に相当し、緊張処理は、集団体系の立場から見た〈成員の欲求充足〉の一部に相当する。要するにパーソンズの図式においては、〈動機調整〉要件が〈文化体系の維持〉要件と〈パーソナリティの維持〉要件から独立したものとして位置づけられていない。

最後に、社会集団の統合（integration）の概念について述べよう。集団体系の諸要因の相互連関作用を通じての適合化と均衡化の作用は、これまでの社会学の文献の中で統合と呼ばれてきたものの一側面である。しかしながら、統合の概念は非常に曖昧で多義的であり、一種のマジック・タームであった。グールドナーたちが指摘したように、それはある場合には合致（consensus）の意味に、ある場合には両立（compatibility）の意味に、また時としてはその両方の意味に用いられてきた。適合化と均衡化の作用としての統合は、この場合には両立のタイプに属する。

社会の秩序立った存続を可能にする究極の基礎は、成員間の行為様式の合致にあるのか、それとも成員間の欲求もしくは行動の両立にあるのかという問題が設定されたのは、おそらくそんなに新しい時点からではあるまい。欲求の両立は不可能だとみる闘争理論を、闘争は両立の逆であるという意味で両立理論の一変種とみなすなら、合致理論と両立理論の拮抗を、S・M・リプセット[11]に従ってA・ド・トックヴィルやK・マルクスにまでさかのぼって跡づけることができる。

しかし、社会学の伝統においては、最近まで合致理論が圧倒的な優位を占めてきた。E・デュルケームの集合意識、F・H・ギディングズの同類意識、E・A・ロスの社会統制などの概念は、合致理論から導かれた遺産である。社会学者ではなかったが、社会学に強い影響を与えたR・リントンは、社会学の合致理論の伝統を正確に要約し、社会の集団的統一の基礎を次の二要件に見いだした。第一は社会成員が合致して規範[12]にコミットすること、第二はこれらの諸規範が統合されていること、以上の二つである。第二の要件にはいくらか「両立」の含みが介入してはいる。しかし主要点はやはり合致である。たとえば彼は性、年齢などの属性の差違いかんにかかわらず、社会成員のすべてに分有されている普遍的文化のほかに、それらの属性の違いによって分布している特殊的文化を挙げているけれども、特殊的文化の普遍的な側面を強調することを忘れない。男女は違ったふうに行動するが(特殊的文化)、所与の状況において、男は何をし、女は何をするかをお互いに知っている(普遍的文化)。共通の認識とは広い意味での共通の行動様式への参加であり、そのことによって社会の統一が維持される。だが合致理論の圧倒的優位は、今日においてはしだいに脅かされてきている。なぜそういうことになったかを、社会学研究の蓄積や現実の社会の変動から考えてみるのも一つの課題だが、ここでは横道にはいらないで、合致理論に対抗する両立理論の擡頭があることだけを指摘しておこう。統合概念を極めて重要視している最近の社会学の理論体系としては、誰しもパーソンズのそれを挙げるであろうが、ここでも、初めに述べたように、統合の概念はあまり明確ではない。パーソンズがまだ行為理論にとどまっていて、体系理論にはいり切っていなかったころ、彼は行為の諸要因を統合する機能を評価と呼び、評価を動機志向と価値志向の二つに分けている。私たちはかつて次のように書いた。「パーソンズはこの二つの方向づけ――満足を最適限度に保とうとする方向づけと、価値にコミットする方向づけ――が優位を争って対立する場合を、まだ明確に問題化していない。そこから、彼の行為理論の中枢的概念である評価の意味が曖昧になっている。この用語は、あるときは満足の最適限化の方向づけのみをさしているようであり、またあるときは二つの方向づけを算術的にプラスした方向づけをさすようにも受けとれる(13)」。

行為理論の中枢的概念である評価は、体系理論のレベルでは統合と呼ばれている。しかしこの統合という概念は、出身地である評価から同じ曖昧さを引き継いでしまった。統合は「体系内の諸要因の両立」と「共有価値の制度化」という二要件を含んでいる。単一の行為者の諸欲求を最適度に充足させる要件を体系理論のレベルに上昇させれば、体系内の諸要因の両立となり、価値へのコミットメントは、体系理論では諸単位への共有価値の制度化となる。しかしここでも、両立の要件と合致の要件とが同じ統合のカテゴリーの中に並置され、そのどちらが優位を占めるかの問題は提起されていない。更にこの点に関しては、パーソンズは行為理論の場合よりも一歩後退し、合致と両立を区別することさえ怠っている。

合致と両立を明確に区別したのはグールドナーたちの功績であった(14)。実際、合致の要求と両立の要求とは時として衝突し合うからである。たとえば価値の厳格な一貫的適用は、状況の要請のためにやむをえず価値を侵害する行為者と、原理にどこまでも忠実であろうとする行為者とのあいだに鋭い緊張をひき起こすだろう。それは「型の一貫性《パターン・コンシステンシー》」のもたらす緊張《ストレイン》（パーソンズ）と呼ばれたものであった。また行為の組織原理としての価値は、当然、行為者の目標を規定する——もちろん一つの変数として——ことになるが、その規定によって、諸行為者が同じ目標を追求することになれば、既存の闘争や競争は更に激しくなるだろう。このように、合致の要件のマクシマムな充足は、かえって諸要因間の両立を困難にすることがある。だがもちろん、合致の要件は、しばしば諸要因間の両立に正機能する。行為者間の結合は、彼らのあいだの価値の共有の程度に従って強まるに違いない。それでは、合致の要件と両立の要件とは、時として相互に促進（正機能）し合い、時として相互に矛盾（反機能）し合う対等の原理であろうか。両者は同じレベルに属する基本的な原理であるというのが、グールドナーたちの主張である。

両者を全く同じレベルに属すると見るグールドナーたちの意見には、筆者は賛成できない。両立のほうがいっそうオーヴァーオールな原理であると考える。I章一節で述べたように、行為は行為者にとっても観察者にとっても、まず〈手段としての有効性〉の意味をもっており、したがって相互行為の体系である集団体系もまた、まず〈手段としての有効性〉の原理に基づいて動いてゆくからである。ところで、両立の概念を精密化すると、先に述べた最適化（optimization）の概念に仕上げられる。最適化は適合化と均衡化とを含む高次の概念である。そうすると、集団体系には二つの統合原理が作用していると言える。一つは最適統合、他は価値統合である。集団体系における価値統合とは、体系の〈価値の〔一貫的な〕実現〉の要件に、ほかの要件ないし要因が順応してゆく、という仕方での統合を意味する。宗教の禁欲主義的価値の実現の要件に見合って、〈欲求の充足〉や〈適応〉〈目標達成〉〈結合〉の諸活動が、その要件に順応するよう制約される、というケースはよく知られてきた。だが、この場合注意する必要があるのは、価値の実現は目的の達成ではないから、価値実現のための諸要因に対する制約は「エコノミー」の見地から行なわれるのではない、ということである。もしその見地から行なわれるとすれば、価値統合を最適統合から区別する根拠は全くない。価値実現のための規制とは、あらゆる要因の作用が特定の型に準拠するよう強いられるということ、すなわち型の一貫性による規制であるということを意味する。一方、集団体系の中核を成す互酬性の構造は、最適統合の立場から〈価値の実現〉要件の活動を規制する。

〈欲求の充足〉要件は統合の原理とはなりえない。欲求の充足の仕方は、集団成員の各人にとって相対的に特異であるから、この要件を充足させる活動が他の要因に総体的な制約を加えることはない。それは部分的には制約を課することはあっても、全体の統合の原理とはなりえない。簡単な例によってそのことが明らかになる。生命のリズムにより、人間は活動のあとの休息と休息のあとの活動とにそれぞれ満足感を味わうように造られている。同じ行動が欲求を充足させることもあり、阻害することもある。そこで、個人は自分の特定の欲求充足の仕方を他者に強制することはできない。集団はその共同目標の中に、必要とされる消費用の財の適当な配分や労働時間の制限を含めることができる。だが、この目標の具体的な内容（たとえば出勤時間）を、個人ないし部分集団が自分の要求どおりに決めるわけにはゆかない。もちろん、集団成員に共通の欲求充足の一般的様式を、外側から観察することはできる。だが、その様式を実現する具体的内容は個別的である。〈欲求充足の適切性〉は定義によって集団全体に制約を及ぼすことはできない。欲求のコンジニアルな充足こそ絶対的な自由を意味するところであろうが、その内容が個別的であるために、集団の他の諸活動を一般的に制約しえない。

そこで、統合の類型は二つしかない。一つは互酬性の原理の上に立つ最適統合であり、他は価値実現の原理の上に立つ価値統合である。そして、最適統合が第一次的な統合であり、第二次的に価値統合が作用する。[15]

（1）P. M. Blau, *op. cit.*, pp. 118–21. 勢力のもう一つの源泉は、ブラウが指摘しているように欲求の緊急性である。欲求が緊急であればあるほど、「無くて済ます」ことはそれだけ困難となる。他の条件が等しいなら、相手のコントロール下にあるものを欲する緊急度が高いほうが、それだけ相手に依存する。

（2）P. M. Blau, *op. cit.*, pp. 259–60, 267–68.

（3）*ibid.*, pp. 129–30.

（4）しかし、成層化は逆に〈結合〉機能を遂行する。「価値評価の側面での成層化とは、共有価値の体系の諸標準に従って、一社会体系内の諸単位を格付けすることだ」からである。「価値評価の側面は、社会の総体系的な『勢力』体系にはいってくる諸側面と、分析上区別されなければならない」（傍点はイタリック）（T. Parsons, A Revised Analytical Approach to the Theory of Social Stratification, *Essays in Sociological Theory*, rev. edit., 1954, p. 388）。

（5）P. M. Blau, *op. cit.*, p. 216.

（6）P. M. Blau, *op. cit.*, p. 214を参照。なお、清水盛光によれば、協働の結果の配分もしくは受用には三つの様式がある。Ⅰ目標達成への貢献度に応じた配分、Ⅱ勢力に応じた配分、Ⅲ必要に応じた配分（『集団の一般理論』岩波書店、一九七一年、三二六―三二七頁）。〈勢力関係〉はⅡの様式をⅠに、〈連帯関係〉はⅢの様式をⅠに、それぞれ浸透させようとするだろう。

（7）隔離（insulation）はパーソンズにより社会統制のメカニズムの一つとして位置づけられている。すなわち、それは、社会にとって機能的に必要な、だが優性価値と両立しない副次価値《サブヴァリュー》を、特定の集団または文脈内に閉じ込めておくことである（*The Social System*, p. 309; T. Parsons & E. A. Shils〔eds.〕, *Toward a General Theory of Action*, 1952, pp. 178-79〔永井道雄他訳『行為の総合理論をめざして』日本評論社、一九六〇年、二八一―二八三頁〕）。隔離には、一方においては市民社会のエートスと両立しない「権威崇拝」を軍隊内に閉じ込め、局所化する（localiser）場合のような（É. Durkheim, *Le suicide, étude de sociologie*, 12e éd., 1967, p. 418〔宮島喬訳「自殺論」『世界の名著47デュルケーム・ジンメル』中央公論社、一九六八年、三四五頁〕）集団の隔離があり、他方においては緊張を解消して破壊性を防止する賭博の場合のような（T. Parsons, *The Social System*, p. 307）状況の隔離がある（社会統制のメカニズムとしての隔離については、「逸脱行動と社会構造」『西京大学学術報告　人文』第3号、一九五三年、五二―五三頁に、ややくわしく述べた)。ここでは、〈隔離関係〉をパーソナリティ体系に最も強く接合する部分として位置づけ、努力と報酬のアンバランスを是正して、動機づけを社会体系へ流入させる活動を営むものとして取り扱う。

(8) 本文の四つの活動によって狭義の集団過程が構成される。パーソンズのＡＧＩＬ図式は、集団過程の四次元を表わしているように思われる。ただ彼は、Ｇ次元に〈パーソナリティの維持〉要件を含め、Ｌ次元に〈文化体系の維持〉要件を含めた。吉田民人の修正ＡＧＩＬ図式は(「Ａ・Ｇ・Ｉ・Ｌ修正理論〔その一〕」『関西大学文学論集』一一巻六号、一九六二年)、この二つの要件を独立させ、狭義の集団過程である〈適応〉と〈目標達成〉とを一つにまとめて、〈結合〉要件とともに四要件のリストを構成しているように思われる。なお、本文の中での〈協働関係〉の概念は、清水盛光のそれと同じである。清水は集団の本質を目標志向の共同に求め、その目標達成の活動を営む関係を「協働関係」と名づける(前掲書、二八七頁)。他方、〈連帯関係〉の概念は清水のそれよりも広い。それは「一体的統一」としての我等意識とそれに伴う感情だけではなく、成員「相互の依着《アタッチメント》」(右同書、七二頁)をも含む。

(9) T. Parsons & N. J. Smelser, *Economy and Society*, 1956(富永健一訳『経済と社会』二冊、岩波書店、一九五八—五九年、I、三〇頁)。

(10) T. Parsons *et al.*, *Working Papers in the Theory of Action*, 1953, p. 185.

(11) S. M. Lipset, Political Sociology, in R. K. Merton, *et al.* (eds.), *Sociology Today: Problems and Prospects*, 1959, pp. 84-88.

(12) R. Linton, *The Study of Man*, 1936, p. 358.

（13）作田啓一・間場寿一「社会行動の動機と原因」『思想』一九五九年五月、三八頁。

（14）A. W. Gouldner & H. P. Gouldner, *Modern Sociology*, 1963, pp. 547-60.

（15）真木悠介は、人間の共同性と個人性のどちらを優先させるかによって、ユートピアとしてのコミューンと最適社会とを分ける。コミューンも、みずからを存続させるためには、人間および彼をめぐる諸関係の中に個人性の契機が含まれている限り、最適統合の方法を利用しなければならない（「コミューンと最適社会」『展望』一九七一年二月）。この議論の中には最適統合と価値統合の関連をめぐる興味深い着想が含まれている。しかし、右の論文のポイントは、この点にあるよりもむしろ共同性の概念にあるように筆者には思われるので、ここではこれ以上立ち入らない。

Ⅲ　価値の制度化と内面化

一　文化・価値・社会

1　文化の下属体系と価値

文化の下属体系としてはさまざまなものが挙げられてきた。いくつかの分類法があるけれども、ここでは、経験的知識の体系、世界観の体系、秩序の体系、表現様式の体系という分け方を採ることにしたい。

経験的知識とは、人間が外界、とりわけ自然的環境に働きかける際に道具として利用する実証可能な知識であって、科学や技術、それらの応用に関する知識などを含む。この領域においては、真偽の判定を行なう認識的規準が支配し、命題や行動は、この規準に従って真理にどれほど近いか、どれほど遠いかという形で判定される。たとえば現代の経験的知識に照らし合わせると、病気をなおすのに呪術師に祈禱を依頼するよりも、医者の調合した薬を飲むほうが真理に近い。

第二の下属体系は、行為者（集団もしくは個人）を、彼以上の何らかの超越的な存在に結びつけることによって、彼の行為の目標に妥当性を与える体系である。この存在は、神、人類、人間性、民族、階級その他、何であっても構わない。要するに、このような存在との一体化によって、あるいはそれの一部分もしくは道具として、行為者を位置づけることを通じ、行為者に行為への確信を付与するような体系が、この第二の下属体系である。それは信念体系（belief system）、存在に関する信念の体系（existential belief system）、世界観（world view）などと呼ばれているが、世界観ということばがポピュラーなので、そう名づけることにしよう。(1) それは行為体系にとっての目標の正邪を示す規準を含む。この体系によって妥当性を付与された目標が、経験的に見て、相対的に実現可能性をもち、その目標に至る手段が経験的知識によって規定されている場合、この体系は、特にイデオロギーと名づけられる。

第三の下属体系は行為体系内の秩序の表象と、それに即した評価の体系である。それは世界観ととりわけ密接な関係をもつ。だが世界観が超越的な存在との関係によって行為体系の目標を導き出すのに対して、秩序の体系においては、このような目標志向の限界内で体系の内部の諸単位がどのように相互に調和すべきかを示す規準が支配している。H・ベルクソンに従えば、それは「共同生活を可能にするのに欠くことのできないところの、一般的な性格の社会的義務」であって、慣習の混沌とした根底から、純粋化と単純化、抽象化と一般化によって少しずつ形成されてきた(2)。秩序の表象には、それに基づいた権利義務の割当てが伴う。これらの権利義務は、法や習律《モーレス》に基づくものだけではなく、もっと微妙でインフォーマルなものをも含む。これらの表象や評価は、世界観と切り離しがたい関係にあるにしても、経験的知識や表現様式とも無関係ではない。たとえば戦前の日本社会においては、忠義、孝行、男尊女卑、官尊民卑、身分相応、遠慮、義理堅さ、恥を知ることなどの項目から構成される道徳的価値の体系が制度化されていた。これらの項目は部分的には経験的知識に立脚しており、また部分的には表現様式によって規定されていた。一例を挙げるだけで十分であろうが、身分相応は階級的秩序の確立している社会の中で生きる知恵に裏づけされた価値である。他方、礼儀という表現様式を通じて、どの程度の恭順が他者と調和しうる範囲であるかが定められた。秩序の体系を支配する規準は、いわば善悪の規準である。

第四に、表現様式は、好み、センス、品、適合（congeniality）、美など、感覚的な受容の容易さや困難さを表わす用語で指示されるような内容をもつ。一つの時代の一つの社会において（あるいはその内部の部分、たとえば階級において）、その成員にある程度共通した表現様式の体系がある。人間の容姿、ことばづかい、衣服、日常生活のスタイル、自然、建築物、絵画、音楽などに関して、好みやセンスの規準がある。それを鑑賞的規準と

経験的知識（科学）	世界観（宗教）
表現様式（芸術）	秩序（道徳）

第１図　文化体系

呼ぶことができよう。この規準に従って、さまざまの対象が広い意味での美にどれほど近いか、どれほど遠いかが判定される。それは快、不快を定める規準であって、たとえばある服装は趣味がよく、他の服装は悪いなどという判断が行なわれる。第一、第二、第三の下属体系は、それぞれ〈適応〉〈目標達成〉〈結合〉という集団構造の活動を直接に導くものと考えてよい。これに対して第四の下属体系である表現様式は、これらの活動を直接には導かない。それは主として、欲求の特定の表現に支持を与える機能により特徴づけられる。

筆者はこれまで、文化の下属体系として、経験的知識、世界観、秩序、表現様式の四つを挙げ、それぞれについて簡単な説明を加えてきた。社会の中で広範に制度化されてきた代表的な文化項目を例として示すなら、それぞれ科学、宗教、道徳、芸術を挙げることができる（第１図）。だがもちろん、これらは例示にすぎない。たとえば世界観の位置する箱の中にイデオロギーを置くことも可能であろう。そのうえ、一つの項目は単一の下属体系だけに所属せず、他の下属体系にもまたがっているのが普通である。その文化項目が未発達でまだじゅうぶん分化していない段階においては、特にそうであると言えよう。たとえば「原始宗教」は四つの下属体系のすべてに含まれていると考えられる。

ここで文化体系の中で個々の文化項目がもつ価値的な性質について言及しておこう。文化の全体としての体系およびその下属体系は、それぞれG・ジンメルの言う意味での「統一性」をもつ。体系を構成する個々の文化項目は、体系との関連のもとで位置づけられているから、他のものによっては代え難い性質を付与される。それは他を排除してそこにあるという意味で、価値がある。この「排除」は、行為体系（社会体系およびパーソナリティ体系）の選択過程における「犠牲」と、体系一般の見地からは同じ意味をもつ。しかし、文化体系は行為体系のように行為（選択）するのではなく、ただ存在しているだけであるから、(3) 文化の属性としての価値は、獲得と犠牲の交換において形成される、とは言えない。文化の次元の価値は、そのかわりに、他のものによっては代え難いという意味で、成立している。しかしその場合でも、価値はやはりシステム・レファレンス、すなわち「統一」への関連によって現われてくることに変りはない。

2　理念的文化と制度的文化

文化と社会という二つのことばが、どのような現実を、あるいは現実のどのような側面をさすかについては、これまでいろいろの意見があった。それらを整理すれば、ほぼ次の四つにまとめることができる。第一の用語法は二つのことばを相互交換的に用い、同じものをある時は文化、ある時は社会と呼ぶというふうに、意識的に両者を区別しない用い方である。それは特に、文化的、社会的という形容詞形が使用される際に、目立って現われてくる。たとえばE・デュルケームの社会的なもの（chose social）は、他の人によっては文化的なものと呼ばれてよい内容をさしている。このように、文化と社会とを厳密に区別しない用い方もあるが、最近の社会学者、社会心理学者はだいたいにおいてこの区別に敏感である。

第二の用語法においては、文化と社会とが実在の全体・対・部分あるいは部分・対・部分として区別される。ある場合には、社会的なものは文化的なものの一部分と考えられている（F・ズナニエッキーやE・T・ヒラー）。他の場合には、文化的なものは社会的なものの一部分と考えられている（E・デュルケームやG・ギュルヴィッチ）。最後に、行動の対象を物、観念、人に分け、前の二者に向かう行動を文化的、人に向かう行動を社会的と呼び、これに基づいて、文化と社会とを区別する場合がある（松本潤一郎(4)）。

第三の用語法においては、文化と社会のどちらかを実在とみなし、他をそこから抽象された型相として区別する。この用語法にも二つのサブ・タイプがある。ある場合には、文化が具体的なもの、社会がそれから抽象されたものであり（B・マリノフスキー）、他の場合には、社会が具体的なもの、文化が抽象的なものである（A・R・ラドクリッフ＝ブラウンやM・J・レヴィ）。

第四の用語法では、文化も社会もともに実在そのものではなく、著しく可変的な現実を恒常性・規則性のもとでとらえるための操作概念と考えられている。両者が相互に異なるのは、現実の抽象化の仕方の違いであって、いわばマージャンのパイの異なった組合せのようなものである。この用語法にも三つのサブ・タイプがある。ある場合には、抽象のレベルの差異によって、抽象度の低い文化と抽象度の高い社会とが区別される(S・F・ナーデル)。またある場合にはその逆に、抽象度の高い文化から抽象度の低い社会が区別される(次のパラグラフ以下を参照)。最後に、抽象化のレベルの高低は問わず、その仕方のみによって両者を区別することも可能である。(5)

ここで筆者が採用する用語法は第四のうちの二番目と三番目である。まず理念としての文化の体系は、二番目の用語法によって社会から区別され、ついで、この理念が社会に制度化された場合、文化と社会は三番目の用語法によって相互に区別される。はじめに、後者の用語法が適用される場合の、制度化された文化と社会との関連について簡単な注釈をしておこう。社会的なものの本質は、相互に相手の行為を予期しうる行為者の相互行為の過程である。この過程が共有価値によって多かれ少なかれ規制されながら、特定の目標達成をめぐって組織され、構成単位である個人の何らかの欲求を充足するよう機能する時、それは集団体系と呼ばれた。人間の全体社会の体系の場合、相互行為過程の型の維持による安定性の条件は、本能ではなくて文化に見いだすことができる。経験的知識、世界観、秩序、表現様式であるところの文化は、大部分、世代から世代へと伝えられ、その体系に比較的恒常的な同一性を付与する。究極のところ、社会は互酬的な構造であり、制度化された文化は、共有価値という媒介を通して互酬的構造を条件づける習得されたパターンである。

次に、前者すなわち二番目の用語法の適用について注釈を加えよう。文化は、分析の最初のステップにおいては、つまり制度化以前の理念としての資格においては社会体系の外側に位置し、ついで、相互行為する行為者の目標の規制を通じて社会体系の中に入り込み、その全過程を貫流する。文化の侵入を受けて、社会体系は異なった二つの要請に対処しなければならない。一つは環境に対してみずからの同一性を保ちながら、目標を達成するという要請であるが、それは動物社会と共有する条件である。もう一つは人間社会に固有の要請であって、文化のもつ意味をあらゆる状況に一貫させようとする要請である。この二つの要請は、それらの本性上、相互に矛盾し合う。たとえば、いつも科学的に考えること、常に身だしなみをよくしていること、どんな場合にも階級的連帯を考えて行動すること、あらゆる機会に真実のみを語ること、これらが文化の一貫性の要請であるとしよう。しかし、行為者（個人もしくは集団）がおかれる状況はさまざまであって、これらの要請を一貫して実現することはできない。社会体系は変化する環境の中にあって動いてゆく運動体であるから、みずからの存続の必要のために、文化の側の要請に全面的に忠実であるわけにはゆかない。それにもかかわらず、文化の型の一貫性が完全に否定されるなら、相互行為する行為者が、相手側の行為に関して行なう予期は成り立たないことになり、社会体系は分解する。それゆえ、ある限界を越えては、一貫性の要請を拒否することはできない。そこで状況側の要請と一貫性の要請とは相互に妥協し合わなければならない。(6)こうして運動する社会体系と超時間的に妥当する一貫的な意味を属性とする文化体系とが、分析上相互に区別される。社会体系はみずからの中へ侵入してくる文化の一貫性の要請を、みずからの同一性の保持に必要な程度において尊重しはするが、全面的にその要請を容れるわけにはゆかない。それゆえ、社会体系に関して文化のもつ二つの位置を区別する必要がある。一つは、いわばまだ社会体系の外側にある理念としての文化であり、他は、状況の要請という濾過器をくぐって制度化された文化である。前者は後者に比べて、抽象化の度の高い文化であると言えよう。

二つの文化の位置の相違は、R・リントンの典型的文化型(cultural construct pattern)と現実的文化型(real cultural pattern)の区別に近い。(7)しかしリントンの場合には、経験的に積み上げられてゆく抽象化の二段階として、二つの型が区別されており、これに対して、今はむしろ二つの段階の体系論的な位置づけが問題なのである。社会体系の外側にあって、そこへ制度化される以前の典型的ないし理念的文化は、体系内の行為者にとって何らかのモデルとはなるけれども、彼の行動を実質的に拘束するまでには至らない。そのモデルに従って行動しなくても、周囲から制裁を加えられるようなことはないからである。

たとえば科学的知識がポピュラーとなっている場合でも、専門の科学者を除いては、それは表面的に受容されるにとどまっている。同じことは表現様式についても言える。われわれはある趣味の規準が上品なものであることに同意する場合でも、この規準がわれわれの生活様式全体を貫いていて、われわれがそれに実質的に拘束されているわけではない。表面的な受容の特殊なケースとしてユートピア的道徳規準を挙げることができる。たとえばキリスト教の伝統をもつ社会においての、山上の垂訓の倫理がそうである。それは高級な規準であって、それに従わないからといって非難されはしないが、理想的な規準としては広く認められている。だが、「他の頰をさし出す」というような文字通りの同調が日常生活において期待されているのではないから、この文化は制度化されているとは言えない。[8]

ユートピア的規準において特に明らかなように、理念的文化は拘束性の程度では制度的文化に劣るけれども、「望ましさ」の点では、必ずしもそれに劣るわけではない。[9]デュルケームが権威は拘束を課するとともに、同時に魅力の対象でもあると主張した時、彼は本来二つの次元に属しているものを、一つの次元に統一しようとする誤謬に陥っていた。なるほど権威は拘束と魅力という二つの属性をもってはいるが、しかしこれらの属性は同一物の二面なのではなく、別々の変数とともに変化する異なった系列の従属変数なのである。この点で、ベイエ（A. Bayet）によるモラール（morale）とモラリテ（moralité）の区別は参考になる。彼に従えば、モラールがかかわるのは、ある行為がある集団において禁じられているかどうか（「どの程度魅力があるか」というふうに読みかえることができる）の問題であり、モラリテがかかわるのは、そのモラールが現実にどの程度尊重されているかの問題である。(10)それゆえ、モラリテは制度的価値であり、モラールは理念的価値を表わしていると解することができる。モラリテは価値の制度化された状態であり、したがって拘束力をもつが、この拘束がどの程度魅力があるかを定める規準は、分析的には社会体系の外側に位置するモラールである。この世の秩序の見地からは、右の頰を打たれれば、相手に対してある限界内で復讐することが、正当であり義務でもあるだろう。もちろん、制度的文化が魅力という属性を保有しているように（それは理念的文化からこの属性を受け取る）、理念的文化もまた拘束性をもたないわけではない（それが部分的に制度化されているからである）。もっとも、理念的文化がどの程度拘束性をもつかは、社会によって異なる。この点については、あらためてⅦ章一節において述べるが、理念的文化の拘束性は、おそらく一つには宗教の合理化の程度に依存する。

たとえば、キリスト教のように合理化がきわめて進んだ宗教と、いわゆる「原始宗教」とを比較してみよう。「原始宗教」はそれが制度化された範囲内においてしか、ほとんど拘束力をもたないであろうが、キリスト教は、制度化の範囲を越えても、なおいくらかの拘束力をもっている。宗教の合理化が徹底すればするほど、その教訓のうちで、社会体系の現実の要請に適合しない部分が拡がるが、しかもそれにもかかわらず、これらの部分での行動は、宗教の影響力から免れえないからである。同様に、合理化の徹底したマルクス主義のようにイデオロギーも、十分合理化されていない以前の他のイデオロギーに比べれば、理念的文化の拘束性を強めてきている。K・マンハイムが言うように、「人間というものは、存在（制度化された現存の社会秩序と読みかえてよい）に内在する因子よりも、存在を超越するような因子に基づいて、もっとしばしば行動するようになった」のである。[11] しかし、それ自体としてどんなに合理化されている宗教やイデオロギーも、問題の社会の中にいくらかでも制度化されていなければ、拘束性をもたないことは言うまでもない。

なお現在の文脈において、「閉ざされた道徳」と「開かれた道徳」とに関するベルクソンの形而上学のもつ経験的な意味を指摘しておこう。「開かれた道徳」は、社会の制度的構造を越えた理念的文化に属するので、例外者であるところの特定の人格からの「呼び声」として感じられれば感じられるほど、その引力（魅力）を増してゆく。これに反して「閉ざされた道徳」は、繰り返される教訓の蓄積から成り立っているので、非人格的に公式化されればされるほど、その本質を明瞭に表わしてくる。[12] ベルクソンは生命の本質をたえず前進する躍動（élan）であると考えているが、このエラン・ヴィタールは、物質の壁にぶつかって前進をはばまれ、次の溝に針が進まないレコードのように、ある円周の回りを回転し続ける。これが人間社会の自然状態である。しかし別の所では、エランは壁を突き破り、物質の残滓を引きずりながらも、ますます開けてゆく社会を創造しながら前進してゆく。現在の国民社会は、自然状態であるところの小さな閉ざされた環節社会を越えて拡がってゆくという意味では、「開かれた社会」と言えよう。だが物質の壁は極めて厚く、ある線を越えたところで、レコードの針はまたもや同じ溝を回り出すこともあるから、国民社会の構造化され制度化された側面だけに焦点を合わせれば、それは「閉ざされた社会」であると言えよう。しかしその社会の深部で躍動しているエネルギーは、常に自然状態を越え、壁を突き抜けようとしている。ふたたびマンハイムの表現を借りるなら、「存在がユートピアを生み出し、このユートピアがこの存在を突き破ってすぐ次の存在に向かうのである」(13)。

このベルクソンの図式は、ウェーバーがカリスマの制度化と呼んだものと相互補完関係にある。ベルクソンは構造化された社会の表層の下を流れているエラン・ヴィタールを直観的に汲み取る天才によって、「開かれた道徳」が肉体化されると考えた。他方ウェーバーは、最初は例外者であったところの倫理的預言者が集団を形成し、そのカリスマが制度化されてゆく過程を追及している(14)。この過程はこれまで理念的文化の制度化と呼んできたものの一ケースにほかならない。もっとも、制度化の概念は、異なった社会からの文化の受容(acculturation)の場合も含んでいる。

右に見たように、まず文化体系が社会の外にあって、次に社会の中に入り込むという順序だが、歴史的には、社会—文化総合体の中から文化体系がしだいに独立していった。この独立の過程は、人類の共同生活体《コミュニティ》に貫徹してゆく分化(differentiation)の重要な一環であることを、パーソンズは強調している。ここでは文化の一下属体系ではあるけれども、過去にさかのぼるほど文化の中での位置の枢要性が高い宗教を中心に取り上げ、文化と社会の分離に言及しておこう。

現在観察されうる最も原始的な社会の一例として、しばしば取り上げられるのはオーストラリアの原住民の社会である。このタイプの社会の基本的な特徴は、親族への所属により、人びとの権利や義務がすべて規定される、という点にある。しかし、コミュニティの境界は必ずしも明確ではない。採集と狩猟のために利用される土地は、農耕の場合ほど排他的な占有の対象とならないから、コミュニティの地理的境界はぼやけている。次に、コミュニティの成員の範囲であるが、婚姻による網のつながりのどこまでが「われわれ」に属し、その線を越えると「われわれ」でないという限界がはっきりしない場合がある。[15] このように原始的コミュニティにおいては、土地と成員資格の両面において体系としての限界が不十分にしか画されていない。それはむろん「開かれた社会」ではないが、境界の曖昧な、やや無定形の拡がりである。

人間の社会の原初形態は閉ざされた封鎖的な社会であって、それがしだいに開放的になってゆくのが社会の進化である、という通念がある。村落共同体のようなものを社会の原初形態とみなし、この種の諸集団が部族の範囲の中で溶解してゆくというコースを取り上げるなら、この通念は正しい。しかし、もっと初期から村落共同体の成立までの時期を取り上げるなら、社会は封鎖から開放に向かってきたとは言えない。

コミュニティの限界がはっきりしない原始社会では、その社会が生み出した文化体系も、社会からはっきり分離していない。そこでは、聖と俗との相互浸透を制限するため、無数のタブーが設けられている。[16]だが、聖俗間の分離は文化と社会の分離ではない。逆に、俗である親族中心の日常生活の運営そのものに宗教的規定が広く深く入り込んでくるということは、神聖の秩序と世俗の秩序との分離が十分でないことの現われである。これらの宗教的規定は、伝統的な日常の慣習を聖化する働きしかもたず、その意味で宗教は現存の社会生活と不可分に融合していた。言いかえれば、原始的コミュニティの「汎宗教性」は、かえってこのタイプの宗教の社会体系からの独立性の弱さを示す。[17]一般的にはそれは文化体系の分化の未熟性を意味する。

多くの文化人類学者たちが社会なる用語と文化なる用語とを十分に区別せず、両者を相互交換的に用いがちであるのは理由のないことではない。彼らがしばしば研究の対象として選んでいる共同生活の単位においては、社会―文化総合体からの文化の分化がほとんど開始されていないからである。[18]

文字をもつ社会にはいると、神聖な秩序に参加しうるのは有識の僧侶階級や高貴なリネイジだけになり、一般の民衆はこの秩序とは無縁の存在と化する。こうして、聖と俗との分離は階層構造を通して実質化する。世俗生活を規定していたこまかなタブーの規制力が弱化し、民衆によって担当された生産や商業の活動は、そのおかげで発展してゆく。最初のうちは、神性の秩序と人間の秩序のあいだのギャップは神格をもつ王によって橋渡しされていた。(19) しかし、聖俗間の分化が更に進行すると、人間の身でありながら聖界に所属する存在がありうるとは考えられなくなる。聖界と俗界とは深く分裂する。この分裂の進化と並行して、神聖な秩序は、それを信奉している世俗的な特定の社会を超越し、もっと広い範囲に妥当するものとみなされるようになる。この段階において、いわゆる世界宗教が成立するのである。イスラエル、イスラム、中国、インドのような古代社会は、このタイプの世界宗教のにない手となった。

しかし、儒教やヒンドゥー教のように高度に普遍主義的な文化が発展したところでも、この文化に参加する成員は社会の全範囲にわたってはいなかった。ごく少数の教養のある上層階級の者のみが普遍主義的な文化に参加し、大多数の者は地方の個別的、伝統的な文化の中に閉じこめられていた。すなわち、これらの社会ではもはや親族構造が宗教への参加を規定しなくなってはいるが、ヒエラルヒー構造が聖俗界を分離するという形になっているので、文化体系は社会体系から十分に独立しているとは言い難い。文化体系の十分な独立は、その体系がこれを担う社会全体に対して超越的である（その社会を越えて拡がっている）と同時に、その文化体系への参加の権利が社会のすべての成員に対して開放されている場合に認められる。宗教上のタームで表わすなら、問題の超越的な神性への信仰が、親族ないしヒエラルヒーによって制約されるのではなく、誓約によって承認される、ということにほかならない。この新しいパターンはイスラエルによって実現された。一社会の成員全部が特定の宗教の信者である点だけなら、全員参加は「原始宗教」においても見られるパターンである。しかし、ヤハウェとイスラエルを結ぶきずなは、親族的紐帯ではなく人格的誓約に基づいていた。イスラエルの災難は、契約違反に対する人格神ヤハウェの怒りによると解釈された。神がわざわいをもたらしうるという考えは、イスラエルに特殊ではない。だがその理由を契約違反に求める預言者たちの解釈は、特殊ユダヤ的であった。イスラエルはそれに固有のヤハウェ信仰の範囲を政治的征服によって拡大する（イスラムの採ったコース）かわりに、政治的独立の喪失を罪の結果として受け容れることで、ヤハウェの正義の神としての特徴を強めた。[20] 愛するイスラエルをさえ罰するのであるから、この神の掟は高度に普遍主義的であることが、明らかに証明される。

　その後の宗教の進化を簡単にたどっておこう。宗教は現存の社会秩序からますます超越してゆき、神、道《タオ》、アートマ（究極我）などの抽象的観念を中核とする教義の体系を発展させて、現存の秩序を超越的に批判する立場を築くことになった。その批判を可能にしたのは教義のもつ論理性であって、この論理性のゆえに、常に妥協に満ち、状況に応じたなれ合いなしには運ばれない現実の生活を批判することができたのである。一方、教養の論理性は、一つの価値の実現を目ざして一貫的に行動することを個人に要求する。こうして、ウェーバーのいう価値合理的行為を共通の様式として採用する信者の組織が生まれた。この種の教団は成員の信念の共通性によって成立するもので、血縁や地縁のきずなを越え、それを断ち切った人びとをも組織しうることになった。この組織は他の多くの文化的結社、たとえば芸術家の集団や大学の組織のモデルとなり、市民的デモクラシーのもとでの政党のような集団もまた、プロテスタントのセクトを原型としていると言われる。文化的結社としての教団は、〈価値の実現〉と〈動機調整〉の機能を専門的に担当する構造要素であり、このタイプの結社の出現によって、宗教の分化は「原始宗教」以来はるかに進んできたことがわかる。

プロテスタンティズムは、しだいに地域社会《ローカル・コミュニティ》の統合の要因となってきたカトリシズムから、キリスト教の普遍主義的な性格を解放することに貢献した。カトリシズムにおいては、教会成員とコミュニティ成員とが重なり合っていたが、プロテスタンティズムにおいては、右に述べたように、セクトの成員性は所属《アスクリプティヴ》の基礎《ベース》から断ち切られた。しかし、このように宗教思想が普遍主義的性格を強めてきたその段階が、同時にネーション・コミュニティの凝集性の強まる段階でもあったことに注意する必要がある。世俗化によって宗教のもたらす凝集力の方向は地域社会から国民社会《ネーション・コミュニティ》へ向かった。一社会に居住するすべての人間が、階級所属のいかんを問わず、平等のシティズンシップを享有する近代国家において、西欧では宗教思想が普遍主義の階段を昇りつめる。社会が国民的規模で政治的な封鎖性を強める時、文化は宗教的なレベルで開放性の極に達する。

3　社会の機能的要件と価値の類型

それでは、理念的文化はどういう形で社会体系に制度化されるであろうか。以下では集団の機能的要件との連関において文化の制度化を取り上げることにしよう。

前に述べたように、価値は、時とともに緊張—弛緩を繰り返す衝動の対象としての「ほしいもの」ではなくて、恒常的に「望ましいもの」である。このように、有機体によって「ほしいもの」がそのまま価値とならないということは、有機体の欲求の直接的な充足を抑制する社会体系の要求が、価値の生成に参加しているからである。近親相姦の禁止は、そのことを明らかにする古典的な例証となった。もし自由な近親相姦が承認されるなら、家族員間の葛藤が生じ、激しくなるであろう。その結果、家族を基礎的単位とするもっと広い集団の活動がスムーズに行なわれなくなるであろう（マリノフスキー）。更に、集団内の内婚を禁止する外婚制は、集団間の相互扶助を維持し、社会の〈結合〉要件の充足に貢献してきた。一つの集団が災害などを受けて他集団の援助を必要とする場合、婚姻関係によって結ばれている他集団の救援を受けることができるからである。この要件の充足をスムーズにするために、個人の欲求充足の構造が規制され、身近な女性との性的交渉がタブー化される。それは交換ないしホスピタリティ用の財の「自家消費」が禁じられる慣行と、機能的に同じ意味をもつ（C・レヴィ＝ストロース）。こうして、家族やそれを含む集団を構造要素とする社会体系の機能的要件を充足させてゆくという要請の見地からは、近親婚や内婚は禁止され、反価値とみなさなければならない。一般に、有機体にとって欲求阻害を意味する行動が、社会の存続の見地から、価値の属性を与えられる場合は少なくない。さまざまの種類の禁欲もしくは欲求充足の延期、極端な場合には死さえ、社会成員にとって「望ましさ」の威光をもつ可能性がある。

しかし、社会の要求の決定にさいして、すべての成員の欲求が平等にその要求の中に組み入れられ、あるいはそこに反映してゆくのではない。成員がその社会の中で占める地位の相違によって、彼の欲求が社会の要求にどのような仕方で参加し反映するかが異なる。たとえば社会が民主主義的に構成されていない場合、支配階級の欲求がほとんどそのまま社会の要求として主張され、その要求を満たす行動様式が価値としての性格をになうに至る。支配階級によって「望まれたもの」が、その社会全体において「望ましさ」の色彩を帯びる。しかしその場合でも、価値は全体としての社会の要求に合致するという資格において「望ましいもの」となるのであり、したがって、支配階級はみずからの欲求を社会の要求であるかのように見せかける技巧を常に必要としてきた。この点に関連して、集団の共同目標の決定に際し〈勢力関係〉が演ずる役割のことを想起しよう（Ⅱ章三節）。〈目標達成〉活動に〈勢力関係〉が影響するなら、この要件に正機能する集団活動のすべては、〈勢力関係〉によって多かれ少なかれ影響される。その結果、他の諸要件を充足させようとする集団の要求が、上位者の私的要求と多かれ少なかれ重なってくる。しかし、私的要求が集団の要求として主張される限りにおいてのみ、私的要求は、それが本来的にもっている力以上の力をもちうる。

それでは社会の要求にはどんな種類があるだろうか。もしこれらの種類を明確にすることができるなら、それらに対応させて価値の類型を構成することが可能になる。これらの要求は集団体系の互酬的構造にかかわる四つの機能的要件を実現させようとする要求にほかならない[21]。全体社会の場合、〈適応〉〈目標達成〉〈結合〉〈動機調整〉は、それぞれ「経済」「政治」「統合」「動機づけと文化」（R・N・ベラーの用語）と呼ばれるものにほぼ相当する。文化的価値はこれらの四つの次元の活動と両立しうるような仕方で制度化されてゆく。全体社会はこれらの四つの活動次元のほかに、〈文化体系の維持〉と〈パーソナリティの維持〉という二つの次元をもつ（前述七八―八一頁参照）。だが社会的価値（social values）を問題にする本書では、〈文化体系の維持〉要件と文化的価値の関連および〈パーソナリティの維持〉要件と個人的価値（personal values）の関連についての議論には立ち入らない。

〈動機調整〉次元は、コミュニティや全体社会の場合、将来の成員性に備えて子供を社会化するという独特の活動を含む。社会化の過程は、組織の中に全く含まれていないとは言えないが、そこでの〈動機調整〉の活動は、大部分緊張処理によって占められる。それゆえ、ここで社会化に関し、若干のコメントを付け加えておく必要がある。分化の進んだ社会の中の家族は、職業生活から分化(differentiation)し、また他の家族からも分離(segmentation)しているので、〈動機調整〉活動をほとんど専門的に分担する構造要素となっている。したがって家族は成人のパーソナリティの情動を調整する機能を課せられているが、同時に、子供の欲求体系を規制して、将来の何らかの役割活動に適合するような動機体系を作り上げる機能をも担当する。本性上無方向的な欲求を特定の目標と結びつく動機に仕上げるために、主として愛情という報酬が手加減される。家族は社会化を行なう重要な構造要素ではあるが、それが社会化の唯一の機関であるとは言えない。子供時代においても同輩集団(peer group)のような機関がほかにあるし、また社会化は成人期においても、何らかの程度において行なわれるからである。

右に述べた社会の四つの次元から生ずる要求は、成員のどんな行動に「望ましさ」という性格を付与するであろうか。まず、共同目標の達成に貢献しているかどうかという評価の規準が〈目標達成〉次元から生ずる。次に、共同目標との直接の関連なしに、それぞれの活動の分野でどのように「生産的」であるかを評価する規準が、〈適応〉次元から生ずる。第三に、社会の慣習・法律・道徳などの社会規範への同調を通じて、他者との調和をどの程度維持してゆくかを評価する規準が、〈結合〉次元から生ずる。最後に、昇華された私的欲求にどの程度忠実であるかを評価する規準が、〈動機調整〉次元から生ずる。これらの評価の規準から導かれる価値を、それぞれ貢献、業績、和合、充足と名づけよう。これらの価値を内面化した行為者は、社会に貢献し、他の成員と和合し、個人主義的に業績を挙げ、自発的な欲求の充足を望ましいと感ずる。理念的文化としてのこれらの価値は、制度化されて再び社会体系の運動過程を貫流するが、その際、業績価値は〈適応〉次元、貢献価値は〈目標達成〉次元、和合価値は〈結合〉次元、充足価値は〈動機調整〉次元において、それぞれ制度化されやすいということは言うまでもない。こうして四つの価値が制度化されて役割期待とその反応を規制する時、成員の動機づけは、価値を通じて、社会体系の運動に適合しながらそこへ吸収されてゆく。

次に、集団の要求に応じた四つの制度的価値の内容を限定してみよう。周知のようにAGILの四次元は、最初はR・F・ベールズの小集団観察のデータに経験的根拠を見いだしていた。[22] ベールズによれば、AGの二次元は課題解決に専心する仕事中心の場（task area）であり、ILの二次元は成員間の連帯を維持し、動機づけを補給する情緒中心の場（social-emotional area）である。[23] 全体社会の場合、この区別は明瞭ではないが、この体系が外界と交渉するAGの二局面（二つの external dimensions）を「仕事」の場、体系内部の諸単位の状態を維持するＩＬの二局面（internal dimensions）を「日常」の場と呼んで、ベールズの区別を生かすことができよう。そうすると、「仕事」の場である〈適応〉と〈目標達成〉の次元においては、仕事中心的な役割期待が制度化され、「日常」の場である〈結合〉と〈動機調整〉の次元においては、むしろ人間中心的な役割期待が制度化されるであろう。「仕事」の場では、それをする人が誰であろうと、何をするかが問題となり、「日常」の場では、することの意味よりも、その客体（行為者自身も含めて）が行為者にとってどんなに好ましいかが問題となる。われわれは仕事をする場合には、どちらかというと能力本位で相手を評価するが（業績価値と貢献価値）、日常の交際においては、どちらかというと人物本位で相手を選ぶ（和合価値と充足価値）。この対照をパーソンズは業績本位（achievement）―属性本位（ascription）と呼んだ。[24] 丸山真男の表現に従えば、「することと」と「であること」との対照である。[25]

業績本位―属性本位の対照は、疑いもなくウェーバーの世界宗教の類型論から導かれている。[26] 彼はピューリタニズムと儒教との基本的な差異を論じた際、現存秩序の拒否と受容という両者の異なった態度に注目した。もちろんすべての世界宗教は、社会の現行の慣習をそのまま神聖視する「原始宗教」とは異なり、この世の非合理性に対して、何らかの程度において分裂・緊張の関係に立つ。しかし世界宗教の中で儒教はこの分裂が最小限度まで縮小した場合であり、逆にピューリタニズムはこの世に対して最も鋭い緊張関係に達している。もっとも、ピューリタニズムにおいては、現世拒否は超越的な神との合一を志向する瞑想的な神秘主義には至らなかった。なぜなら、ピューリタニズムにおいては神と人とのあいだの断絶があまりにも深いので、両者の神秘主義的合一は不可能であり、またその距離はあまりにも遠いので、俗人より以上に神に接近する特権を脱俗的修道者に認めることができなかったからである（無限の距離を尺度とすれば、どれだけ近いかという相対的な評価は問題にならない）。このように、来世的禁欲主義は神の絶対的な超越性のゆえに否定される一方、現世の仕事こそ神から与えられた使命であるから、その仕事に励むことによって、神の栄光を増すべきであると考えられた。そのために、ピューリタニズムの徹底的な現世拒否から、かえって能動的な世俗的活動に対する高い評価が導かれてくるのである。ピューリタンはみずからを神の意思の実現の道具とみなし、割り当てられた一面的な仕事に没頭することができる。

他方儒教の場合には、宇宙的秩序は人間に対して好意的であり、したがって、人間はこの宇宙的な調和から生ずる社会的秩序の状態に順応することが望ましいとされていた。もちろん、現世も人間もまだ完成の域には達していない。人間の完成の手段である物質的幸福は、社会の中で十分に用意されてはおらず、また人間は心の平衡と調和とをそこなう情熱をもっているからである。(27) しかしそれらは克服できない障害ではなく、完成は約束されている。ただ、宇宙的秩序を反映した調和のある均整のとれた人格を形成するためには、古典の不断の学習が必要である。この種の教養を積むことによって得られる官職は、高等な人間が就くのにふさわしい職業とされた。他の職業は人間を専門化させるので、人格の全面的な発展を求める高貴な人間にとっては、望ましいものではなかった。この点で儒教の理想的人間像はピューリタニズムのそれと鋭く対立する。後者においては、それは神の道具となる人間、一面的な活動に没頭する人間であるのに対して、前者においてはそれ自身が目的であるところの人格完成を目ざす人間、全面的に発達した人間である。(28) このような人間観に関する道具性と人格性との対照は、聖を人間に対して超越的なものと見るか、それとも人間に内在的なものと見るかの違いから導かれる。

現世拒否のピューリタニズムにおいては、人間はみずからを神の道具として限定しつつ、一面的な活動に励むという社会的性格が形成されたが、この性格特性は、業績本位＝仕事中心の役割期待を基調として目的合理的に組織される「仕事」の場の要求に、きわめて適切に対応していると言わなければならない。これに対して、人格完成を通じて世界との調和を志向する儒教的「君子」的な性格は、周囲の具体的所与から自己を引き離し、また自己を分割してその一部を他者とつなぐ方法になじむことができなかった。それは「あること」の状態、たとえば年齢層別、性別、階級別の状態にふさわしくふるまう属性本位の役割期待が支配する世界において、よりよく適合しうる。

このようにピューリタニズムと儒教との比較から、業績本位―属性本位の対概念が導かれるけれども、他方また、そこに普遍主義（universalism）—個別主義（particularism）[29]の対照を見いだすこともできる。倫理的義務が個別的な人間関係にかかわりなく、あらゆる人間に、あるいは少なくとも広範なカテゴリーに属する人々に等しく非人格的《インパーソナル》に適用される場合、それは倫理的普遍主義と呼ばれる。たとえば近代ヨーロッパにおいては、人は自分の親戚や友人だけでなく、あらゆる他者に対して、誠実公平に取引するのがビジネスの倫理とされた。ウェーバーが指摘したように、この普遍主義がなければ、近代的な経済体系は機能しえないであろう。それは広範囲の未知の人々のあいだの基本的な信頼の上に成り立つシステムだからである。ピューリタニズムにおいては、キリスト教一般に見られるこの普遍主義がとりわけ顕著に現われている。それは、えこひいきや情実に対してきわめて強い敵意をもつ。この点で、儒教的倫理は対照的である。それは親族のような個別主義的な関係にある他者への人格的《パーソナル》な義務を強調する。他方、このようなカテゴリーの外にある関係は倫理的無関心の領域に放置される。経済市場におけるほとんどの関係は、このような「外側」としての性格をもっているので、そこでの行動は倫理的制限から解放され、伝統主義のきずなから絶たれた一攫千金的な営利活動となる。それは合理的なブルジョア資本主義に典型的な倫理的規律のもとでの営利活動と区別される[30]。

ウェーバーのピューリタニズムと儒教の対照の図式に含まれている二つの軸、業績本位—属性本位、普遍主義—個別主義は、パーソンズによれば重なり合うのではなく、交錯する（第2図参照）。この交錯によって区切られた四つの室に、望ましい役割期待である価値の四つのタイプが位置づけられることになる。これらの価値へのコミットメントは、どれもすべて社会の機能的要件であるが、社会の相違によって、どの価値が至上となるかが分かれてくる。たとえば近代西欧社会は普遍主義的業績本位の価値を強調し、古い中国は個別主義的属性本位の価値を強調する。それに対応して、前者においては〈適応〉もしくは「経済」体系が高度に組織化され、後者においては〈結合〉もしくは「統合」体系が著しく発達した。こうして、四つの価値のあいだの相対的な優位性の観点から、社会の比較への道が開かれる。

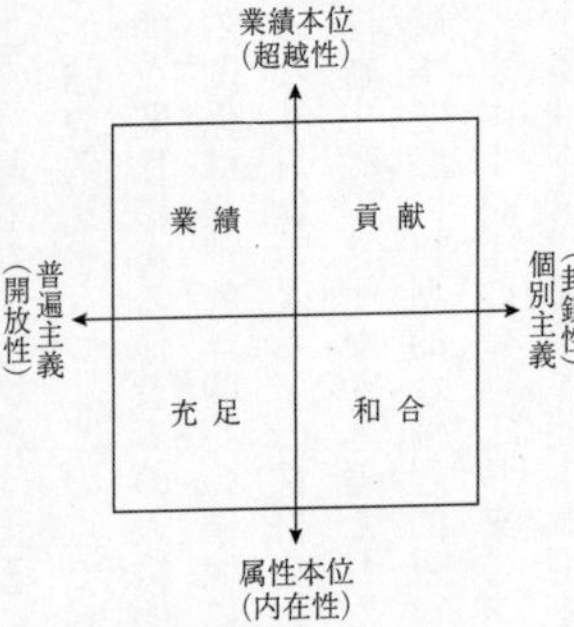

第２図　価値の類型

右に述べたところから、パーソンズの業績本位―属性本位は、超越性（transcendence）―内在性（immanence）と言いかえてよいことは明らかである。だが彼は『行為の総合理論をめざして』においては、超越性―内在性を普遍主義―個別主義の意味に用いている。超越性―内在性にどのような意味を与えるかが未確定であるために、『社会体系』と「社会成層理論への分析的アプローチ改稿」とでは、中国の位置が異なってくる。すなわち『行為の総合理論』と同時に書かれた『社会体系』においては、中国は

G次元（個別主義―業績本位）に位置しているが、「成層理論」ではI次元（個別主義―属性本位）におかれている[31]。この変化は、個別主義と同一視されていた内在性がそれから切り離され、属性本位と結びついたことを意味する。

こうして、パーソンズはウェーバーの宗教類型論の基本的な軸である超越性―内在性を自己の図式に取り入れる際に、意味の付与の仕方を変えているのであるが、ここでは、『社会体系』の後に書かれた「成層理論」の解釈のほうを採用した。この軸が業績本位―属性本位の軸と重なると見るほうが、彼の他の仕事全体を通じての概念枠組と整合する度合いが高いからであり、また経験的な価値の型を整理する上にいっそう有効であると考えたからである。なお、普遍主義―個別主義に関しては開放性―封鎖性という、社会学ではファミリアーな軸が重なるように思われる。特定のパーソナルな関係を越えてゆくのが、普遍主義の原理だからである。

最後に、価値体系の概念に言及しておきたい。先に述べたように、文化体系の中での文化項目は他を「排除」してそこにあるという意味で価値をもっていた。行為体系の中での文化項目の価値は、その体系の中の要件充足のため、いくつかの項目の中から「選択」されて社会体系の中に取り込まれているという意味での価値である。これらの価値のおのおのはI法、習律《モーレス》、習俗、道徳、宗教、表現様式、知識などのさまざまの分野にわたり、統一された複合体《コンプレックス》を形成しているとともに[32]、Ⅱこれらの価値のあいだには優性（上位）ないし劣性（下位）のヒエラルヒーの段階がある。ここで価値体系というのは、所与の社会体系の中に取り込まれた諸価値が、IとIIの二重の意味で相互に連関している状態をさす。本書では、行為体系としての社会にかかわる価値体系（制度化された社会的価値の体系）のみを取り扱うことは、すでに述べたとおりである（三五―三六頁）。

（1）よく知られているように、フローレンス・クラックホーンは、「人類に共通の（五つの基本的な）問題を解決する際、行動や思考に秩序と方向とを与える原理」を嚮導価値（value orientation）と名づけ、五つの問題に対する三つずつの解決を仮定して、文化の変異性の範囲を定めようとした（F. R. Kluckhohn & F. L. Strodtbeck, *Variations in Value Orientations*, 1961）。人間性の善・悪などに関するこれらの原理は、ここで言う世界観に近い。

（2）H. Bergson, *Les deux sources de la morale et de la religion*, 1932（森口美都男訳『道徳と宗教の二つの源泉』〔世界の名著53　ベルクソン〕中央公論社、一九六九年、四二五頁）。

（3）文化体系を「存在」させるのは、むろん人間行為者であって、その場合、彼は行為体系の中に位置し、〈文化体系の維持〉の要件を満たす活動を演じている。しかし、彼は互酬的構造の四要件を満たす活動を営んでいるのではない。

（4）第二の用語法の批判については、武田良三『社会学の構造』時潮社、一九五二年、第三章を参照。

（5）第四の用語法の二番目のサブ・タイプとしては、たとえばT. Parsons & E.A. Shils (eds.), *Toward a General Theory of Action*, 1951を挙げうるが、時としてパーソンズは第二の用語法の二番目のサブ・タイプに近づく。A. L. Kroeber & T. Parsons, The Concepts of Culture and of Social System, *Amer. Sociol. Rev.*, October, 1958; Parsons, Culture and Social System: An Exchange, *Amer. Sociol. Rev.*, April, 1959 を参照。これらの論考の中では、文化体系は「シンボルの意味の体系を創造し維持するという要請をめぐって組織された行為体系（総体としての行為体系のうちの分析的な一側面である下属体系）である」と考えられている。だが本書では、文化体系を行為体系とは考えないパーソンズの以前の立場を採っている。ただし、注（3）で述べたように、行為体系に必要な限り〈文化体系の維持〉要件を満たす活動は、行為体系に属する。

（6） T. Parsons & E. A. Shils, *op. cit.*（永井道雄他訳『行為の総合理論をめざして』日本評論社、一九六〇年、二七三―二七七頁）。

（7） R. Linton, *The Cultural Background of personality*, 1945（清水幾太郎他訳『文化人類学入門』創元社、一九五二年、六五頁）。

（8） T. Parsons, *The Social System*, 1951, pp. 55–56.

（9） 彼は拘束（le devoir）と望ましさ（le bien）をもって道徳の二要素とみなし、これらは「同じ実在の異なった面」であると言う。É. Durkheim, *L'éducation morale*, 1925, p. 112.

（10） 古川哲史『フランス倫理思想の研究』小山書店、一九四八年、二二六頁。

（11） K. Mannheim, *Ideologie und Utopie*, 1929（鈴木二郎訳『イデオロギーとユートピア』〔世界大思想全集24〕河出書房、一九五四年、一六〇頁）。

（12） ベルクソン、前掲訳書、二四五頁。

（13） マンハイム、前掲訳書、二一八頁。

（14） M. Weber, Typen der Herrschaft, *Wirtschaft und Gesellschaft*, 1921-22（浜島朗訳『権力と支配』みすず書房、一九五四年、第二部五）。

（15） T. Parsons, *Societies: Evolutionary and Comparative perspectives*, 1966, pp. 33, 37（矢沢修次郎訳『社会類型―進化と比較』〔現代社会学入門10〕至誠堂、一九七一年、四七、五四頁）。

（16） E. Durkheim, *Les formes élémentaires de la vie religieuse*, 1912（古野清人訳『宗教生活の原初形態』二冊、下、岩波文庫、一九四二年、第三編第一章）。

（17） T. Parsons, *Societies*, pp. 38-39（前掲訳書、五五―五六頁）参照。

（18） *ibid.*, p. 95（右同訳書、一四三頁）。

（19） R. N. Bellah, Religious Evolution, *Amer. Sociol. Rev.*, June, 1964, p. 365.

（20） M. Weber, *Gesammelte Aufsätze zur Religionssoziologie*, 3 Bde., III, 1921（内田芳明訳『古代ユダヤ教』二冊、II、みすず書房、一九六四年、四九三―九四頁）および T. Parsons, *Societies*, p. 101（前掲訳書、一五二―一五三頁）を参照。

（21） 集団の機能的要件の図式をそのまま社会に当てはめることには、明らかに無理が伴う。その主要な理由として、集団の場合には、構造要素が個人の役割であるのに対し、社会の場合には、それは集団でもありうること、そしてまた、集団成員の欲求が部分的であるのに対し、社会成員の欲求はほぼ全体的であることが指摘されうる。しかし、社会に特有な機能的要件の図式を構成することは、現在の段階ではまだ困難なので、いちおう集団の図式を社会に適用することで満足しなければならない。

（22） T. Parsons *et al.*, *Working Papers in the Theory of Action*, 1953, pp. 11-12, 189-202 を参照。

(23) 二つの場の区別はグループ・ダイナミックスにおいて定着している。二つの場での役割期待の相違に応じて、リーダーシップに二つの型があることは、たとえば三隅二不二の一連の実験的研究を通じて明らかにされた。最近、三隅らは、p（group performance）の極大型であるPは本来欠如しているm（group maintenance）の機能を代替し、mの極大型であるMは本来欠如しているpの機能を代替するという、興味深い仮説を提起している（三隅二不二・林重政「指導者の行動類型に関する概念模型の提示」『教育・社会心理学研究』10巻2号、一九七一年）。

(24) 厳密な定義は T. Parsons & E. A. Shils, *General Theory*（前掲訳書、一三二―一三三頁）で行なわれている。

(25) 丸山真男『日本の思想』岩波新書、一九六一年、Ⅳ。

(26) パーソンズ自身の注訳によれば、この対照はリントンの achieved status と ascribed status という対概念から得られたということになっている（*Social System*, p. 64）。確かに用語はリントンからの借用だが、そのインプリケーションは、リントンの用語法をこえて拡がっている。

(27) M. Weber, *Religionssoziologie*, 3 Bde., I, 1920（細谷徳三郎訳『儒教と道教』弘文堂、一九四〇年、二八〇、二八七、二九二、三九〇頁）。

(28) 右同訳書、四一四―四一八頁。

(29) T. Parsons & E. A. Shils, *General Theory*（前掲訳書、一三〇―一三二頁）。

(30) T. Parsons, *The Structure of Social Action*, 1937, pp. 550-51.

(31) T. Parsons, A Revised Analytical Approach to the Theory of Social Stratification, *Essays in Sociological Theory*, rev. ed., 1954, pp. 407-8.

(32)「さまざまの分野にわたる統一された複合体」という点では、この定義はK・デーヴィスの制度の概念に類似する。デーヴィスによれば、たとえば結婚の制度は習俗（婚約、ハネムーンなど）、習律《モーレス》（婚前婚後の純潔と忠実）、法（結婚許可、事由ある離婚の権利）などにわたる（K. Davis, *Human Society*, 1948, p. 71）。

二　社会化の諸類型

1　模倣と拘束

この節においては、パーソナリティへの価値の内面化の問題を、社会化の理論の文脈に限定して取り上げよう。価値の内面化は言うまでもなく〈動機調整〉次元の〈隔離関係〉による社会化の活動の結果である。以下では社会化の活動を抽象性の高い次元で類型化するが、その際、この活動を行なう〈隔離関係〉の構造の種差を念頭においている。すなわち〈隔離〉された状況の中でも、〈連帯関係〉〈協働関係〉〈依存関係〉〈隔離関係〉のそれぞれが、二次的にせよどの程度の優性をもつかによって、社会化（学習）の効果が異なってくる、という観点に立ちたい。

(1)　タルドとデュルケーム

価値はどうして習得されるのであろうか。もっと精確に言えば、ある文化の様式が、望ましいものとしてパーソナリティの内部に定着するのは、どのような過程を通じてであるか。社会学や社会心理学では、この過程を社会化の極めて重要な一側面として取り扱ってきた。今日では社会学の古典となったデュルケームの「社会的拘束」の理論と、G・タルドの「模倣」の理論とは、社会化の過程の説明にあたって、相互に排除し合うのではなく、補足し合う理論であると考えられるようになっている。[1] 一つの行動様式を習得する際、デュルケームにおいては、その様式を身につけているモデルが、社会化される人（le socialisé）を強制する契機が強調され（拘束）、タルドにおいては、モデル＝社会化する人（le socialisant）に近づこうとするソシアリゼの自発性の契機が強調されている（模倣）。

しかしデュルケームも認めているように、道徳的権威のにない手であるモデルは、まさにそれゆえに学習者にとっては魅力をもつ対象であり、純粋な強制によって価値が習得されると考えていたわけではない。他方、優者から劣者へと模倣が進行すると[2]いうタルドの法則は、権威の承認がソシアリゼに模倣の動機づけを誘うことを意味するから、デュルケームとの違いは見かけほど著しくはない。ただ、デュルケームにとってはモデルのもつ権威は、実は彼の背後にある社会の権威（超個人的権威）であり、モデルはたまたまその代理機関の役割を果たすにすぎない。[3] その点で、模倣を同等の地位にある個人と個人との相互行為の一ケースとして以外には考えないタルドとは異なる。このような違い、つまり学習過程を社会対個人の関係でとらえるか、独立した個人間の相互行為としてとらえるかの違いによって、一方ではモデルの権威の威圧の面（学習者の心理においては尊敬）が、他方では魅力の面（学習者の心理においては愛着）がそれぞれ浮き上がってくる。

学習過程における強制と自発性との対照を、この過程がその中で展開する社会関係の二類型との関連のもとで明らかにしたのはJ・ピアジェであった。彼は権威が介在する関係を「社会的拘束（contrainte sociale）」、平等の関係を「協同（coopération）」と名づけ、「社会的拘束」だけではなく「協同」もまた、あるいはむしろ協同は拘束以上に、社会化にとって重要な働きを演ずることを指摘した。「拘束」はたとえば親子関係に顕著に現われ、「協同」の一ケースとしてピアジェが綿密に観察したのは、児童の遊び仲間であることはよく知られているとおりである。だがこの問題に立ち入る前に、デュルケームをピアジェにつないだP・ボヴェの理論に触れておかなければなるまい。

(2) ボヴェの理論

心理学者であるにもかかわらず、制度化された社会関係の類型と学習過程を結びつけるという、きわめて社会学的なアプローチを採用したピアジェに対して、同じスイスの心理学者のボヴェは、純粋にインターパーソナルな関係の中での、学習者の態度から出発する心理学的なアプローチを試みている。[4] 彼は、一定の行動様式に従わなければならないという責務の感情が、過去の相互行為のどのような経験に起源をもつかを探求した。古くから、習慣と責務の密接な関係についてしばしば指摘が行なわれてきた。日常の習慣的な行動様式に違反する時、悔恨、あるいはそれに類似することばで表現されるような一種の不快の感情が起こる。ジンメルは次のように書いている。「どんな仕方で説明しようとも、長い習慣によって形成され、最初の目的が忘れられた行為への衝動は、ある程度私たち自身に対する義務や責務の感情のトーンを帯びる。古い習慣をとつぜん中断すると、それとともに義務をなおざりにしたという不快な感情がもたらされることを、何びとも否定しないだろう……」(5)。しかしボヴェによれば、全く個人的な起源をもつ習慣は、彼が責務のモデルとして選んだ軍隊における守則と少しも似ていない。喫煙の例(彼がそれを取り上げているのは他の文脈においてであるが)を考えてみよう。タバコを吸う習慣のある人が禁煙を実行する時、彼は一種の不快感を経験するであろうが、それは軍隊で守則に従いえなかった場合の不快感、固有の責務感情とははっきり区別される。同様のことは不作為の習慣についても言える。今までしなかったことをする時の不安は、《汝為すべからず》という命令の違反に伴う悔恨と同じではない。

だが明らかに習慣が責務の感情をひき起こす場合がある。大学を卒業したばかりの友人が次のように語った。彼は手紙を投函する時はいつも、それがポストの外側に滑り落ちてはいないかを確かめるために、投函したあとで地面を見回さずにはおられない感じをもつ、と。彼はこの責務の感情を、幼年期に発した長い習慣によって説明した。その頃彼は小さくて、ポストの投函口に達するには爪先で立たねばならなかったので、両親の手紙を出しにゆく時、彼らは彼にそのことを注意していた。この例が物語っているように、習慣はただそれだけで守則と同じ働きをもつのではない。習慣の起源が問題である。子供であった彼はポストのふもとを見よという命令を受け取った。そして彼はそれを行なう習慣とともに、そうしなければならぬという感情を保存した。だがこの責務の意識を生じさせたのは習慣ではない。そこでボヴェは次の結論に到達する。「(1)責務の感情は、それが存在する時はいつも、守則的方式が先行していた。命令・禁令が前もって与えられていた。習慣や他人の行為の模倣は、[6]それだけでは責務の感情をつくるのに十分ではない。(2)守則の受容は、主体と彼に命令ないし禁令——それは以後彼に義務として感じられるようになる——を伝える一人ないし多数の人格とのあいだの感情的依存関係を常に含んでいる[7]」。

彼の結論を読むと、われわれは彼の立場がデュルケームのそれと著しく接近していることに気がつく。彼はもっぱら内観的方法に頼りながら、責務の起源は自己の外側にあるというデュルケーミスムに到達した。しかし彼はデュルケームとは異なって、命令を与える者はその権威をただ社会からのみ受け取ってくるとは考えなかった。あるいはむしろ、心理学者としてのボヴェの関心は、命令を受ける者の態度のほうに関心があった、と言うのが精確かもしれない。なぜ人は命令を受け容れるのか。それは彼が命令者を尊敬しているためであるか、それともその命令者を尊敬するようにかつて彼に命じた誰かを、彼が尊敬しているためである。こうして起源に在る命令者を求めてさかのぼってゆくと、最後に子供の前に在る両親が見いだされる。だがボヴェによれば、子供が親を尊敬するのは、親の背後に在る社会のためではない。社会に対する尊敬が社会を象徴している親へ移行するのではなくて、逆に、親に対する尊敬が、成長後他の社会的客体へ移行してゆくのである。それゆえ、経験的に確かめられる範囲内で責務の感情の起源を求めてゆけば、親子関係に到達するほかはない。

最後に、経験的な追及の限界を越えて、親に対する尊敬の感情がどうして発生するか、という問題が残る。デュルケーミスムがそれに答える有力な仮説であることをボヴェは否定しない。しかし彼は、この点では、むしろ精神分析派に、更にそれからさかのぼって生物学に大きい期待を寄せている。[8] ボヴェの仮説によれば、原初的な性的渇望であるリビドーが両親に充当されて尊敬の感情となる。尊敬の感情は、相互に転換し合う二つの感情、愛（amor）と恐怖（timor）を含み、両者のニュアンスの変化に従って、さまざまの尊敬の状態が見いだされる。子供にとって母と父は、まだ十分に分化していない愛や恐怖の原初的感情を、それぞれひき起こす。

尊敬に基づく人格的関係が存在するかぎり、責務の感情が生じうるのだから、人は成人して後も、さまざまの機会に新しい責務を課せられる。そしてこの人格的関係が強ければ、命令が明示的でなくても、新しい行動様式の習得は効果的に行なわれる。

ボヴェがあるホテルに滞在中、Cという人が金曜日の食卓では肉を食べないことに気づいた。しかしその時は好奇心を催しただけであった。それは、未開民族の面白い風習を見た場合のように、プロテスタントがカトリックに対してもちがちな優越感を含む憐憫のようなものであった。次の週の金曜、ボヴェはハムの皿に手をつけずに下げさせるかどうかを自問した。彼の心の中には、そうしなければならないというような感情があった。一週間のあいだに何が起こったのか。その間に、ボヴェはC氏に強い友情を感じた。彼はC氏のカトリックとしての誠実さを崇拝するようになったのである。ある夜、徹夜して話し合った時、C氏は思想の共鳴よりも教会の断食の慣行において合致することのほうが、人と強い連帯の歓びを感じうると語った。C氏に対する友情、深い交際を発展させ確保したいという願望は、それ以前においてはやや笑うべきもののように思えていた教会の慣行を、責務の調子を帯びた守則に変形するのに十分であった(9)。

右のケースにおいては、恐怖よりも愛が優位を占めている。しかしいずれにしても、尊敬に基づく人格的関係が強ければ強いほど、尊敬の対象である人格の何らかの行動様式が望ましく思われ、責務が発生しやすい、という仮説を立てることができよう。タルドに還るなら、習慣が成立するのは、この望ましい様式の「模倣」を通じてである。だがそれは、反射的なオートマティックな動作の再現ではなく、特定の人格的関係を条件としてのみ成立する模倣である。この意味での模倣を母として成立した習慣だけが、その起源によって義務的性格をもちうるのであり、純粋に個人的な起源をもつ習慣はこの性格をもちえない。

(3) マウラーの理論

愛と恐怖が学習過程においてどんな役割を演ずるかというボヴェの提出した問題は、フロイト主義の正統派には属さないが、その影響の強いO・H・マウラーによって解決された。[10] S・フロイトやボヴェと同様、[11]彼もまたある行動様式の習得にあたっては、モデルである人格と学習者がみずからを同一化する必要があることを認める。同一化には二つの型がある。一つは発達の基礎となる同一化(developmental identification)であり、他は防衛のための同一化(defensive identification)である。ボヴェの用語を借りるなら、前者は「愛」による同一化、後者は「恐怖」による同一化であると言えよう。正統派のフロイディアンは、たとえばアンナ・フロイトがそうであるように、「防衛同一化」に学習の重要な条件を見いだした。これに対してマウラーは、この種の同一化の重要性をもちろん認めてはいるけれども、発達過程の順序からいえば、「発達同一化」のほうが先行すると考えている。

タルドからミラー=ダラード[12]を経て今日に至るまで、模倣が社会化の基礎であるという考え方は一貫している。しかしその間に、模倣の概念はしだいに限定され、精密化されてきた。ここでは模倣の概念の歴史をたどる余裕はないので、最近の到達点である「発達同一化」の中での模倣の位置づけだけを取り上げよう。マウラーの指導下で行なわれたおしゃべり鳥（talking bird）の有名な実験によって、動物がどうしてことばを学習（模倣）するかが明らかにされた。(13) 一人の訓練者が手ずから鳥に食物を与え、水を飲ませ、その他の世話を親身になって行ない、鳥がなつくようにする。そのうち、訓練者は言わせたいことばを鳥に向かって話しかける。食物や水の補給は定期的に続けられてゆくが、そのたびごとに同じことばが鳥に語りかけられる。やがて鳥は彼が愛着するようになった訓練者がそばにいない時に、教えられたことばに似た声を出すようになり、その後は訓練者がいるいないにかかわりなく、発音を繰り返して上達する。

この学習過程を分析すれば、二つの部分に分けられる。一つは飢えや渇きのような一次的動因の解消と訓練者のことばとを結びつける記号学習の過程であり、いわゆる条件づけ（conditioning）の過程にほかならない。まず、訓練者がそばにいる時に、鳥の一次的動因がいつも解消される。彼は鳥にとって、動因をその解消に結びつける媒介者（mediator）である。そこで、鳥は彼がいつも身近にいることを求めるようになり、こうして愛着という二次的動因が学ばれる。すなわち鳥は飢えや渇きの欲求が満たされている時でも、訓練者がそばにいることを望む。ところが訓練者はいつもそばにいるとは限らないので、鳥はこの動因を解消するために、訓練者の存在《プレズンス》とつねに結びついていたことばを発音しようとする。むろん、ことばは彼の存在ほどの満足は与えないが、それに代わる二次的報酬価を意味する。このように接近の法則によって、記号のもつ価値が学ばれる。

学習過程の第二の部分は、こうして学ばれた二次的報酬価をしだいに高めてゆく過程である。望ましい響きをもつ訓練者のことばに似せようとして、鳥がいろいろの発音を試みているうちに、偶然、訓練者のことばに似た声が発せられる。そうすると、この発音は鳥を満足させ、その報酬価をいっそう高めるために練習に励み、試行錯誤(trial and error)の過程が展開され、ますます訓練者の声に似てくる。この過程は効果の法則によって適切に説明されうる。

要するにことばの学習過程は、オリジナルな一次的動因を訓練者の声と結びつける条件づけの学習(条件刺激の学習)、つまり問題をつくる学習と、試行錯誤によってこの問題を解決し、二次的な報酬価をうる問題解決学習の二部分から成っている。パブロフ(I. P. Pavlov)によって取り上げられたのは前半であり、ミラー＝ダラードの取り扱ったのは後半である。両者を結合したのが、マウラーの学習の二因子理論(two-factor theory of learning)にほかならない。

訓練者とのおしゃべり鳥の同一化は、人間の親との幼児の同一化と全く同じではないだろう。だが両者に共通のメカニズムが働いていることは確かである。幼児がことばを、あるいはその他のさまざまな行動様式を、親(もしくはその代理者)から学ぶのは、鳥が訓練者に愛着し、彼が身近に存在することを望むのと同じような同一化が、親との関係において成立しているからだと考えてよかろう。この種の同一化こそ、その後の発達の基礎となる同一化であって、この同一化の仕方を身につけた個人は、以後さまざまの行動様式に価値を付与し、それを習得してゆく。ボヴェが金曜の肉食禁止を学んだのも、これと同じメカニズムを通じてであった。「発達同一化」は疑いもなく愛のニュアンスの勝った尊敬に基づくが、他方、恐怖のニュアンスのほうが濃い尊敬の状態もある。防衛のための同一化が基づいているのはこれである。

子供がある程度成長すると、親はしつけを始める。子供のわがままは、かつてのように何でも許されるというわけにはゆかなくなり、しばしば禁止される。だが子供はすでに親に愛着しており、また独立して生活しえない無力な存在でもあるので、親から逃げ去ることはできない。こうして、自己中心的な欲求の充足と親の愛や保護をつなぎとめておきたいという欲求とが同時に成立しえない葛藤状況が出現する。この葛藤を解決する方法はただ一つしかない。それは、みずからを親と同一化し、彼らが望ましいものとしている価値を自分の価値とすることである。この取入れが成功して価値が内面化し始めるにつれ、しだいに超自我が形成されてゆくのであるが、このテーマはS・フロイトによって執拗に追究されていらい、日常的にもかなりファミリアーとなっている。この場合の同一化は、自己の欲求充足を阻止しようとする対象との同一化であるから、アンナ・フロイトはこれを攻撃者との同一化(identification with aggressor)と名づけている。[14]

自己防衛のための攻撃者との同一化を通じて、社会に制度化されているさまざまの行動様式が望ましいものとして取り入れられることは言うまでもない。なぜなら、親もしくはその代理者は、自分たちが望ましいと信じている行動様式(必ずしもそのすべてを実行しているわけではないが)を、つうじょう子供に注入しようとするからである。こうして超自我(または良心)が形成されると、それは制裁を行なう社会の代理機関の役目を果たし、個人の個々の欲求やセルフ・インタレストの追求を、いわば内側からコントロールするようになる。望ましい様式に違反すれば、たとえ外部からの制裁がなくても、行為者のパーソナリティ内の超自我が彼を罰する。それが良心の呵責(罪の感情)である。

行為者の意識(言語化されぬ下意識や無意識も含めて)において、「発達同一化」と「防衛同一化」とのきわ立った相違はどこにあるのだろうか。対象に付着する愛と恐怖の違いについてはすでに述べた。それに対応して主体の内部においても、フラストレーションの性質に差異がある。どちらの場合にも、主体はフラストレートされている。だが「発達同一化」においては、それは頼りなさから生じ、孤独の感じとして経験される。彼は親やその代理者が不在であるために、あたかも彼らが存在しているかのようにふるまおうとする。「防衛同一化」においては、フラストレーションは干渉から生じ、処罰への恐れとして経験される。彼は親や代理者が存在しているのに、あたかも彼らが不在であるかのようにふるまおうとする。[15] マウラーが指摘したこのようなフィクションの構成の仕方の相違は重要である。彼は二つの同一化を十分に行なうかどうかが、子供のその後のパーソナリティをノーマルにするかニューロティックにするかを左右すると考えた。だが現在のわれわれの関心は、十分に行なわれた同一化によって習得された価値が、パーソナリティにとってどのように異なった意味をもつかという点にかかわっている。この問題はマウラーにとっては関心の外にあった。

「発達同一化」によって習得された価値は、行為者を他者と人格的に結びつける機能をもっている。たとえば、子供は不在の母親の動作をまねることによって（人形遊びはその一つのケース）、彼女によって代表される外界からの切断を免れようとする。価値にコミットすることは、彼にとっては他者との連帯や外界との調和を確保する手段なのである。これに対して、「防衛同一化」の場合は、学習の目標は自律性の獲得にある。彼が親もしくはその代理者のコミットしている価値をみずからの内に取り入れれば取り入れるほど、それだけ彼は安全となり、独立する。価値にコミットすることは、彼にとっては他者からの独立や自己自身の超越（みずから課した規律による衝動の克服）を確保する手段なのである。便宜上ここで、「発達同一化」を貫く原理を調和性、「防衛同一化」を貫く原理を超越性と名づけ、それぞれに関連する価値の意味を区別するために、エロス価値と規律価値ということばを用いることにしよう。

右に紹介したとおりマウラーに従えば、幼児期における行動様式の習得は、主体にとって重要な意味をもつ人格との関係を通じて行なわれる。それでは人間は成長後も、他者との人格的関係を通じてしか行動様式を習得しないのであろうか。もちろん、そうとは考えられない。通信教育によって英語を学ぶこともできる。だが習得された行動様式が、「望ましさ」という価値の性格を獲得するためには、それがどこかで「尊敬」する人格との関係につながっていなければならない。大都市に出て苦労する少年や少女が、その苦労を故郷で見守っている母のイメージと結びつけて正当化する（価値づける）というケースは、そのありふれた一例である。[16] デュルケームが「聖（le sacré）」について述べたように、価値は事物そのものの内容ではない。それはさまざまのものに、いわば外部から付着する。[17] それがたまたま何に付着するかは、状況の偶然にすぎない。このように価値は何らかの人格に対する尊敬の投影であるとしても、その人格的関係が忘却されたり、あるいはその想起が意識下に抑圧されたりすることもあるだろう。だが観察者の立場に立つなら、価値づけられた行為を行なう行為者をどこかから眺め、それを評価する「故郷の母」が、いつも存在しているはずである。R・K・マートンはこのような存在を準拠者（reference individual）と呼んだ。[18] それは特定の行動の雛型を提示する役割モデル（role-model）と明確に区別される。人は役割モデルから価値を学ぶことはない。

マートンは、準拠者の資格は、主体の生活の多様な部分で交渉のある人でなければならないと考えたが、事実上そのような個人が準拠者となりやすい（たとえば両親）としても、いつもそうであるとは限らない。パーソンズが指摘したように、両当事者間の交渉が全面的（total）であるか一面的（segmental）であるかは、相互に対する忠誠の範囲とは無関係である。たとえば友人関係はつうじょう一面的であるが、忠誠の範囲は局限的（specific）ではない。友人関係の忠誠の範囲を定める因子は、交渉面の数ではなくて親密さの程度である。(19) 同様に準拠者への忠誠は、交渉の範囲によってではなく、主体が彼に対していだく「尊敬」の度合いによって左右されると言えよう。

2 協同と昇華

(1) ピアジェの理論

ここでわれわれはピアジェによって提起された「協同」と価値との関係の問題に戻らなければならない。ピアジェはボヴェの説をほとんど完全に肯定し、用語の違いしかないと言っている。ピアジェはまず、デュルケームが集団対個人の関係によってとらえようとした道徳の問題を、ボヴェが個人対個人の関係に還元したことに賛成する。ついで、先に言及は省略したが、ボヴェが普遍主義的な義務の成立に、理性の演ずる重要な機能を認めたことに同意している。第一の点は、今日から見ると硬直した社会実在論に陥っているデュルケームの社会学主義を批判する拠点として意味をもつが、ここで取り上げる必要はない。

第二の点は重要である。

ボヴェによれば、子供が成長すると、尊敬の対象は親以外に他の成人・年長の子供などに拡がってゆく。それに伴って、彼らから発する諸影響（諸命令）間に相互矛盾・衝突が起こる。理性はそれらを整合して、抽象的な原理を構成する。抽象的な原理が構成されるにあたって、理性が不可欠の役割を演ずるという点については、ピアジェはボヴェに同意する。しかしこの点を越えると、彼はボヴェと別れてゆく。理性が尊敬の対象をどんなに拡大し、命令をいかに抽象化しようとも、それは上下関係の下位者の上位者に対する一方的尊敬をリファインするだけであって、尊敬する者が同時に尊敬される者であるという相互的尊敬の段階には決して達しない。ピアジェの関心の焦点は、一方的尊敬の合理化におかれているのではない。それはどんなにリファインされようと、「拘束」の状態にとどまるからである。彼にとっては、一方的尊敬から相互的尊敬への転移（transférence）が問題であった。どちらも尊敬であるけれども、対象の質が異なるから、それらに伴う感情も異ならざるをえない。彼はこのようにして善の感情が導き出されると考えた。一方的尊敬は合理化されても、義務の感情しか伴わない。それが相互的尊敬に転移するとき、初めて善の感情が生まれる。

それでは、相互的尊敬はどういう条件のもとで成立するのであろうか。ピアジェは子供の遊戯集団をデータとして、十一―十二歳の年齢に達すると、子供たちのあいだで相互的尊敬が可能になると主張した。相互的尊敬の過程は次のように分析されている。ⅠAがBに命令を与える。Ⅱ BはAを尊敬するから、この命令を受け容れる（ここまでは一方的尊敬である）。Ⅲ しかしAは精神的にBの位置に身を置く。Ⅳ それゆえ、Aは自分がBに与えた命令によって自分自身を拘束する。このようにして生まれる自律性と善の感情とが、不可分の関係にあることは言うまでもない。Ⅲの局面に現われてくる同一化は（ピアジェはこの用語を使用しないが）、同位者間に起こる同一化であるという点で、マウラーの二つの同一化とは異なる。「見地の相互交換」と呼ばれる同一化の感情的な側面が、一方的尊敬と区別された相互的尊敬にほかならない[20]。前者は権威の上下関係において、後者は権威の平等関係において、それぞれ成立する。ピアジェは文明社会の子供の遊戯集団を経験的な引照《レファレント》の根拠としたが、そこから次のような演繹を試みている。人間が基本的に平等であるとみなされている文明社会においては、「見地の相互交換」、したがって「相互的尊敬」が成立しやすい。彼はその対極として、年長者支配が貫徹している未開社会を選んだ[21]。

　このような立論の支えとなっているのは、デュルケームの有機的連帯と機械的連帯の対照である。だがピアジェの独創性は、デュルケームが連帯の二類型を設定したにもかかわらず、それぞれに対応する道徳の類型化を徹底させなかったのに対して、これを一歩進めたところにある。もちろんデュルケームは、さまざまの箇所において、有機的連帯の社会においては、機械的連帯の社会における集団崇拝に代わって、個人の人格が聖化されるようになることを指摘した。[22] この「人格」は個々の人間の有機体と結びついてはいるが、しかしそれはいわば外側から付着する価値であり、それゆえに集合表象の産物であると考えられた。こうして彼は、人間の平等の観念がどうして生じたかを社会学的に説明したけれども、人格と平等の観念が個人のパーソナリティに内面化した時に生ずる道徳意識の変質にまで、立ち入ることはできなかった。「人格」はどこまでも個人の外に在り、かつての集団崇拝と同じ仕方で「人格」崇拝が起こると考えられるにとどまった。文明の現象の多様性にもかかわらず、「文明なるものはやはり一つである」というデュルケーミスムの基本的命題[23]を適用すれば、崇拝なるものは一つしかないからである。この命題を徹底させてゆけば、有機的連帯というものは、じつは機械的連帯の一つのヴァリエーションにすぎず、真の類型を構成しえないことになる。もしそれを独立の類型として認めようとするなら、集団崇拝と「人格」崇拝とは異なった感情を伴っていることを認めなければならない。ピアジェが展開したテーマはこれであった。彼によれば、「相互的尊敬」は「一方的尊敬」の単なるヴァリエーションではない。

子供の遊戯に戻ろう。十歳以下の年齢層、特に七―八歳以下の年齢層においては、子供は年長者から教わった遊びのルールを厳密に遵守する。ルールは神聖な実体とみなされ、どんな状況においても変更の許されないものと考えられている。「社会的拘束」のもとで習得されたルールのもつ意味はこのようなものである。ところが、子供が成長して十一―十二歳になると、ルールはもはや実体視されない。ルールを守らなければならないとすれば、それは仲間の連帯を維持して、楽しく遊べるようにするためである。したがって、ルールは成員相互の同意によってサンクションされるのであり、必要とあらば、同意によって変更されることもあるだろう。つまり、尊敬は具体的な一つのルールに、そしてまたそのルールを教えた年長者に向けられているのではない。尊敬はいわば仲間の連帯そのものに向けられているのである。

遊びのルールから類推してゆけば、社会生活の規範にも二つの意味が認められる。ピアジェによれば、行為者にとって実体的な意味をもつ規範は「権威（autorité）」、機能的な意味をもつ規範は「規約（convention）」である。両者はともに規範である以上、次のような問題が起こる。「協同」によって形成された「規約」もまた、「拘束」に基礎をもつ「権威」と同じように、理性に対していとわしい強制を課しはしないだろうか。デュルケームがあらゆる社会に、分化し個人主義化した社会においてさえ、「拘束」の働くのを見たのは理由のあることではなかろうか。だがピアジェはそうは考えない。「拘束」が課するものは、細部まで規定され、訂正を許さぬ信条（croyance）であるのに対して、「協同」はただ方法（méthode）を提供するにとどまるからである。「拘束」は私たちに既成の事実状態を尊敬するように命ずる。ところが「協同」は、「事実の状態、既知の組織化された真理のかなたに、意見と見地のいっそう大きな一致が成立する可能性を認め、その権利状態をたえず尊敬するように私たちを力づけるのである」[24]。

それでは、「権威」と「規約」とは価値の点でどのように異なっているだろうか。第一に、「規約」の形成には個人が自主的に参加しているから、それは善の性格を取得することはすでに述べた。それゆえ善は、すでに制度化されている「権威」的規範に付着している属性ではなくて、自発的な相互行為の過程から生まれてくる魅力にほかならない。したがって、両者はともに「望ましいもの」であるとしても、「権威」には主として義務の感情が、「規約」には主として魅力の感情が伴うであろう。その意味で、「規約」は集団に制度化されてゆきながらも、たえず理念的文化の性格をとどめている（理念的文化については、特に九九—一〇四頁を参照）。逆に言えば、「規約」はその本性上「権利状態」を目ざしてたえず更新されてゆくが、それは集団超越的文化に向かって、常に開かれていることを意味する。

もちろん、「規約」には義務の感情が伴わないというわけではない。「拘束」関係を通じて異なった価値を習得した複数の個人が出会う時、彼らのあいだに「見地の相互交換」と「相互的尊敬」が起こり、新しい構成的価値が生まれる。それは魅力という新しい属性をもつが、しかし同時に、この価値の構成要素であるところの古い価値に宿っていた義務の感情を、やはりひき起こす力をもっているに違いない。同様にひとたび成立した構成的価値に伴う魅力は、それの要素である「権威」的規律にも反映するであろう。

第二に、「協同」から形成される「規約」は、権利状態を事実状態から区別することによって、行為者をつねに超越性に向かって方向づける。その点についてはすでに述べた。だが「規約」はまた、主体を個別的な状況から引き離す作用をもっている。それはもはや尊敬する誰かのために遵守しなければならぬ価値ではなくて、それ自体として遵守すべき普遍主義的な価値となる。そして、「規約」のインテグラルな要素であった「権威」的規律を生み出したところの、個別的な人格的関係をも統制しうるに至る。

このように、「規約」が原理としての性格をもつことが承認されるなら、カント（I. Kant）の例の有名な命題が肯定される。《ある人格に対して私たちがもつ尊敬は、実はその人に実例となって現われている法則への尊敬にすぎない》。だが起源においては、ボヴェの言うように、《法則に対して私たちがもつ尊敬は、実は私たちがそれを受け取った人格への尊敬なのである》。この法則と人格との関係が、カントの命題に表わされている関係に再び逆転することによって、価値はその属性として「望ましさ」のほかに、高度の「一貫性」を獲得する。もともと価値はその定義によって、つまりそれが望ましさについての観念であるという資格によって、本来一貫性をもっている。だが個別的な人格的関係と切り離されない（それが意識されなくなったとしても）段階にある時、価値はまだ普遍主義的な性格を十分に取得しえない。それが構成的価値に転ずる場合にのみ、あらゆる人格的関係や状況を貫徹する力をもちうる。構成的価値は演繹の枝葉を広げ、社会の慣習や個人の習慣を一貫して秩序づけようとする。原理に基づいた応用が開始されるのである。社会のあらゆる領域に型の一貫性を実現しようとする統合の要請は（前述八五―八六頁）、「権威」的規律よりもむしろ「規約」から発すると言わなければならない。もちろん、この要請は「権威」的規律に反映するだろう。「権威」的規律の義務的性格を「規約」が受け継ぐように。両者の関係は、「開かれた道徳」と「閉ざされた道徳」とのあいだの相互補完作用とある意味では類似している。[25]

ピアジェによれば、構成的価値のみが価値への自律的なコミットメントをもたらす。なぜなら、それは個人がみずから形成したものだからである。他方、「拘束」は児童に特有の自己中心性ないし自閉性（autisme）を強化するだけである。それゆえ、たとえば「拘束」の強い未開社会の年長者支配のもとでは、未開人は身体的に成長しても、自閉性から完全には解放されず、抽象的思考に関しては児童的心性にとどまっている。[26] 彼らが「前論理」的に思考するのはそのためにほかならない。[27] おそらく、行為を統制する効力の点では、「規約」は「権威」的規律と比べて、より強いとは言えないであろう。両者の違いは、行為者のコミットメントの強度にあるのではなく、行為の一貫性についての行為者の責任感の強度にある。価値が個別的な人格的関係から遠ざかれば遠ざかるほど、無限に変化する状況の多様性が価値実現の行為をサボタージュする口実になりにくくなる。なぜなら、容易に人格的関係に還元される「権威」的規律の場合には、尊敬する人格（それが想像上の人格であっても）に向かって、価値実現の困難な状況を訴え、説明し、許しを請うことが相対的に容易だからである。だが「規約」が真に内面化した場合、責任の緩和を嘆願する相手はどこにもいない。

社会化のメカニズムとして「発達同一化」と「防衛同一化」の二つだけを取り上げるなら、文明の発達に必要な個人の自律性は、「発達同一化」においてではなくて、「防衛同一化」において形成される。実際、外界の権威を内側に取り込んで、自主的に行動を規律する原理が成立する場合にのみ、つまりパーソナリティの内部に超自我（super-ego）が絶えずモデルとして存在している場合にのみ、人間は他者の監視を必要とせず、自己超越に向かって努めることができるのである。そのような規律なしには、いかなる文明も形成されえない。この二つの同一化の枠の中だけで考えるなら、リビドーを抑圧して文明をつくってゆくか、それとも、文明を断念してリビドーを自由に表出させるかという二者択一が問題となる。フロイトが「文明とその不満」(28)の中で、この陰気な思想を展開させたことはよく知られている。

つづいてE・フロムが陥った二者択一状況もこれであった。父権的社会の父子関係において習得された規律価値は、主体にとって強迫的な性格をもち、彼の心的諸機能を貧弱にし萎縮させるが、その代わり彼を強迫的に行動に向かってかり立てる。このようにして生じた活動のエネルギーによって文明が成立した。これに対して、母権的社会の母子関係において習得されたエロス価値は、主体にとって慰めと許しを意味する。フロムはイデオロギーとしての母権論がF・エンゲルスのような社会主義者とJ・J・バッハオーフェンのようなロマン主義者の両方によって支持されていることに強い関心をもっている。社会主義者は、父権家族における性欲の抑圧と資本主義社会における人間の抑圧とのあいだに、意味の適合関係（論理的一貫性）を見いだした。だがフロイトを通過したフロムは、エンゲルスの知らない機能的関係（生理＝心理的メカニズム）をも発見する。性欲を抑圧し、それを道徳的に正当でないものとして取り扱うなら、これによって罪悪感がパーソナリティに植えつけられる。罪悪感を形成すれば、社会構造に対するさまざまの不満は、支配階級に向けられることなく、自己自身に向かう。こうして性欲の抑圧から生ずる罪悪感は、社会変革へのエネルギーを弱めるのである。他方、ロマン主義者の場合には、男性の支配する文化体系の中での知性偏重、機械主義、合理主義に対する反発が、イデオロギーとしての母権論を支持する動機となる。直観と自由と神秘主義への憧憬が、想像上の母権社会をユートピア化した。(29) R・ブリッフォールトの『母性』(30)の中には、社会主義へのパトスとロマン主義的郷愁の両方がミックスしている。

疑いもなくフロムはブリッフォールトの系列に属する。しかしどちらかというと、社会主義的傾向よりもロマン主義的傾向の方が強い。というのは、彼は先に述べた二者択一状況におかれた際、文明よりもエロスを選んでいるように見えるからである。彼は資本主義社会を、口唇的・開放的な人間像[31]を理想とする立場から鋭く批判した。だがそのかわりに理想の社会のイメージとして提出されたものは、環節的集団の複合組織という中世社会に何か似かよったものである。[32]フロムがこのような二者択一状況に陥り、ついに文明よりもエロスを選ばざるをえなかったのは、社会化を二つの同一化のメカニズムとしてしかとらえなかったからであるように思われる。文明は確かに「防衛同一化」に基礎をもつが、しかしその発展はピアジェが「協同」の概念を通じて明らかにした第三のメカニズム（普遍主義—業績本位の局面）において行なわれるのである。

　パーソンズは社会化のメカニズムを四つの局面においてとらえ、I局面の「連帯」（人格的愛着関係）が、G局面の「相互性の否定」に移るという順序を定式化した。[33]社会化する《ソシアリザン》者（成人もしくは分析医）の側から見れば、社会化される《ソシアリゼ》者（児童もしくはニューロティック）との「連帯」を断ち切ることによって、ソシアリゼに自律性を与えるのがG局面である。しかしこの「相互性の否定」、フロムから見れば抑圧であるところのこの局面は、第三の局面に向かってソシアリゼを進ませる発条のステップである。「連帯」がそのまま放置されると、ソシアリザンはソシアリゼとともに広い社会の中で孤立した離れ島——deviant solidarity——を形成することで終わってしまう。ソシアリザンは、児童やニューロティックとのあいだの個別主義的関係を断ち切り、ソシアリゼを広い社会へ送り込まなければならない。こうしてA局面(ピアジェの「協同」)においては、個別主義的関係から独立した個人が、同じく独立した他の個人と新しい連帯関係を結んでゆく。そこで学ばれる責任のきびしさこそ、真に文明を築き上げてゆく力であると言えよう。「協同」に重要な意味を見いだしたピアジェは、「発達同一化」と「防衛同一化」をともに「拘束」関係としてとらえ、そこに文明の発達を抑制する作用を見いだしたのであった。

(2) フロイトの理論

われわれはこれまで、タルドとデュルケームとの古典的な社会化理論の対照を起点とする枠組の範囲内にあった。模倣と威圧のうちのどちらか一つだけが社会化の要因であるとする考え方は、ボヴェによれば正しくない。両者はソシアリザンへのソシアリゼの尊敬の概念によって統一され、その両側面を構成するものである。ボヴェはフロイディズムから暗示を受けたが、いっそうフロイディズムに接近したマウラーは、ボヴェとは全く独立に、だがフロイトを媒介者として、ボヴェと同じ結論に達した。もっとも、実験をデータとするマウラーの理論は、疑いもなくボヴェのそれより説得的になったけれども。他方ピアジェは、拘束と自発性とに関するタルドとデュルケームの対立を、別の側面から裁断した。ピアジェにとっては、威圧や模倣はともに「拘束」関係のもとでの社会化の要因にすぎない。自発性が真に社会化の要因となりうるのは、「協同」関係のもとにおいてのみである。だがそれにしても、ピアジェは個人主義的なタルドの系列に属し、その点でデュルケームと対立する。

最後に、タルド＝デュルケームの枠組から離れて、第四の学習のメカニズムを取り上げよう。だがこのメカニズムは、これまでの三つのメカニズムほど、その内容が明確にされていない。それはとくにフロイディアンたちによって、社会的文脈の中で占める重要性が力説されてはいるが、かんじんの中身は曖昧なままにとどまっている。昇華（sublimation）と呼ばれるメカニズムがそれである。

昇華はつうじょう欲求の対象の置き換え、または転位（displacement）の一特殊ケースであると定義されている。たとえば、特定の誰かに向けられた怒りを表現することができない場合、手近にある皿が代わりの攻撃対象として選ばれるのが置き換えである。置き換えられた対象が高い文化目標である場合、それは昇華と名づけられる。[34] たとえば、攻撃的衝動が人道主義的な仕事の達成において表現されることもあるだろう。しかしフロイトが明確に規定しているように、昇華は置き換えの単なる一ケースではない。置き換えと言われる場合には、欲求の性質そのものが同じであってもさしつかえないが、昇華においては、欲求の性質じたいが変化する。「昇華とは対象リビドーにみられる一つの過程であって、その本質は欲動が性的満足とはかけ離れた、もう一つ別の目標に突進する点にある」とフロイトは書いた。ここまでは昇華は置き換えを意味するにすぎない。しかしすぐそれに続いて、彼は慎重な注意を与えている。「その際に重要なことは、性的なものから離れることである。昇華は欲求に関して行なわれる……」[35]。要するに、フロイトにとっては性的欲求の非性化が昇華なのであり、その結果として対象の置き換えが生ずるにすぎない。以下ではフロイトに忠実に従って、対象の単なる置き換えではなくて、欲求の変質を昇華と考えることにしよう。ただ問題の欲求を必ずしも性的欲求に限定しないでおく。そうすることによって、フロイトが彼の天才的な洞察力を発揮した「レオナルドォ・ダ・ヴィンチの幼年期の一記憶」[36]における昇華の理論の中に、性的欲求の非性化という枠組を越えたインプリケーションを読み取ることができる。ピアジェは児童の遊戯集団という経験的データから、有機的連帯と自律的道徳の関係についての一般的な法則を導いた。それにならって、レオナルドォという特定のパーソナリティの特定の形成条件をもとにして、ある一般化を試みることもできる。そのような試みは、究極においては臨床家であったフロイトがあえて試みなかったものであるが、しばらく彼に従ったあとで、いくらかその可能性に触れておきたい。

芸術家としてだけではなく、力学・地学・解剖学の領域でもすぐれた仕事を残し、「近代の最初の自然探求者」であったレオナルドォは次のように言っている。「論争にあたって権威を楯にとる人は、悟性で考えないで記憶で考えているのである」。ここには普遍主義的な原理の確立がはっきり要求されている。彼の表現的な関心や知識的な関心が個別主義的な関係の枠を越えた原因を、フロイトは社会化の過程と結びつけて、非常に興味のある解釈を下した。フロイトによれば、ここで語られている権威とは父親のイメージと重なる古人の権威である。そして自然とはかつて彼を養育したやさしい愛情に満ちた母親である。「彼以外の大抵の幼児にあっては――昔も今も――なんらかの権威を足場にしようという要求があまりにも強いので、この権威が脅かされると、彼らにとっては世界そのものがぐらつき出すものであるが、レオナルドォだけはこの支えなしで済ますことができた。しかし、もし彼が人生の最初の数年の中に父親を拒否することを学んでいなかったならば、彼はこの支えなしではいられなかったことであろう。その後年の独立不羈は、父親になんら妨げられることのなかった小児的性探求を前提とするものであって、また性的なものからの離反の下に行なわれた性探求であった(37)」。

人間の精神の発達に関する右の図式は、明らかにピアジェのそれと著しく類似している。両者とも普遍主義的に妥当する論理の探求が可能となるためには、親の権威からの独立が必要であると主張する。しかしどのようにして独立が可能となるか。この点に関して両者は異なったコースを描いた。ピアジェによれば、同じ社会的地位の諸個人が特定の目的の達成をめぐって相互に協力する自発的結合の集団（機能集団）が必要である。そのような集団においてはじめて、権威から、そしてまた成員相互から独立に創意を出し合う個人主義的な営為（パーソンズの用語を借りるなら universalistic performance）が成立する。他方、フロイトの場合には、精神の解放は、独立の営為によってではなくエロスの非性化によって行なわれる。内面化した父親のイメージは命令を人格化し、それゆえ人格的、個別主義的関係の範囲を越えた原理へのコミットメントを妨害する。この障壁はレオナルドォにおいては存在しなかった。私生児であった彼は、五歳までの幼年期のあいだ、母と二人きりで過ごした。愛に満ちた母親との交渉の思い出がパーソナリティに深く定着したので、五歳以後、母と別れ父親の家に引き取られた後も、父親との同一化は彼にとって重要な課題とはならなかった。母親へのこの固着は、性的な領域では、レオナルドォの成人後の禁欲主義的傾向と同性愛とによってうかがい知ることができる。

しかし異性の親への愛を性的に満足させることは、近親相姦のタブーによって禁止されているから、性的欲求やそれと結びついて現われてくる小児的性探求は、昇華や置き換えなしには発展しえない運命にある。ある場合には、性探求は性欲とともに抑圧され、知識欲はその時いらい道をはばまれて、一生涯知性の自由な活動が制限される。これが神経症的抑制の型である。他の場合には、知性の発展が十分に行なわれて、性的抑圧の力に対抗しうるまでになる。思考は性的抑圧から屈折して導かれてくるエネルギーを利用し、活動する。思考それじたいが性欲化し、知的操作には本来の性的なできごとの快楽と不安が伴う。つまりこの場合には、探求することが性活動となっているのである。しかし、探求の対象は、接近を禁止された性的対象の置き換えにすぎないから、思考の自由な活動範囲は限定されている。それで、人が性的欲求の自由な表現を抑圧されると、狭い範囲の対象を強迫的《コンパルシヴ》に追求し、そして不満足にとどまるように（だからまた強迫的な追求が続くわけだが）、この種の知識欲にかられた人は強迫的に探求するが、満足を知らない。第三の場合は、性的欲求それじたいが昇華され、第二の場合のように、知的探求が無意識の中で性的テーマによって拘束されることはない。リビドーの部分としての性的欲求の抑圧はあるが、しかしそれは、はじめから知識欲へと昇華し、力強い研究欲に強化剤として参加しているのであるから、根源的なリビドーの活力そのものは抑圧されているとは言えない。神経症的な思考抑制や思考強迫に陥らないこの第三の型が、どのような社会化の過程と結びついているかに関しては、フロイトは全然触れていない。彼はただ、それは「特別な素質」によって可能であると述べるにとどまっている(38)。

彼が社会化の過程に関して語らなかったとしても、昇華のメカニズムが「発達同一化」の延長線上にあるところの、だがそれとは区別された独立のメカニズムであることは明らかであるように思われる。ピアジェとフロイトは、それぞれ別の種類の普遍主義化の方向を考えていると言える。ピアジェの場合、命令者の権威が彼の人格から離れ、「協同」によって形成された「規約」に付着する過程が問題であった。それはいわば「防衛同一化」の延長線上にある学習過程である。フロイトにおいては、人格的、個別主義的関係において生ずる「発達同一化」が、そのリビドー的内容を変質することによって、個別主義的関係の枠を越えることが問題になっている。レオナルドォ的知識欲とは、母親へ向けられていたリビドーが非性化された形にほかならない。だが知識的関心だけではなく表現的関心もまた、個別主義的関係を越えたので、普遍主義的に評価されうる芸術作品が創造された。レオナルドォにとって、自然は拡充された母であり、それゆえに探求と愛着の対象となるのである。

フロイトは昇華の概念を通じて、人間の精神が普遍主義的に開かれてゆく一つの道を示したけれども、その究極の状態が積極的な営為よりもむしろ消極的な観照であることに注意している。このことは、かなり重要な暗示をわれわれに投げかけていると言える。昇華を完成したレオナルドォのような人は、「行為する代わりに、創造する代わりに、探求することもあるのだ。世界の関連の壮大さとその必然性とに気づき始めた人間は、とかく自己自身の小さな自我を忘れがちなものである。賛美のうちに溺れこみ心底から謙虚になってしまって、とかく人は自分自身もその世界の力の一部分であることを忘れる。その個人的な力の程度に応じて、世界のあの必然的な運行の、そこでは小なるものといえども大なるものに劣らず賛嘆しうるもの・意味深いものであるところの、あの世界の運行の一部分を改変しようとしてもいいのだということを忘れてしまうものである(39)」。レオナルドォの芸術作品はしばしば未完成に終わっているが、そのことは昇華の極限である自然や世界への消極的な観照的態度と関係があるにちがいない。いずれにしてもフロイトは、非性化によって解放されたエロスが、個体の限界を浸蝕し、自然や世界との相互浸透の状態を導くというヴィジョンをいだいていた。このヴィジョンが後年、エロス（生）の極点にタナトス（死）を見るという根源的欲求のダイナミックな二元論に発展するのである。他方、ピアジェにおいては、すでに述べたとおり、「協同」関係の中での個人主義的な営為が強調されている。外の権威があたかも存在しないかのようにふるまうという「防衛同一化」のもとでの行為の積極的な意味が、普遍主義的な方向においても温存され、さらにいっそう強化されさえすると考えられている。だがフロイトが描いた普遍主義への道は、その終点に消極的な観照が待ち受けている道であった。そこでは、行為者と世界とは本来調和の関係にあるとみなされ、この関係を回復し維持する行動様式が望ましいとされるのである。この型の学習を通じて、自己を含めた世界の存在が学ばれると言ってよいかもしれない。その世界は存在において価値をもつのであり、営為の対象として価値づけられるのではない。

3　四つの社会化理論の位置づけ

以上述べたところから、次のような定式化を行なうことができよう。「発達同一化」と「防衛同一化」とによって習得された価値志向は、行為者をその価値が学ばれた特定の社会関係の中に閉じ込める傾向がある。これに対して、「協同」と「昇華」とによって習得された価値志向は、これらの社会関係から行為者を普遍主義的な方向に向かって解放する。他方、「発達同一化」と「昇華」とにおいて習得された価値志向は、失われた調和状態への同化に向かって行為者を方向づける。これに対して、「防衛同一化」と「協同」とによって習得された価値志向は、現存状態の超越に向かって行為者を方向づけると言えよう（第3図）。

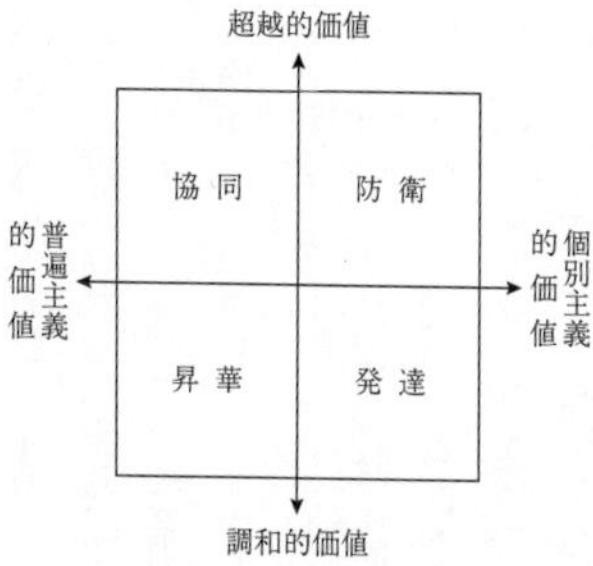

第3図　社会化理論の類型

最後に、学習の四つのメカニズムを通じて習得された価値の四つの意味と、社会体系の機能的要件から導かれた四つの価値（第2図、一二〇頁参照）との関係を明らかにしておかなければならない。右に述べたように、「発達同一化」「防衛同一化」「協同」「昇華」という異なった学習のメカニズムによって、価値はそれぞれエロス的、規律的、構成的、存在的という四つの意味をパーソナリティにとってもつようになる。このような四つの意味は、集団生活の中で学ばれたものであるけれども、いったんそれから独立し、それを逆に規定する意味の体系となる。Ⅲ章一節2で筆者が理念的文化と呼んだものがこれである。この価値体系は、社会体系としての集団の〈共有価値の実現〉次元を通じて体系内に導入され、体系内の四つの下属体系の運行の要請と見合いながら制度化されるに至る。こうして、和合、貢献、業績、充足と呼ばれた集団内在的価値体系が生まれる。二つの系列の価値体系のあいだには、パーソナリティを媒介として対応関係が見いだされる。すなわち、価値のエロス的な意味に敏感なパーソナリティは、とりわけ和合価値にコミットしやすく、以下同様の対応が他の三対においてもみられるであろう。言いかえれば、「発達同一化」を通じて行動様式のエロス的な意味を習得した場合、個人は個別主義的な属性本位の役割に敏感になるであろう。「防衛同一化」を通じて行動様式の規律的な意味を習得した場合、彼は個別主義的に定義された権威への貢献に動機づけられやすい。「協同」を通じて行動様式の仮構的な意味を習得した場合、彼は個別主義的な社会関係を越えて普遍主義的に定義された役割の遂行に、高い価値を認める傾向を植えつけられる。おわりに、「昇華」によって、行動様式の中に究極存在との調和、あるいはその反映を見いだすことができるようになった場合、彼は普遍的な世界との一体化の状態に高い価値をおくであろう。その世界の内容が何であるかは、昇華の程度によって異なる。

(1) 臼井二尚「社会の集団的統一性の基礎Ｉ」『社会科学評論』創刊号、関書院、一九四八年、七二―七三頁。大橋幸「社会意識」『世界大百科事典』平凡社、第一三巻、一九五七年、三九七頁。

(2) G. Tarde, *Les lois de l'imitation*, 2ᵉ éd., 1895, pp. 239-66.

（3） É. Durkheim, *L'éducation*, pp. 177–78.

（4） P. Bovet, Les conditions de l'obligation de conscience, *L'Année psychologique*, 1912.

（5） G. Simmel, *Einleitung in die Moralwissenschaft*, 2 Bde., 1892–93, I, p. 31, cité par P. Bovet, *op. cit.*

（6） ここではボヴェは群衆の中でのオートマティックな被暗示的模倣を考えている。

（7） P. Bovet, *loc. cit.*, pp. 79–80, 100.

（8） *L'instinct combatif*, 1917 においても、ボヴェは遊戯行動が動物の種の自己保存の傾向に根ざしていると主張する。

（9） P. Bovet, Conditions, *loc. cit.*, pp. 99–100. 尊敬する友人との同一化は特に青年期において起こりやすい。安岡章太郎の『悪い仲間』の中には、コーヒーを飲む時の友人の茶碗の持ち方、口もとへの運び方までまねる強い同一化が描写されている。

（10） O. H. Mowrer, *Learning Theory and Personality Dynamics*, 1950, esp. chap. 21.

（11） それは、ふつう「他者にたいする感情的結合の最も原始的な姿であり、結局は他者の諸性質を自己のうちにとりこむこと」と定義されている（『心理学事典』平凡社、一九五七年）。

（12） N. E. Miller & J. Dollard, *Social Learning and Imitation*, 1941（山内光哉他訳『社会的学習と模倣』理想社、一九五六年）。

（13） 牧康夫のすぐれた紹介と批判がある。『人文学報』第七号、京都大学人文科学研究所、一九五七年。

（14） Anna Freud, *Das Ich und die Abwehrmechanismen*, 1936（外林大作訳『自我と防衛』誠信書

房、一九五八年）。

（15）O. H. Mowrer, *op. cit.*, p. 592.

（16）「今床の中で、母の言葉を思い浮べる時、私は決して、よわねははけぬ。力強い女性にならなければ人に笑われる。この先どんなつらいことがあっても、ジッと歯をくいしばってしんぼうしようと、私は自分の心に誓うのです」（『人生手帖』文理書院、一九五四年十二月、五三頁）。

（17）É. Durkheim, *Les formes élémentaires*（前掲訳書、下、一四七―一五三頁）。

（18）R. K. Merton, *Social Theory and Social Structure*, revised and enlarged ed., 1957, pp. 301-3.

（19）T. Parsons, The Professions and Social Structure, *Essays*, 1st ed., 1949, p. 191.

（20）J. Piaget, *Le jugement moral chez l'enfant*, 1932（大伴茂訳『児童道徳判断の発達』同文書院、一九五六年、五四二―四八頁）。

（21）J. Piaget, Logique génétique et sociologie, *Revue philosophique de la France et de l'Étranger*, 1928, janvier à juin.

（22）É. Durkheim, Deux lois de l'évolution pénale, *L'Année sociologique*, 4（1899-1900）, 1901, pp. 90-3. その他。

（23）P. Fauconnet, *La résponsabilité, étude de sociologie*, 1920, p. 20.

（24）J. Piaget, Logique, *loc. cit.*, pp. 203-4.

（25）「閉ざされた道徳」は「開かれた道徳」から自発性と憧憬を、「開かれた道徳」は「閉ざされた道徳」から強制力と威圧を受け取る（H. Bergson, *op. cit.*〔前掲訳書、二六三頁〕）。閉ざされた社会にとっても自発性や憧憬は必要なので、「閉ざされた道徳」と矛盾しないかぎり、「開かれた道徳」を大事にすることに利益を見いだすであろう。

(26) もちろん日常の技術的行動のさいには、彼らは直観的思考の段階（文明社会の子供の場合には五―七歳に相当）を越えている。だが抽象的思考に関しては、年長者の権威を通じて教え込まれた集合表象の拘束により、「前論理」的な直観的思考の段階にとどめられている（J. Piaget, *Introduction à l'épistémologie génétique*, 3 vols., 1950, III, pp. 260–62)。

(27) J. Piaget, Logique, *loc. cit.*, pp. 200–1.

(28) S. Freud, *Das Unbehagen in der Kultur*, 1930（土井正徳訳「文化の不安」『文化論』〔フロイド選集6〕日本教文社、一九五三年）。

(29) E. Fromm, Die Sozialpsychologische Bedeutung der Mutterrechtstheorie, *Zeitschrift für Sozialforschung*, vol. III, 1934（富野敬照訳「母権論の社会心理学的意義」『母権論』白揚社、一九三八年）。

(30) R. Briffault, *The Mothers*, 3 vols., 1927.

(31) それは肛門的・獲得的な人間像と対置される。

(32) E. Fromm, *The Sane Society*, 1955（加藤正明他訳『正気の社会』社会思想研究会出版部、一九五八）。

(33) T. Parsons *et al.*, *Working Papers*, pp. 239–41.

(34) C.S. Hall, *A Primer of Freudian Psychology*, 1954（西川好夫訳『フロイド心理学入門』河出新書、一九五六年、一一九―一二〇頁）。

(35) S. Freud, *Zur Einführung des Narzißmus*, 1914（懸田克躬訳「ナルチシズム入門」『性欲論』

〔フロイド選集5〕、一九五三年、二〇三頁)。
(36) S. Freud, *Eine Kindheitserinnerung des Leonardo da Vinci*, 1910 (高橋義孝訳「レオナルド・ダ・ヴィンチの幼年期の一記憶」『芸術論』〔フロイド選集7〕、一九五三年)。
(37) 右同訳書、一〇七―一〇八頁。
(38) 右同訳書、四六―四七頁。
(39) 右同訳書、四一頁。

Ⅳ　責任の進化

一　はしがき

この章では、社会の〈結合〉を媒介する価値の進化を、責任の制度の観点から概観しよう。〈結合〉要件の充足にとって必要な責任の制度は、一方においては客観的責任から主観的責任へ、他方においては集団責任から個人責任へという二つの進化の流れに従ってきた。

責任という言葉は様ざまの意味に用いられている。法律上の用語としての責任を広義に解する時、それは単に制裁そのものを、もしくはそれを負わねばならぬ客体の地位ないし状態を意味する。以下に責任と言うのは後者の場合である。次に「客観的責任」と名づけたものを定義しよう。狭義に解された意味での責任とは、刑事上の制裁を科せられるに値する能力ないし資格（Zurechnungsfähigkeit）を指す。現代文明諸国においては、それは成熟した障礙のない精神を意味する。Ⅰこのような能力をもつ者が、Ⅱ故意または過失により、Ⅲ他の適法の行為を期待しうる状況のもとで、違法の事実を惹き起した時、犯罪が成立し、その反作用としての刑罰が責任能力者に向けられる。けれどもあらゆる社会において、これらの三つの主観的要素が、犯罪を構成する不可欠の要件となっていたとは限らない。特に未開社会や古制社会においては、文明人の立場からは成熟した障礙のない精神をもつとは見えない存在（小児・精神病者・集団・屍骸・動物・植物・物）が、責任能力者と認められ、制裁を蒙ることがある。またそれらの社会においては過失が偶然から十分に区別されているようには見えず、従って過失の範囲が非常に広くなっていると同時に、過失（恐らくは偶然を含む）の責任と故意の責任の重さの差異は、文明社会におけるその差異よりも、はるかに小さいように見える。まれにではあるが、その差異は全然なくなり、過失ないし偶然の行為者が故意の行為者と同量の刑を蒙ることとさえある。最後に、当然推知されるように、未開社会や古制社会においては「期待可能性」の概念はほとんど発達していない。この種の判断がないわけではないが、それは文明社会のその概念とは極めて質を異にしたものである。これらの諸事実が一様に指示しているものは、責任の発生要件としての我々のいわゆる主観的諸要素に対する著しい貶価である。これらの社会においては、違法の事実への介入という客観的条件のみによって、しばしば責任が発生するかのように見える。ここで仮に「客観的責任」と名づけるのは、このような条件のもとで発生する責任である。むろん無視ないし貶価されている主観的諸要素は、文明人の立場から見たそれらであるという点においてのみ、この定義は成立する。未開人や古代人は、別の種類の主観的諸要素を考慮に入れているかも知れないからである。なおこのように解された客観的責任でさえ、いわば一つの理念型であって、それがこれらの社会において完全に或いはほとんど完全に実現されているとは限らない。その意味において文明諸国の判例においても、客観的責任の傾向が、弱い程度ではあるが分有されている場合もまれではない。更に刑法以外の領域においては、典型的な客観的責任が見られることもある。世論の非難、嘲笑、擯斥などによる制裁は、刑法上の無責任者にまで及ぶ。激昂した群集が口頭の制裁だけにとどまらず、暴力を行使するに至ることも皆無ではない。

次に、これから問題にする客観的責任はどんな種類の制裁に対応するものであるかについて、一言つけ加えておかなければならない。デュルケームは刑罰と世論による制裁を併せて「禁圧的制裁」(sanction repressive) と呼び、民法・相続法・商法・行政法などに現れている「回復的制裁」(sanction restitute) に対立させた。禁圧的制裁の目的は「本質的に行為者に加える苦痛に存する」。これに反して回復的制裁の目的は「物事を単に原状に回復せしめる事に存する」(1)。このように二つの制裁の動機は質的に深く区別されるので、以下で取り扱う客観的責任は、禁圧的制裁に対応するそれに限ることにする。

類似の理由から、不浄な存在やそれと接触した存在(人間や物)に科せられる「儀礼による制裁」(sanction rituelle)もまた、考察の範囲から除外した。この儀礼を科せられる者が、禁圧的制裁(広義の道徳的制裁)を科せられる者と、同じ種類の憎悪・嫌悪ないし恐怖を惹き起すとは思われないからである。帰還した戦士・葬儀屋・月経および産褥中の女子は、一般にこの儀礼の対象となる。これらの義務・職業・生理からやむをえず蒙った不浄に対して感じられるものは、恐らく道徳的憎悪・嫌悪ないし恐怖ではなかろう。むろん起源においては、諸感情は混融している。「けがれ」は「つみ」と似通った感情を惹き起す。しかしやはり二つの感情は一応区別されていたであろう。刑罰的制裁と儀礼的制裁という二つの質的に異った制裁の型が現実に分けられているということは、二つの感情の相異を意味しないだろうか? たとえばマヌ法典において、禁忌への故意の違反に対しては刑罰が、不浄な存在と受動的に接触した者には潔斎が、それぞれ区別して科せられている。(2) 刑罰を受ける者にもそれに加えて潔斎が科せられることがあるとしても、それは二種類の罪の併合によって二つの制裁が科せられることを意味するに過ぎない。それゆえ不浄の伝染を予防する為の純粋に儀礼的な制裁は、刑法―道徳的制裁から一応区別されうる。むろんこの点については、なお多くの論証が必要であろう。しかし考察の範囲から儀礼的制裁を除く理由を、さしあたってこれ以上述べる必要はなかろう。

この試論の目的は、右に述べた意味での客観的責任が、人間のどんな心理的要求に基づいて発生したかを明らかにし、次いでその要求から生じた客観的責任が制度化するに有利な社会的諸条件を検討することにある。既にフォコンネはいわゆる「社会学的方法」により、責任の本質および進化に関して透徹した理論を展開した。この試論の構成は大部分彼に負う。けれども私見によれば、責任は集団の報復的反作用であるにとどまらず、報復の欲求そのものを可能にせしめる、もっと根底的な或種の心理的要求の一表現である。この点でベルクソンは極めて説得的な仮説を提供した。(3) この試論は主としてこれらの著者から得た諸仮説によって支えられている。

(1) É. Durkheim, *De la division du travail social*, 4e édit., 1922, pp. 33-34.
(2) P. Fauconnet, *La responsabilité, étude de sociologie*, 1920, pp. 149 sq.
(3) H. Bergson, *Les deux sources de la morale et de la religion*, 1932, chap. II.

二　客観的責任の事実

客観的責任の事実を包括的に記述する為には、先に挙げた三つの主観的要素の無視ないし貶価を、それぞれ項目別に取り扱うことが必要であろう。しかしここではⅡの意志の要素の無視ないし貶価に関する事実のみを略述し、その他の要素に関しては省略することにする。他の二要素の無視ないし貶価の事実は、そこから容易に推知されうるからである。

これらの二要素については後で必要な場合に応じて引例するにとどめよう。近代の文明諸国の刑法の規定においては、責任は原則として、心神の障礙のない成熟者が、故意に違法の事実に介入した時においてのみ発生する。未開社会や古制社会の刑法―道徳的責任を前にした我々を打つものは、責任発生の条件としての有意性がほとんど或いは全然問題になっていないように見える場合が少くないということである。しかしこのような客観的責任は、近代の文明諸国の刑法においてもその深い痕跡をとどめている。たとえば未遂罪は一般に（フランス刑法を除いて）既遂罪より軽く罰せられる。犯行の意志のみが責任を生ずるのであるなら、未遂既遂の差異は量刑に影響するはずはないだろう。それゆえこの比較から理解しうるものは、生じてしまった出来事の与える衝撃の強さである。(1) また重大な出来事が生じなければ咎められなかった行動が、その結果の故に厳しく罰せられることがあるのも、その痕跡の一つである。これは特に業務上の過失の場合に明瞭に看取される。けれども既に述べたように、客観的責任に基づく制裁が著しく目立つのは、未開社会および古制社会においてである。

カフィール（Kafir）人の間では、謀殺・合法的殺人（たとえば今日の正当防衛）・闘争中の殺人は一律の刑を蒙る。情状酌量はない。罰は殺人者の家族への極端に重い身代金（blood-ransom）か、犯罪者の財産没収後の永久追放である。――アビシニアにおいて、木に上った少年が滑り、その下から上って来る少年の上に落ちて、彼を死に至らしめた場合、この不幸な殺人者に対して死刑が宣告される。刑の執行は死んだ少年の兄弟によって行われるが、その手続は最初の死の場合と全く同様である。受刑者は死が来るまで、同じ木から落ちて来る故人の兄弟の体を何度も待たねばならない。同様の例はイギリスにおいても、ヘンリー一世時代の法律に見られる。──カメルーン（Cameroon）族やアフリカのネグロの諸部族も、偶然の殺人を故意の殺人と同量の刑で罰する。(2)

ハムラビー法典によれば、もし大工が建てた家が堅固でなかった為に倒れて、その家の所有者を死に至らしめるなら、彼は死刑に処せられる（同法、二二九条）。その場合所有者の息子が死ぬなら、彼の息子が死刑となる（二三〇条）。所有者の奴隷が死ねば、彼の奴隷を所有者に与えねばならない（二三一条）。(3)二三〇、二三一条は、所有者の苦痛ないし損害と等価のそれを大工に与えようとするタリオの精神の現れである。大工に対するこの厳しい制裁は、偶然の罪の為ではなく、建築家に必要な注意義務の欠如に基づくものと解される。二〇六条以下では闘争中の傷害並びに殺人に関し、極めて寛大な規定がある。相手が死んだ時は、被害者の階級に応じて賠償金を支払う回復的責任が認められているに過ぎない。(4)

英雄時代のギリシアにおいては、殺人の意図は問題ではなかった。(5)伝説によると、放心状態で召使を殺したヘラクレスは、カリドーンから逃走しなければならなかった。ペレーレウスは狩猟中の偶然の為、フィタを去るほかはなかった。競技中の偶然で人を殺したペルセウスやオクシロスもまた、同様の運命を辿っている。叙事詩の中でも、オデュッセウスがアンティノスを殺した時、人々は彼が過って殺したと思い違えたにも拘らず、「今は汝の恐ろしき破滅は必定なり。……この地にて兀鷹《はげたか》こそ汝を喰はめ」（田中、松浦共訳による）、と言う。これらの殺人者の離郷は、追放の刑罰というよりもむしろ、被害者の家族の復讐の手から逃れる為の単なる逃亡を意味していたのであろう。殺人者の家族は、連帯責任を免れる為に彼の離郷を歓迎したとも考えられる。イーリアスにある如く、『祖国において人を殺した者は異郷に行く』。これが原始法の格率である。(6)――後の時代になると、事情は異って来る。意図のない殺人の場合には、犠牲者の家族との間に協約が成立し、殺人者は故郷に帰ることができた。(7)復讐者の態度は、非故意の殺人者に対し、意図ある殺人者に対するよりも寛大となったらしい。それは都市の世論に基づくものであろう。ウェスターマークもやはり同じデモステネスを引用して、この時期のアテネ法が非故意の殺人者に対して寛大であったことを指摘している。(8)宗教的制裁も、意図のない殺人者に対しては寛大であった。謀殺者が破門を宣告されるに反し、彼は市民権を失うことなく、贖罪の儀礼を受ければあらゆる政治的・宗教的特権を回復しえた。(9)一時的追放は、たとえ偶然によるにもせよ都市を血で汚した罪に対する緩和された破門であるが、(10)同時に、犠牲者の家族の昂奮を時間の経過によって鎮める意味もあったと思われる。なお意図のない殺人者の財産は安全に保管された。(11)

モーゼの五書中では、殺人に対する制裁は常に仇討である。仇討は政治的・宗教的社会の統制のもとに、十分な同意を以て行われた。無意的殺人に対しては制裁は緩和されるが、しかし追放は免れえない。もっとも非故意の殺人者は神の道具と考えられていたから（出エジプト記、二一章、一三節）、追放は刑罰を意味するよりもむしろ、国家が彼を犠牲者の家族の復讐から護る手段であったらしい。出エジプト記によれば（二一章、一二―一四節）、当時全くの偶然と過失ある不注意とは区別されていなかったようである。[12]制度の進んだことを示す申命記では（フォコンネに引用された、一九章、一―五、一一節。ヨシュア記、二〇章、一―五節参照）、意図の有無の区別を徹底させている。故意の殺人者は避難所への逃避を拒絶され、宗法の許可した復讐を受けなければならない。他方、非故意の殺人者に対する仇討は不正と見なされる。だが世論に抗して犠牲者の家族が復讐を加える危険が多い為か、法律は安全な避難所を非故意の殺人者に指定している。[13]しかし彼がその地を離れるなら、復讐者は合法的に彼を殺すことができる。この時期においても、過失ある不注意による殺人と全くの偶然による殺人は混同されていたようである。最後に、民数記略、三五章、一一―三四節では（ヨシュア記、二〇章、六節参照）、この規則が一層進歩したことを示す。あらゆる殺人者は、避難の権利を与えられるか否かの判決を待つ。後者に決まれば、復讐は義務となったらしい。賠償金の受納は一切禁じられている。避難所に落ち着いた無意的殺人者が、その市の祭司長の死ぬ前にそこを去る時にのみ、復讐者は合法的に彼を殺すことができる。[14] 避難市の役割はそれだけにとどまらず、未決囚をも収容して彼を復讐者から護ったが、[15] これは氏族ないし家族に対する国家の支配力が、ようやく確立され始めたことを示すものである。

ローマ最古のヌマ法においては、非故意の殺人は犠牲者の父系親族への[16]の牡羊の提供で償われる。牡羊は疑いもなくヤヌスへの犠牲を意味していたのであろうが、また同時に、復讐を逃れる為の身代金にその起源をもつのであろう。[17] 同様の規定は十二表法にも見られる。このように意志の欠如は完全な無責任の理由とはならない。傷害（injuria）に関する十二表法の規定は、被害者の身分に応ずる賠償金の支払である。ただし身体の一部が切断された場合（membrum ruptum）、賠償を拒絶しタリオを加えることも許されている。不注意ないし過失による傷害に対しても、賠償金請求のみならずタリオさえ認められていた。恐らく偶然（casus）と過失（culpa）とは区別されていなかったと思われる。両者は非故意の行為として同じ法律的範疇の中に配置されていた。――宗教的罪（péché）に関しても意志の有無は問われない。儀礼の遂行中における過失や、その他一般に神法（jus divinum）に対する意図しない違反には、贖罪が要求された。贖罪は罰金の支払である。滞納の場合には、更に動物供犠（hostia piacularis）が加わる。司法官の職務上の不慮の過失も、瀆聖に類したものとして贖罪が要求される。神法の違反が故意であるなら、罪人は俗法の制裁は受けないけれども、宗法規による贖罪は不可能となり、良心と神々の罰として破門が宣告される。[18]

ヨーロッパのキリスト教社会においても、古い宗規や痛悔律書（Pénitentiel）は、非故意の罪に対する厳格な改悔を命じている。たとえば無知による虚言ないし偽誓、異教徒との不慮の関係、過失による瀆神、非故意の殺人がそれらであった。[19]

古代チュートン人の神話によると、盲目のヘドゥールがやどり木の小枝を振り、それが不運にもその兄弟のバルデルに当って死亡した為、復讐者ヴァリはヘドゥールを殺したが、その時までヴァリは顔も洗わず髪も梳かなかった。この神話当時の慣習は、偶然の殺人者への復讐に抗議しなかったようである。この慣習の名残は、初期のノルマン人の間にも見られる。偶然にその主君を殺した者は死ななければならない。[20]——ゲルマン法が初めて文献に現れた時、公的刑罰と私的制裁とは不可分に混合している状態であった。[21]一般に純粋な刑事上の責任は故意の行為のみに認められる。平和喪失（Friedlosigkeit）[22]を誘発するのは故意の犯罪であり、意図がなければ公共への罰金（fredus）も王への罰金（bannus regius）もない。[23]——ロシア法においても、偶然の殺人者を罰しはするが、故意の殺人者より刑は軽かった。スウェーデン、デンマーク、ノルウェーの古代諸法も、「故意の罪」（vilia-verk）と「不注意の罪」（vadha-verk）とを区別している。アルマンスとロンバルドの諸法も同様である。[24]

シナ法における殺傷に関する規定の中で、特に厳格な罰をもって遇するのは、言うまでもなく直系尊属者に対するそれである。唐宋律の規定では、凡人を殴打した罪は笞四十であるが、祖父母父母を謀殺ないし殴打した子孫は斬首の極刑を適用される。過失殺者でも流三千里、過失傷者もまた徒三年を以て罰せられる。明清律においても、子孫にして祖父母父母を謀殺ないし殴打した者には、当時の極刑を適用し、凌遅して死刑に処し、過失で殺す者は杖一百流三千里、傷つけた者は杖一百徒三年である。(25)普通人に対する非故意の殺人・傷害には、被害者の家族に対する賠償金の支払を命ずるにとどまること、(26)尊長が卑幼に加える罪が著しく軽いこと、(27)を先の規定と比較する時、尊長者への加害が瀆聖的な意味をもっていたことが明らかである。——宗教上の罪に関しては、清律は儀礼による制裁を規定していない。非故意の瀆聖に対しては、普通の世俗的刑罰を加えている。しかし一般に故意に対するよりも寛大である。重要な供犠の儀礼において神聖な気分を攪乱した者は、杖一百流二千里で罰せられる。この場合は故意か偶然かを問われない。故意を以て神聖な物を破壊・毀損した者は、杖一百徒三年に処せられる。過失なら、刑は三等減じられ、杖七百徒一年となる。(28)

日本の大宝律は違法の行為者の主観的諸要素に十分な注意を払っている。(29)殺人に対する刑罰がその原因により区別されているのも、その一例である。「謀殺人」すなわち殺そうと謀って殺した時は斬、「故殺人」すなわち事由なくして殺す時は絞、「過失殺人」は贖、「闘殴殺人」すなわち殺心なきも相闘うことによって殺す時は絞、「戯殺人」すなわち遊戯の際の殺人は闘殺人に二等を減ずる。傷害についても過失に対しては損害賠償を規定するにとどまり、犯意の有無を重んじている。(30)——しかしまた結果についても無頓着ではなく、傷害を与えた犯人を一定の期間未決のままで拘禁し、その期間内に被害者が死亡すれば、これを闘殺と見なした。失火の結果の類焼の範囲に従って量刑の異るのもそれである。——シナの諸律ほど厳格ではないにしても、老幼の秩序の侵害は特殊な反作用を惹き起す。子孫が過失によって祖父母父母を死に至らしめた場合でも流罪であり、後者が前者を過失で殺した場合の無罪と対照的である。(31)——江戸時代の刑法においては、故意犯と非故意犯はいっそう明瞭に区別されていた。故意犯は、すべての場合ではないが、しばしば巧を以て犯した罪と不斗犯した罪（当座の罪）に分たれた。前者は予謀熟慮した犯罪、後者は出来心の犯罪であり、前者が後者より重く罰せられたのは言うまでもない。非故意犯もまた、不念と不斗に区別されていた。前者は不注意、後者は純然たる偶然であって culpa と casus の区別に近い。「不斗が不念より軽く処罰された事は、御定書百箇条、第七十四条に『怪我にて風と疵付、其疵にて相手死候もの、吟味之上、あやまち無ㇾ紛、並怪我人親類存念相尋候上中追放。但吟味之上、不念之義於ㇾ有ㇾ之は、一等重く可㆓申付㆒事』とある事によつて知られる」。御定書以降、不斗による殺人犯の責任はいっそう減軽し、例書七十二条の宝暦十一年五月御仕置例によれば、不斗の殺人者に対して、奉行が所払を申付けるべきか否かの伺書を提出したところ、老中はこれに対して「無構」と申渡すよう指図している[32]。

右の記述は極めて不完全ではあるが、これまでにとどめ、以下にこれらの客観的責任の説明を試みることにする。

（1） E. Westermarck, *The Origin and Development of the Moral Ideas*, 2 vols., 2nd edit., vol. I, 1912, pp. 236–37, 240–41, and esp. 244–46.

（2） *ibid.*, p. 218–19.

（3） L. T. Hobhouse, *Morals in Evolution*, 5th edit., 1925, p. 82 (note 2).

（4） Westermarck, *op. cit.*, vol. I, p. 224.

（5） G. Glotz, *La solidarité de la famille dans le droit criminel en Grèce*, 1904, pp. 45, 52.

（6） *ibid.*, pp. 49–53.

（7） *ibid.*, p. 90; J. J. Thonissen, *Le droit pénal de la république athénienne précédé d'une étude sur le droit criminel de la Grèce légendaire*, 1875, p. 250.

（8） Westermarck, *op. cit.* vol. I, p. 225.

（9） Thonissen, *op. cit.*, p. 251.

（10） Fauconnet, *op. cit.*, p. 131.

（11） Thonisssen, *op. cit.*, p. 251.

（12） Fauconnet, *op. cit.*, p. 106; M. Kovalewski, *Coutume contemporaine et loi ancienne, droit coutumier ossétien éclairé par l'histoire comparée*, 1893, pp. 240–41.

（13） W. Robertson Smith, *Lectures on the Religion of the Semites*, 1894（永橋卓介訳『セム族の宗教』二冊、前編、岩波文庫、一九四二年、一八七頁）。

（14） Fauconnet, *op. cit.*, pp. 106-8; Westermarck, *op. cit.*, vol. I, p. 224.

（15） É. Durkheim, Deux lois de l'évolution pénale, *L'Année sociologique*, tom. IV, 1901, p. 78; 木村亀二「日本刑法と比較刑法」『法学』一三巻一一号、二一頁。

（16） Fauconnet, *op. cit.*, p. 132.

（17） *ibid.*, pp. 111-12; Westermarck, *op. cit.*, vol. I, p. 225.

（18） Fauconnet, *op. cit.*, pp. 112-13, 131-32.

（19） *ibid.*, pp. 133 sq.

（20） Westermarck, *op. cit.*, vol. I, p. 218.

（21） Fauconnet, *op. cit.*, p. 113.

（22） 平和喪失とは、あらゆる法律的保護を剝奪する処置を意味する。この制裁を蒙ったFriedlosに対しては、何びとも罰されることなく彼の生命財産を奪うことができた。平和喪失による制裁は、ゲルマン法のみならずギリシア、インド、アイルランド、ロシア等の古代法にも見られる。「狼」「家なき者」「孤立者」などと呼ばれた彼らは、異郷を放浪してしばしば土匪となる（Glotz., *op. cit.*, pp. 22-3, 474-5; Kovalewski, *op. cit.*, p. 320）。

（23） Fauconnet, *op. cit.*, p. 115.

（24） Kovalewski, *op. cit.*, pp. 288-89.

（25） 清水盛光『支那社会の研究』一九四四年、三四七、三四八頁。

(26) Westermarck, *op. cit.*, vol. I, p. 223; Fauconnet, *op. cit.*, p. 130.
(27) 清水、前掲書、三四七―三四八頁。
(28) Fauconnet, *op. cit.*, p. 129.
(29) 牧健二『日本法制史論』一九二九年、四七二―四七四頁。
(30) 右同書、五〇一―五〇二、四七七―七八頁。
(31) 右同書、五〇二、四七八頁。
(32) 滝川政次郎『日本法制史』一九二八年、四九三―四九四頁。

三 ウェスターマークおよびフォコンネの責任論

右に瞥見した客観的責任の存在理由を明らかにする為には、既に何度も繰り返された次の問題を通らねばならない。人は犯した行為によって罰せられるのであろうか、それとも犯そうとした意志の故に罰せられるのであろうか? この問題に接近する手懸りとして、ウェスターマークとフォコンネの対立する説明を検討してみよう。

ウェスターマークは刑罰の本質を報復と見なす。蒙った苦痛に対して苦痛を返すという、あらゆる動物に共通の本能こそ、刑罰の原動力である。このような本能をもたない動物は自然淘汰によって消滅するだろう(1)。下等な動物にあってはこの憤怒は完全な反作用であって、対象に苦痛を加えようとする明確な意識はない。そこにはただ「苦痛の原因を無くしようという激しい衝動」があるだけである。しかし理性が伴うにつれて、次に加害者に苦痛を加えようとする欲望が生ずる。けれどもまだ苦痛の原因を正確に判別することはできない。第三の段階として、苦痛を加えて来たその原因を追求し、逆に苦痛を加えようとする傾向が生まれる。これは憤怒の自己防衛としての本質から当然発展するものであろう。動物においてさえ完全に方向づけられた（directed）反作用が見られる。ウェスターマークは、象や猿や駱駝などの動物が真の敵を的確に見分け、緻密な報復計画を実行した諸例を引用している。だが報復感情を惹き起す苦痛は物理的なものにとどまらない。人間においては自己感情（self-feeling）の凌辱に伴って激しい復讐の念が生ずる。しかし精神的或いは物理的な、もしくは物理的であると同時に精神的な苦痛の原因に苦痛を返そうとする怨恨は、もちろんまだ道徳的ではない。けれども「義憤」（righteous anger）と言われる如く、その情緒は同じものである。情緒を表わす身振りにおいても共通している。(2)

では個人的怨恨から義憤を区別するものは何であるか？　彼は公平性（impartiality）の因子を挙げる。公平性には段階がある。あらゆる公平性もそれより高次の公平性の立場から見れば偏倚性に過ぎない。人間が常に、同じ慣習同じ観念をもつ同類を好む傾向をもつ限り、(3)公平性の程度の上昇は氏族・部族から人類に至る集団拡大の進化の線と平行するように思われる。

次に道徳的に報復を加える者は苦痛を蒙った者と一致しないのが普通である。それでは義憤はどんな心理的条件において可能であろうか？　ここでもウェスターマークはイギリス倫理学伝統の同情説に頼る。彼はアダム・スミスに従い、共感と同情とを区別する。苦痛の共感は、避苦の本能の為、苦しんでいる人から逃れようという衝動を惹起するにとどまるだろう。共感から更に進んで、苦しんでいる人を苦しみから救い、或いは彼と共に加害者に報復しようという真の同情が生ずる為には「善を為そうとする意志的傾向」が必要である。(4)

要するにしばしば（被害者と制裁者が異る場合）同情によって媒介された或程度の公平性、道徳的判断としての刑罰が生れるのはここにおいてである。むろん同情の及ぶ範囲は事実上制限されている。自己の部族の成員を殺す者を一様に非難し、他の部族員を殺す者を一様に称賛する時、その態度は真の公平性を有しない。しかしもしこの判断者が自己の態度を公平であると信ずるならば、その判断はやはり権利上道徳的判断と言える。

道徳的情緒はこのようにその起源より報復的性格をもつものであるから、当然苦痛を生ぜしめた原因に向う。それはもはや憤怒の反作用ではないから、無差別に対象を選ばない。更に知性の進化により、人は苦痛が何ものかの意志で生じた場合とそうでない場合とを見分ける。それゆえ動物（人間を含めて）もしくは動物と考えられたもののみが報復の対象となる。その上動物は苦痛を感じうる感覚をもっている。それは意志をもって苦痛を起しうるから、また感覚をもって苦痛を感じうるから、報復の固有の対象となる(5)。

だが、被制裁者の意志の問題について、もう少し詳述する必要がある。制裁者がこの意志の有無を見分けるのは本能によるのか、それとも経験によるのか？ この点に関してはウェスターマークは明瞭に答えていない。「木と衝突して傷ついた犬でさえ、直ちに怒りの態度を変える。苦痛を惹き起した物の真の性質に気づくからである」。「加えられた苦痛の原因が単なる偶然であったことが明らかになる時、突然生じた怒りは冷却する(6)」。彼にとって問題なのは、悪意の有無を見分ける能力がどんな種類のものかということではなく、一旦悪意の不在が気づかれるなら、自然発生的に憤慨の激情は鎮まるということである。この点に関しては彼ははっきり習慣や訓練の力を否定する。「もし私の腕ないし足が隣人を押すなら、そしてこの押しが意図されたものでも予見されたものでもなく、また私自身のいかなる不注意にもよらぬことを彼が信ずるなら、確かに彼は私に怒りを感じない。なぜか？ ベイン（Bain）は次の如く答える、『絶対に違反を犯さないということはこの世では不可能であること、我々はすべて相互に同胞からの偶然の害に曝されていることに気づくなら、我々は意図なき害を許すように心を訓練し、攻撃者に悪を返す満足を断念する』と。……しかしこの説明は問題の根底に触れていない。犬でさえ蹴られることと躓かれることとを区別する。そしてこれは訓練の結果ではない。……この理由は犬が彼を蹴る人に敵を嗅ぎつけ、躓く人には嗅ぎつけない為である。私の隣人は私の身体と、決意を為す存在としての私自身を区別する、そして害の原因が単に私の腕ないし足である時、私を憤慨の固有の対象ではないと考える。出来事が私の意志によってもたらされたと考えられるに応じて、私がその原因となる。そして決意する意識的統一体としての私のみが、苦痛の原因として、憤慨の固有の対象となりうる」(7)。このような悪意の有無を識別する能力に関しては、本能によるとも経験によるとも答えないウェスターマークも、識別の結果から生ずる感情に関しては、人間の先天的能力を断乎として主張する(8)。

人は何らかの能力によって恐らくかなり容易に——犬でさえ「嗅ぎつける」——悪意の有無を識別するにも拘らず、何故時として意志なき行為を罰するのであろうか? 「民衆の心(popular mind)を特色づける識別の不足によって」とウェスターマークは答える、「罪は行為の重大な結果の為に誇張される」。「反省を欠いた心は為された害によって打撃を受け、その他のことはほとんど注意しない。外的な出来事と意志とを区別する誠実な試みは起らない。……の問題は重要ではない。その害が行為者の意志によるものかどうか『事実は人を裁く』と古いフランスの諺は言う。そして道徳においても『樹木は果実によって知られる』のである」(9)。

激情による判断の誤謬に様ざまの知識の不足が協力する。不浄は伝染するだろう。残忍な神はタブーの意志なき侵犯に対しても集団全体に報復するから、侵犯者を犠牲に捧げねばならないだろう。未発達な心理学は小児・精神病者に責任を問うだろう(10)。アニミズムの信仰は物・植物・動物に何らかの人間的能力を認め、責任を負う資格ありと見なすだろう。その他刑罰には報復以外の功利的見地が加わって来ることも忘れてはなるまい。人々を注意深くする為に、過失を故意と同様に厳しく罰するだろう。[11] 仇討の集団責任に関しては特別の解釈が必要である。[12] 加害者を引渡してくれないので、被害者の集団は加害者の集団全員を狙うだろう。

右のようにウェスターマークの主張するところは、道徳的判断は意志に向けられるのがその本質であるにも拘らず、外的出来事の圧迫や知性の未発達から、当然払うべき熟慮(deliberation)が不足する為、道徳的には責任のない存在にまでしばしば制裁が及ぶ、という主観主義である。それゆえ過去においては、道徳的判断に際して名目上の公平性があるに過ぎない。真に文明化した精神こそ理想的な、だが本来の道徳的判断をもちうる。しかしあらゆる時代においても、正当な熟慮が為された場合には常に意志のみが責任を問われている。[13] 熟慮はまた意志を動かす動機(motive)を追求する。[14] 更に、責められるべき動機によるものとしても、その行為が彼の恒常的な性格(character)から生れたものか、それとも一時的な精神状態から来たものかどうかを追求する。[15] それゆえ真の道徳的判断は、意志から意志の根底としての性格にまで遡るだろう。

もはや我々の問題に関してウェスターマークから引き出しうるものはない。制裁は犯罪ではなく犯罪者に、行為ではなく行為者の意志に向けられるはずである。もし客観的責任が課せられるなら、それは知性を惑わし熟慮を不可能にする二次的因子の介入に基づく。ここで人は、ウェスターマークが加害者の悪意の識別に関する能力を分析することなくもちろんのこととして認めた理由を、知りうるだろう。真理の方向は、犬でさえ所有する素朴な能力によって既に保証されている。人間はこの可能性を現実化しさえすればよい。真理はあらかじめ与えられていると、ウェスターマークは信じたかったのである。

次にフォコンネの理論を略述しよう。彼はまず被制裁者の資格から次の命題を引き出す。「あらゆる存在は時として（éventuellement）受刑者の役割を演じうる。それゆえに制裁の適用の範囲は非常に広く、無制限であるとさえ言いうる」。次に制裁の発生条件は次の場合である。

外的違反への故意の介入

内的違反への故意の介入（動作によって外部に表現されない違反、たとえば未遂罪）

外的違反への非故意の介入

それゆえ「被制裁者は常に制裁される事実と直接的或いは間接的な関係を維持する」(16)。では制裁の常に集中する犯罪とは何か？　犯罪は社会にとってどんな意味をもつのであろうか？　ここでフォコンネは師のデュルケームに完全に忠実である。「所与の一社会の存立の主要条件は、成員の連帯を確保する諸信念の体系の活力（vitalité）である。……この諸信念の衰弱はすべて、解体と死への過程の始まりである。犯罪が真に社会を害しその生命を脅す反社会的行為であるとされるのはこの見地からである。……しかし生命体は悪を受動的に蒙りはしない。それは反作用する。そしてその反作用が精力的であればあるほど、その生命力は強い。有機体においては、情緒的反作用は少くとも大体においては有効な目的に適う。憤怒と恐怖はその一機能として役割を果す。……制裁の構成要素である憤怒と恐怖についても同様である。仇討……刑法的・儀礼的制裁は同じ性質をもつ。制裁は犯罪によって動揺させられた信念を回復し、……その結果の影響を抑止する。刑罰の効用は本質的には、それが犯罪者に課する作用のうちにおいてではなくて、社会自身に課する作用のうちに存する」。社会は犯罪そのものではなく、犯罪によって惹起された反社会的な「表象・情緒・力」に対し、「表象・情緒・力」をもって戦う。「すべては精神的領域において行われる。……儀礼的・法律的刑罰によって、犯罪の道徳的悪は償われ、道徳的秩序は再建され、神々の怒りは鎮められ、紊《みだ》された宗教的力は新たに精錬され、冒瀆は濯《そそ》がれ、不浄は排除される」(17)。

犯罪によって動揺した信念を回復する為に、社会はどのような制裁を行いうるか。社会を傷つけた犯罪そのものはもはや存在しない。それは過ぎ去った事実である。しかし反作用は行われなければならない。反作用が可能である為には、何ものかがその対象として選択されなければならない。そこで犯罪の代用物 (substitution) が必要である。この選択の方法を規定するのが責任の規則に外ならない。それゆえ事態は次のように進行するだろう、

「犯罪、次にそれに対する反作用すなわち制裁、そして制裁を適用しうる為の責任[18]」。

この順序を分析して見よう。制裁はまず犯罪に方向づけ (orienter) られる。これが制裁の第一次的現象である。次に制裁を下すべき犯罪の「象徴」を求める。これが第二次的現象である。もちろんこの第一次的と第二次的の区別は「抽象的」なものに過ぎない。しかし「論理的」には、この間には確かに「停止の時間」がある。そしてこの第二の過程においては、第一の過程には存しない新しい因子の介在があり、これによって「特定の受刑者に向う方向」が決定する。この第二の過程において責任が生れる。「責任の事実は、制裁の事実に対して或独立性をもつ。それは固有の実在性を有し、その固有の諸法則をもたなければならない。有責者の確定は、論理的には、犯罪と制裁の観念の中に含まれていない。その観念から分析的に責任を導くことは出来ない。適当な象徴の選択という特別の (*sui generis*) 操作が必要であるのは、刑罰がその方向に関して極めて不確定だからである。この不確定性がなかったなら、責任(の規則)もまたありえない[19]」。従って責任の規則とは、与えられた社会意識に従って、犯罪を最もよく象徴するものを選択する一体系である[20]。我々にとっては完全に無責任と思われる存在が受刑者として選ばれることがあっても、それはウェスターマークの言うように「誤って責任を問われた」(responsabilité aberrante) のではない[21]。それはやはり、その社会にとっては、責任の規則に従って正当に宣告されたものである。社会構造や心的構造の違いは、責任者の選択の方法に相異をもたらすであろう。しかしいずれの場合でも、その社会の集合表象に従って、最もよく犯罪を象徴しうるものが選ばれることには変りはない。

犯罪の象徴化はなぜ可能か。「犯罪によって刺戟された情緒は、犯罪の形象に付着して停止することなく、拡散し移行する」からである。拡散ないし移行によって受刑者に達する心理的過程は、観念連合によって説明される。ただしフォコンネによれば、連合の法則は拡散ないし移行する情緒の流れが従う形式を示すだけで、流れそのものを惹き起す力は、その法則からは出て来ない。「この現象の深い原動力（ressort）は情緒の本質そのものの中に存する。……連合は道に標識を立てる。情緒は開かれたすべての道に従って拡る激流である」[22]。次に、このようにして生ずべき責任のあらゆる条件を示そう。

Ｉ　接近による責任――これは判断する社会意識によって、犯罪と犯罪者の両表象が同時に与えられている場合。

Ａ　犯罪の現場付近にいた人間。

Ｂ　そこにおいて何らかの役割（たとえば凶器の役割）を演じた諸存在。

Ｃ　犯罪と関係のある場所・時間・目撃者・目撃物。

Ｄ　組織された集団なかんずく家族。

Ｅ　物理的に接触した諸存在。

Ⅱ　類似による責任――犯罪と犯罪者の両表象が類似する場合。

A　『外見的』類似。例。像ないし肖像、性・年齢・身分その他において類似する者。

B　『精神的』類似。所与の犯罪を行いそうな心理的状態、過去の行状を有する者。

C　組織された集団の共同責任。ここでは社会意識における犯罪と犯罪者との両表象の接近のほかに、犯罪者とその集団の生理的・心理的等質性が問題となる。

D　感情的類似による責任。一般に敵意から疑惑が生ずる。被告と犯罪とに関する同種類の感情から生ずる責任。(23)

ここで人は奇異の感に打たれるだろう。フォコンネの合理主義《ラショナリズム》否定が徹底しているからである。彼にとっては、文明諸国の科学的実証的基礎に裏づけられた責任の規則も、未開社会の「恣意的」な責任の規則も、同じ価値しかもたない。もう一度繰り返してみよう。刑罰の精神的効用は犯罪者を矯正・善導することにあるのではなくて、社会の激昂した感情を鎮め、(24)失われた精神の秩序を回復することにある。社会は意識的ないし無意識的なこの目的の為に、制裁すべき犯罪の代用物を選ぶ。選ばれた犯罪者は贖罪羊に過ぎない。彼に与える苦痛は社会にとってのみ有効であり、彼自身にとっては完全に無効である。制裁のこの原則に関する限り、あらゆる社会の態度は同一である。制裁の方向の確定に関する手続が我々から見て合理的か否かは、二次的問題に過ぎない。

けれども特に近代社会に入って、社会のこの利己的態度を制限する逆の力が働き出す。「歴史の流れにおいて、個人は増し行く道徳的価値を取得した。我々が生きている社会は特に個人主義的であり、人間の人格は神聖化されている」。人間を目的の為の手段として取扱い、彼に苦痛を負わすことは、慈悲と敬虔の感情に反するとされる。[25] 犯罪者の人格から発する——正確に言えば発するように見える——この力を、フォコンネは「受刑者の反作用」(réaction du patient) と呼ぶ。このような反作用を行う主体はもはや単なる『人間』ではなく、まして某家族・某トーテムの一員ではありえない。それは『独自な』、代替不可能な存在である。ここにおいて、犯罪はもはや単なる犯罪ではなく、犯罪者の犯罪となる。「犯罪は完全に動作者に吸収される。刑罰が直接に狙うものは動作者であるかのようである。人は人格を罰するので犯罪を罰するのではない[26]」と考えられるに至る。今や責任は主観的となる。そして過去の客観的責任と比較する時、全く制度が変ったかのように見える。しかし歴史的研究の教えるものは、犯罪の表象によってほとんど充たされた客観的責任へ、それの否定の原理である受刑者の表象が徐々に侵入して来た過程である。

受刑者の反作用は犯罪に個性を与えると共に、それについての個別的な理解と犯罪者に対する同情とを促進させる。「我々は犯罪的衝動を決定した生来の性格・習慣・環境を理解する。しかも同情は犯罪的行為の綿密な説明を怠るようにさせはしない。説明すること、それは大部分において許容することであり、理解することに費される全精力は罰することに費される全精力を減退せしめる[27]」。

その結果、制裁を行おうとする作用と、受刑者の反作用とが衝突し合う時、責任は減軽される。受刑者の反作用が制裁を行う力より強い時は、責任の阻却となる。もしこの二つの感情の方向が同じであるならば、責任は加重されるわけである。しかし一般的にはそれらは逆方向であるから、この二力の衝突するその地点において、量刑が具体的に決定されることとなる。だから、実を言えば、主観的責任の制度というものは存在しえない。責任の「二次的因子」である主観的原理は、責任を否定し緩和するのみでほとんど創造しえない。歴史の流れは「極めて拡散的な客観的責任に、本質上もっと制限的な他の種類の責任を代えることに在るのではない。それは客観的起源をもつ責任を主観的起源をもつ無責任によって抑制する」過程であった。つまり責任の進化とは実は責任の退化に外ならない。[28]

集団責任から個人責任への流れにおいても同じことが言える。制裁の生ずべき犯罪の表象に伴う情緒は本来拡散的である。それは特定の一個人に象徴を見出す運命を、それ自体としてもってはいない。受刑者の反作用と、無制限な制裁に伴う破壊作用を抑える理性とから、逆の方向の個人責任がやって来る。この二次的制限のない最も有利な条件が純粋な仇討の制度である。それゆえに集団責任から個人責任へという流れもまた、責任の進化ではなく消滅の方向である。[29]

右に略述したウェスターマークの主観説とフォコンネの客観説からは、若干の疑問が生じて来る。それぞれについて述べよう。

ウェスターマークの主張の根底には一種の楽天的な合理主義が横たわっている。出来事の重大さから来る激情の過剰を抑え、慎重に熟慮する限り、制裁の方向は常に意志に向うと言う。この意見をひとまず正しいとしよう（後に述べるように我々はこれに賛成である）。しかし仮にそうであるとしても、人は時としてはあえて「邪道」にそれようとはしないだろうか？　ウェスターマークによって主張された正常な人間性の持主なら、一万人を偶然に殺した人間を無罪とし、一人を殺そうとして実行の着手前に検挙された人間を死刑にすることを願うだろう。だがこのような人は現代においてすら恐らくまれである。大多数の人々はこのような責任の制度に反対するだろう。彼らは「知的・道徳的・宗教的錯誤」に陥っているのだろうか？　そうかも知れない。けれどもそれは明確な意識のうちにおいてである。意識された錯誤はもはや錯誤ではない。ウェスターマークの説明においてかなり決定的と見える難点は、「外的事件の影響」が必ず「熟慮の不足」を導くという推論にある。両者はしばしば因果的に結ばれるが、いつもそうであるとは決まっていない。むしろ逆に文明諸国においては、出来事の結果が重大であればあるほど、慎重な熟慮が払われはしないだろうか？　それゆえウェスターマークの誤謬は次の点にあると言ってもよかろう。彼は「熟慮」の機能はもっぱら無辜《むこ》の者の無責任を証明することにあると、暗黙のうちに考えている。けれども「熟慮」が逆に彼の責任を証明する証拠を集める為に、活動することはないだろうか？　検事の機能は明らかにそこに在ると言えないだろうか？全然事故が生じないかもしくは軽い事故の場合なら、業務上の過失とは認められない作為ないし不作為も、重大な事故が生じた時は、怠慢・油断・忘却・不注意等様ざまの名目のもとに罰せられる。人は被告の責められるべき過失を執拗に立証しようとする。何びとも認める如く、例外を除いては、実害のない限り刑罰は発動しない。実害が生じた時、加罰の必要から行為者の責任が調査される。「熟慮」は無責任を証明しようとするだけではなく、責任を証明しようとするのである。実害すなわち出来事が量刑に影響する例は、ウェスターマークも認める如くいくらも挙げることができる[30]。言うまでもなく文明諸国における責任の証明は、未開社会のそれより合理的である。しかし問題はそこにはない。なぜなら集団はその集団において最も合理的だと信ずる手続に従って責任を追及する点においては、変りはないからである。責任を証明しようとする集団の願望の中に、本質的な何ものかがあるのではないか？　それゆえウェスターマークが真の責任を見誤らせるものと見なした「外的出来事の影響」は、責任の帰属に関して付随的な役割を演ずるのではなく、フォコンネの主張するように責任創造の一次的・根源的因子ではなかろうか？

　フォコンネに関しては次の異論が生ずるだろう。彼が収集した諸事例が一様に示すように、単なる物理的事実（自然現象、自然死等）に関して発動する制裁は、ほとんど儀礼による制裁にとどまり、受刑者に苦痛を加えようとする反作用は極めてまれにしか見られない。彼が主張した制裁の方向の完全な不確定を立証する有力な事例は、シュタインメッツから引用された「首狩」に類する殺戮の、僅か一例に過ぎない（後述二一五―二一六頁）。

制裁は常に、人間その他何らかの意志的存在と見なされるものの運動によって惹き起された災害に関して生ずる。自然死と見える場合でも、制裁はその死をもたらした何者かの呪術に基づいている。むろん誰が呪術を行ったかは極めて恣意的に決定される。しかし制裁の方向が呪術遂行者の意志に向けられている以上、それは完全に不確定であるとは言えない。それゆえ、純粋な物理的事実のもたらす災害と見える事件に関しては、制裁の衝動は責任者を得ることなく、遂に抑圧され、それがはけ口を見出すのはごくまれな場合に過ぎない、と考えられないだろうか？　もしそうであるなら、出来事の背後に意志を認知することなしには、制裁の衝動は絶対に発動しないとまでは言えないとしても、少くとも意志は制裁を可能にする非常に重要な因子となる。実際諸事実が示すように、意志ある存在は常に「犯罪の象徴」となっている。偶然による直接的ないし間接的介入者も、小児も、精神病者も、集団も、屍骸も、動物も、物も、すべて「時としては」被制裁者として選ばれることがあった。これに反し、十分な故意による介入者が犯罪を象徴しえなかった例を、我々は一度も知らない。その上、少くとも公的刑罰に関しては、時代と場所を問わず、故意の行為者は他のものよりも一般に重い責任を課せられている。制裁の、意志に対するこのような偏好は、フォコンネの理論を動揺させずにはおかないだろう。なぜなら彼の理論枠組の中では、意志が他の随伴諸現象に優って犯罪を象徴しうる権利はどこにもないからである。刑罰、ことに進化した刑罰は、偶然の犯罪者に対する憐憫から来る抵抗を受けて阻却され、故意の犯罪者のみが加罰の対象として残される、と言うだろうか？　しかしそれなら、なぜ偶然の犯罪者に対してのみ憐憫が生ずるかが説明されねばならない。故意の犯罪者もまた、尊重されるべき神聖な「人格」を有してはいないだろうか？　ここでフォコンネは、偶然の犯罪者は意志をもたなかった故に憐憫を受ける、と答える権利を有しない。それは説明すべきものによって説明することとなるからである。それでは、故意の犯罪者はより危険である故に重く罰せられる、と言うだろうか？　しかしそれなら制裁の本質は報復の感情にではなくて、防衛の理性にあることとなり、彼の理論の根底がくつがえる。このような矛盾は、意志に、他の随伴諸現象と並んで犯罪を象徴する平等の市民権しか与えられていないからである。意志はやはり責任の条件（制裁者が責任者を選ぶ際の一標識）ではなくて、制裁の条件（責任者選択に先立ち制裁者を制裁に向って動機づける基本的要因）ではなかろうか？　そこから、フォコンネによって否定されたウェスターマークの主観説は、再び権利を回復しなければならない。

（1）　Westermarck, *op. cit.*, vol. I, p. 41.
（2）　*ibid.*, pp. 37, 43–44.
（3）　Westermarck, *op. cit.*, vol. II, 1916, p. 198.
（4）　Westermarck, *op. cit.*, vol. I, pp. 109–10.
（5）　*ibid.*, p. 314.

（6） *ibid.*, pp. 314, 237.

（7） *ibid.*, pp. 315-16. 傍点はイタリック。

（8） だが少くとも最初の知覚において与えられる他我は、身心未分の統一体であるように思われる。シェーラーによれば、「我々が共に生きる他人において知覚するもの、それはまず初めには決して他なる物体でもなければ…（略）…また決して他なる自我および心でもない。かえってわれわれの直観するものは統一的全体である、――この直観の内容はまず初めには外的および内的知覚の方向に分散することなく」（M. Scheler, *Wesen und Formen der Sympathie*, 1923, S. 304. 傍点は隔字体）。

（9） Westermarck, *op. cit.*, vol. I, pp. 240, 237.

（10） *ibid.*, pp. 233-34, 274 sq.

（11） *ibid.*, pp. 258, 236.

（12） *ibid.*, pp. 32-35.

（13） *ibid.*, pp. 247-48.

（14） *ibid.*, chap. XI.

（15） *ibid.*, pp. 310 sq.

（16） Fauconnet, *op. cit.*, pp. 224-45.

（17） *ibid.*, pp. 226-27.

（18） *ibid.*, pp. 233-34, 231, 245.

（19） *ibid.*, pp. 245-46.

（20） *ibid.*, p. 246.
（21） *ibid.*, pp. 211, 221–22.
（22） *ibid.*, pp. 247, 248.
（23） *ibid.*, pp. 261–67.
（24） *ibid.*, pp. 232–33.
（25） *ibid.*, p. 305.
（26） *ibid.*, p. 327.
（27） *ibid.*, p. 312. 傍点はイタリック。
（28） *ibid.*, pp. 347 sq.
（29） *ibid.*, pp. 331–32, 343–44.
（30） Westermarck, *op. cit.*, vol. I, pp. 238–39, 102–4.

四　客観的責任の心理

我々ははっきりと異った相互に対立する二つの世界の表象の中に住んでいる。自然の世界と社会の世界がそれである。二つの世界は共に因果関係によってその秩序を保っている。一方においては水は水蒸気となり、他方においては殺人者は罰せられる。明らかにこの二組の関係は、因果関係の全く異った範疇に属する。水から水蒸気への変化の可能性は、水に含まれた諸要素の中に内在している。しかし殺人者の内在的諸要素の分析から、制裁の観念は決して出て来ない。この関係は或点で物と価値の関係に似ている。木や石や動物などに、時として「与へられる比類のない価値は、その内在的特質に由来するのではない[1]」。価値を外部から付与するものは社会である。同様に斧を他人の頭部に打ち下す作用は、それだけでは物理的運動に過ぎない。「個人は犯罪を創造しえない」。「道徳的悪の原因は或意味で社会である[2]」。しかし前提から結論に至る間の重要な中間項が忘れられてはならない。価値はまず願望から発する。実用性に乏しい骨董品が価値を生ずるのは、それが或人々にとっては別の意味で願望の対象だからである。願望は物理的諸存在を彩り、その内在的諸要素とは無関係の価値を付与する。同様に物理的運動が犯罪的行為に変ずるのは、制裁への願望が作用するからである。

この願望は起源においては、二つの心理的要求に基づいているように思われる。一つは加害者に対する憎悪ないし恐怖から生ずる報復の要求である。既述の如くウェスターマークはここから出発した。第三者である制裁者が、被害者と同じ憎悪ないし恐怖を抱きうるのは、同情の作用によるものであった。「集合意識」の学説は、この心理学的ないし「個人間心理学」(「集合心理学《プシコロジー・コレクチヴ》」と区別された)的説明を拒否するだろう。それは集合意識が一箇の不可分の単位として、犯罪に反作用すると主張するだろう。けれども我々には、集合意識の独自性の主張が確実な根拠に立っているようには思われない。なぜならロジエ・ラコンブの指摘する如く、個人意識とはその基体、その諸法則を異にするはずの『特別な』(*sui generis*) 集合意識に、人は常に「個人心理学から借りられた諸命題を勝手に適用」するからである。たとえば、社会が自己の規定した諸規則を犯す行為に対して、なぜ制裁によって反作用するかを尋ねる場合、デュルケームは（既に見た如くフォコンネはこの点でその師に全く同意している）、我々が大切にしている信念に向けられたあらゆる侵害は、それに対する情緒的反作用を我々のうちに起させる、と言う。彼の依拠しているものは、個人心理の観察から提供された事実に過ぎない(3)。それゆえ個人意識として語られようと集合意識として語られようと、制裁を方向づける報復の感情は、実質的には同じである。この批判は正しい。しかし被害者への同情から生ずる集団成員の報復感情と、集団成員に共通の価値を侵害されたことから生ずる報復感情とは、一応区別されてよい。確かに現実においては両者はしばしば混淆している。たとえば殺人者に対する報復感情がそれである。人が報復を要求するのは、被害者への同情であると共に、共通の価値としての人格が侵害されたからである。この混淆は理由がないことではない。共通の価値がある故に同情できるのであり、同情の可能な間柄である故に共通の価値が形成されたのである。しかし、集団の構造、犯罪の種類、加害者および被害者の地位ないし性質、それの生じた状況等に従い、制裁の原動力として、どちらの動機が強く意識されるかは異る。それゆえこの区別は無用ではない。けれども下位区分を認めた上で、なおかつ、犯罪もしくは犯罪者に向う制裁は、要するに制裁者の憎悪ないし恐怖に基づく報復の要求から生ずる、と言うことができる。

　しかし、制裁への願望は侵害者に対する報復の要求によってのみ導かれるとは思われない。もう一つの要求——そして結局は報復の要求もこの心理的要求の力によって支えられているように見える——が考慮されねばならない。この要求は特に未開社会において支配的であった。それは「不安の鎮静」への要求とも名づけることができよう。この点については、ウェスターマークおよびフォコンネから引き出しうるものはない。ベルクソンは「原始心性」の神秘的論理について明晰な心理学的分析を示した。必要な仮説を導きうるのはここからである。だがその前にもう少し出発点にとどまらねばならない。

　人間は二つの世界の秩序を表象する。この両秩序は異った原理によって保たれている。一方の原理は「因果律」である。他の原理を仮に「約束」ないし「期待」と呼ぼう。原始人にとって前者の支配する自然の世界における諸現象の継起は、未知の諸関係に従い、従って偶然的諸継起であるかのように見える。一定の諸関係が知られている場合でさえ、この知識を利用して、諸現象の必然的継起を人間に有利な順序に変えることは容易ではない。いずれの場合も、自然界は人間の願望をしばしば拒絶する。彼は絶え間ない不安に曝されている。これに反して社会の諸現象は、人間の願望によって或程度左右される。少くともそのように人は信じうる。他人の行動は自己の未来の行動半径の範囲内に入っている。文明人にとってさえ、明日の降雨を確実に予想することは容易ではない。これに反して人間の関係においては、一週間後の約束の履行をあてにすることが出来る。「約束をなし得る動物を育てあげる」、「これこそ責任の長い歴史である」とニーチェは言った。[4]「半ば鈍重な、半ば疎忽な刹那的悟性」「健忘の化身」である人間は、一時的な快楽や気まぐれを断念し、行った誓約が期待された結果を伴うように訓練される必要がある。人間はジャネーによって譬えられた伝令の如く、命令を味方に伝えるまで、身を隠したり敵と闘ったりしながら、意志の記憶を継続させなければならない。[5]我々はこのように訓練されて成長し、同じ訓練を子供に繰り返す。その結果人間の社会においては、偶然的継起の代りに必然的継起が支配する。こうして人間は、偶然（人間にとって）が支配するかのように見える宇宙のうちから、一定の必然性（やはり人間にとっての）の部分を切り取る。この部分に関しては、生活にまつわる様ざまの不安が避けられる。しかもこの必然性は、彼が一部分だけ知っていた自然諸現象間の必然性にくらべて、ずっと好ましいものであるに違いない。それは自然法則ほど厳密ではないにしても、その代りに操縦の可能性を多く含むからである。特定の丸木舟で特定の流れを渡るには、必ず一定の時間を要する。だが約束の品物は期日より早く届けさせることができる。歎願・恫喝、様ざまの手段が有効である。それゆえ社会を支配する法則は或程度厳密であると同時に、時によっては人間の願望に対して柔軟性をもつ。「約束」ないし「期待」によって張りめぐらされた網の中で生活する原始人は、この網を自然界にまで拡げ、様ざまの不安を解消しようとはしないだろうか？

文明人の表象においては、この二つの世界はかなりはっきり分離されている。堅牢な建物の建設は人身供犠と無関係である。疾病は病菌の侵入に起因するものであり、誰かの呪術のせいではない。しかし、この分離は一見するほど完全ではないこと、文明人の中に依然として「原始心性」が生き続けていることを、ベルクソンは指摘した。賭けたルーレットの番号の所へ玉が近づくと、あなたの手は玉を押すように、それから次に止めるように前へ出る。これはあなた自身の意志が投射されて、意志が既に取った決心とその期待する結果との間の間隔を埋めようとするからである。「賭に勝たうといふ決心を別の姿で表す所の運といふのがそれだ。運は完全な人格ではない。人格を形成する為にはそれ以上が必要だ。しかし運はその要素のいくらかを持つてゐる」。この奇妙な運動を理解する為に、ベルクソンが提出した鍵は「潜勢的本能」(instinct virtuel) の概念である。彼は彼の方法について言う、「我々はまづ或る本能的活動を考へる。それから知性を発生させて、そこから危険な攪乱が結果するかどうかを探さう。此の場合、恐らく、この攪乱する知性の中へ本能が生ぜしめる表象によつて平衡が回復されるだらう。そのやうな表象が存在するとすれば、それが原初的な宗教的観念だ」。平衡を回復する為に知性の中に或表象をもたらすこの本能が、すなわち潜勢的本能である。それは「知性の欠けた動物においては勿論本能になる筈のものだ」(6)。だからそれは本能と同じように、結局においては「生の必要」

(besoin de la vie) の為にのみ働く。けれどもそれの専門的な機能は、本来生の必要に応ずるはずの知性が叛逆して、生そのものを脅すに至った時、知性に対抗し、知性の発言を封ずることにある。

ベルクソンによって何度も強調されたように、知性は本能と共に生の必要から生じ、それに応ずる為の知識である。ただ動物的本能の知識は、具体的で確実な内容を伴っているが、限られた特定の対象にしか当てはまらない。それゆえ本能に頼る動物の行動領域は制限されている。これに反して人間的知性の知識は形式的で無内容だが、その代りに、無数の対象が代る代るやって来ても、適当に当てはまるという長所をもつ。それゆえ知性の知識は不確実だが、それに基づく人間の行動の可能性は非常に大きい。要するに、本能の知識は質料に関し、知性の知識は形式に関すると言えよう。[7]

ベルクソンによって挙げられた潜勢的本能の作用の例を、二つだけ再現しよう。生の道具として本能に優越する知性は、まさにその長所の為に破壊的性格をもつ。「直接の効用なしに観察する能力、当分は利益のない観察同士を比較する能力、結局帰納し一般化する能力」の為に、人間は「自分のまはりに生きてゐる人が凡てしまひには死ぬのを目撃して、自分自身も死ぬだらうと確信する。自然は人間に知性を与へることによつて否応なく彼をこの確信へ導かざるを得なかつた」。「ところが自分が死ぬべきことを知るほど彼にとつて無益なことはない筈だ」。「それは人の意気を沮喪せしめる」からである。そこでこの「知性の破壊力に対する自然の防禦的反作用」が生ずる。死が不可避だという思想に対する死後の生の存続という心像がそれである[8]。それが「潜勢的本能」から生ずる「仮構」（fabulation）に外ならない。しかし注意すべき点は、「潜勢的本能」の知識〔?〕は知性の知識を否定しない、という点にある。それは永久に死なないとは主張しない。死後の生を主張するだけである。肉体の死が自然法則に従って惹き起されることは認める。しかし肉体に属さない生はそれから逃れるだろう。知性が働いているその領域へ潜勢的本能がやって来て、二つの観念が併存し調和し、平衡が保たれるのである。——死が最大のものであるとしても、その外我々は無数の災難に曝されている。それゆえ人間はしばしば失敗しないかと恐れる。これに反して動物は自信をもっている。目的と行動との間に何ものも介入しない。蜂が巣を造る時のように目的が遠方にある場合でも、蜂はその目的を知らず、直接の目的だけを見ており、その待機は遂行しようとする行為と不可分である。「しかし、知性の本質は、遠方の目的に向つて手段を組みあはせること、又、完全には実現可能の自信を感じないことを計画することにある」。知性は行為と望む結果との間に、偶発事象（災難）を予想する。起りうる偶発事象は限りがない。もし行動がすべて知性に委されるなら、人はいつまで経っても行動しないだろう。或いは確信のない行動はしばしば失敗に終るだろう。実効ある行動に飛躍せしめるものは、成功の確信である。この確信は潜勢的本能の描く表象によって助けられる。たとえば、人間の願望に応える「好意ある意図」——いくらか人格的な存在――が、矢を標的にもたらす。「ルーレットの番号に賭ける賭博者は、成功・不成功を運・不運、すなわち好意のある意図・ない意図に帰する」。しかしやはりこの信念は、賭金を置く瞬間と球が停まる瞬間との間に起りうるすべてのことが、自然的原因に従うという彼の知識と少しも対立しない。見えない手は自然法則の描く軌道に従って、球を賭金の所へ転がす。「結局彼は機械的因果性の上に、彼の意志と一対をなす所の半意志的な選択を置き重ねる」のである(9)。

箇々の行動に関する成功の願望の投射である善運・悪運、善い意図・悪い意図は、未開人においては或程度箇々の行動から独立し、一つの体系として組織化されてはいないだろうか? 文明人においては、科学的な説明体系が世界を覆っている。我々は自然の多くの部分について無知であると告白するが、しかし我々は暗黙のうちに、この部分は、何らかの与件の知識の不足によって、既に確立している一般的な説明体系のうちの何らかの原則がまだ適用されるに至らない部分であり、やがてはこの部分もまた、その体系の中に包摂されるであろうと信じている。我々は世界の決定論的構造をもちろんのこととして受け容れている。だが未開人はまだこの科学的説明体系を有しない。彼の知識は具体的な箇々の関係に制限され、本能的知識に似た性格をもつ。レヴィ＝ブリュールは、未開人の使用する語彙数が驚くほど豊富であるにも拘らず、一般的・抽象的属性を示す語がまれであることを示した(10)。このことは明らかに、知性の体系的知識の不在を示している。未開人は或一部の現象に関しては、文明人より遥かに精通し、ファミリアーな感情を抱いているとしても、未知の部分に関しては、文明人がもつような決定論的世界像から来る相対的な安易感を有しないだろう。それゆえ、未開人が未知のファミリアーでない予見不可能な領域に投げ込むのは、彼の確信していない経験的・科学的説明体系ではなくて、彼の熟知している善運・悪運・好意・悪意によって連結される社会の法則であろう。むろんこの法則は、既に述べたように既知の関係においても働く。「意図」は矢を標的に運んだ。世界の既知の部分も未知の部分も、一切このような意図で満ち満ちていると表象する時、敵対的な自然は彼にとってファミリアーとなる。不安は解消されるだろう。あらゆる任意の行動に「意図」が援助する。むろん悪い意図が妨げるかも知れない。しかし或精神病患者が語るように、『不断の恐怖より特定の恐怖の方がましである』(11)。原因の知られている恐怖は少くとも納得が行く。このような仮構の世界像は行動の勇気の沮喪を救い、「生の必要」に応ずる。

それゆえここには、二つの異った説明体系が存する。この二つの体系はそれぞれ異った要求に応ずるものである。「人は何によって生きるか?」という問に対する、「食べることによって」という答は、違った要求に応える為に質問者を失望させる。尋ねられているのは、その物理的原因ではなくて、生きるに値する、納得し承認しうる原因である。非人間的な存在を歎願や恫喝によって動かそうとすること、すなわち社会界の法則を自然界にまで及ぼそうとする行為は単に実利の増大の欲求からのみ生ずるのではない。それは宇宙のうちから、人間の納得しうる或いは承認しうる部分を、出来るだけ多く切り取る為でもある。苦痛は快楽によって酬われ、悪は罰せられ善は賞せられるということ、要するに人間が社会生活、道徳生活から学んだあらゆる平衡と正義の原則こそ、人間にとって最もファミリアーなもの、最も納得しうるものである。これら実利的および道徳的な願望の為に、社会的世界はその限界を破って自然界の一部、時として全部を覆う。それでは宇宙の一定部分においては、全く異った二つの法則が同時に支配することになるのだろうか？　そうだとすれば、人間はすぐその矛盾に躓きはしないだろうか？　だが既に述べたように、或場合この矛盾は少しも矛盾にならない。「原始人が死や病気やその他凡ての災難を説明するために神秘的原因に頼るとき、彼の従事する操作は一体何だらうか。たとへば嵐の間に飛んで来た一片の岩で人間が殺されたのを見るとする。彼は、岩が既に割れてゐたことや、風がその石を飛ばしたことや、それがぶつかつて頭蓋をぶッこはしたことを否定するだらうか。明らかに違ふ。彼も吾々と同様に、これらの第二原因の働きを認める。ではなぜ彼は、精霊や魔法使ひの意志といふやうな『神秘的原因』を持ち出してそれを主要原因として打ち立てるか。もつと細かく調べよう。原始人がここで『超自然的』な原因で以て説明するのは、物理的効果〔結果〕を説明するのではなくて、それの人間的意味あひを説明するるのであり、人間にとつて、……その物理的効果が意味する重大さを『神秘的原因』で説明するのだ、といふことが分る」(12)。それゆえ人間にとって重大な出来事に関しては、因果的説明体系とは異った別の説明体系が必要である。災難の人間的意味を追求すること、それは、好意と悪意に満ち、平衡と正義が支配する世界を、可能な限り拡大しようという要求である。人間が承認しうる世界はそれだけしかない。文明人の科学は、この拡大を社会の範囲内でくい止める。しかしこの断念の為に蒙った傷はそんなに浅くはない。確かに科学は未開人の知らぬ数かずの恩恵を我々に与えた。その代り「科学は個人的見地を全く拒否してしまった。科学は……その諸法則を記録するが、これらがどんな目的を証明するかに関しては無関心である。また科学は諸理論を構成するが、それらが人間の不安と運命に及ぼす影響について考慮を払わない[13]」。「不条理（l'absurde）は」とカミュは言う、「人間の祈願と世界の納得し難い（déraisonnable）沈黙との間の衝突から生れる」。「真理を求めるとは、祈願に値するものを求めることではない。もし『人生とはそれでは一体何であろう？』という苦しい疑問を逃れる為に、阿呆のようにイリュージョンで養われねばならないとしたら、精神は虚偽に身を委せるよりも、むしろ『絶望』というキルケゴールの答を慄えることなく取る方を選ぶ」。人間の願望に値するものが、物理的意味ではなく人間的意味が、宇宙を貫いているという考えを放棄する為には、そしてこの放棄を確実に「意識」しながら、徒労の行為を、偶然の無意味な数かずの悪に曝されつつ反覆する為には、「目的の解らぬ拷問」に耐えるシジフォスの勇気が必要であると言う[14]。

人間にとっては偶然に満ちた自然の世界に、「約束」と「期待」で貫かれた納得の行く

(raisonnable) 社会の世界を拡大し、不安を鎮め、生活への意欲を回復すること、そこに未開人の宗教の本質的機能がある。この機能は全く実践的な生活の要求に応ずるものであることも、忘れられてはならない。それは、エセルチエが想像したような「異例の」(insolite)「偉大な自然現象、嵐や虹に初めて直面した時」に生ずる「驚愕」(étonnement)から来る不安に対応しているのではない。(15)恐らく「原始人」は、生活に脅威を与えない虹を観照しうるほど、哲学者ではなかったであろう。驚愕によって紊された意識の統一を回復すること、「自己を確認する」ことは、生きることほど緊急ではない。ベルクソンは、未開人が出来事の神秘的説明を求めるのは、常に人間に関する事実であり、もっと具体的には人間の災難・死・病に関する場合であることを注意した。(16)神秘的説明は「生の必要」に応ずる為にのみ生れた。人間的な意味をもつ結果には、同じ種類の原因が応じなければならない。人間的な苦しみに彩られた出来事には、偶然の非人格的な原因が対応してはならない。

逆に、人間的な原因には、同じ種類の結果が対応しなければならないという信念が生れることを、デュルケームは指摘した。集団の宗教的儀礼において、共通の目的を激しく願望する人々の間の相互作用は、各自の感情を孤立していた時よりも一層鋭敏にする。集団的熱狂 (frénésie) に囚われた人々は、かくも成功した儀礼は必ず目的を達するに違いないと、無意識の裡に信ずるだろう。「儀礼の道徳的効力性——之は実有である

――は、その物理的効力性――之は架空的である――を信ぜしめる」。そこからデュルケームは、「原始心性」における「経験の不浸透」(imperméabilité à l'expérience) を説明した。その上、儀礼、特に周期的な儀礼は自然の規則正しい運行しか求めないので、しばしば自然が儀礼に服従するように見えるのは驚くにあたらない[17]。また、呪術を含めて一般に、自然から神秘的反応を期待する操作が期待された結果を得ない場合でも、この不成功から推量されるものは、神秘的因果律の不在ではなくて、その作用を妨げる様ざまの因子――たとえば儀礼の手続における何らかの手落ちや反対の結果を欲する儀礼や呪術の遂行――である[18]。最後に、封鎖的な未開社会における諸成員の等質性は、確信の強化を助けるだろう。仮に一個人のうちでこの信念が動揺しても、それを回復する信念の支柱は、周囲のすべての人々の中に直ちに見出されるからである。「意識は確認を期待し、それを待ち受けている[19]」。確信は相互に強化される。

そこから、未開社会においてはなぜ数かずの奇妙な責任が問われたかが理解される。責任を問うとは、出来事の原因を何ものかに帰属せしめる作用である。それは一種の説明である。ただそれが科学の経験的・因果的説明と異るのは、原因と結果との媒介に制裁者の願望ないし意志が不可欠であるという点である。我々にとって未開社会の責任が奇妙に神秘的に見えるのは、彼らが我々の断念した範囲にまでその願望を拡げるからである。彼らにとっては、自然的世界でさえ約束と期待によって束縛された世界に見える。約束を裏切れば罰せられる。自然は約束しなかった、と人は言うだろうか？　しかし文明社会においてさえ、国家は出生と同時に我々の国籍を認める。契約が成立しうる条件である意志をもたない時、我々は既に国家の一員に編入されるのである。その上我々の社会生活の大部分は、意思表示を試みなかった約束から生ずる期待によって監視されている。契約の起源は、未開社会ないし古制社会の「身分から生れる契約」「親縁による契約」から発することを、ダヴィは強調した[20]。これらの社会において、人間に最も似かよった存在である動物が、親縁による契約の参与者と見なされることがあるとしても不思議ではない。マダガスカルのアンティメリナ族においては、「鰐は誓いによってその兄弟である人間を食べないと約束した、と見なされている」。この誓いが偽りであった場合は、部族の首長ないし長老が人々の先頭に立って湖岸に現れ、誓信に対して為された犯罪を非難した後、餌食をつけた釣針を投じ、犯罪者を強制してその罠に送り込むようにその兄弟に催促する。翌日犯罪者である（と見なされる）鰐が引っかかる。「彼はまず、親族に対して厳罰を加えることの弁解から始まる検事の論告を受けなければならない。……それから死刑が宣告される[21]」。

社会的世界の拡大は動物だけにとどまらない。それは植物・物その他様ざまの自然現象にも及ぶ。なぜなら、人間の願望に応ずるものは、明確で完全な人格である必要はないからである。それは幾らか人格的な原因であるだけで、この条件を最小限に充たす[22]。だが自然現象の背後にあるものは、余りにも限定されない漠然とした力である為に、それに責任を課し、それを罰することは容易ではない。この力の媒介者と見なされる者、この力を歎願ないし強制によって集団に有利なように導く能力と任務があると見なされている者が、罰せられるのはその為である。フレーザーによると、「王や祭司はしばしば超自然的威力を具へてゐるやうに、或は神の受肉であるやうに考へられ、この信仰と一致して、自然の運行は多かれ少かれ彼の支配に従ふものと看做された。自然に対する王の威力は、その人民や奴隷に対する威力と同じく、一定の意志の働きを通して揮はれるものと考へられたことが、或る程度までうかがはれる。それ故旱魃・飢饉・疫病或は暴風雨などが襲来すれば、人々は此の災禍を彼等の王の怠慢或は罪悪に帰して、笞刑を以て彼等を罰し、尚ほ彼等がその因業を改めぬ場合は、その位を剝奪して弑殺するのであつた。然しながら時として自然の運行は、王の命令に依存してゐると考へられた一方、また一部彼の意志とは独立してゐるとも想像された」(23)。王の命令に依存している部分と依存しない部分とがあるのはなぜかを、我々は知っている。人間に関係のある事実特に災難や死や病に関してのみ、神秘的説明が必要とされることを既に見た。「悪い意図」の媒介者の役割を演じたのは、王や祭司のみではなかった。呪術者もまたしばしばその罪名のもとで罰せられた。集団によって課せられた彼の任務は、集団を災害から護ることにあるが、もしこの任務が果されなかった場合、彼は「集団に悪を為そうと欲したという理由で告訴される。集合的不安はこのようにしてそのはけ口を見出す。……人は見えざるものの悪行を彼のせいにし、それによって彼を罰する」。「彼は骨肉をもつ存在であり、人は彼を触れたり見たりしうる」[24]からである。悪い意図の媒介者は、特定の地位ないし職業に属する者とは限らない。シナにおいて「万一何人かが突然病気になるか死んだりする場合には、家族は旧来の定つた物の秩序に大胆に変化を加へた者に忽ち責任を負はせる。その者の家を不意に襲つて占領し、家具を破壊し、その人に危害を及ぼした例はいくらでも引用出来る。それゆゑ、シナ人が家を修理せず倒壊するままに放つてゐるのも不思議なことではない」[25]。

上述の場合はいずれも、災害を惹き起した究極の原因は明らかであるが、その原因が加罰不可能の存在である為に、それの媒介者が罰せられている。しかしこの悪い意図の持主が誰であるかが不明の場合も少くない。それにも拘らず、誰かが罰せられることが必要である。なぜなら、かくも苦痛に満ちた出来事が単なる物理的原因に基づくという思想は、人を憂鬱にさせるからである。フォコンネの「犯罪の象徴」という奇妙な概念が特によく当てはまるのはこの場合であろう。ただ正確に言えば、犯罪を最もよく象徴するものではなく、出来事を惹き起した悪い意志を最もよく象徴する者が、受刑者として選ばれる。その選択の諸様式は前述の表（一八九—一九〇頁）に従うだろう。オーストラリアの住民の間では、自然的な病死ですら呪い殺されたと信じられる場合がある。臨終の床で呪術者の名を告げて死んで行くこともあるし、彼が語らずに死んで行けば、後で儀礼ないし魔術を行った結果、その犯人の属する集団を探り出すこともある。[26]たとえば故人の死後一年、その墓の一方の側に何かの動物が穴を掘ったなら、その方向にある集団が罪あるものと見なされる。或いは同じオーストラリアの他の部族では、次のような方法が採られる。首長または勢力ある土人が復讐隊（pinya）を構成すべく人選を行う。選抜された復讐隊は夜七時頃陣営を出発し、三百ヤードほど離れた所で停止し、円陣をつくる。ここで首長は彼らの友人ないし縁者を殺した者を探す会議を開く。各人は自己の部族ないし他の部族の土人の中で自分の最も憎む者の名を、犯罪者として挙げる。首長は大多数の者が殺害者と考えている者が誰であるかを知り、強い語調でその名を呼ぶ。同行した女たちを加えた小儀式があり、ここで受刑者は決定される。(27)——ごくまれには、制裁を可能にする為の悪い意志の推定すら必要としない場合がある。「フィリッピンとマレー人種の住むほとんどあらゆる所では、仇討は大部分において、『首狩』と呼ぶものとしばしば混同されている。首長や特に身分ある者の死の場合、一人もしくは多数の人間を制裁の為に殺す風習がある。彼らの首は切断され墓に持ち運ばれる。この場合、受刑者の指定は問題にならない。復讐者の属する集団の成員と彼らの味方である諸集団の成員とを除いて、最初に出会った者が何びとたるを問わず殺される。仇討に方向を与えるものは遭遇の偶然である。『復讐者が特に親密な関係をもっていない異部族に属するすべての人間が、もし不幸にして復讐者に遭遇する時、彼は攻撃される』。さもなくば死者の親族は墓の傍に隠れていて、その墓を足で踏んだ親交のない他部族に属する者を矢で射殺す。墓上の遭遇ないし通行が、土人たちの見地からは犠牲者を指定する標識でありうる」[28]。しかし私的制裁においてさえ、やはりこのような場合は例外であるように思われる。自然死に対する制裁の欲求が、悪意の推定なくはけ口を見出す為には、首狩のような他の風習の形態を借りる必要があった。例外の中に本質を見ることは出来ない。——発達した社会においても、群集による責任者決定は極めて恣意的である。しかし責任者を選ぶ際、その者には悪意があったという推定が、必ず行われている。ローマ大火に際して群集はキリスト教徒に責任を求めて虐殺した。パリ・コミューンの末期、激昂した群集が単に彼らの自尊心を傷つけた者を直ちに政治犯人と推定する状況が、タルドによって引用されている[29]。東京震災の直後、社会主義者や朝鮮出身の普通の市民が、憲兵隊や警察や市民の迫害妄想を伴う群集心理によって虐殺された。彼らが陰謀を企てているというのである[30]。「群集の『道徳』は常に犠牲を要求するということ、これは群集心理の一般的法則と見なされうる」とマーティンは言う[31]。この種の諸例をこれ以上引用する必要もあるまい。群集は、生じた或いは生ずるであろう災害をもたらす悪意を創造し、その根絶に向う。

責任の帰属はこのように先験的な説明の一形態である。この説明の作用は、人間的意味において納得しうる原因を創造することにある。合理的・実証的知識の進歩に伴って、物・植物は行動を惹き起しうるいかなる意志ももちえないことが明らかとなる。これらはまず、約束によって結ばれる人間的世界から除外されねばならない。動物・小児・精神病者は、多かれ少かれ意志をもちうる存在である。けれども彼らは約束を知らない。彼らは知らぬ間に約束に参加させられていたのであり、しかも誓約の違反が、被害者・社会および彼ら自身にとってどんな意味をもつかを了解していない（刑法学者の言う事実の認識および違法の認識の欠如）。そこで彼らの行動は、人間的な世界とは異った世界の諸現象の継起の中に移されねばならない。

しかしごく最近まで、普通の犯罪に関しては無責任と見なされる動物・小児・精神病者が、重大な出来事を惹き起した時、やはり責任を問われていた。中世カトリック教会の宗法によれば、有害な動物種全体、たとえば鼠・土竜《もぐら》・毛虫・蛆虫・蝸牛《かたつむり》・蛇・蟇《がま》のようなものが公共の利益を脅した際、国外への追放が宣告され、この要求に従わない動物があると malédiction という一種の破門が宣告された。[32] 清律では、狂気の殺人者は死刑の代りに禁錮される。これはむしろ特別予防の見地に基づくのであろう。しかし親殺しは極刑の八つ裂きに処せられる。受刑者が既に死んでいれば、屍骸にまで宣告が下る。[33] イギリスの判例によると、一四五七年には四歳の小児が罰せられている。十八世紀には、十三歳の少女、八歳の少年が殺人と放火の為に罰せられている。[34] また一七四八年には、十歳の少年が五歳の少女を殺した為に死刑を宣告されている。御定書百箇条では、十五歳以下の者および乱心者の殺人・放火に対して限定責任を規定している。[35] 慣習においては、動物はもとより物の責任も追及される例が少くない。[36]

残されたのは精神に障礙のない成人である。社会は彼らを取り逃すまいとする。「法律ヲ知ラサルヲ以テ罪ヲ犯ス意ナシト為スコトヲ得ス」という制限のもとに、彼らだけは約束を果しうる存在と見なされる。しかし犯罪を惹起した彼らのすべての行動を罰するわけには行かない。偶然の行動もあるからである。注意義務が期待されえない所与の状況において、自らの行動が約束のどんな規定に抵触するかを知らず、従ってその行動が被害者・社会および彼ら自身に与える意味を了解しなかった行動者の運動は、その状況に関する限り木石の倒下と異らない。それゆえ障礙のない成人の行動の或ものは、またも我々の世界から逃れて行く。

最後に残るもの、それは故意または過失による行為者である。けれどもこれらの行為が生じたすべての要因を考慮に容れねばならない。緊急避難、正当防衛、犯罪者の家族の証拠湮滅、上官ないし傭主の命令等々。要するに所与の社会の通常の人間であるなら、その状況に際して他の適法の行為を行いうる可能性があるかどうかが検討される。この可能性こそ、刑罰の最後の根拠と考えられる「期待可能性」である。しかし「期待可能性の有無を判断する規準は行為者の個人的能力でなくて一般的能力であり『平均的能力』である(37)」。違反の事実が生じた具体的な状況の中におかれているのは、特定の遺伝、特定の生理―心理的組織、特定の過去を担った特定のパーソナリティである被告そのものではなくて、所与の社会における「平均人」である。人が問題にしているのは、「彼」が罰せられるべきか否かではなくて、「平均人」が罰せられるべきか否かである。難船した三人の男と一人の少年が同じボートに乗り合せた。食物なく八夜漂流して救助の見込がないように思えた時、男たちは死に瀕した少年を殺してその肉を食べた。彼らが救われた後、その中の二人は死刑の宣告を受けた(もっともその後恩赦によって刑は減軽されている)。この古典的なミニョネット号のケースに関しても人はやはり次のように言いうるだろう。「人間の行為が大部分彼の意志に課せられた外的環境によるとしても、この影響は抵抗すべからざるものではなく、彼の意志の努力によって自らを救いうるのであり、従って彼は全く無責任ではありえない[38]」と。むろん平均人は、このような場合でさえ迫り来る餓死をおもむろに待ち受けるだろう。けれどもこの平均人は想像されたものである。現実にその状況をその特定人として経験しない限り、この恐ろしい誘惑に「抵抗」しうるとは、何びとも断言できないだろう。特殊な例だ、と人は言うかも知れない。しかしすべての事件は一回限りの特殊な事件である。出来事を惹き起す行動は、個人のその時の状態(momentary state)と、彼がその前に置かれた物ないし事象のもつ誘引的もしくは反撥的な力(valences, Aufforderungscharaktere)との、相関関係によって決定される。個人が相異するごとに、また同一個人であってもその時の状態が相異するごとに、誘動因(valence)は異る[39]。心理学的には、「誘惑」はダイナミックに取り扱われねばならない。それは、あらゆる人、あらゆる心理的状態に対して同一の、不動の実体ではない。「平均から個別的事例への推論は不可能である」[40]。誘惑に抵抗しうるかどうか、つまり他の適法の行為を採りうるかどうかを真に経験するのは、その特定状況における当人だけである。「違法は客観的に、責任は主観的に」というのが現代の刑事判定の原則と言われる。しかし責任の主観性には限界がある。それは平均人の主観にとどまらねばならない。この限界を超えて主観的心理を追求する時、判定のあらゆる規準は喪失する[41]。それゆえ責任を創造するのは客観的責任のみであるというフォコンネの主張が承認されねばならない。逆に主観的責任を基礎づける因果的説明を徹底すれば、無責任以外の何ものも生じない。責任を創造するのは全く別の種類の説明である。そこから、ウェスターマークが刑罰の付随的因子として貶価した「外的出来事の影響」が何を意味するかが明らかとなる。もし生じた出来事が人間にとって無関係か或いは取るに足らないものであったなら、不幸や災難が生じなかったなら、人は責任を創造しようと決意しない。すべては因果的継列の一項に収まる。これに反し、もし出来事が重大であるなら、そして重大であればあるほど、人は別種の説明体系に頼ろうとする。この時、熟慮は有責を証明する為に活動するのである。

しかしこの努力、少くとも障礙のない成人だけは自らの陣営にとどめようとするこの努力も、抵抗して来る逆の力に十分対抗しうるようには思われない。「受刑者の反作用」の加わり行く抵抗がそれである。もし人が被告を罰しようとせず許そうと決意するなら、宥恕の理由はいくらでも見つけうるだろう。被害者の不注意、意識的ないし無意識的な挑発、失業、貧困、その他陰鬱な天候、健康状態、家庭の不和、無意識の底に沈んでいる屈辱の傷痕に至るまで計上することができる。これらは、異常と鑑定されるほどには目立たないとしても、何らかの点で特異な生理—心理的組織をもつ人々には、普通人以上の刺戟となるだろう。犯罪者の意志の原因を、そのまた原因を、どこまでも追及して行くならば、究極には無罪の原因の外は見あたらないに違いない。「蓋し厳格な因果的観察からすれば『むしろ一切の犯罪が宿命であり、次から次へと展開して行く因果的継列の最後の項ともいひ得べく、決してその犯罪者一人の責に帰せらるべきものではない』のであつて、裁判官はいつでも『同じ事情の下にあつては、即ち行為者と同じ動機、同じ遺伝的又は後天的な性質を備へてゐるならば、同じやうに行為したであらう』といはねばならず、それを貫けば結局一切の犯罪の処罰を否定しなければならぬからである。全てを理解することは全てを許すことだとされるのである」(42)。要するに一つの犯罪が生ずる為には、或いは犯罪者の遺伝およびパーソナリティ形成に関する、或いは犯罪の行われたその動機および状況に関する、或いは被害者の諸状態に関する、無数の諸条件が一点に集中しなければならない。これらの諸条件の一つでも欠けていたら、その犯罪は起らなかったであろう。むろん、彼はいつかの機会に同じ或いは別の種類の犯罪を犯すかも知れない。何度も自殺を試みる人があるように、天性の犯罪人もいないではない。しかし常習の諸犯行の中のどれだけが、もっぱらその性格に帰せられるかは決定し難い。それゆえ犯罪の科学的原因としては、遺伝的および後天的性格と、その外、とらえ難い無数の諸因子が挙げられる。これら諸因子の偶然の集中は、所与の社会において幾度か生ずるだろう。そこへ犯罪を犯しやすい性格をもった、或いはやはり何らかの偶然によってその傾向にとらえられた人間が現れる。彼は用意された障害に引っ掛かる。

アルブヴァックスは自殺者を、社会の主催するレースに出場を強いられた競走馬にたとえた。その走路には一定の凹凸があるので、足弱の馬のうちのどれかは倒れることになっている。犯罪者もまたこの馬に似ている。誰とも解らないが、しかし誰かは躓く。そしてこの凹凸は一見偶然の産物のように見えるけれども、社会がこのレースの主催者であることを忘れてはならない。「もし一頭の馬が倒れるなら、それは恐らく社会がそれに十分な栄養と昂奮剤を与えなかったからであるが、また社会が溝に土を盛らず、或いはそれが衝突した灌木の幹を除去しなかったからでもある」[43]。こうして因果的追求の結果は、犯罪者の無責任から社会の責任にまで遡るであろう。イェリネックは言う、犯罪は「慢性の社会的疾患」であり、「社会及びそれを囲繞する自然に根差せる諸々の力に依って規定される。犯罪は社会の所産である。実に社会体の全存在の中にこそ、社会から発生する諸原因の総体の中にこそ、犯罪なる社会現象の根拠が存在する。若し責任の概念が、人格的な、責任を負ふべき存在を前提とせず、非人格的集合体に適用される」[44]ならば、「社会はその中で行はれた不法に就いて責任を負ふといふことが出来やう」、と。ここに逆転された集団責任がある。人間社会の本性上、人は約束ないし期待の世界をゼロにまで縮小することはできないから、社会が自らを責任者として選ぶ。集団責任を負うのは、犯罪者の集団ではなくて制裁者の集団である。犯罪の生じた状況の検討や、犯罪者の遺伝的および後天的性格の形成に参与した諸因子の無限の追求の結果、責任の諸要素は現在および過去の無名の人々の群れの中に消え失せる。そこでプロクルステスの寝台である「平均人」の枠を縮小すると共に、報復に代る別の刑罰の理論が登場しなければならなかった。イタリーの犯罪学派の理論がそれである。極めて危険な改悛の見込みのない者、たとえば生来の犯罪者、治癒不能の犯罪狂、矯正不能の常習犯は死または終身拘留によって社会から隔離しなければならない。もし生理的・道徳的治癒が可能なら、一時的に隔離を行うべきである(45)。社会はもはやこれらの犯罪者に報復を加え、それによって精神的エネルギーの衰弱を回復しようとするのではなく、純粋に合理的見地から、再び社会秩序の混乱の起らないように、彼らの自由を束縛するに過ぎない。この原理からは自由刑は復讐ではなく合理的処置となる。

現代の刑法学および判例は、この二つの理論の間を動揺していると言えないだろうか？我々は一方において平均人を認め、これに報復を加える。他方において特殊人を認め、道徳的憤怒を抑制し、予防の目的のみを拘留によって果す。そして理念的には区別されるべき二つの刑罰が、一人の被告に対する宣告の中にも混合して現れる。一般に報復の見地からは、全然障礙のない人間の犯罪は重く罰せられるべきであり、精神病的異常性や常習の不道徳性は寛大に取り扱われるべきである。これに反し予防の見地からは、障礙のない初犯の処刑は寛大であるべきであり、逆に異常資質の常習犯罪者は危険であるから重刑を科すべきである。同じ条件が「贖罪的禁圧」の寛大さを正当化し、「予防的禁圧」の苛酷さを正当化する。またその逆も言える。この二つの傾向が対立矛盾する為に、一方の立場に立つ人は裁判の決定をしばしば非難する。しかしこの矛盾は世論の反映である。それは二傾向を調和させようとするが、どちらも強力なので一方が勝利を占めることができない。(46)

以上が責任の進化の素描である。「約束」の違反を咎め、不安を鎮めようとする報復的制裁は、常に何らかの意志的存在に向う傾向があるという点で、報復的責任は主観的である。しかし報復の意志からは、被制裁者の主観的立場を考慮する傾向が決して導かれないという点で、報復的責任は客観的である。(47)知識の進歩と人格への増し行く尊敬の為に、責任の帰属に経験的・因果的説明が採用されるに伴い、すべての報復的責任を阻却せしめようとする抵抗が強化されて来る。残された問題は、未開社会ないし古制社会において、このような客観的責任を有利にせしめた社会的諸条件を明らかにすることである。

（1） Durkheim, *Sociologie et philosophie*, 1924（山田吉彦訳『社会学と哲学』一九四三年、一九五頁）。
（2） Fauconnet, *op. cit.*, pp. 275-76.
（3） R. Lacombe, *La méthode sociologique de Durkheim*, 1926, pp. 37-38.

（4） F. Nietzsche, *Zur Genealogie der Moral*, 1887（木場深定訳『道徳系譜学』岩波文庫、一九四〇年、六一、六六頁）。

（5） 波多野完治『心理学要理』一九四〇年、一三七頁。

（6） Bergson, *op. cit.*, pp. 148, 145, 114（吉岡修一郎訳『道徳と宗教』一九三九年、一八四、一八一、一四六頁）。

（7） Bergson, *L'Évolution Créatrice*, 1907（吉岡修一郎訳『創造的進化』一九四四年、一八八―一八九、一九八―一九九頁）。

（8） *ibid.*, *Deux sources*, pp. 136-37, 184（前掲訳書、一七一―一七二、一八四頁）。

（9） *ibid.*, pp.145, 153（右同訳書、一八一―一八二、一九〇頁）。

（10） L. Lévy-Bruhl, *Les fonctions mentales dans les sociétés inférieures*, 1910（山田吉彦訳『未開社会の思惟』一九四二年、一七八―一八五頁）。

（11） D. Essertier, *Les formes inférieures de l'explication*, 1927, p. 73.

（12） Bergson, *Deux sources*, p. 152（前掲訳書、一八九―一九〇頁）。

（13） W. James, *The Varieties of Religious Experiences*, 22nd edit., 1912, p. 491.

（14） A. Camus, *Le mythe de Sisiphe*, édit. augmentée, 1942, pp. 45, 61, 165.

（15） Essertier, *op. cit.*, p. 43.

（16） Bergson, *Deux sources*, p. 151（前掲訳書、一八八頁）。

（17） Durkheim, *Les formes élémentaires de la vie religieuse*, 1912（古野清人訳『宗教生活の原初形態』二冊、下、岩波文庫、一九四二年、二一〇、二一八頁）。

(18) *ibid.*（右同訳書、一六四頁）; C. Bouglé, *Leçons de sociologie sur l'évolution des valeurs*, 1922（平山高次訳『価値の進化』一九四三年、二〇七頁）。

(19) Essertier, *op. cit.*, p. 244.

(20) A. Cuvilier, *Manuel de sociologie*, 2 vols, 2e édit., tom. II, 1950, p. 481.

(21) Fauconnet, *op. cit.*, pp. 51-52.

(22) 自然および社会のあらゆる現象を動かす強烈なエネルギーに関する未開人の観念は、メラネシア人のマナという用語で有名である。これと同じ観念を、デュルケームはオーストラリアの「トーテム原理」に見出した。彼によれば、マナないしトーテム原理は「一種の匿名で非人格的な力であり（*Formes élémentaires*）〔前掲訳書、上、三二〇頁〕、「ある意味で機制的に物理的効果を生む物質的力である」（右同訳書、三三二頁）。しかしデュルケームがこの力の非人格性および物理性を強調したのは、その力の崇拝が精霊崇拝と異り、それに先行するものであることを示したかったからに過ぎない。それゆえこの力はたとえば、文明人が表象するような電気の如き物理的力とは本質的に異っている。コドリントンがマナに与えた定義は次のようなものであった。「メラネシア人はあらゆる物質力から絶対に区別された力の生存を信じてゐる。これは善にでも悪にでも、あらゆる種類の様式で働き、且つこれを人間が自己の掌中に収めまた支配するといふ最も偉大な利得をもつてゐる。……それは力、非物質的で或る意味では超自然的な感化力である」（右同訳書、三二八頁）。——確かに呪術の領域においては、この力はかなり物理的な観念となっている。けれどもやはり純粋な物質力ではない。なぜなら呪術師は現代の科学者や技術者と異り、必要な手続を行った後は、この力の好意ある援助に企ての完成を委せるからである。この力の中には、人間の願望に応ずる或種の「寛容」が潜んでいる。それはともあれ人間の目ろみの中に入りうる能力をもっている（Bergson, *Deux sources*, pp. 175-76〔前掲訳書、二一八―二一九頁〕）。それゆえこの力は非人格的な力でも個性化された精霊でもなく、両者がまだ分離しない段階の観念である（*ibid.*, p. 186〔右同訳書、二三〇―二三一頁〕; Essertier, *op. cit.*, pp. 130-4 参照）。

（23） J. G. Frazer, *The Golden Bough*, abridged edit., 1922（永橋卓介訳『金枝篇』三冊、上、生活社、一九四三年、三三四頁）。Hobhouse, *op. cit.*, pp. 55-56; Essertier, *op. cit.*, p. 293 参照。

（24） Essertier, *op. cit.*, p. 157.

（25） Lévy-Bruhl, *op. cit.*（前掲訳書、三四―三五頁）。

（26） Hobhouse, *op. cit.*, p. 184 (note 2).

（27） Fauconnet, *op. cit.*, pp. 237-38.

（28） *ibid.*, pp. 238-39.

（29） G. Tarde, *L'Opinion et la foule*, 1901, p. 154.

（30） 新明正道『群集心理学』一九二九年、一三一―一三二頁。

（31） E. D. Martin, *The Behavior of Crowds: A Psychological Study*, 1920, pp. 106-7.

（32） Fauconnet, *op. cit.*, pp. 63-64.

（33） *ibid.*, pp. 42-43.

（34） Westermarck, *op. cit.*, vol. I, p. 268.

（35） 滝川政次郎、前掲書、四九二頁。

（36） Westermarck, *op. cit.*, vol. I, pp. 263-64.

（37）佐伯千仭『刑法に於ける期待可能性の思想』二冊、上、一九四七年、四四頁。

（38）Westermarck, *op. cit.*, vol. I, p. 325.

（39）K. Lewin, *A Dynamic Theory of Personality*, 1935, p. 78.

（40）*ibid.*, p. 68.

（41）木村亀二『新刑法読本』一九五〇年、二〇二頁。

（42）佐伯千仭、前掲書、八九頁。

（43）M. Halbwachs, *Les causes du suicide*, 1930, p. 445.

（44）G. Jellinek, *Die sozialethische Bedeutung von Recht, Unrecht und Strafe*, 2 Aufl., 1908（大森英太郎訳『法・不法及刑罰の社会倫理的意義』岩波文庫、一九三六年、一〇〇頁）。

（45）Fauconnet, *op. cit.*, pp. 316 sq.

（46）*ibid.*, pp. 319–20.

（47）フォコンネは主観的責任という逆の力を、もっぱら「受刑者の反作用」にのみ帰そうとしている。しかし物・植物・屍骸が責任能力者から除外されるに至ったのは、明らかにそれらに対する憐憫ないし尊敬の念の為ではない。それらが意志をもちえないこと、それらが苦痛を感受する能力をもたないことが明らかになった為である。しかしここでは、経験的知識の進歩がどんな社会的諸条件に依存しているかという包括的な問題に立ち入ることはできない。

五　客観的責任の社会的諸条件

既に述べたように、受刑者への憐憫は責任を減軽し、ついには無責任にまで至らしめた。逆に受刑者の反作用が全然働かない場合、偶然は過失に、故意にさえ変ずるであろう。それゆえ制裁者が犯罪者の立場から出来事を見るか、被害者の立場に立つかに従って、責任の決定に重大な差異がもたらされる事になる。山道で躓いた石が反動で傾斜を落下し、何びとかを打つ。加害者は偶然を主張し、被害者は過失を、場合によっては故意さえも主張するだろう。客観的責任が生ずるのは、制裁者がもっぱら被害者の側に立つ場合である。

ここで問題は二つに分れる。第一は制裁者が比較的無力であって、被害者の復讐の願望に圧倒される場合であり、第二は制裁者そのものが利己的な被害者であって、加害者の立場を全く斟酌しない場合である。これらを順次に述べよう。

未開社会や古制社会においては家族的集団ないし氏族の力が極めて強く、国家の統治権が十分に確立していない時期がある。この場合加害者側の家族的集団ないし氏族の社会的勢力と被害者側のそれが同等であると仮定すれば、疑いもなく後者の要求が世論を支配するだろう。災害を加えられはしないかという未来への恐怖と被害者側への同情が、第三者の家族的諸集団ないし氏族を動かすからである。国家の権力が脆弱である時、刑罰が被害者側の感情の強さに比例するように見えるのはこのゆえである。国家勢力が極めて弱く私的な仇討が制度化されている場合、加害者の故意過失の有無はほとんど問題とならない。ことに被害が家族成員の死であった場合、この傾向は決定的である。「数多からぬ個人から出来てゐる原始集団に於いて、男女の何れにしろ、人一人の死は、小さな出来事ではない。近親のものや、友人達は、その情緒生活の奥底から攪乱せられる。一人の成員を奪はれた小さな共同体は、殊にそれが重要な人間である場合には、ひどい不具にされる訳である。事件全体は、生の正常な進行を破り、社会の道徳的基礎を震撼する」。死に対する人間の自然の傾向である「恐怖と嫌忌は未開人の間においては非常に強く、屍体を棄て、部落より逃亡し、死者に属する全ての物を破壊せんとする——これら全ての衝動が実在してをるので、これに打ち負されて仕舞へば、集団を崩壊せしめ、原始文化の物質的基礎を破壊し、極度に危険なこととならう」、とマリノフスキーは述べている。死がもたらす精神的および物質的崩壊に抵抗する為に、集団は何らかの処置を講じなければならない。盛大な喪の数かずの儀礼がもたらす機能がこれである。「宗教は、恐怖や昏迷や、士気沮喪の遠心力を中和し、振盪された集団聯帯を再保全し、その士気を再振起する最強力な手段を供給する」(1)。——このような機能を果す制度はもう一つある。仇討の制度がこれである。被害者の死が他の家族的集団ないし氏族の成員によって惹き起された場合、或いは惹き起されたと想像された場合（たとえば呪術による死）、恐怖、昏迷、士気沮喪の伝播を防ぎ、振盪された集団の連帯とその士気を回復する為には、喪の儀礼だけでは十分ではない。彼らを脅す邪悪な意図を攻撃し、それを征服することによって、集団の自尊心と生活への勇気を回復しなければならない。「ゲノスは、叙事詩時代の人間に愛国心と同様の感情を惹き起す。この感情は彼らの集団を屈辱と衰弱に委せることを認めない」、とグロッツは言う。(2) 従って仇討がしばしば宗教的性格をもち、復讐者に課せられるのは宗教的義務であったのも偶然ではない。原始的宗教の主要な特質は、集団の統一を確保する機能に存するからである。それゆえ復讐はしばしば犠牲者の墓上で為されるか、さもなければ復讐後多くの場合墓前でその報告を兼ねた敬虔な儀礼が行われた。(3) このような場合、加害者の故意過失の有無は当然問題にならないだろう。何よりもまず復讐の欲求が先立つからである。しかし復讐の意欲が激しく燃え立つ為には、故意ないし過失があったと想像する方が明らかに有利である。もし死が偶然にもたらされたものであるなら、その意欲は冷却し、集団の精神的安定をもたらす為には別の手段を講じなければならない。親愛な仲間は、肉体は滅びても完全には死ぬことなく、祖先の霊の中に加わって集団を保護するだろう、等々。だから明らかに物理的衝撃なく生じた死ですら他の集団の何者かの呪術のせいにする人々において（前述二一四―二一五頁）、自然死以外の死を偶然の原因に結びつけることは容易ではなかろう。ことにオーストラリアの氏族の如く、相対的に封鎖的で、他の集団との交渉が少く、多少とも各種の行為様式を異にしているところでは、疎遠な他集団に対して多少とも潜在的な敵意が含まれているであろうから、この傾向は一層強いに違いない。偶然は故意、少くとも過失の範疇に押し込められるだろう。

他方、血縁的集団の一員の死は精神的動揺をもたらすだけにとどまらない。時としてそれは代替困難な労働力の喪失を意味する。未開社会ないし古制社会の客観的責任の存在理由を、この点に見出したのはコヴァレフスキーであった。「オセート族の慣習は完全に次の観念を認めている。すなわち、父系的諸社会は犯罪者の中に道徳的・法的違反者を追求するのではなく、その種族全体と各成員の利益の侵害者を見るということがそれである」。古代ゲルマン法やケルト法にも同様の観念が見られる。「起源においては犯罪は、その意図に関わりなく償われるべき物質的損害と見なされていた」(4)。こうして彼は刑法的な禁圧的ないし報復的制裁を民法的な回復的制裁に還元してしまう。仇討はそれ自体目的ではなく賠償金を取る為の威嚇手段に外ならない。そこから彼は、激情と昂揚によって衝動的に動く未開人ないし古代人のイメージの代りに、冷静で打算的なそのイメージを置き代えることを提議する。確かに人間に共通の物質的生活、「俗」生活が、彼らにおいて占める、やはり重要な位置を指摘することは正当である。この説明は、犯罪者を殺された被害者の代りに養子とし、同じ身分を与えるあの奇異な、だが十分普遍的な制度の意味を理解させる。けれどもコヴァレフスキー自身も認めるように、家族的連帯の非常に強固な時期においては、賠償によって復讐を断念することは恥辱と見なされていた。十八世紀から十九世紀の初頭にかけて、オセート族はまれにしか賠償を受納しなかった。スカンディナヴィアにおいても、賠償を不名誉と見なす伝説が残っている。(5) グロッツもまた「復讐せんが為に復讐する」時期を起源に認め、損害賠償の制度が後に次第に発達して来たことを主張する。(6) 恐らく仇討には様ざまの段階があり、或時期においてはそれ自身が目的であり、他の時期においては賠償を得る為の威嚇手段であり、時としてはこの二つの要求が混合していたのであろう。そして仇討が物質的賠償を得られなかった為に生ずる報復の破壊作用としての意味しかもちえないのは、集団の家族的連帯がかなり弛緩した時期であるに違いない。要するにコヴァレフスキーは、仇討において故意過失の有無がなぜ問われないかを理解する為に、それが民法的・回復的制裁の威嚇手段であるという説明のみに頼ろうとした。けれども既に述べたところから明らかな如く、この説明だけに依拠する必要はない。それは客観的責任の一面を解明しはするが、すべてを尽くしてはいない。

国家の勢力が漸次強まって来るにつれて、私的制裁は次第に制限されて来た。仇討を加えられた側が逆に仇討を返す場合もあり、こうして時としては、両血縁的集団のどちらかが全滅するまで血の確執が続くこともある。それほどまでに至らなくても、国内の流血は他の国家的集団に対抗する意味からしても、好ましくない。私的制裁から刑罰への移行は、むろん一挙にして行われたわけではなかった。(7) 裁判所が設立されている所でさえ、原告が死刑執行人の役割を演じたりしていた。しかし様ざまの過渡的段階を通ってついに刑罰が血讐に代る。国家は被害者側の要求をそのまま実現することなく、加害者側の立場をも考慮に容れるようになる。この立場の推移に伴って、過失の領域に偶然の領域が次第に穿入して来るのである。

タリオ、避難所、賠償の諸制度はこの時期の産物である。なお、特定の時間（降誕祭、踰越節、戴冠式とその一週間、戦争の期間など）、特定の場所（王宮、大司教館、司祭および高官の住居、城および要塞、軍事上および司法上の集会所、遊歩場など）における復讐や、特定の人間（縁者の復讐が期待されえない寡婦、孤児、旅行者、外国人、それに宗教家）に対する復讐を禁止する「王の平和」(royale paix) と呼ばれる制度もまた、私的復讐を制限しようとする国家の権力の現れである。(8)

前近代社会における客観的責任の優勢は、家族ないし氏族の優勢のみによっては説明しえない。瀆聖（背教・宗教的儀礼に対する違反・伝統に対する侵害）・謀叛・謀反ないし大逆のような特殊な犯罪に関しては、同一社会においての一般の犯罪に関して無責任ないし限定責任を負うにとどまる意志なき行為者・小児・精神病者・家族や村落などの集団・屍体までが、特に厳しく罰せられた理由は、それらが公的犯罪であり、個人の生命財産を脅す私的犯罪に属さないからである。集団の価値が個人の価値に優先しているところでは、前者の侵害は後者のそれよりも強い反作用を惹き起す。周知のように、いわゆる前近代社会においては、個人が同時に多数の結社に参加することなく、基礎的社会に全面的に「吸収」されている為に、人格の自由と独立は十分に認められず、従って全体の価値は個人の価値に優先する。臣下が自由と独立を享受するのは、ジンメルが指摘した如く、同時に多数の君主に仕える場合である。(9) そこからデュルケームは、犯罪が二つの基本的範疇に分れることを指摘した。「一つは集合的物（精神的であろうと物質的であろうとそれは問題ではない）に向けられるものであり、集合的物とは主として公共の権威とその代表者、風習と伝統、宗教である。他の一つは個人のみを犯すものである（故意の殺人、窃盗、あらゆる種類の脅迫と詐欺）。……第一のものに関しては宗教に対する背反が最も本質的であり、伝統や国家の元首に対する犯罪は、常に多少とも宗教的性格をもつから、宗教的犯罪と呼ばれうるであろう。第二のものに関しては、人間的犯罪の名を与えうるであろう。――第一の種類の犯罪は、第二のほとんどすべての犯罪を排除して、下級社会の刑法を満たしている。しかし進化の進むにつれて、第一の犯罪は退化し、これに反して人間の人格に対する侵犯がますますその全領域を占めるに至る。……原始人にとっては、犯罪はほとんどもっぱら宗派の命ずる慣行を遂行しないこと、儀礼的禁止を犯すこと、祖先の風習から遠ざかること、権威者に従わないことにある。……これに反し今日のヨーロッパ人にとっては、犯罪は本質的に人間の何らかの利益の侵害にある」。「この二種の犯罪が傷つける集合感情は同じ性質のものではないから、この二種の犯罪は深く異っている。そこから、各おのに対する禁圧は同じではありえない、ということになる」。(10)

しかしこの説明には若干の保留を要することは明らかである。すなわち謀叛、謀反ないし大逆のような罪科を、直ちに瀆聖と同一視することは不可能であろう。たとえば十分に民族国家としての統一性を有しなかった古代シナの村落民が、デュルケームの言うように国家の元首およびその一族ないし国家そのものを、全体社会の権威を象徴する一族或いは「器官」と見なしていたかどうか甚だ怪しい。(11)このことはいわゆる環節的構造を多少とも保っていた古代国家全般に関して言えるだろう。またギリシアの都市のように有機的に統合された共同体の場合においても、謀叛はともかくとして、大逆ないし僭主の罪科に向けられた市民全体の激昂は支配者の煽動の結果であり、それらへの制裁は、本質的にはむしろ権力者間の政争の一表現にとどまっていたように見える。(12)それゆえ起源においては、統治者およびその機関を加害する行為と、社会全成員に共通する至高の価値を凌辱する行為とが、同じ感情的反動をもたらしたとは思われない(この点については註22を参照)。ただ、刑罰・宗教・学問その他様ざまの制度の力を借りて、国家および支配者が次第に神聖な地位を獲得し、ついには社会全般の運命を象徴するかのように表象され、これらを加害する行為は瀆聖と同じ印象を惹起するに至るであろう。

近代社会において過去の「宗教的犯罪」と同じ役割を演ずるものは、人間の人格の尊厳を傷つける行為である。殺人・傷害・脅迫等の犯罪は瀆聖的印象を喚起する。個人の尊重が近代社会の秩序の核心的支持力であるからである。しかし既に述べたように、受刑者そのものもまた尊敬ないし憐憫に値する人間であり、そこから、彼をして犯罪に至らしめた原因の一半は社会そのものにもあることが反省されるから、かつての「宗教的犯罪」が惹起したような特に激しい刑罰の反作用は発動せずにとどまる。

右の一般的説明をいくらか補って見よう。まず瀆聖は背教、宗教的儀礼に関する違反、伝統に対する侵害から成り立っている。背教者および宗教的儀礼の違反者に対する特殊な憤怒は十分に理解されうる。ギリシアの都市の神々が典型的な例を供給しているように、神はその集団の神であり、集団の運命を支配した。この種の神の起源は、先に述べた個人の願望に応える「意図」の中に存する。この半人格的な「意図」が精錬され、それが個人の中に住む集団人の願望に応える時、都市の神が誕生する。このような神の言葉である教義を否定し、彼が規定した儀礼に違反するなら、神は集団に敗戦・疫病その他あらゆる災害をもたらすだろう。背教や宗教的儀礼の違反が特に厳しく禁止されたのは当然である。(13)(14)

伝統の命ずる行為様式への違反に対する特殊な反動は、臼井二尚博士によって示された共同社会に固有の諸特質から理解される。共同社会は封鎖的であって、外部からの人および物の流入がまれであり、また成員の等質性の為に内部に変ったものが生れ難いので、同一の行為様式が同一の内容をもって伝承的に反覆されることが蓋然的となる。そして「同一行為様式の反覆はその様式を合目的的に改良修正する事を重ねしめ、その結果として古いものが大なる実質的価値を有つやうになり易い。此の故に此処に於ては古いものが尊重される傾向が強くなる。更に又反覆されるものには人間は自ら習熟し易い。此の事は古い伝来の様式に従ふ行為をして、苦労少くして大なる効果を挙げしめる。斯かる伝来の様式が自ら愛好されるのも亦当然である」[15]。このように「一切の旧い伝統が保持される所では、諸々の伝統的様式が相互に順応適合するよう次第に限定変容を加えられる結果、此等の様式は相互の適応調和を極度に進める為、現に共にある様式以外の別異なる様式には適応調和し難いものになる。従って一部の様式を変更すると、それと爾余の様式との間の不調和に苦しまなければならない」。このような事情から共同社会では一切の革新が避けられ、ひたすら伝統が固守されるのである[16]。その上「古くから続いて来た伝統的様式は、それの起源が特定の個人に帰せられるよりもむしろ遥遠な過去の祖先又は超自然的存在者に帰せられ易く、従つて伝統的様式に背く事は、それを作つてその社会に与へた存在者に背く事になり、背反者は斯かる存在者から罰を蒙る蓋然性が高いと考へられる傾向がある」[17]。要するに伝統的な行為様式への順応によってのみ社会秩序は安定し、かつそれによってのみ神の保護の保証が得られるのである。

伝統的な行為様式によって組み立てられた未開社会の秩序は、長い世代に亙って静止している。未開人の表象する宇宙の秩序の静止性はその投影ではあるまいか？　周知のように彼らは、自然および社会の現象・物・時間・空間を聖俗に二分する。両者の分離は整然と維持され、混淆は特別の儀礼を経ない限り許されない。この禁忌を犯す時、宇宙の秩序は紊れる。「土地はもはや収穫をもたらさず、家畜は不妊となり、諸遊星はもはやその軌道に従わず、病と死がその国を席巻する。罪人は彼自身を危険に置くのみではなく、彼が世界に導入した混乱は……もしその悪を抑え或いはそれを贖う手続が直ちに取られないなら、宇宙全体を狂わせるだろう」[18]。だが危険は聖俗の接触からのみ生ずるとは言えない[19]。すべての開始もまた危険を意味する。「明らかにそれは均衡を破壊し、新しい要素をもち込む為に、この要素はできるだけ不調整を起さずに秩序の中に統合されねばならない」。初物の供進が行われるのはその為である。穀物・野菜・果実、そして時としては「人間でさえこの規則を免れない。……初生児は自己の到来が世界の秩序にもたらした混乱を、自らの奉献によって償う」[20]。——変化に対する異常な恐怖は、それゆえ、神聖な力（たとえばマナ）のもつ猛烈な伝染性に対する懸念の結果であるよりもむしろ原因であるように見える。しかしこの点については深く立ち入ることはできない。ここでは聖俗分離の起源が何であろうと、それは宇宙の静止的な秩序の観念に深く結びついていること、そして後者は未開社会の静止性の投射（projection）ではないかということを暗示するにとどめよう。

こうして伝統ないし慣習は聖化され、その背反は瀆聖に等しい衝撃を与える。自己の定めた秩序を犯された神々は、単に背反者のみならず集団全体を懲しめようとするかも知れない。集団全体の蒙る災害に比べれば、背反者一個人の贖罪は取るに足らない。

最後に謀叛および謀反ないし大逆の罪が残る。既に述べたようにこれらの罪科は、民衆の感情において瀆聖の観念としばしば混淆している。最初は必ずしも異質的に強く非難されなかった行為に対して重い刑罰が科せられる時、時の経過と共にその行為そのものが著しい恐怖と嫌悪の印象を与え出す、という場合が少くない。事実、児童が成長するにつれて善悪の区別を感得しうるようになるのは、成人がそれぞれの行為に結びつけた賞讃と非難とに大部分基づく。それゆえ制裁者が特殊な範疇に属する犯罪の観念を創造しようとするなら、特定の行為に対して異質的な刑罰を科するだろう。こうしてこの種の犯罪は瀆聖的な印象を与え始める。その外、国家ないし支配者の自己聖化にはしばしば宗教・学問その他の制度が利用されるであろう。このような聖化が最も成功した場合、この種の犯罪に対する刑罰の過度の苛酷さも民衆に道徳的悪を感じさせることなく、その共感を得るに至る。

しかし国家ないし支配者が時として科する異質的に強い刑罰は、単に瀆聖の観念に結びつけるだけでは説明されえない。制裁一般を基礎づけている心理的要求以外に、刑罰特有の機能を考慮しなければならない。この点で刑罰は道徳的制裁の組織化されたものであると同時に、それ固有の機能をも併せ有していると言えよう。この特別な機能とは威嚇による一般予防に外ならない。国家ないし支配者は、謀叛および謀反ないし大逆の罪科に対して、通常の犯罪に関しては認めない集団責任を例外として採用し、通常の犯罪に関しては無責任者ないし限定責任者を縁座せしめる場合が少くなかった。(21)こうすることによって国家ないし支配者は、人々に恐怖の感情を惹き起させ、刑罰のもつ一般予防の機能を最も有効に働かせようとしたわけである。十六世紀のフランスの法律学者(22)ピエール・エイローは言う、『……犯罪があらゆる非道・陰険を超えたものである時、一、二の個人に非ずして実に一国家・全共和国を破滅に導くものである時、それを断つべき方法は、理由は不明だがともかくほとんど怪奇・異常であることを要する。極めて一般的な正当自然の規則といえども、しばしば例外を承認せざるをえぬ。人は弁明を聞くことなく (indictâ causâ) 罰する。父の落度の為にその子を罰する。様ざまの無罪の者を罪人と共に罰する。しかしその執行は極めて正当・有効・必要なものである。もし宣告にあたり彼の遺名 (mémoire) と後裔を罰するなら、絞首または斬首の後それを四辻に置くなら、……その利益はいかに大きいことか(23)』。同様の主旨のもとに太宰春台は苛酷な連座制を擁護している。『民ノ姦悪ヲ禁ズルハ、首告連座ノ法ヨリ便ナルハナシ、是先王ノ道ニハ非ズ、秦ノ商鞅ガ法ナリ、厳刻ナル法ナレドモ、末世ニハ便利ナリ(24)』。

しかし威嚇刑も文化的・社会的背景を全然無視するなら、無効ではないとしてもその基礎は薄弱である。死後の生が全く信じられていないところ、本人とその似姿との間に何ら融即 (participation) の関係が感じられないところ、家族の連帯が極めて薄弱なところでは、屍骸を加辱し、肖像を破壊し、罪人の家族を殺戮しても十分な効果は得られない。所与の社会的環境や知的・道徳的水準と絶縁した威嚇刑は、多少とも嘲笑と反感を買うであろう。それゆえ報復の情緒がどんなに拡散的・伝染的であっても、威嚇の要求がどんなに強くても、責任の範囲は所与の社会意識によって或程度制限を蒙る。この限界を超えた「怪奇」「異常」な「先王の道に反する」刑罰が行われたことがあっても、あらゆる客観的責任や集団責任がそうであったとは限らない。ギリシア、ローマ、シナ、日本等の古代国家が家族に集団責任を課した時、それは十六世紀のフランスにおけるほど非合理的とは見えなかったであろう。集団責任の限界がしばしば家族に限られたのは、家族が特に緊密な共同生活を営んでいたからである。我々の刑法においては、生活共同関係は嫌疑の理由にはなるが、起訴の理由にはならない。彼我の相異は、一つにはこの生活共同の多面性と緊密性に基づく。今日の我々の社会における家族の生活共同は制限された側面に限られ、しかもそのいくつかの側面において緊密性の程度が相対的に低いので、それを根拠とする共犯の推量はほとんど事実と合致しない。これに反して古制社会における家族の生活共同は、多面的であると共に高度に緊密であるから、その推量が妥当する蓋然性が相対的に高かったと言えよう。そこから共犯の事実の有無を調査することなく、生活の共同あるところすなわち犯罪の共同ありと推定し、この推定によって刑罰を家族全体に科するとしても、それほど不合理であるとは見なされなかったに違いない。同様に減軽の事由も、事実に基づくものではなく推定に基づくものであった。ジュスティニウスによって保存されたアルカディウスの諸法（Lex Quisquis）は、犯罪者の家男の市民権剝奪を規定した後で次のようにつけ加えている。家女は『性の弱さの為に、より小事の外は試みなかったと我々は信ずるが故に、法の規定はより寛大なものであるべきであろう』[25]。──家族成員に負わされるのは、想像された作為の責任のみならず不作為の責任でもある。謀議に参加しなかったとしても、当然それに気づいていたはずであるから、その事実を上司に通達すべきであると見なされる。シナにおいてはこのような作為もしくは不作為の責任は、時として自然的家族から経済的家族にまで拡大し（前出の註21）、更に村落全体をも包含するに至った。「若しも犯罪が発生すれば、隣人は犯意を知りながら之を報告しなかつた廉を以て罪に問はれる。知らなかつたと答へても役に立たない。隣人であるが故に知つて居たに違ひないとされるのである」[26]。しかし責任の範囲が自然的家族を超える時、これはもはや道徳的基礎から遊離した純然たる威嚇刑の性格を帯び始めると言わねばならないだろう。一般に前近代社会における威嚇刑の濫用は、受刑者の人格に対する尊敬の欠如の外に、コミュニケーションの諸手段の未発達に伴う警察力の弱体にも基づくように思われる。

臼井博士はシナ村落に課せられた集団責任の理由について次のように言う。「国土があまりに広大であつて、区分封鎖された各郷土社会は夫々特殊なる事情と生活様式とを有するに対し、外界の命令干渉は集団内の極めて微細なる点にまでよく対応する事能はざる」国家においては、「非行犯罪を為す者のある場合、政府はこの事件に対する判決と処罰とを血族乃至村落の指導者に行はしめ自らは之を監督する地位に立つ」。血族ないし村落はこのような自治を許されている為に、逆に一成員の重大な犯罪があった場合には、成員統制上の不注意を問われ、集団責任を課せられることとなる。(27) 日本の五人組のような近隣集団に課せられる集団責任もまた、警察力の不備を補うという点では同様である。

以上、客観的責任がなぜ近代社会よりも前近代社会において普遍的であるかの社会的諸原因を略述した。これらの外になお、未開社会に特有な禁忌の観念が、客観的責任の制度に寄与する側面もつけ加えなくてはならないだろう。しかしこの点についてはここでは立ち入ることはできない。

(1) B. Malinowski, Magic, Science and Religion, in J. Needham ed., *Science, Religion and Reality*, 1925（松井了穏訳『原始民族の文化』一九三九年、一六〇—一六一頁）。
(2) Glotz, *op. cit.*, p. 59.
(3) Kovalewski, *op. cit.*, pp. 238, 241–42; Glotz., *op. cit.*, pp. 73 sq; Westermarck, *op. cit.*, vol. I, p. 482 参照。
(4) Kovalewski, *op. cit.*, pp. 298, 309–10.
(5) *ibid.*, pp. 252–53.
(6) Glotz, *op. cit.*, p. 220 sq.
(7) Westermarck, *op. cit.*, vol. I, pp. 183–85.

(8) Kovalewski, *op. cit.*, pp. 263-64, 284-85.
(9) Bouglé, *op. cit.*（前掲訳書、八七―八八頁）。
(10) Durkheim, Deux lois, *loc. cit.*, pp. 86-87.
(11) *ibid.*, *De la division*, pp. 41-45, 75.
(12) Glotz, *op. cit.*, pp. 458-59, 480-82. アリストテレス『アテナイ人の国家』第一、二〇、二二章参照。
(13) ここで集団人というのは、「集団本位的立場」で思考・感情・行動する人間の一面を指し、デュルケームの「集合意識」の概念とは無関係である（松本潤一郎『集団社会学原理』一九三七年、第四篇第二章五）。
(14) プルタルコスは言う、『都市は、時代の推移にも拘らず、その個性を変えず、時と共に他の個性とはならない生物にもたとえられうるような、一箇の持続する存在として与えられたものである。それは常にその感情と個性を維持する。それは過去現在を通じて遂行されたすべての行為に対して責任を負う、丁度その統一を複雑な紐帯によって維持する共同体が永らくその同一性を保存するように』（Glotz, *op. cit.*, pp. 559, 564-65. なお Thonissen, *op. cit.*, p. 188 を参照）。
(15) 臼井二尚「共同社会考」『戸田貞三博士還暦祝賀記念論文集――現代社会学の諸問題』一九四九年、四九八、五〇一頁。
(16) 右同「未開社会考」『哲学研究』第三五巻第二冊、一九五一年、三二二頁。
(17) 右同「共同社会考」前掲書、五〇二頁。
(18) R. Caillois, *L'homme et le sacré*, édit. augmentée, 1950, p. 24.

(19) Durkheim, *Formes élémentaires*（前掲訳書、下、一二二頁註六）。

(20) Caillois, *op. cit.*, pp. 31-32.

(21) シナの縁座制は典型的である。最も広い縁座を認める明清律の謀反大逆に関する規定によれば、自然的家族に属する近親はむろんのこと、縁親その他の同居者および疾病廃疾の無能力者をも斬首の刑に処した（清水盛光、前掲書、三八八頁）。イギリス法でも、謀叛に対しては犯罪者への体刑と彼および家族の財産の没収をもって酬いる。もし財産相続が許されるとすれば、それは法規によってではなく、王の恩赦によるものである（Fauconnet, *op. cit.*, pp. 83-84）。アンシアン・レジームの末期に至るまでのフランス刑法の規定も、謀叛・大逆・親殺・決闘に関してはイギリス法と同様である。ただ没収の外に家屋の取壊しと或種の不動産の破壊が加えられる。大逆罪の場合は、妻子父母の市民権が失われる（*ibid.*, pp. 85-87）。大罪人の家屋の破壊は、ローマ、ゲルマン諸国、ビザンティン、スラヴ諸国においても見られる規定である（Glotz, *op. cit.*, p. 476 [note 1]）。

(22) デュルケームによれば、刑罰の苛酷さは集合意識の強さと中央政府権力の強さという二つの別の要因によって左右される。たとえば十七世紀のフランスでは絶対主義君主の権力が頂点に達したため、種々の残酷な体刑が工夫された（Deux lois, *loc. cit.*, pp. 67,76）。西欧では十五世紀から刑罰が厳しくなるが、これは集合意識の強化によるものではなく、中央政府の権力の強化によるものである。

(23) Fauconnet, *op. cit.*, pp. 46-47.

(24) 滝川政次郎、前掲書、四九四―四九五頁。御定書によれば、出火の為に三町以上が焼失した場合には、火元は五十日の手鎖の外、地主、家主、その町の月行事、五人組、風上二町、風脇左右二町ずつ、合計六町の月行事は、いずれも二十日ないし三十日の押込に処せられた（右同書、四九五頁）。

(25) Fauconnet, *op. cit.*, p. 80.

(26) 臼井二尚「支那社会の階層的規定」『東亜人文学報』第一巻三号、一九四一年、六五頁。

(27) 右同誌、六八、六九—七〇頁。

六　むすび

我々は客観的責任の本質を説明の一形態と見なし、それが人間の生のどんな要求に対応しているかを見た。すなわちそれは必然的な——だが人間にとっては偶然的な——因果律の支配する世界に、約束と期待をもって貫かれた人間的意味をもつ世界を、可能な限り重置せしめようとする要求であった。この仮構の約束や実際の約束が破られたと信じ、期待が裏切られた時、集団は制裁によって反作用する。このような反作用によって集団は、約束の世界が存在していることを自己自身に納得せしめ、或いは傷つけられた感情を昂揚させ、こうして生への意欲を回復することができるだろう。それゆえ起源においては、責任を負うものは、例外を除いて何らかの——現実の、或いは少くとも仮構の——意図でなければならなかった。約束の世界の秩序を運行せしめる因子は必ず意図だからである。従って刑罰の対象が犯罪者ではなくて犯罪であるとするフォコンネの見解は採りえなかった。犯罪は責任者を求めようとする願望を惹き起すが、それ自体責任者とはなりえない。それは犯罪が過ぎ去ってしまったからではなくて、意図の背景を欠いた犯罪それ自体は物理的事実に過ぎず、単なる物理的事実の表象は一般に報復感情を抑圧するからである。しかしまた、人間は故意と偶然を見分ける何らかの能力を有し、正常な熟慮を妨害する因子が作用しない限り、偶然の加害者に対しては自然的に憤怒を収めるというウェスターマークの立場も採りえなかった。自然の欲求は極めて強いので、直観もしくは知性の通告に反してまで、偶然を少くとも過失に帰せしめるであろう。偶然の加害者に対する報復感情の鎮静は、生来の傾向によるどころか意志の緊張と努力の産物であろう。それゆえ既に引用したベインの言葉は恐らく正しい。『絶対的に違反を犯さないということはこの世では不可能であること、我々はすべて相互に同胞からの偶然の害に曝されていることに気づくなら、我々は意図なき害を許すように心を訓練し、攻撃者に悪を返す満足を断念する』。偶然の加害者に対する報復感情の欠如が、ウェスターマークにとって自然的能力に基づくと思われたほど、人間は訓練されて来たのである。恐らく人間はもっと訓練されるだろう。その時、現在の我々からは報復に値すると見える行為をも、人は偶然の領域に加えるであろう。しかしともかく、期待を保証し、幻滅を防止する安定した一画が与えられねばならない。そこで非合理的な報復に代って合理的な隔離が、刑罰の存在理由となる。社会はもはや責任を求める制裁者としてではなくて、責任を負う被告として犯罪者の前に現れる。むろん社会が、偶然の支配する自然に責任を転嫁せず、意識ある諸存在の集合としての自己にその重荷を引き受けるなら、その限りにおいて、社会の一員としての犯罪者にもまた報復的責任の一部を認めるだろう。「民衆は犯罪を否定しない。そして犯人には罪があることを知つてゐる。ただ民衆は自分たち一人一人も犯人と共に、罪があるといふ事を知つてゐるのである。しかし、彼等は自分で自分を罰する事に依つて、環境説を信じてゐない事を実証してゐるのである」（ドストエフスキー『作家の日記』米川正夫訳、三笠書房版全集、第一四巻、二八頁）、とドストエフスキーは言う。人間が自由意志を実感している限り、報復的責任は滅亡しない。ただもはやそれのみによっては、社会秩序を保証しうるに足る刑罰を科しえなくなったのである。

以上において我々は、客観的責任から主観的責任へ、集団責任から個人責任へという二つの流れの跡をたどってきた。この流れを先に述べた価値の二つの軸（個別主義—普遍主義、属性本位—業績本位）のタームで表わすなら、集団責任から個人責任への移行は、個別主義から普遍主義への重点の移行を意味し、客観的責任から主観的責任への移行は、属性本位から業績本位への重点の移行を意味する。すなわち、一方においては、特定の個別的な関係の中から独立の個人が析出されて、彼が責任の担い手になってゆき、他方においては、人間は何であったかよりも何をなしたかによって責任を問われるようになる。このような価値の移行に伴い、〈結合〉要件を充足させる活動としての社会統制のタイプが異ってゆかざるをえない。周知のデュルケームの禁圧的制裁と回復的制裁というタイポロジーは、異った社会統制のタイプを制裁の様式に従って表わしたものである。

V　アノミーの概念

一　業績主義とアノミー

近代社会の優性価値（dominant value）は普遍主義的業績本位の価値すなわち〈業績価値〉である、と言ってよかろう。この価値へのコミットメントは、〈経済〉次元の活動に正機能し、社会の生産力は著しく上昇した。しかし、この価値は伝統的価値とは異り、欲求の限界を定めえないという意味で、社会体系の〈動機調整〉活動にむつかしい問題を課する。(1)これが「アノミーの問題」である。以下では、この問題を最初に指摘したE・デュルケームの理論をまず取上げ、次いでアメリカ社会学においてこの理論がどのように展開されてきたかを検討したい。デュルケームのアノミー分析の方法は、価値からのアプローチであることを特徴とする。彼の主張したかったところは、アノミーは価値の内面化が不十分であるから生ずるのではなく、内面化した価値が普遍主義的業績本位の価値であるために生ずる、ということであったように思われる。しかし一方では、どのような価値にせよ、それの不十分な内面化の結果がアノミーをもたらす、というふうに、デュルケームの理論を解釈する余地は残されている。以下では、前者の解釈に立って議論を進めることにしたい。前者の解釈を採る理由の、文献学的な根拠を示すことは必要であるが、ここではそこまで立入ることはできない。

疎外を個人的疎外と社会的疎外とに分ける考え方がある。それに従うなら、個人的アノミーと社会的アノミーとを区別することもできる[2]。筆者としては、価値の内面化の不十分な場合が個人的アノミーである、と考えたい。価値の内面化は、パーソナリティの機能的要件の一つであるが、この要件の充足がたとえば伝統的価値との衝突によって必要な水準に達しない時、個人はアノミーの状態に陥る。他方、社会的アノミーは価値の制度化が不十分な場合である、と考えたい。パーソナリティ体系の価値内面化の要件は充たされていても、業績価値は本性上、社会体系に十分制度化されえないので、期待はしばしば報いられず、個人はやはりアノミーの状態に陥る。個人的アノミーは、それが社会現象としてどのように現れるにせよ、いわばパーソナリティに関するアノミーである。社会的アノミーは、それがパーソナリティの中にどんな葛藤を惹き起すにせよ、いわば社会的人間(social person)のアノミーである。デュルケームは個人的アノミーを問題にしないわけではなかった。だが、彼が特に問題提起をしたかったのは社会的アノミーであったように思われる。

デュルケームによれば、幸福・快楽等を求める欲求に限界を画するものは個人の有機的・心理的構造の中には存しない。言い換えれば、社会の統制がなければ、個人は快楽を無限に追求することになるだろう。ところが実際は、社会が常態的である限り、各人のおかれている地位に従って、どの程度の幸福ないし快楽が許されるか、正当に (légitiment) 望みうる限界はどこにあるかに関して暗黙の規定がある。各人はこの規定を受容れ、それぞれの地位にふさわしい野心だけしか抱かない。「健康の特徴」である「中庸の満足」が与えられるのはこの時である。(3)

しかしおのおのの地位に伴う欲求充足の様式が正当であると見なされたとしても、それぞれの地位にどのような属性ないし能力を有する人が選ばれるかに関する様式もまた正当と見なされる必要がある。この「種々の職務への市民の配置を司る原則(4) (les principes président à la répartition des citoyens entre les différents emplois)」の内容は社会によって種々の形態をとるにせよ、この規定がそれぞれの社会において正当と見なされているのが常態である。こうしてそれが有効に作用する限り、人はやはり「正当に望むことのできることだけしか欲しない」。(5)

これらの幸福等の配分および人の配分に関する伝統的な準則が、もはや「その権威を失った状態」をデュルケームは「アノミー」と名づける。この時、欲求を制限する枠はとりはずされ、「止み難い渇」が人々を引きずって行き、彼らはどこで満足を見出すべきかを知らない。「得られた満足は、要求を和げないで、反ってそれを刺戟するだけであるから、人は得れば得るほど、更に得ようと欲するであろう」。「人の進んでいる目的が無限の彼方にある時には、人は進んではいないのである。……従って到達できない目的を追求することは、永久の不満の状態で罰せられることである」。またそれと共に「闘争が統制されないから、競争は更に激しくなる。もはや確定された階級別は存在しないから、すべての階級は争い合う。従って努力は、益々無効になるにも拘らず、それにつれて益々激しくなる。この場合には、どうして生きる意志が弱まらないだろうか」。突然の経済的繁栄がもたらす状態は、まさにこのようなものである。一社会全体の富の増加や或階級の受ける特別の利益によって、物や地位に対する欲求を統制していた秩序が崩れ、人々は「正当な請求と希望」の限界を見失い、あらゆる種類の「羨望」が目覚めるようになる[6]。

だがデュルケームは更に前進する。彼によれば、宗教とギルドの統制を失った近代社会は、慢性のアノミーに陥っている。ここでは無統制は、いわば常態的である。「全階級を通じて羨望は刺戟されるが、しかもそれは、結局何処に落着くかを知らない。何ものも、羨望を和げることはできないであろう。何故なら、その目指している目標は、到達することのできない無限の彼方にあるからである[7]」。

以上で要点を尽くしえたと思うが、これから分析しようとするのはデュルケームのいわゆる「慢性のアノミー」である。この種のアノミーはなるほど景気変動の現象によって経済界に最も露骨に現れるとしても、決してこの領域にのみ固有のものではない。デュルケームによれば、それは社会全般に亙って、その社会の平衡にとって必要な二つの配分——幸福・安楽・贅沢の配分および職務への市民の配分——に関する伝統的な基準が、もはやその権威を保ちえなくなり、欲求を画する限界が見失われた状態である。

デュルケームのあげた二つの配分はパーソンズによって一層明確に規定されているように思われる。パーソンズがデュルケームから受けた影響は彼自ら認めている如く大変大きいが、彼の体系のどの部分がデュルケームから来ているかを一々明確にことわっていない。従って以下にデュルケームとの連関において取上げようとするパーソンズの配分の概念が、デュルケームから来たものであるかどうか簡単に決定し難い。更にこの概念がデュルケームのみから得られたものであるとするのはむしろ誤謬であろう。しかし次に示すように、この点に関して、パーソンズの概念はデュルケームのそれと著しい相似を示している。パーソンズにおいては社会は一つのシステムとして取扱われている。「システムの最も一般的且つ基本的属性は諸部分ないし諸変数の相互依存である」が、システムのうちで内的な統一によって外界からの或程度の独立性（自主性）を保とうとするようなシステムは、特に境界維持体系ないし自己維持体系と名づけられる。(8) パーソンズによれば社会体系はこのようなタイプに属し、それを構成する諸因子は異ったコンテクストにおいて各個人に期待される役割である（役割が動的・過程的な側面であるとすれば、それに対応する静的・状態的な側面は地位と呼ばれる。従って役割と地位は同一現象の異った二側面であるから、場合によっては相互交換的に用いることが許される）。一社会におけるこれらの役割の配分（allocation）の状態が狭い意味での社会構造（social structure）である。一体、役割は何のために存在するか。それは社会成員の様ざまの欲求を直接的・間接的に充足させるために存在する。しかし役割遂行のためには二つの条件が必要である。一つはそれにとって必要な用具（facility）、たとえば農民にとっての土地、学者にとっての書物。他は役割遂行への刺戟となる報酬（reward）、たとえば金銭や名誉。このような用具、報酬を受取ることによって、パーソナリティは生きるに値すると信じる生活を送り、行うに値すると信じる役割を遂行する。このようなパーソナリティの役割への参加によって、社会体系が保たれて行く。しかし役割の存続は個人の生命の期間よりも長いのが普通であるし、またその役割に堪えうるには年齢的或いは健康上の条件もある。それゆえ、死亡その他によって空白となった役割へ新しい人員を補充する必要が生じて来る。こうして社会構造を維持するためには、Ⅰ人員（personnel）の配分、Ⅱ用具および報酬の配分という二つないし三つの配分機構が必要となって来る。[9] デュルケームの「種々の職務への市民の配置を司る原則」はⅠに、幸福等の配分はⅡに、そのうち特に報酬の配分にそれぞれ該当することは言うまでもない。

用具と報酬の区別はものに内在する特質ではなく、行為者および観察者がものに帰する意味の相異に存する。(10) たとえば或高級な官職に伴う高い俸給は、その役割を遂行する上に手段的に有用な用具と見なされるかも知れない。すなわちその役割の遂行にとって或程度の権威ないし威光が必要であるなら、それらを保つにふさわしい衣食住や社交等が不可欠であると考えられるだろう。しかし他方この高い俸給は、高級な役割の遂行に伴う報酬と見なされるかも知れない。それゆえ同じものを用具と見なすか、それとも報酬と見なすかは、社会によって異るのみならず、個人の主観的意味に従って異る。このように用具とも報酬とも受取れる一群のものが一社会に存在するなら、これらのものの配分の基準は、それらが用具として解されても報酬として解されてもよいように、同一であることが必要である。更に用具の大部分が貨幣として与えられるような社会、また役割の機能の複雑な分化の結果、用具が集団ないし社会体系という全体に寄与する側面が行為者および観察者によって余り強く意識されないような社会においては、役割に伴う多くのものが用具としてよりも報酬として解される傾向が強い。かような諸理由から、用具および報酬という二つの配分のメカニズムを同じ項目のもとに一括する便宜も許されるだろうし、また一方について述べることは或程度他方にも当てはまるだろう。

以上述べたところから、パーソンズの配分の概念はデュルケームのそれと非常に似通っていることは明らかである。或いはむしろデュルケームのそれを一層明確に規定したものであると言うべきであろう。

そこで以下には、この概念図式に従ってアノミーの問題に接近しよう。まず人員の配分から始めるのが順序である。社会の機能的存続にとって必要な役割へ誰を選ぶかに関して二つの基準がある。これらはパーソンズによってそれぞれ業績本位（achievement）、属性本位（ascription）と名づけられる。(11) 言うまでもなくこの区別はリントンの achieved status と ascribed status によって始められた。前者は何らかの特殊技能を必要とし、競争と個人的努力を通じて獲得される地位であり、後者は個人の生来的能力もしくは努力とは無関係に、何らかの属性の所有によって割当てられる地位である。(12) しかしリントンはこの区別が実は二つの意味を含んでいることを明示しなかった。一つは地位へ人員を配分する基準の区別であり、他は地位の性質そのものの区別である。実際一つの地位へ誰を選ぶかに関して、性・年齢・階級のメンバーシップ等の属性に重きをおく基準が存するということと、これらの属性を所有する者がすべて自動的に（automatically）編入される地位が存するということとは別の事柄である。もしこの区別を前者の意味に解するなら、所与の地位へ誰を選ぶかに関して、属性に重きをおく基準もあるし、重きをおかない基準もありうる。仮にこれらの基準をそれぞれ属性本位、業績本位と名づけるなら、言うまでもなく近代社会においては、業績本位の優勢が見られるだろう。けれどもこれら選抜基準の区別が全く無意味な地位の一群がある。人が地位へ選抜されるのではなく編入される場合がそれである。

属性の取得の契機が出生ないし有機体の自然的成長であろうと、或いは婚姻関係であろうと[13]、その他リントンが指摘しなかったどんな契機に基づこうとも（たとえば一定の土地における定住、一定額以上の財産の所有等）、要するに何らかの属性の所有によって人が自動的に割当てられる地位がある。我々はこれのみを編入される地位（ascribed status）と呼び、自動的でなく人がそこへ選抜されてゆく地位を取得される地位（achieved status）と呼ぼう[14]。それゆえ取得される地位は業績本位の基準に合致することによってのみならず、属性本位の基準に合致することによってもかちえられることがありうる。このように人員配分に関する基準が問題となりうるのはこの種の地位に関してのみであるから、以下では、純粋に自動的に人員を編入する地位（たとえば老人や女性の地位）については触れないことにする。

それではデュルケームに返って、人員の配分に関するアノミーとは何を意味するのだろうか。彼によればそれはこの配分を司る伝統的基準が権威を失った状態である。しかしアノミーの語がもつ含蓄に従えば、ただそれだけではまだアノミーではない。それは伝統的な基準への支持が失われ、それに代るべき何ものも見出されない状態を意味する。それでは近代社会においては、このような配分に関して規範的権威（autorité morale）を有する基準は全く存在しないのであろうか。この点については、彼も基準の全くの不在を強くは主張できないだろう。実際今述べたように、近代社会においてもこのような基準が明らかに存在しているからである。業績本位がそれである。この基準が近代社会において有している道徳的支持の程度が、前近代社会の典型的な基準である出自がその社会において有している道徳的支持の程度と同じくらい強いものであるかどうかは容易に知り難いとしても、一つの規範的権威として誰でも業績を念頭に浮かべる傾向があるという点で、社会成員のこれへの支持があることを何びとも承認するだろう。だがここで、規範的権威ないし価値基準が「支持」されるという意味についていくらか説明を補わなければならない。

デュルケームは行為者にとって行為の基準がもつ作用を「拘束」として特徴づけたが、この「拘束」の意味は彼の思想の発展に伴って移り変っていく。(15)ラコンブが正しく指摘したように、デュルケームの「拘束」には三つの異った内容がある。(16)このうち第三のものはここでは無関係であるから省略し、第一と第二とを比較しよう。第一は一種の威光（prestige）に基づく行為の基準としての命令的作用すなわち我々に課せられ、我々が背こうとする時、制裁によって現れる拘束であり、第二は確定された行動様式を以て行為しなければ失敗するという罰を受けるために、その様式を強制されるという意味での拘束である。この第二の拘束は自然的なレヴェルにおいて起ることも、文化的ないし制度的なレヴェルにおいて起ることもある。むろん自然的拘束と制度的拘束とは相互に異質的である。後者の場合には失敗は自然的結果ではなくて、人間（制裁者）の意志の媒介によって起るからである。(17)しかしそれにも拘らず、この両者は、それらが構成する第二の範疇が第一の範疇に対立するという意味において、共通点をもつ。第一の拘束は「規範（norm）」のもつ拘束であり、第二の拘束は「条件（condition）」のもつ拘束である。この意味においてデュルケームは、「規範の侵害の『外的』結果を避けようとする願望」と「規律に従うことの道徳的義務」ないし「規律への有意的帰依」との間の本質的な区別を次第に認め始める。[18] デュルケームの思想の流れをたどった後、パーソンズは価値志向に関して二つの極概念を立てる。一方の極は「方便（expediency）」であり、そこでは同調―非同調は行為者の手段的関心にかかわっている。他方の極は「内面化（introjection or internalization）」であり、そこではそれに同調して行為すること自体が行為者のパーソナリティ構造内の欲求となってしまい、その同調の結果が手段的に有意義かどうかにはかかわらなくなる。[19] マートンも同様の区別を立て、価値基準が方便として採用される場合――technical expediency――と情緒的に支持される場合――emotional support――とを区別している。[20] 以上の補足は無意味に見えるかも知れない。実際、行為の対象――それが価値基準のような抽象的観念であろうとも――が手段のコンテクストにおいて志向される場合と目的のコンテクストにおいて志向される場合との区別は、社会学の古くからの論題だからである。しかし次の事実、価値基準が完全に内面化する時、行為者は何らの抵抗感もなく、その基準に従った欲求充足の諸様式（目標・手段・機会等に関する）をいわば即自的に選ぶことを強いられるという事実は目的―手段の図式とは別に強調されてよいように思われる。

右に述べた一般的な命題は現在の人員配分の基準にも当てはまる。業績という価値基準が内面化する時、人は、望む地位を獲得する手段として、業績ないし「優れた仕事（good work）」以外のものに自発的に訴えようとしないだろう。むろん、これ以外の社会的に承認されない手段によって望ましい地位を得ようとするなら、道徳的憤怒を蒙るとしても。それゆえ何らかの役割にふさわしいグッドワークを遂行した者には、出生の偶然がどうあろうとも、いかなる役割をも望むことの正当性が、自他によって認められる。実際、何びとにもすべての地位を請求する権利が与えられているために、配分が存在していないかのような印象を与える。しかしこの請求は無条件に認容されるのではない。それを望むにふさわしい者だけが望みうるのであり、またそのような人の希望が実現した場合に正当であるという認可が与えられるのである。それゆえ近代社会においては情緒的に支持される基準が欠如しているのではない。それはやはり存在する。ただそれは能力と努力次第でどんな役割でも望むことを無制限に許すような基準である。それは欲求を抑制する基準ではなくて、欲求に拍車をかける基準である。この基準が十分な程度に内面化する時、人は諦観と自足がもたらす「中庸の満足」を見失い、限りのない成功の夢を追うのである。

右に述べたような業績本位の近代的形態を業績主義と名づけることにしよう。だが業績主義の無制限な適用は近代社会においても「理論」であって「事実」ではない。(21) 現実の人員配分の場合にはしばしば属性本位による制限が課せられる。この制限は次の三つの場合に分けられるであろう。第一は所与の役割の遂行に当って或属性が不可欠であるためにこの属性を有する者のみを選抜する場合。この場合には属性本位による制限は、能率という近代社会のエートスと一致する。一致しないのは第二の場合すなわちこのような合理的根拠なく制限が行われる場合である。第二のケースが合理化によって第一のケースを装うことも少くないだろう。第三に、形式上は全然このような制限が設けられていなくても、実質的には制限の結果がもたらされる場合があげられる。たとえば人はどのような家族の中に生まれ落ちるかによって編入される地位を異にし、異ったアドヴァンテージをもつということは既にしばしば指摘されて来た。家族の連帯性のゆえに、その一員が受取った用具ないし報酬は他の成員によって共有される。その結果、万人にとって望ましい地位が親族関係だけによって割当てられること《アスクライブド》がまれであるとしても、業績に至るまでの過程において、或いはその結果の上に、何ものかがプラスされるだろう。たとえば人が最初に属する職業的地位の取得の資格となる教育程度は、彼が生まれ落ちた階級的地位に従って異る(22)。能率をエートスとする近代社会においては、それを妨害する属性本位をできるだけ克服しようとする結果、親族集団の範囲は非常に狭く制限される(23)。しかしこの小さな範囲が成功に及ぼす影響はやはり重要であると言わなければならない。次に、特に産業界においては、成功への努力を一切無にしてしまう景気変動がもたらす重要な影響がある。デュルケームが強調したのはこれであった。この場合、努力と結果とのアンバランスは決定的である。

この外になお、業績主義の適用を妨害する諸条件がいくつかあげられるであろう。しかし今の我々の関心は、これらの「理論」と「事実」との矛盾にも拘らず、少くとも大部分の人々において業績本位の基準が内面化しているという点にある。

次には報酬の配分に関して述べる順序である。報酬の内容は人間にとって望ましい物質、他者の用役、他者の情緒的態度およびこれらのシンボル（貨幣、勲章等）のように存在しうるすべてのものに亙る。これら種々の報酬が様ざまの地位ないし役割へどのような基準に基づいていかなる程度に割当てられるか、これが報酬の配分の問題である。今各種の報酬を$R_1R_2R_3$、各種の地位ないし役割を$S_1S_2S_3$、各種の価値基準を$V_1V_2V_3$で表すなら、たとえばR_1の量はV_1の基準に従って$S_1S_2S_3$の順序に、R_2の量はV_2の基準に従って$S_2S_3S_1$の順序に、R_3の量はV_3の基準に従って$S_3S_1S_2$の順序にそれぞれ配分される。もっともこれは成層化の最もルースな極限であって、反対の極を図式で示すことも可能である。そこでは$R_1R_2R_3$の量は唯一の価値基準Vに従って$S_1S_2S_3$の順序に配分される。しかしこのように極度に厳密に成層化されている社会は現実には存在していないだろうし、また我々の問題にしている近代社会はどちらかと言えばむしろルースな成層化の極限の方に近いと言えるから、このような複雑さをもった報酬の問題をここで詳細に検討することは不可能である。従ってやはりデュルケームの取上げた報酬の一側面に論点を限らなければならない。貨幣経済の発達に伴って物質と用役の一部とは貨幣によって購買されるから、これらの報酬は通常貨幣の形で収入として与えられる。収入が各種の地位ないし役割へどんな基準によってどの程度に配分されるかは疑いもなく中心的な問題であるが、デュルケームの関心を引いたのは別の側面、例によって道徳的な側面であった。すなわち収入がどのように配分されるかではなくて、配分された収入をどのように利用する権利が許されているかである。前者は社会—経済的なレヴェルの問題であり、後者は社会—倫理的なレヴェルの問題であって、分析上区別されうるし、また経験的にも両者はしばしば分離して現れる。デュルケームは後者の問題を次のような形で提出している。「それぞれの階級的地位においてどの程度の幸福その他が正当であるとして許容されるか」。人はその所有（財産）、属する職業集団、その内部での地位等の属性に従って、階級という地位へ編入される。男性や女性、成年者や未成年者としてそれぞれに正当な快楽が存するように、特定階級にはそれにふさわしい快楽の限界があるだろうか。デュルケームの答は否定的であった。実際近代社会においては各人にどの程度の快楽が許されているかは、ほとんど各人の収入のみにかかっている。たとえばパーソンズは次のように述べた。「最小限度の収入をもつ者は誰でも、彼が属する階級の問題を惹起することなく参加しうるような、相対的に広い生活水準の範囲がある。それはたとえば『大衆』に開放されている多くの便益についてあてはまる。ホテル・食堂・劇場等においては、ただ費用を支払えばよいのであり、この事実以外には最小限度の衣服と作法が要求されるに過ぎない」[24]。近代社会においては快楽的満足の目標、手段、機会に関して各階級別に定められていた諸規定相互の相異は次第に目立たなくなる傾向がある。この無限定性ないし曖昧性に代って、或制限の枠が明瞭になって来る。それは収入に応じての快楽の追求という基準である。しかし収入が定める限界は「外的な条件」としての限界であって、「内的な規範」としてのそれではない。もし人が或快楽の様式を断念するとすれば、それは経済的に不可能かもしくは不利な結果を招くためであって、規範的な権威に服従したためではないし、ましてこの規範の完全な内面化によって即自的に、いわば最初からこの快楽の様式を望まないためでもない。この意味において、ここでは「拘束」は「物理的」なものであって「道徳的」なものではない。人は何ものかを望み、「外部」の抵抗に遭って実現を断念する。しかし情緒的に支持されない基準は外的行動を抑制するだけであるから、あらゆる種類の「羨望」が目覚めるようになる。「個人は、一人ではその活動の十分な目的となることはできない」とデュルケームは確信をこめて語っている。[25] 収入を適当に分配し、諸満足の平均量を高めるという基準を支えているのは自己中心的利益関心(self-interest)だけである。このようなセルフ・インタレストの主体としての個人はそれ自体では規範的権威の担い手となることはできない。マックス・ウェーバーが「正当性の諸根拠」の中から利害状況(Interessenlage)を除去したのも、恐らくこの意味においてであった。[26]

これを要するに、近代社会においては、それぞれの階級的地位にとって正当な快楽の様式を規定する伝統的基準の権威は失われ、それに代るべき何ものも見出されない。一種の規制が存するとしても、それは個人の功利的判断に止まるから、ここには疑いもなくデュルケームの定義した意味でのアノミーがある。

他方既に述べたように、人員配分の基準である業績は規範性を有してはいるけれども、欲求を制限するような性質のものではない。それはむしろ限りない願望に正当性を与える機能をもつ。ところがそれでは到達できない目標を追うことになるから、「永久の不満の状態で罰せられる」ことを意味する。これが社会のアノミーに伴うパーソナリティの心理的不安定に関するデュルケームの結論であった。しかしこの方向に沿って、社会的価値の不十分な制度化とパーソナリティの不安定との連関の問題はもっと深く掘下げられうる。パーソンズ特にマートンの研究はその優れた試みであると言えよう。そこで最後にこの問題を取上げることになる。

(1) anomy ないし anomie はギリシア語の anomia から来たものであり、これは lawlessness を意味した。英語の anomy は一六八九年以降は慣用されなくなり、今では廃語となっている。その当時この語は disregard of law ないし disregard of divine law を意味していた (S. de Grazia, *The Political Community: A Study of Anomie*, 1948, p. 195)。グレジアおよびマートン (R. K. Merton, Social Structure and Anomie, *Social Theory and Social Structure*, 1949, p. 378) によれば、この語を最初に復活させたのはデュルケームであった。この語は既に『分業論』の初版(一八九三年)に

おいて用いられている。しかしここでは、それは分業の或状態——有機的連帯を伴わない状態——を表現するための一形容詞として使用されているに過ぎない。彼がこの語を明確な社会学的概念として用いたのは次の『自殺論』(*Le suicide, étude de sociologie*, 1897〔鈴木宗忠・飛沢謙一訳『自殺論』宝文館、一九三二年〕)においてであった。

(2) 疎外の概念とアノミーの概念との類似性はしばしば指摘されてきた。たとえば両者は共に「経済的なセルフ・インタレストが物神化され、集合的目的のレヴェルにまで高められた社会を批判的に記述する」概念である、とされる(J. Horton, The Dehumanization of Anomie and Alienation, *British Journal of Sociology*, Dec., 1964)。ただし、この状態の原因は、デュルケームによれば、産業社会の社会統制の弱さであり、マルクスによれば、ある意味での統制の強さである(*ibid.*)。

(3) É. Durkheim, *Le suicide*, 12ᵉ édit., 1967, pp. 275-77(初版前掲訳書、三一〇—三一三頁)。

(4) *ibid.*, p. 281(右同訳書、三一六頁)。

(5) *ibid.*, p. 277(右同訳書、三一二頁)。

(6) *ibid.*, pp. 274, 280-2(右同訳書、三〇九—三一〇、三一六—三一七頁)。

(7) *ibid.*, pp. 283-85(右同訳書、三一九—三二一頁)。

(8) T. Parsons & E. A. Shils, eds., *Toward a General Theory of Action*, 1951, pp. 108-9.

(9) *ibid.*, pp. 198-201; T. Parsons, *The Social System*, 1950, pp. 114-32.

(10) Parsons & Shils, *General Theory*, p. 201.

(11) これらの型の変数は人員配分の行為にのみ適用されうる対照的二類型であるに止まらない。けれども「……まずこれらの基準は諸行為者を社会体系の地位および役割に配置する際の見分け方に適用される」(Parsons, *Social System*, p. 96)。

(12) R. Linton, *The Study of Man*, 1936, p. 115.

(13) *ibid.*, pp. 116-24, 126-29.

(14) *ibid.*, pp. 124-25.

(15) T. Parsons, *The Structure of Social Action*, 1937, pp. 378-84.

(16) R. Lacombe, *La méthode sociologique de Durkheim*, 1926, pp. 41-44.

(17) Parsons, *Structure*, p. 379.

(18) *ibid.*, pp. 382, 383.

(19) Parsons, *Social System*, p. 37.

(20) Merton, *op. cit.*, p. 128.

(21) Linton, *op. cit.*, p. 128.

(22) Merton, *op. cit.*, pp. 136-37 参照。

(23) T. Parsons, *Essays in Sociological Theory: Pure and Applied*, 1949, pp. 174-75, 244; *ibid.*, *Social System*, p. 187.

(24) Parsons, *Essays*, p. 181.

(25) Durkheim, *op. cit.*, p. 224(前掲訳書、二五五頁)。

(26) 『経済と社会』の第一章「社会学の基礎概念」の中で、第六節であげられている self-interest は第七節においてはあげられていない。人は利益関心の動機により、何らかの価値基準を方便として採用し、或いは口実にすることができよう。しかしこのような動機はそれ自体では正当性の根拠となることはできない（*The Theory of Social and Economic Organization*, tr. and ed. by A. M. Henderson & T. Parsons, 1947, p. 126 [note 5]; Parsons, *Structure*, p. 659)。

二　アノミー概念の展開

先に述べたように快楽の増大が収入の増加によって規範的拘束なく得られるとすれば、人は躊躇なくその方向に向うだろう。ところが収入の増加は地位の取得ないし昇進に伴うものであり、これはそれぞれの役割にふさわしい業績を示すことによって可能となるはずのものであった。他方地位の取得ないし昇進に伴ってその他の報酬が増加する。たとえば他者の行為に影響を及ぼし、その用役を合法的に要求しうる権威がそれであるが、とりわけ一般的な報酬としては他者の好意的態度があげられよう。これらは業績という結果をもたらすグッドワークの重要な動機であることは確かであるが、その動機はこれだけに尽きない。この動機の分析は社会の統合とパーソナリティの統合との相互連関の問題を導くことになる。パーソンズは役割遂行の動機づけの要素（motivational elements）として次の四つの側面をあげている(1)。第一はそれぞれの活動の成績の程度を測る「技術的基準の見地から見て満足すべき程度の目標に到達しようとする」側面、たとえばビジネスにおいては個人が全責任或いは一部の責任を負っている会社の規模を拡大し、或いは純益を高めること、専門職業（profession）においては、医師が患者の治癒率を高め、或いは病状を快方に導くこと等がこれである。第二は「他者の権利を尊重するというような事柄に関して、この活動（役割）を統制している道徳的型相《パタン》を、無私の立場で受容れようとする」側面である。第三は収入の増加を求める側面であり、第四は尊敬（recognition）、それほどまでに至らなくても、もっと漠然とした評判（reputation）を求める側面である。前の二者はグッドワークの側面であり、これは「成績」の要素と「規範」の要素から成っている。後の二者は言うまでもなく報酬の側面である。ここで上述の四要素について説明を加えておこう。第三の要素に関しては問題はない。これは役割遂行の動機として最も普通に考えられているものであり、我々が現在の問題に導かれたのはこの動機を通じてであった。他方第四の要素である他者の好意的態度はしばしば収入の増加の結果として付け加わるが、それ自体が行為の動機となることもむろんまれではない。

第三、第四が共に行為を惹き起す欲求と見なされうるに反し、第二の要素を言葉の普通の意味において欲求と呼ぶのは困難である。欲求が行為を始発せしめる落着かない不均衡の状態と解される限り(2)、第二の要素はそれ自体では行為を始発せしめる力を有しないのであるから、これを欲求と見なしえないであろう。しかしパーソンズの欲求傾向（need-disposition）の概念はかなり広い意味を含んでいる(3)。それは単一の行為のみならずその一部を成す志向（これらはパーソンズによって動機志向および価値志向の二つに分類される）にも対応するところの、すなわちそれらを惹き起すところの仮定された実体（postulated entity）と見なされているから、内面化した価値ないし規範を支持し、それに同調しようとする傾向もまた一つの欲求傾向である。[4] 実際この欲求は文字通り「仮定」されうるに過ぎない。なぜならこの場合には価値に同調しなかった時に一種の緊張（罪責感と言われるのがこれである）が生ずるのであり、この緊張が予め存するがゆえに価値に同調しようとする傾向が生ずるのではないからである。もっとも、経験によって未来の罪責感の表象に伴う緊張も学習されうる点では、他の普通の欲求と同様である。いずれにしても、仮定された実体であるという意味で、内面化した価値への同調を欲求と呼んで差支えないであろう。

最後に第一の要素に関してコメントを加えておこう。この傾向をもたらす特別の動機を第三、第四のもの以外に仮定する必要はないかのように見える。人が所与の役割の技術的基準から見て優れた成績を得ようと努力するのは、収入の増加と好意的態度とを欲するという仮定だけから説明されうるようである。パーソンズ自身も、この第一の要素に関しては、報酬を求める動機とは区別された別の関心を指摘しているだけで、その関心の心理学的内容については語っていない。[5] しかしこれをマレーの主張するような活動の欲求（activity need）と結びつけることは大して困難ではないだろう。「活動の欲求とはそれ自体が目的で或活動に参加しようとする傾向である」。審美的・知的な創造や鑑賞ないし解釈から身体の自由な運動、単に表現を楽しむだけの会話に至るまでの様ざまの活動は、このような欲求に動かされていると見ることができる。「この欲求がアメリカの心理学者たちによってネグレクトされていることは、我々のイデオロギー、触知しうる効果に対する休みない熱病的な追求への我々の耽溺と関係がある」、とマレーは言う、「私の信じるところによれば、活動の欲求は世間に極めて普通に行き亙っているのみならず、心理学者たちが通常到達される結果と結びつけている満足は、実際はこれらの結果の到達に先立つ諸活動とはるかに密接に連関しているのである」(6)。類似のアイディアはフロムの「自発性」ないし「生産的志向」(7)の中にも見られる。彼によれば人間は自己に特有の潜在的能力(potentialities)を実現しようとする傾向をもつが(8)、それに伴う快楽は特に歓喜(joy)ないし幸福(happiness)として経験される(9)。自発的活動の適例は特に芸術家や子供に見出されるけれども、このような職業や年齢で分類することのできない人々にも、その瞬間が訪れる時がある(10)。自発的活動に伴う歓喜ないし幸福は、「活動そのもの、すなわち過程がたいせつで、結果がたいせつでないこと」を教える。ところが「われわれの文化にあっては、まさにその逆が強調されている。……われわれは、自分の人格的な性質や努力の結果を、金や特権や権力のために売ることのできる商品と考えている。こうして、重点は創造的行為の現在の満足ではなく、完成された生産品の価値におかれる」(11)。もしマレーやフロムの言うように自発的活動の欲求の無視を近代社会のイデオロギーの産物と考えてよいならば、グッドワークの一つの動機の中にこの欲求を加えることも許されるだろう。

以上を要約すると、役割遂行の四つの側面はそれぞれ特定の欲求ないし動機に対応しており、行為者は役割の優れた遂行という単一の行為を通して、これらすべての欲求に満足を与えるということになる。しかし通常第一および第二はその客観的な意味ないし結果のため利害にかかわらない（disinterested）側面、第三および第四は自己利害にかかわる（self-interested）側面と考えられている。

ここで先の問題に返ろう。収入の増加および好意的態度の獲得は地位の取得ないし昇進に伴い、またあらゆる取得される地位はすべての人に開放されている。この業績本位の基準はパーソナリティに内面化しているから、人は無限の成功を夢みる自己の願望の正当性を認めると共に、成功しない或いは成功しようとしない自己をこの基準によって裁くであろう。なぜなら価値基準によって裁かれる作為ないし不作為は他者のそれとは限らないからである。さて業績本位による地位の取得ないし昇進の条件はグッドワークであるから、そしてこれのみがこの基準によって正当性を与えられる手段であるから、直接の目標はまずグッドワークにおかれる。社会がよく統合されている場合には第一、第二の側面すなわちグッドワークの側面と、第三、第四の側面すなわち報酬の側面との間に接合（articulation）がある。しかし現実には完全に統合された状態はまれであり、そこから不可避的に両側面の間に接合の欠如が生じて来る。このためグッドワークにふさわしい報酬が与えられず、逆にグッドワークなくして報酬が伴うこともあるだろう。こうして二つの側面が巧く接合されない時、社会の不統合に対応してパーソナリティの側に緊張（strain）ないし心理的不安定（psychological insecurity）が生ずる。[12]

以下ではこのような不安定から生まれる逸脱行動の諸型を示そうと思うが、これらの型を分類する原理は先に述べた役割遂行の四つないし二つの側面に存する。グッドワークの側面と報酬の側面とに不接合が存するなら、一方に適当な行為は他方に適当ではない。そこで或欲求の犠牲において他の欲求を充足させるというディレンマに陥る。

第一の型はマートンが改変（innovation）と呼んだものである。報酬を求める欲求は限界を知らない。「収入のどのレヴェルにあるアメリカ人も、もう二五％だけ欲しがる（だがもちろん、この『もう少しだけ』はそれが得られても止むことなく続く）」。[13]重要な点は「この止み難い渇」が全階級を通じて正当性の認可を与えられているということである。「永久の不満者であること、常に休みなく不確定な目的に向って前進することが人の本性であるとは、絶えず繰り返されるところである」。しかし「無限への情熱」は自然的ではなくて制度的なもの、パーソンズが他の文化特質に関して用いた表現を借りるなら、「それが高度に例外的な状態であるという意味においてむしろ『不自然な（unnatural）』もの」に外ならない。[14]他方この欲求を充たす手段として社会の大部分の人々に開放されている唯一の通路は、それぞれの役割におけるグッドワークだけである。先に述べたように財産の所有、家族のメンバーシップ等の点において有利な属性を有する人々には、グッドワーク以外の、或いは少くともそれを補うような、社会的に承認された手段が与えられている。しかし社会「構造は人々の大部分に対して、これらの目標に達する承認された様式への接近を厳しく制限するか、もしくは完全に閉ざしている」[15]（強調は原文のイタリック。以下も同じ）。その上唯一の通路であるグッドワークは、例外を除いて、よくいってもその職業集団の、ないしはその内部の同一職種の頂点の地位に達する道しか開きはしない。一職業集団全体ないし同一職種が一単位として成層化の分類基準としてとられている限り、グッドワークによって得られる満足には限界があるだろう。このようにグッドワークの側面と報酬の側面との間に十分な接合が存しないとすれば、業績の価値基準に対する情緒的支持は次第に失われる可能性がある。そこで様ざまの立志伝がこの矛盾を補うために機能する。「もしそれだけのねうちがある人なら、社会構造はその渇望を満たすようにつくられている」。それゆえ失望してはならない。「現在失敗と見えるものも最後の成功に至る途中の田舎駅に過ぎぬ。……アメリカ文化の辞書には『〝失敗〟のような語はない』……『失敗することではなくて、目標を低めることが罪悪だ』」。このようなイデオロギーは、低い社会層の諸個人を彼らの仲間から引離して「頂点にある人々と自らを同一視させ」、また「失敗によって喚起された攻撃を、外部にではなく内部に、社会構造にではなく自己自身に向け」[16]させる。ここに明らかな悪循環が生まれる。不接合ないし不統合の度が深まれば深まるほど、反対に機会均等と公平が謳われ、その結果成功の願望が激しくなればなるほど、不接合の度が深まる。なぜならその度は期待されているものと与えられるものとの比に外ならず、与えられるものは一定しているからである。こうして避け難い二者択一の状況が生じて来る。もし「止み難い渇」をいやそうとすれば、グッドワークにのみ頼ってはいられない。逆にグッドワークに執着すれば、成功を諦めなければならない。これは人員配分の価値基準として統一された二つの側面、目標と手段の分裂を意味する。与えられた手段に比して許されている目標は無限に遠い。そこから成功を選ぶ者の側に非合法的手段に訴える可能性が出て来る。それはグッドワークの第二の側面である所与の役割を規制する規範的様式からの逸脱——不正直な或いはいかがわしい行為——からもっと一般的な非行ないし犯罪にまで及ぶ。むろん規範への背反が表面化しないような努力が払われるだろう。行為者にとって、規範は少くとも「外部的条件」としての意味をもっているからである。しかしそれは「技術的方便」として従われているに過ぎないから、著しい悪評を招かない限り、私益のために蹂躪される。この時、グッドワークによる報酬の獲得という業績主義は、もはや空ぞらしい教訓としてしか受取られなくなる。それゆえ「社会構造は、社会の或人々に対しては、同調的行為よりもむしろ非同調的行為を行うように一定の圧力を課する」と言われるのである。[17]

同じ逸脱の方向がもっと目立たない形で現れるのを指摘しておくのも無意味ではあるまい。マートンの「改変」が主としてグッドワークの第二の側面、すなわち規範の側面の犠性において行われるのに対し、第一の側面、すなわち成績ないし自発的活動の側面の否定を強調したのはフロムであった。ここでは役割を規制する規範的様式からの逸脱は行われないけれども、その代り自発的活動の欲求が抑制される。資本主義に固有の「市場の機能は、都会の中産階級の性格形成に、またこの階級の社会的、文化的影響を通して全人口に深い影響をもつほど優勢であったし、今もやはりそうである。価値の市場的概念、使用価値よりもむしろ交換価値の強調は、人々に関する、特に自己自身に関する価値の概念を類似のものに導いた」。「評価の原理はパーソナリティ市場においても商品市場においても同じである。一方においてはパーソナリティが売り出され、他方においては商品が売りに出される。双方の場合の価値はそれぞれの交換価値である。そのためには使用価値は必要条件ではあるが、十分条件ではない(18)」。なるほどもし人々が彼らの遂行しなければならぬ特定の仕事において技能を有しなかったら、我々の経済システムは機能しえないだろう。しかし成功はむしろ他の条件に、いわゆる「パーソナリティ・ファクター」に依存する。その上技能とは別に市場が求めているパーソナリティ特質は、正直・礼節・誠実のような諸品性ではなくてそれの「包装」ないし「見せかけ」に過ぎない。必要なのは「あたかもこれらの性質をもっているかのように見える」ことだけである。それゆえ自己の潜在的能力を実現しようとする傾向、自己自身であろうとする傾向は市場の需要と一致しないだろう。様ざまの包装によって身を包みうるアビリティとは、実は「空虚(emptiness)」に外ならないからである。かくして「成功は大部分、人が自らのパーソナリティをいかに売るかに依存しているのであるから、人は自己自身を一商品として、或いはむしろ売手であると共に売られるべき商品として経験する」。「もし生計を立てる目的のために、自分が知っているもの、為しうるものに頼るだけで十分であるなら、人の自己評価は自己の諸能力に、すなわち使用価値に比例するだろう」。しかし自己の価値が諸条件の変化する競争市場での成功によって付与されると感じるなら、自己評価は動揺せざるをえない。「もし彼が『成功』するなら、彼は価値がある。そうでないなら、彼は無価値である。……そこから人は成功に向ってのたゆみない努力に駆り立てられる。そしていかなる挫折も人の自己評価にとっての厳しい脅威である。無力感、不安定、劣等感がその結果である。もし市場の転変が人の価値の判定者であるなら、威厳と誇りのセンスは破壊される[19]」。こうして「働くことの福音はウェイトを失い、売ることの福音が至上となった[20]」。「そのため、ひとは自分に本当の幸福をあたえてくれるただ一つの満足感——現在の活動の経験——をみのがし、つかまえたと思った瞬間に失望させられる一つのまぼろし——成功という幸福のまぼろし——を追い求める[21]」のである。

以上の二つの行為の類型はいずれも、報酬の側面への執着のためにグッドワークの側面に関して逸脱する傾向を表すものであった。他方選択が逆の場合も考えられうるし、またそれは経験的にも普遍的な型である。マートンが瑣末主義（ritualism）と名づけたのはこれであった。高い野心には幻滅が伴い易い。のみならず競争の激しさは身の危険を招く。それゆえ或人々は成功の目標を抛棄し、その代り彼らの役割を規定する内在化した規範的諸様式に執着する。「私は得たもので満足する」というのが、その人生哲学の表現である。「改変」が成功への熱望と機会の制限のゆえに下層階級に現れ易いとすれば、「瑣末主義」は下層中産階級に期待されるだろう。(22)

第四の類型は退却主義（retreatism）と呼ばれる。「改変」が成功の目標への執着のために、それに至る制度化され承認された手段を抛棄する方向であり、「瑣末主義」が成功を諦めて、手段としてのルーティンに過度の同調を示す方向であるとすれば、文化的・制度的な目標も手段も共に拒否しようとするのが「退却主義」である。この型は業績主義によって統一された目標の価値と手段の価値とが同等の強さで個人に内面化している場合に生じる葛藤の一表現である。成功への渇望にも拘らず、それへの承認された道は閉ざされており、他方道徳的義務の内面化のために非合法的手段をとりえない。「この葛藤は二者択一を迫る二要素、目標と手段とを共に抛棄することによって解決される。逃避は完全であり、葛藤は除去され、そして個人は非社会化される」。(23)彼は成功の目標に背を向けると共に、慣行の墨守に対しても冷ややかである。この敗北主義はチャップリンによって抒情的に歌われている。カーディナーは次のように述べた。「彼は取るに足らぬ氏（Mr. Nobody）であり、自らの無意味さをよく知っている。……彼が闘争から自由であるのは、安定と名声の望みを拋棄したからである……。彼は常に偶然によってこの世に巻込まれるようになる。そこで弱者や無力者に対する悪と攻撃とに出会うが、それと戦う力をもっていない。しかし常に彼ははずかしめられた者、虐げられた者のチャンピオンとなる、オーガナイザーとしての偉大な能力のためにではなく、素朴で横着なごまかしによって。これを武器として彼は悪人の弱点をあばく。彼は常にみじめで貧しくて独りぼっちであるが、了解し難いこの世とその価値を嘲笑う。それゆえ彼は現代の性格を代表する。というのは彼は成功と権力という社会的に承認された目標に到達せんがための格闘の中でもみくちゃにされるか、それとも希望のない諦めとこれらの目標からの逃避に屈するかというディレンマに落込んでいるからである。……ミッキー・マウスもまたチャップリンの武勇伝の一続編である」(24)。我々は、このような二十世紀のフォークロアの中に、抑制された自発的活動がともかくもファンタジーの形で表現されている、と解してはならないだろうか。もしそれが許されるとすれば、報酬の側面を拋棄する「瑣末主義」が、グッドワークの第二の側面、すなわち規範の側面に活路を見出そうとするのに対して、「退却主義」は現代社会の異端者ないし追放者として自己を規定することによって、否定的に第一の側面を、すなわち自らの自発性を主張しようとしているとも言えるのである。

逸脱行動の最後の型として、マートンは、与えられた価値を拒否するのみならず、新しい価値を創造することによって社会を変革し、目標と手段との関係を設定し直そうとする叛逆（rebellion）をあげている。「我々の社会において、叛逆の組織化された運動が明らかに狙っているのは、成功の文化的標準が鋭く変容され、功績・努力・報酬の間のもっと密接な対応が用意されているような社会構造を導くことである」[25]。

以上の分類はほぼマートンのそれに従ったものであるが、パーソンズのアプローチはやや異った角度から為されている。彼は同一客体への欲求傾向のアンビヴァレンスによって逸脱の方向を分類する。同一客体に対して同調（conformity）の傾向と離反（alienation）の傾向とが同時に存在する時、一方の抑圧によってのみ他方が表現される[26]。けれども他方は抑圧されているのであるから、情緒的葛藤は真に解決されていない。このようにして生ずる逸脱の基本的な方向は、先ず「強迫的な」同調と「強迫的な」離反の二つに分れる。次いでその形式が積極的か消極的か、また焦点となる客体が社会的客体（他者）か規範ないし価値かに従って、下位の分類が進められ、結局八つの類型が構成される[27]。

パーソンズの分析の長所は動機づけの構造に深く立入った点であろう。彼のアイディアをマートンの図式に関して適用するなら、成功という目標に対して承認されている手段が有効でないという条件が与えられた時、成功を強く願望する「改変」は、内面化している手段の規範から強迫的に離反し、そこから生ずる罪責感のために、目標の規範に強迫的に同調する型であり、安全のためルーティンに強く執着する「瑣末主義」は、内面化している目標の規範から強迫的に離反し、そのために生ずる虚無感の代償として手段の規範に強迫的に同調する型である。それゆえ手段の規範を無視した成功者がそれを神聖視した失敗者に対してもつ憐憫は、不可避的に後めたさを伴い、後者が前者に対してもつ軽蔑は、不可避的にルサンチマンを伴うであろう。

以上によって我々は、デュルケームのアノミーの概念がどのような形で発展しているかを瞥見した。デュルケームによればアノミーとは欲求を画する限界が失われた状態であり、そのためパーソナリティの安定が崩壊することになるのであるが、この理論的志向が究極において実り多いものであるとしても、その原因と結果との間に介在する重要ないくつかの中間項が見逃されていた。本稿は純粋に学説史的な関心を以て書かれたわけではないけれども、やはりデュルケームの概念図式を基調としたため、彼の触れなかった論点を十分に明示することができなかった。しかし直接に現実に接近するために、これらの論点を組織化するのは別の課題に属するから、これを以て終らねばならない。

（1） Parsons, *Essays*, pp. 214-15, 168.
（2） C. Kluckhohn & H. A. Murray, *Personality in Nature, Society, and Culture*, 1950, p. 14; T. M. Newcomb, *Social Psychology*, 1950, p. 80.
（3） それは或終極状態に達しようとする動機づけの側面——need——と、これに到達する際に必然的に伴う客体との交渉を求める側面——disposition——とを併せた概念である（parsons & Shils,

General Theory, p. 115)。

（4） *ibid.*, p. 158.

（5） パーソンズは第一の要素に対応する動機として「自己実現（self-fulfillment）と目標の成就」をあげている（*Essays*, p. 195)。なお彼が、精緻な分業の末端にある役割、たとえば労働者の役割は個人的な業績の価値にとって直接的には無意味である、と述べた時（*Social System*, p. 184)、この「業績《アチーブメント》」の概念には特殊な含み、「自己実現」という含意が与えられているようである。

（6） Murray, Toward a Classification of Interaction, in Parsons & Shils, *General Theory*, pp. 445–46.

（7） 「生産性という〔言葉の〕意味は『自由からの逃走』において述べられた自発性の概念を拡大したものである」(E. Fromm, *Man for Himself*, 1947, p. 84 [note 14])。

（8） Fromm, *Man for Himself*, p. 87. ホルネイが「新しい分析療法の目標は個人を彼自身にまで回復させること、彼を助けその自発性を取戻させ、自らのうちに彼の重心を見出させることである」と述べた時、彼女もやはり人間のうちに自発性の傾向があることを前提にしている（K. Horney, *New Ways in psychoanalysis*, 1939, p. 11)。

（9） Fromm, *Man for Himself*, p. 87.

（10） E. Fromm, *Escape from Freedom*, 1941（日高六郎訳『自由からの逃走』一九五一年、二八五—二八六頁）。

（11） *ibid.*（右同訳書、二八八—二八九頁）。

（12） Parsons, *Essays*, pp. 195, 215–16.

(13) Merton, *op. cit.*, p. 129.
(14) Parsons, *Essays*, p. 188.
(15) Merton, *op. cit.*, p. 137.
(16) *ibid.*, pp. 131–33.
(17) *ibid.*, pp. 125–26.
(18) 右に述べたフロムの「市場的志向（marketing orientation）」は森好夫によって異った角度から取扱われている。ここではそれは様ざまの異った役割期待のためにパーソナリティの統合が分裂の危機に直面した場合、その統合を辛うじて保持するためにとられる心理的メカニズムと解されている（「社会的役割とパーソナリティの統合」『人文研究』第四巻第三号〔二〕、大阪市立大学文学会、一九五三年、四三―四四、四五―四六頁）。ちなみに役割葛藤からパーソナリティの不統合を論ずる立場――たとえばソローキン――については、本稿では触れることができなかったが、むろんその重要性を認めていないわけではない。グレジアが「単純なアノミー」と名づけた型もこれである（de Grazia, *op. cit.*, pp. 71–73）。
(19) Fromm, *Man for Himself*, pp. 68–70, 71–72, 77.
(20) *ibid.*, pp. 81–82.
(21) Fromm, *Escape*（前掲訳書、二八九頁）。
(22) Merton, *op. cit.*, pp. 140–41.
(23) *ibid.*, pp. 142–43.
(24) *ibid.*, pp. 369–70.

（25） *ibid.*, p. 145.
（26） Parsons, *Social System*, p. 253.
（27） *ibid.*, p. 259（table 4）.

VI　市民社会と大衆社会

一　はじめに

市民社会とは何か。十年ほど以前から、日本のアカデミズムや論壇をにぎわわせたテーマは、多かれ少なかれこの問にかかわっているといってよい。明治維新ブルジョア革命説、大衆社会論、「市民主義」的組織論と運動論など。このうち大衆社会論はドイツやアメリカでは、十年よりももっと以前から政治学や社会学の重要なテーマとなってきた。日本の場合のように、流行の形をとって一時的に人びとの関心を強く吸引するということはなかったようであるけれども、そのかわり今日でもこのテーマに言及する著書や論文は多い。このことは、特にアメリカ社会学についていえる。

アメリカの社会では、高度の産業社会の実現（大衆社会化といってよい）にともない、かつての市民社会の構造原理がしだいに名目化して活力を失ってきた、という現実がある。

その現実から、市民社会とは何か、今日何が失われ、そしてこの喪失をどう評価すればよいか、などの問題が起こってくる。日本の場合も事情は同じだが、ただ日本に特殊な条件が加わっている。確かに、日本でも大衆社会状況が進行してきたけれども、大衆社会化する以前に、市民社会ははたして確立していたであろうか。もしそれが未熟な形でしか存在しなかったとすれば、大衆社会化は成熟途上の市民社会を解体させてしまうのであろうか。あるいはむしろ、大衆社会状況に刺激され、かえって市民社会が成熟の方向へ向かうことになるのであろうか。英米がモデルである市民社会をそのままの形で形成しなかった日本の場合は、このような仕方で問題が設定された。しかしやはり、高度化した産業社会の現実の認識から、市民社会の本性が問われてくることには変りはない。

以上の問題意識が、やや抽象的に、そして類型論的に言い表わされると、次のようになる。大衆社会（高度の産業社会）は市民社会の堕落形態であっても発展形態であっても、要するに両者は近代社会として一括することができる、と考えてよいかどうか。もしそう考えてよいなら、近代社会の枠内で何が堕落し、あるいは何が発展したのだろうか。しかしまた別の考え方をすれば、最近の変化はあまりにもいちじるしいので、市民社会とは区別された新しい類型として大衆社会なるものを設定しうる条件がそなわってきた。それではもし大衆社会なる類型を設定しうるとすれば、前近代の社会と大衆社会とのあいだにはさまれた市民社会は、どんな歴史的意味をもつのであろうか。それはもしかすると、類型としての完結性を欠いた一時的な過渡期の社会形態にすぎなかったのではあるまいか。この疑問は周知のようにD・リースマンによっていだかれたものである(1)。

右に述べたいくつかの設問は、生産様式と結びついた社会体制の観点に立って行なわれているのではない。いいかえれば、これらの類型論的な問題提起は、階級関係というよりも集団関係の観点から導かれている。したがって、大衆社会の集団関係は社会主義体制のもとでも、高度の産業化が進行するかぎり、必然的に現われる、という含みがある。けれども以下では、もっぱら資本主義社会の中での大衆社会化状況を念頭において、市民社会とは何かという問題に接近してゆこう。それにしても市民社会はさまざまの側面をもつから、ここではその一つの側面に関心を限定せざるをえない。その側面とは、極めて抽象的なレベルでとらえられた社会構造の特質である。ここでいう社会構造とは、社会の諸必要を満たすために働く構造要素である個人や集団が、相互に連結しているパターンを意味する。したがって、社会構造の原理的な側面に焦点を合わせて、市民社会とは何か、そしてそれがどのように変質したか、という問題に近づくのが、この小論の目的である。

(1) D. Riesman, *The Lonely Crowd*, Paperback, 1961（加藤秀俊訳『孤独な群衆』みすず書房、一九六四年）。なお、木村尚三郎「封建社会・近代市民社会・現代」（『思想』一九六六年六月）は、異なった観点からではあるが同じ種類の問を投げかけている。

二　市民社会の構造原理
――万民平等主義と機能代表制――

市民社会の典型とみなされているのは、十八世紀から十九世紀にかけてのイギリスやアメリカの社会である。フランス、ドイツ、イタリーなどの他の西欧社会は、ふつう市民社会の典型とはみなされていない。フランスは民衆の活発な参加をともなったブルジョア革命を達成したけれども、西欧の標準的な立場から見れば、革命の結果は市民社会の形成という点に関して、必ずしも望ましいものとはみなされなかった。なぜそうであるかはあとで述べることにしよう。それでは典型的な市民社会はどんな構造原理をもっているか。証拠を列挙しない天下り式の議論になるが、次の四つが考えられる。（1）個人主義、（2）万民平等主義、（3）機能代表制、（4）集団自治制。

これらの四つの構造原理をもって一つのリストができ上るという前提のもとで出発しよう。まず気づかれるのは、市民社会はその本性上内部に構造的な緊張をはらんでいるという点である。すなわち、（1）の個人主義は（4）の集団自治制あるいは集団主義と明らかに矛盾する。さらに、（2）の万民平等主義は（3）の機能代表制と矛盾する。構造原理間のこれらの緊張あるいは矛盾こそ、市民社会に独自の活力を付与している。そしてこの矛盾を前近代から現代（大衆社会）へ移る過渡期の産物と見るか、それとも歴史的に一回限りしか出現しなかったけれども、人間社会に活力を付与する上にどうしても必要な、いわば「永遠」の緊張として位置づけるかが、市民社会論の一つの重要な焦点となっている。個人主義と集団主義との矛盾は比較的わかりやすいのであと回しにし、先に万民平等主義と機能代表制との矛盾を取上げよう。

「人間は自由なものとして生まれる」（ルソー『社会契約論』）。自由な存在としてすべての人間は本来的に平等である。この自由で平等な存在に対し、市民社会はさまざまの権利を保証しようとした。公民としての権利（civil rights）（言論、思想、信仰、契約の自由など）、政治的権利（投票の権利など）、社会的権利（一定水準を下回らない生活を送る権利など）。これらの権利は家族その他の集団の単位に配分されるのではなく、個々の個人単位に配分される。存在の状態において人間は自由で平等であるとみる万民平等主義の認識は、同時に、現実の不完全な状態を完全なものに仕上げようとする理想と裏表になっていた。その理想が市民革命の重要な原動力の一つとなったことは、ここで多言を要しない常識である。そしてまた、産業革命の進行によって、社会は個人を単位として形成されると見る万民平等主義の認識に照応する条件が成熟していったことも、簡単な指摘で足りるであろう。すなわち、職業の場が家族や村落のような基礎集団から切り離される過程を通じて、これらの集団に巻き込まれていた個人が、単独の個人として工場やその他の職業集団へと編成されていった。地域集団の中の領主の家族と農民の家族とのあいだの身分関係にかわり、主として機能集団との連関を通じて編成される個人間の階級関係が現われてくる。万民平等主義が市民社会の基本的な構造原理であることは、普通平等選挙制一つをとってみても明らかである。どの社会も市民社会化するにつれて、この選挙制の確立に向かっていった。しかし万民平等主義はそれだけでは市民社会を支えることはできない。K・マンハイムが指摘したように、万民の平等をめざす「基本的民主化」が一方的に進行すると、かえって個人主義の否定に向かう全体主義社会を準備する。それはなぜか。「基本的民主化」は社会全体を水準化する。伝統的な特権をもつさまざまの集団は解体し、社会はいわば凹凸のない水平の砂地のように掃き清められてしまう。そうなると、特権をもつ集団の中に安住していた人びとはその安全なすみかから追い出され、すべての人びとが一様に無力な存在となってしまう。彼らはもはや中小規模の集団に保護を求めることができない。ばらばらになった個人は、もっぱら国家の庇護に頼らざるをえない。他方、国家と個人とのあいだにある中間勢力が一掃された後は、国家はすべての権力を一手に集中する。強大になり過ぎた国家と弱小になり過ぎた個人との関係は、疑いもなく全体主義社会を成立させる母胎である。(1) それゆえ万民平等主義が一方的に進行すると、人びとは平等になったかわりに自由を失うという逆説的状況に陥るのである。

国家と個人とのあいだにある中間勢力を一掃するという思想は、ルソーを経たジャコバン主義によって代表されていることからわかるように、フランスにおいて最も根強く定着してきた。フランスは絶対主義の段階において中央への権力の集中が強かったから、絶対主義に対抗する民主主義の思想もまた、敵の姿に似てしまったともいえる。打倒すべき敵に似てしまう事態は、歴史においてはよく起こることである。もちろん、万民平等主義の理想は強力な国家をつくることにはなかった。その理想はすべての民衆が平等の権利と義務をもって国家生活に参加し、国家を民衆のものとすることにあった。力点はどこまでも平等の参加におかれていたのである。しかし個人が保護を求める中間集団がなくなり、社会が平面化すると、人びとは山の影に隠れていることができなくなって、国家権力という直射日光にさらされる。彼らは国家だけに依存し、そのために国家の看視と統制に甘んじなければならない。平等化の徹底はそれだけではむしろ自由の否定を招く。

先に述べたように、西欧の標準的な立場からはフランスは市民社会の典型とみなされていない。フランス革命は、イデオロギーにおいても革命の過程においても、民衆参加の最も広範な市民革命であった。しかしこの社会では、革命の以前と以後の両方の時期において、万民平等主義に対抗し、それと釣合をとるもう一つの民主主義の構造原理が弱かった。それはここでかりに機能代表制と呼ぶ原理である。この構造原理の弱さのために、フランスは典型的な市民社会とはみなされてこなかった。

地域や職業やその他のきずなによって結ばれている集団は、それぞれに特有の要求ないし関心をもっている。この要求を組織化された形で国家的レベルにおいて主張するルートが、なんらかの程度において制度化されている場合、この制度を機能代表制と呼ぶ。ここで機能ということばを用いるのは、集団がメンバーの要求を実現するからである。機能代表制はじつは市民社会の特産物ではない。封建社会の自治都市やギルドはそのメンバーを保護し、中央の君主、地方の諸侯の権力に対抗していた。しかしこのような代表機能をもつ集団は当時は限られたものであったのが、市民社会になると、さまざまの集団がこのような機能をもつにいたったのである。中世の自治都市はメンバーの補充に関して開放的であり、比較的容易に人は市民となることができる。市民はすべて平等の資格で都市共同体に参加し、集団自治の責任を負う。この開放的で平等の原則は都市を周囲の中世的環境からはっきり区別するものであった。周知の通り、M・ウェーバーは北欧に発達したこのような都市の中に近代社会の萌芽を見いだした[2]。しかしいうまでもなく、都市は特権をもった集団であり、その中においてのみ市民は平等の権利と義務をもつ。だから、もっと広範な社会の見地から見れば、都市は平面から突出する部分であった。それで、このような集団自治の中に市民社会の芽を求める立場は、万民平等主義に市民社会の基本的な原理を求める立場と対照的である、といわなければならない。

　中世において限られた集団にのみ許容された機能代表制の原理は、市民社会においてはたとえば地方自治の理念と現実の中に生かされた（イギリスはその模範例といわれる）。しかし地域のきずなにもとづかないさまざまの集団にも、機能代表制の原理が適用されていった。一例をあげれば、団体交渉権をもつ労働組合がそうである。労働者のこの種の組合の結成は最初はそんなに容易には許容されなかった。それが資本家の利益にとってマイナスになるからであるが、組合結成をはばむ理論的根拠が市民社会の平等主義にあったことも注意されてよい。労働者も独立の個人として経済市場の中の競争に参加すべきだという立場から見れば、組合は団体交渉を通して不当な特権を行使することになる。(3)この論理は疑いもなく形式的にしか妥当しない。なぜなら、万人の平等は権利として与えられてはいるが、その権利を実際にどの程度行使できるかは、それぞれの人びとがおかれている既成の条件によって左右されるからである。それゆえ形式的平等を実質的平等にまで高めるためには、平等に与えられている権利を個人だけの力では充分に行使できない人びとが、集団を形成することによって、みずからの勢力を強めてゆくほかはない。こういう風に実質的な平等を獲得することで、万民平等主義を内容のあるものにしてゆくという論理が、しだいに優勢を占めてゆくのは当然の成行であった。こうして労働組合は多くの社会において組織化されていった。しかしそれにもかかわらず、万民平等主義と機能代表制との原理的な対立は決して一掃されてしまったわけではない。なぜなら、本性上、万民平等主義は社会の全成員に適用される原理であるのに反し、機能代表制はたまたま幸運に組織された人びとにのみ適用される原理だからである。今日の日本の社会において、強力な組合をもたない中小企業の労働者は、巨大な組合のストライキという特権の行使によって恩恵を受けている大企業の労働者に対し、しばしばルサンチマンをいだく。機能代表制があるところには必ず特権があり、そしてその外側には、特権を享有しない人びとが必ず存在する。労働組合に限ってみても、ますます多くの人びとが組織化されるようになった。しかし、さまざまの集団が社会の全成員をもれなく組織し、そしてこれらの集団が平等の程度の権利をもつことになったとしたら、その時はもはや機能代表制は消滅する。人口の或る部分がたまたま組織化されている場合にのみ、そして組織された諸集団が権利の点で多少とも相互に不平等である場合にのみ、機能代表制は存在する。それゆえこの原理は究極において万民平等主義と矛盾する。先に述べたように、ある段階にいたるあいだだけ、形式的平等に実質を与えるという意味で、機能代表制は万民平等主義を補完する役割を演ずるのである。

市民社会は中世から不平等な特権の維持と主張を許容する機能代表制の原理を受け継ぎ、これを広範囲に拡大した。他方、絶対主義から受け継がれた万民平等主義もまた、市民社会においてはもっとラジカルな形で社会全体に貫徹されることになった。この二つの原理の格闘を、R・ベンディクスにならって「社会」と「国家」との対立という風に表現することもできよう。(4) 「国家」はどこまでも平準化を志向し、「社会」は不平等の凹凸を維持しようとする。

（1） W. Kornhauser, *The Politics of Mass Society*, 1959, chap. 3（辻村明訳『大衆社会の政治』東京

創元社、一九六一年)。

(2) M. Weber, *Wirtschaft und Gesellschaft*, 1956, Kap. IX, 8 Abschnitt (世良晃志郎訳『都市の類型学』創文社、一九六四年、とくに第四項七―八および第五項一)。

(3) R. Bendix, *Nation-Building and Citizenship*, 1964, p. 80.

(4) *ibid.*, p. 101.

三 市民社会の構造原理(2)
――個人主義と集団自治制――

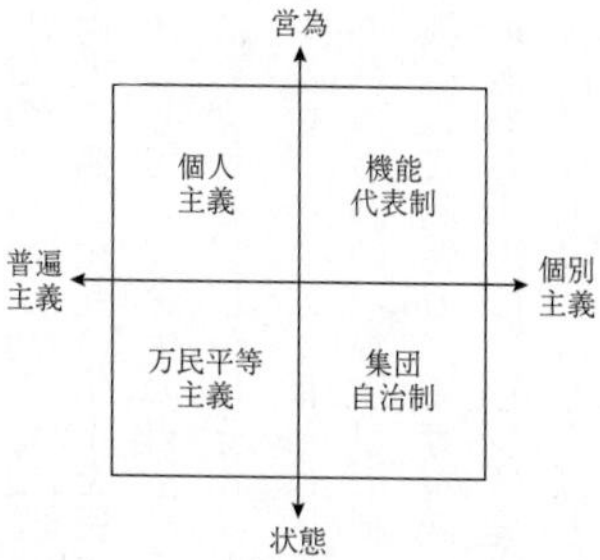

万民平等主義と機能代表制の対立に照応する第二の対立として、次に個人主義と集団自治制の関係を取上げよう。多くの大学では、学生がストライキを行ない、門前にピケをはって、受講を希望する学生に対し、活動家の学生が受講を断念するよう説得する風景が見られる。その際の議論のやりとりはおおよそ次の通りである。受講を阻止しようとする学生は、学生の自治組織で投票によるストライキの決定を行なったのだから、この決定に従わなければならない、と説得する。受講を希望する学生の側は、学生個人と

しての受講の権利の行使は自治組織の決定による拘束を受けない、と主張する。こうして両方の側が相互に相手を民主主義の理解が不充分であると批判し合う。この論争は実際問題としては、学生の自治なるものがどの範囲まで許容されるかの解釈が一定すれば、簡単に解決する。しかしそれにもかかわらず、類似の多くの場合と同様に、解釈は容易に一定しない。それがしばしば困難であるところに市民社会の重要な特徴がある。

右の事例は、集団自治制と個人主義との矛盾を示すためにあげたものだが、この事例は機能代表制と万民平等主義の対立としてもとらえることができよう。そういうとらえ方も可能であるのは、じつは集団自治制と機能代表制とは同一物の異なった側面であり、また万民平等主義と個人主義とのあいだにも同様の関係があるからである。これらの四つの構造原理を相互に関連させて位置づけてみると、前頁の図のようになる。

万民平等主義はすべての人びとがその本性上自由で平等の状態にあり、またあるべきだと主張する原理である。そしてこの状態の上に立って個人主義的な営為が現われる。個人は彼が所属する特定の集団に依拠しない独立の存在であって、自己自身の決定に従って行動する。状態（属性本位）—営為（業績本位）の軸は集団にも適用される。集団自治制は成員の集団参加の状態を意味し、そこで行なわれた決定にもとづいて、集団が外側に向かって働きかける場合、営為としての機能代表の概念が現われる。万民平等主義と集団自治制とは市民社会のコンスティテューションの枠内で与えられた権利状態であり、その権利を外側に向かって現実に行使する側面が個人主義と機能代表制である。万民平等主義から出てくる営為の側面を「個人主義」と呼び、機能代表制の基礎にある状態を「集団自治制」と呼ぶのは、用語としてはあまり適当ではない。両方のことばはふつうもっと広い意味を含んでいるからである。だがほかに適当な用語がないので、以上の特殊な限定を加えて、これらの語を用いることにする。

右のような位置づけを行なってみると、万民平等主義と機能代表制とのあいだに緊張があったのと同様、個人主義と集団自治制とのあいだに緊張があっても不思議ではない。しかし市民社会においては、構造原理間の緊張関係は或る段階では両者間の補完関係でもある。すでに述べた通り、機能代表制は形式的に与えられた平等の権利を現実に行使できない人びとを組織し、平等の実現に近づいたという意味で、万民平等主義を補完した。そのように、個人主義と集団自治制とのあいだにも補完関係がある。

従来、個人の自律性と集団への同調とのあいだには鋭い対立関係があるように考えられてきた。二つの態度は両立しないというのが共通の見解であった。この見解は概念のレベルでは正しい。分散と集中とは明白に対立する概念である。けれども、起源にさかのぼって考えるなら、近代社会の個人の自律性は、全体としての社会と彼の所属する集団の両方への依存から派生する、ということも本当である。右の命題を証明するために、集団と個人の関係はあと回しにし、この関係に論理的に先行する社会と個人の関係をまず取上げよう。

近代社会において個人の自律性が尊重されるにいたったのは、実在の諸個人に共通する「人格」に対して社会が価値を認めるようになったからである。近代以前の社会においては、そのような価値は認められなかった。それでは市民社会においてはじめて、「人格」崇拝という意味での個人崇拝が起こったのはなぜか。近代化とともに社会は国民全体をおおう範囲まで拡大し、同時にその内部においては構造要素がさまざまに分化する。この拡大と分化にともなって、社会に共通の信念や慣行はその共通性の程度を低めてゆき、同時に個人間の類似性の程度も弱くなってきた。そこで共通の信念や慣行への画一的な同調を個人に強いることによって、社会の秩序を維持しようとする古い社会統制の方法は有効性を失ってくる。人びとはあまりにも相互に違い過ぎているし、そして社会は個人からあまりにも遠く離れているからである。だが社会は存続してゆかなければならないから、秩序を必要とする。秩序を維持するためには、なんらかの統制が必要である。それでは個人の遠くにある社会は、どんな機関を通じて有効な統制を行ないうるか。

このタイプの社会は、個人の内部に良心（超自我）を植えつけ、良心に従って自主的に社会の諸規範に同調するよう教化を施す。その教化が成功すれば、社会の監視がゆき届かないところでも、個人はあやまちを犯さないだろう。自主性を尊重する以上、規範の実際の適用に関して個人差は避け難いが、根本においては、社会の望むところを個人は行なうだろう。こうして社会は各個人の内部に統制機関を植えつけ、この機関を通して有効な統制が行なわれることを期待する。統制が有効であるためには、もちろん規範を教え込むことが必要だが、それとともに個人に彼自身の人格を尊敬することも教え込まなければならない。人格の価値が個人に充分納得された場合においてのみ、個人はみずからの人格への尊敬から、自己の行動を統制する内面的な義務を感ずることができる。こうして社会は個人の内部にはいり込んで、内側から彼の行動を有効に統制しうるのである。おそらく、近代社会において人格の価値が成立したのは、そのような教化が成功したからであろう。個人が進んで規範に服従するかぎり、人格の自由は規範への同調と両立しうるというカントの命題は、このような教育の成果を簡潔に、そして早い時期に要約したものである。社会はその権威を個人に委ねることによって、みずからの秩序を維持してゆく。こうしてE・デュルケームの表現を借りるなら、「理性を教義とし、自由討論を儀礼とする」ところの「個人主義という新しい宗教」が成立する。(1)

次に、集団と個人の関係に移ろう。先に述べた通り、近代化とともに社会の構造要素はさまざまに分化する。そして個人はこれらの部分集団のどれか一つに全面的に所属するのではなく、いくつかの集団に同時に所属して、これらに自己の分身を託する。多様な集団への所属にもかかわらず、パーソナリティに分裂が生じないとすれば、それはC・H・クーリーが指摘した通り、個人がどの集団所属を中核とし、どれを周辺とみなすかという優先順序を、自主的に定めているからである。[2] この決定は主観的には自主的であっても、客観的には近代社会の構造によって規制されている。というのは、近代社会においては職業集団が、家族とともに中核的な所属集団となる傾向が一般的だからである。そして異なった職業集団への所属こそ、近代社会の個人間の非類似性を高める最も大きい条件であった。

近代市民社会は、職業の分化を通じて、社会のさまざまの必要を満たすことができる。これらの必要を満たすことなしには、社会は存続してゆくことはできない。だから、ここでは社会は個人間の非類似性を温存し、そのかわりに各個人に共通の人格に訴えて、内面から秩序を維持しようとはかってきた、ともいえるのである。逆にいえば、内面的な人格に価値を与える社会は、その裏においては、外面的に分化した職業活動を遂行する能力に価値を与えざるをえない。つまり市民社会は、その存在の次元に属する秩序の側面においては、共通の人格に価値を付与し、その営為の次元に属する個別的機能充足の側面においては、個人の相互に異質的な活動に価値を付与するのである。

この特定の、あるいは専門的な活動の価値を個人が自覚する時、個人の営為は彼の誇りとなる。そして彼は彼の所属している特定集団の立場を背景とし、社会の他の部分に対してインディペンデントであることを主張しうる。独立の「市民」とはじつは職業人であるという解釈は、このように分化した社会の産物として出てくるのである。右の観点に立つなら、独立の個人は、彼の自律性を特定集団への包絡 (involvement) から得ている、といわなければならない。個人の自律性は所属集団への同調の中に一つの源泉をもつ。特定集団が集団としての自立性を社会から認められ、自治的な統一性の程度を高めてゆけばゆくほど、この集団に属する個人は、社会の他の部分に対して自律的となりうる。他方、自律的な個人は、彼の所属する集団の規範や要求に関しては同調的である。この関係をいくらか深層心理学的に表現すれば、広い社会の中にあって個人が自律的であろうとするなら、彼はそのために生ずる不安を、所属集団への同調によってまぎらわす必要がある、ということにもなるだろう(3)。

自律性は一つには、このような特定の所属集団への包絡から生まれるが、自律性にもう一つの源泉があることを忘れてはならない。先に述べた通り、近代市民社会は個人の人格に価値を付与することによって、彼が自律的であることを奨励する。そして社会は個人が自律的にふるまうことを通じて、結局は彼が社会の規範に同調するように仕向けるのである。この点についてはくわしく述べたから、ここで繰返す必要はない。集団と個人の関係においては、個人が同調的であればあるほど、彼は自律的となった。社会と個人の関係においては、個人が自律的であればあるほど、彼は同調的となる。というのは、社会は個人が彼の人格の価値を尊重し、内面的に規範に服従することこそ、真の同調である、とみなしているからである。要するに、集団と個人、社会と個人の二つの関係から、個人は自律性のエネルギーを引き出してくる。それゆえ、同調性と自律性は相互に両立不能であるどころか、ある面では相互に補完し合うのである。

個人が所属集団を背景にして、社会の他の部分に対し自律的である態度が形成されると、今度は当然、所属集団そのものの中でも個人は自律的にふるまおうとする。その際には、疑いもなく個人と集団とのあいだに緊張が生ずる。とくに彼が社会から付与されている人格の価値に依拠して、特定の所属集団の活動を原理的に批判しようとする場合はそうである。しかしここで問題としている集団は、社会の分化した諸機能の一つを担当する近代的な集団であるから、包括的な諸機能を遂行する前近代的な集団のように、集団がメンバーの生活の全面を統制しようとするわけではない。近代的集団は、たとえば職業的活動の遂行にとって必要な規範への同調をその成員に強く要求するとしても、他の側面においては比較的寛容である。だから、集団の内部の問題に関しても、個人主義と集団自治制とはある程度まで相互に両立する。

以上は、市民社会の構造原理間の緊張と補完の関係についての大体の見取図である。歴史的な経過や各社会の特殊性を捨象した内容に乏しいスケッチであるが、この小論の性格上やむをえない。私がいくらかでも明らかにしたかったのは、一口にいって普遍主義（万民平等主義と個人主義）と個別主義（機能代表制と集団自治制）という二つの基本的な原理が、市民社会において並存し、その緊張・補完関係こそ、この社会に特有の活力を産み出す、という点である。市民社会は封建社会の個別主義を普遍主義によって変容したが、個別主義を抹殺したわけではなかった。もちろんそれを抹殺しうるはずはない。個別主義はいわば人間の本性に根ざしているからである。しかし市民社会は過去からの遺産である個別主義に万民平等主義の生気を吹き込んだ。

(1) É. Durkheim, *Leçons de sociologie*, 1950, pp. 69, 75, 84：作田啓一「デュルケーム」『講座哲学大系5（社会科学と哲学）』人文書院、一九六四年、一三一頁。
(2) C. H. Cooley, *Sociological Social Theory and Social Research*, 1930, pp. 196–97 参照。
(3) F. L. K. Hsu, *Clan, Caste, and Club*, 1963, p. 217 参照。

四 大衆社会論の二類型

市民社会が堕落あるいは発展するにつれて、市民社会は大衆社会へと変貌する。これが今日の時点での大衆社会論の代表的な考え方である。たとえばリースマンとC・W・ミルズとは、相互の立場にかなりの違いはあっても、一応こういう考え方を採っている。(1) これに対してやや少数派に属するかと見える考え方がある。それによると、共同体社会（前近代社会）から市民社会への転換がスムーズにゆかなかったところにおいてのみ、大衆社会状況が発達する。この考え方を最も体系的に貫いているのはW・コーンハウザーである。彼の見解をやや極端化していえば、共同体社会から市民社会へというコースと、共同体社会から大衆社会へというコースがある、ということになる。どちらも「近代化」のコースであるが、市民社会コースを進んだのはイギリスやアメリカの社会で、ドイツ、フランス、イタリーなどは、西欧社会でありながら、大衆社会コースに傾いた。大衆社会論という狭い枠を離れて、社会学の全体の流れから見ると、どちらかといえばコーンハウザーの考え方のほうが、むしろ正統的である。

ドイツ系の民主社会主義的イデオロギーに立った大衆社会論者、すなわちK・マンハイム、フランツ・ノイマン、ジクムント・ノイマン、H・アレントたちも、どちらかというとコーンハウザーの立場に近い。彼らはドイツの市民社会が成熟し過ぎたので、そのために大衆社会状況が生じ、ナチズムの餌食になった、とは考えなかった。むしろドイツの市民社会の未成熟が、第一次大戦後の混乱とあいまって大衆社会化をもたらした、と考えた。日本では「危機」における大衆社会と「常態」における大衆社会とを分ける考え方がある(綿貫譲治)(2)。この二つのモデルは、それぞれ第一次大戦後のドイツと現代のアメリカである。綿貫の類型論の中では明示はないが、共同体社会→大衆社会コースと市民社会→大衆社会コースとが、対照的に取扱われているといってよい。

先にあげたアメリカの三人の大衆社会論者の中では、すでに述べたようにリースマンとミルズが組になってコーンハウザーと対立するが、観点を変えれば、コーンハウザーとミルズが組になってリースマンと対立する。コーンハウザーとミルズはともに、個人と国家

（そしてビッグ・ビジネス）とのあいだにある中間集団が無力となったために、ばらばらになった個人が中央の権力によって一元的に操作されるところに、大衆社会の特徴があると考えている（もっともコーンハウザーは、大衆の側から中央のエリートに対して行なわれるところの、直接的で無組織な影響力もまた増大したとみなしている点で、上からの一方的操縦だけを認めるミルズとは異なる）。これに対してリースマンは、大衆社会においても中間集団は依然として活力をもち、多元的に並存していると考える。それでは、リースマンは大衆社会の特徴をどこに求めるか。彼はいろいろの特徴をあげているが、なによりも所属集団への個人の過剰同調の中に大衆社会の本質を認めているといってよい。この点は、ウィリアム・H・ホワイト二世のような他の大衆社会論者も同じ意見である。

中間集団無力説と過剰同調説という二つの診断は、先に掲げた市民社会の構造原理の配置図に照らし合わせると、どういう風に位置づけられるか。たいへん図式的な議論になるけれども、次のように解することができる。すなわち、中間集団無力説は「機能代表制と万民平等主義とのあいだの対抗関係に焦点を合わせ、大衆社会化すると、機能代表制が活力を失ってバランスが崩れる」という説である。これに対して過剰同調説は「個人主義と集団自治制とのあいだの対抗関係に焦点を合わせ、大衆社会化すると、個人主義が活力を失ってバランスが崩れる」という説である。両説とも、市民社会の営為尊重の構造原理の衰退を指摘している点は同じだが、一方は、そのうちの個別主義的側面の弱化を指摘し、他方は、そのうちの普遍主義的側面の弱化を指摘する。市民社会の構造原理の配置図との連関をもう少しはっきりさせるために、簡単な註釈を加えておく。

先に過剰同調説から始めよう。「個人主義とは二つの社会組織のあいだにおかれた移行の段階である」。W・I・トマスのこの文章を、リースマンは彼の二つの主著の中で引用している。リースマンにとっては、市民社会の個人主義的営為ないし自律性の優位が、ふたたび第一次集団の自治の優位に移り変りつつあることが、何よりも問題である。むろん共同体社会の家父長家族や村落が権利を復活したわけではない。現代の第一次集団は学校や職場の同輩集団として、強力に作用している。現代の第一次集団は共同体社会のそれに比べて、集団規範は固定しておらず、状況に応じて流動する。したがって、ここでは個人は、共同体社会の伝統指向型の人間よりも、何が同調的行動であるかについて、はるかに敏感な配慮をめぐらさざるをえない。その上、現代の他人指向型の人間は、同調が要請されているにもかかわらず、同時になんらかの程度において個性的であることも要求されている。独立の人間のイメージが市民社会から承け継がれているからである。そのために、個人主義に対する集団自治制の優位にもかかわらず、両者のあいだの緊張は形を変えながら依然として存続する。ただこの場合には、個人主義はいわばポーズないし見せかけの機能しかもたない。個人主義の衰退の原因としてさまざまの社会的条件が指摘されているけれども、やはり家族構造の変化が最も重要な原因の一つである。市民社会は親の権威の強い家族を通して、自律的な人間を形成することに成功した。ところが家族の構造が変わり、親の権威が低下したので、人格の価値に依拠する自律的人間が大量に形成されにくくなった。こうして、大衆社会では個人主義と集団自治制とのあいだの健全なバランスが崩れてくる。

リースマンやW・H・ホワイト二世は、とりわけ第一次集団への同調を問題にしたけれども、もっと大きい中間集団はこれらの第一次集団の複合体であるから、過剰同調説の主張を、より大きい中間集団と個人との関係にまで拡大適用することができる。しかし過剰同調説は中間集団の問題をあまり重要視していない。それはこの立場が、営為のもつ価値をもっぱら個人の側面においてとらえ、集団の側面においてとらえようとしないからである。

これに反して、中間集団無力説は営為のもつ価値を集団の側面においてとらえる。市民社会は中間集団の代表機能が活発に作用しつつ、人間は生まれながら自由で平等であるという万民平等主義の要求と、相互に補完し合うというところに、その活力をもっていた。ところが大衆社会化とともに、各種の中間集団は巨大化することはあっても、その中でエリートとマスが分極する。そして大多数の集団成員は登録されているだけのメンバーと化し、集団との一体感を失うから、中間集団は成員の要求や関心を充分に組織し、代表することができない。つまり、機能代表制と万民平等主義とのあいだの平衡状態はバランスを失って、万民平等主義への傾斜が起こる。すでに二節で述べた通り、自由で平等の権利の状態を認められるだけの大衆は、実質的には無力である。彼らは散在する個人の集合にすぎない。そこで国家への依存が強くなり、大衆国家としての福祉国家が発達する。

大衆社会が市民社会の成熟を経由しないで、共同体社会に直接つながった場合には、福祉国家という形をとらないで、国家の統制がよりきびしい全体主義国家が形成される危険がある。先に述べた通り、これを大衆社会形成の典型的なコースと考えたのは、コーンハウザーやドイツの大衆社会論者であった。この場合には、工業化、都市化の急激な衝撃が、前近代社会の中間集団に壊滅的打撃を与え、それにかわる近代的な自発的結社が成熟する余裕のないうちに、強い集中的権力機構が形成されてしまう。

結局どのコースを採るとしても、中間集団無力説から見た大衆社会は「社会」に対する「国家」の優位によって特徴づけられる。したがって、過剰同調説が社会心理学的アプローチに傾いているのに対し、中間集団無力説は政治社会学の枠内で議論を展開する。そこでこの議論をもっと綿密にしてゆくためには、中間集団のカテゴリーの中に、人びとの直接的、具体的な利益や関心を代表する集団と、これらの利益や関心を組織し、討論の可能な形に仕上げて政策決定のレベルに持ち込む政党とが区別される必要がある。こういった点の理論化については、政治学者のほうが当然一歩前進しているが（たとえばG・A・アーモンドの政治体系比較理論）、ここではその辺のところまで立ち入ることはできない。

（1） Riesman, *op. cit.*（前掲訳書）; C. W. Mills, *The Power Elite*, 1956（鵜飼信成・綿貫譲治訳『パワー・エリート』二冊、東京大学出版会、一九五八年）。
（2） 綿貫譲治『現代政治と社会変動』東京大学出版会、一九六二年、九四―九九頁。

五　大衆社会の評価の問題

最後に大衆社会の評価の問題が残る。四節で取上げた中間集団無力説と過剰同調説は、ともに大衆社会に対して市民社会よりも低い評価を与えている。その理由を見いだすのは困難ではない。これらの論者はともに「存在」価値よりも「営為」価値に重きをおいているからである。中間集団無力説は機能代表制に関して、過剰同調説は個人主義に関して、それぞれ市民社会の営為が衰弱してゆくのを見いだす。そして一方においては万民平等主義、他方においては集団自治制という存在価値が、大衆を強く統制してゆく傾向に対して警告を発する。この評価の立場は、個人が単独の個人として、あるいは集団のメンバーとして、常に現状を超えてゆこうとする営為への志向に、重要な価値を認める立場である。この立場に立脚する人びとは、個人が与えられた条件の中で、個人単位あるいは集団の一員として自足し、限られた枠内で満足を追求しようとする態度に好感を示さない。「生産から消費へ」ということばで表わされる市民社会から大衆社会への移行は、右のような観点から見ると、営為価値の優勢から存在価値の優勢への移行である。そして営為価値の立場からは、今日の存在価値の優勢が歎かわしく思われるのである。

しかし、営為価値の立場からの大衆社会批判、とりわけ過剰同調説に対しては、未来への展望を含まない保守的な議論であるという反批判もある。古典的な市民社会は、資本と経営がまだ充分に分離し切らないような中小企業体が自由競争を営む社会であった。そこでは独立自営の企業家は、いわば一城一郭のあるじであり、仕事熱心であれば、いくらワンマンでも成功者になりえた。雇人に課せられる仕事も比較的単純であり、周囲の人びとに無とんじゃくで作業に精励すれば、それだけで充分な能率が上った。こういう風に仕事と仕事の環境とがはっきり区別され、両者が隔離されることで仕事の能率が上るのは、仕事の性質が比較的単純な場合である。いいかえれば、仕事中心の価値（営為価値）がゆきわたるのは、工業化の比較的初期の段階においてである。工業化が高度の段階へ向かうにつれ、職業的役割の遂行に一層の能力の向上が要求されてくる。そこで仕事の能力とは、もはや物との関係に注意を集中しうる能力に限定されなくなる。かつては仕事の環境を意味するにとどまった人間関係は、仕事への専心を妨害する条件としてしか考えられなかった。ところが今日では、それは複雑な仕事を達成するための積分《インテグラル》的な部分とみなされてきつつある。良好な人間関係を通じて個人は自己の中の潜在的能力を発揮するとともに、他者の中の能力をも開発して、高度の協力体系を打ち建てること、そのことによってのみ高度の仕事が遂行される、と批判者は主張する。

つまり、仕事が複雑になれば、それだけ能力の向上が要求され、この要求にこたえるために潜在的能力の開発が必要となる。そういう文脈において、人間関係の重要性が浮かび上ってくるのである。だから、濃密な人間関係から成る第一次集団は、その成員にとってはたんに同調せざるをえない状況を意味するのではない。それは過剰同調を個人に強い、そのために個人は自主性を失うという過剰同調説は、問題の一面しか見ていない。能力の向上にもとづく複雑な仕事の遂行という社会の要求にこたえて、個人は第一次集団から栄養を吸収し、能力を高めてもいるのである。仕事仲間からの絶縁によって成功者になれるというのは、仕事の性質が単純な場合に限られる。

過剰同調説の立場は、禁欲をみずからに課して仕事を達成しようとするピューリタニズムに通ずる。パーソナリティの内部の欲望は、仕事への専心にとっての危険な障害物であり、これを抑圧することによって立派な仕事ができるというのが、ピューリタン的禁欲説である。しかし今日の心理学の知識によれば、抑圧されて欲望がなくなったから仕事ができるのではなく、欲望が昇華されて仕事へのエネルギーになってくるからこそ、仕事ができるのである。同様の考え方を欲望のかわりに人間関係に適用すれば、過剰同調説の一面性は明らかである。ピューリタンは欲望を邪魔もの扱いにしたが、彼らが立派な仕事をしたのは一つにはこの邪魔もののおかげであった。同様に、過剰同調説は人間関係を邪魔もの扱いにしているが、人間関係が仕事の遂行、とくに程度の高い仕事の遂行にとって必要な能力を開発する上に役立つことに気がつかない。それは過剰同調論者が、工業化初期段階の社会のピューリタン的世界観に立っているからである。

営為の条件としての存在の状態を注視すること、そしてより以上の営為を達成するために、可能性の状態で眠っている能力をもっと開発すること、これが十九世紀的営為尊重の「大衆社会批判」に向けられる反批判の立場である。この立場に立つなら、社会は「経済的資源の生産の強調から資源の消費の強調へ移行したのではない。その移行は経済的資源の発展の強調から人間的資源、とくにパーソナリティの能力の発展の強調への移行である」（傍点はイタリック）(1)。

右の批判の観点は、註釈を加える必要もないが、依然として生産的志向を高く評価する立場である。それは十九世紀的な営為（生産）価値にかわって、二十世紀的な存在（消費）価値を強調する。しかし存在価値の根拠はやはり営為価値にあり、営為をもっと充分なものにするために、存在価値の再評価が主張されているにすぎない。この立場は、大衆社会を市民社会の堕落形態とは見ず、逆にその発展形態と見る点で新しいが、大衆社会が市民社会とは別のエートスの上に立っているとは考えない。二つの社会はともに生産的志向という基本的価値に立つ、と考えられている。人間開発は物の生産の手段としての意味に尽きるというのではないが、やはり人間がよい仕事をするために、そしてそのよい仕事を組合せて社会を発展させるために、人間開発が奨励されつつある。今日の社会をこのように診断するなら、広い意味においてではあるが、やはり生産的志向が大衆社会を支配しているという見方になる。

私自身もこの診断はだいたい正しいと思う。ただ、人間開発が物の生産の手段としてもつ意味はもっと大きいと思われるけれども。ビッグ・ビジネスの要求や国防上の要請のために、物の生産＝自然の開発は、やはり今日でも重要視され続けている。そして自然の開発をもっと効率的にするために、人間開発が利用される。しかしそれにしても、世界の大きな流れとしては、社会は自然の開発から人間の開発へ向かいつつあることは否定できないように思われる。

人間の開発それ自身がなにものの手段でもなく、自己目的と化した社会、そういう社会は営為価値から存在価値への転換が行なわれた社会であろう。そこでは、仕事は人間存在の表現としての楽しみだけのために行なわれる、という風に解釈されるだろう。その楽しさを深めるために、高い能力を要する複雑な仕事が「よい仕事」として求められることになるに違いない。だが現存の社会の中にこういう徴候を発見しようとする試みは、まだユートピア論の段階に属している。

右に述べた存在価値の再評価の観点から、中間集団無力説を批判する立場は、まだほとんど現われていない。特定の社会、たとえばアメリカの社会において、政治の次元で中間集団は依然として活力をもつ、という批判はある。たとえば、P・F・ラザースフェルドやE・カッツのコミュニケーションの二段階説がそれである。人びとはばらばらの砂のような大衆ではなく、オピニオン・リーダーを中心に組織されているという。だがこの種の議論は、中間集団無力説の立つ営為価値尊重の立場そのものを批判しているのではなく、事実認識の不充分を指摘するにとどまる。このタイプの批判は中間集団無力説が広げた大ぶろしきを修正するのにいくらか効果はあった。そして同時に、政治的に無関心な大衆というイメージがあまりにも素朴過ぎる点をついている。実際、大衆は決して政治的に無関心なのではなく、社会の発展とともにその関心は全体としては高まってゆく。

だがそれにもかかわらず、中間集団に対する国家の優位は、今日動かし難い傾向である。工業化の段階の違いを問わず、また体制のいかんにかかわりなく、立法機関に対して執行機関が優位を占める傾向が、全般的に広がりつつあることは否定できない。強力な国家の管理のもとでの万民平等主義は、事実としては営為価値から存在価値への転換を意味する。いいかえれば、集団的営為価値は国家によって独占され、他の集団はこの価値の追求を抑制される傾向がある。中間集団無力説はその意味での営為価値の衰退を歎いている。だから、このタイプの「大衆社会批判」を批判する立場は、営為価値の国家による独占と万民平等主義の存在価値とを積極的に肯定する立場になるだろう。その立場に立つ人は、かつての西欧のファシズムにふたたび理論的支柱を求めなければならないのだろうか。あるいはこんご新しい高級官僚のイデオロギーが精錬されてゆくのであろうか。現在のところ、このレベルでの存在価値再評価の学説はほとんど展開されていない。

これまで整理してきた大衆社会論は、すべて階級の存在を括弧に入れた理論である。だから階級の概念を中心において、市民社会から大衆社会への移行を考えるなら、当然異なった論点が出てくるだろう。枚数がすでに超過しているので、一つの論点だけを示しておきたい。多元的社会尊重の立場に立つなら、市民社会における階級の要求は、労働組合のような結社を通して、限定され分節された要求として表現されることが望ましい。この要求は、権利上他の結社の要求と平等である。これに対して、市民社会を超えた社会主義社会を志向する立場に立つなら、労働者階級の要求は、まさに存在次元での平等への要求として、つまり人間の全存在をかけた包括的な要求として政治的次元に表現されるべきである。その場合には、階級的要求は市民社会の機能代表制の枠にはまり切らない。そういう意味で階級的要求は機能代表制を破壊し、この制度と万民平等主義とのあいだの平衡状態を、万民平等主義のほうへ傾ける力をもっている。

けれども、現存の資本主義体制のもとでの万民平等的な大衆社会は、支配階級の機関としての国家が強力となっている点で、社会主義の理想とは非常に遠い。万民平等主義は望ましいものではあるけれども、それが国家への依存を条件として成立しているかぎり、否定されるべきものである。「社会」に対する「国家」の優位という点で、大衆社会は市民社会の堕落形態である。しかし権力の一元的集中は、ある見地から見れば、革命に有利な条件でもある。絶対主義的な権力の集中が高度の段階に達していたフランスにおいて、最も革命らしい革命が行なわれたということは、一つの歴史的教訓となりうる。こういう観点に立つなら、万民平等的な大衆国家をもつ社会は、市民社会からの「望ましい」発展形態であるという評価も、不可能ではなかろう。

この小論は、市民社会から大衆社会への転換を構造原理の観点からとらえるにとどまった。理論的枠組の整理がおもな目的であったため、日本社会やその他の社会をこの枠組で位置づけるという課題には、ここで答えることはできない。この問題は別の機会に考えたいと思っている。

（1） W. Whyte, *Beyond Conformity*, 1961.

第二編　日本社会の価値体系

Ⅶ　価値体系の戦前と戦後

一　価値の二重構造──タテマエとホンネ──

1　環節的集団と集団内在的価値

この章では明治以降の日本の近代社会を取り上げ、その価値体系の特質を考えていくことにする。巨視的にとらえれば、現代の日本人の生活を支配している価値体系は、ほぼ十八世紀以降において形成されたと見てよかろう。現代に関心の焦点をおきながら、三世紀にわたる日本社会の価値体系の特質を明らかにした文化社会学的な理論が、二人のアメリカの社会学者によって構想された。一人はR・ベネディクトであり、もう一人はR・N・ベラーである。日本の文化の全体や部分に関するさまざまの研究が行なわれてきたが、文化社会学の立場から価値体系に関する総合的な理論を構成したものは、まだこの二人の研究しか出ていない。そこで、以下では彼らの見解の上に立って、二つの論点から日本社会の価値体系の特質を追究していこう。

第一の論点は、Ⅲ章一節2ですでに触れておいた理念的文化と制度的文化とのあいだの、一文化体系内における相対的な優位性の問題に関する。この問題は、ベネディクトによっては、そのような形としては提出されていない。しかし罪の文化と恥の文化を対照させる類型論は、本書でこれまで採用してきた枠組に取り入れると、理念的文化が優位を占める文化と、制度的文化が優位を占める文化との対照として理解することができる。もっとも、この問題は、ベネディクトの単純な静的二分法を越えて重要なインプリケーションをもつ。それは、戦後、日本社会の価値体系の特徴として指摘されてきたタテマエとホンネの使い分けに関連している。第二の論点は、制度化のレヴェルにおいての、普遍主義的な価値に対する個別主義的な価値の優越の問題に関する。これは日本社会の価値体系の顕著な特徴として、ベラーにより十分意識され、追究されたテーマである。

まず第一の論点から始めよう。罪の文化においては内面的な罪の自覚に基づいて善行が行なわれるのに対して、恥の文化においては外面的な強制力に基づいて善行が行なわれる、というのがベネディクトの定義である。こうして道徳の絶対的規準が説かれ、良心を啓発することを重要視する社会と、人前で嘲笑されないようにふるまうよう教え込む社会とが区別される。(1) この対照はさまざまの一般的な枠組の中で位置づけられるであろうが、ここではそれを次のように位置づけてみよう。行為者にとっては、罪の文化は、状況のいかんにかかわらず、一貫して遵守することを要求する原理であり、恥の文化は特定の状況に即応して、他者の嘲笑から身を護るテクニックである。このように位置づけるなら、罪の文化と恥の文化とは、すでに述べた理念的文化と制度的文化とにそれぞれ対応することは明らかだ。社会体系との関連からみるなら、罪の文化はいわばこの体系の外にあって、みずからの一貫的実現を主張し、恥の文化はこの体系の中に制度化された文化であって、体系内部の諸活動間の調整という現実的要請によりよく応じうる。(2) しかし、現存するどの文化体系も、完全に理念的でもなければ完全に制度的でもない。理念が完全に制度化されてしまった社会においては、概念枠組の見地からは、もはや文化は存在しないといえるし、理念が全然制度化されていない社会は、本能と利害調整だけに頼る動物社会の状態である。じっさい、完全にユートピア的な文化は、どんな日常経験の中にも現われてこないので、罪の感情をひき起こしえないだろうし、逆に完全に制度化された文化は、行為とすっかり重なり合ってしまって、恥のような意識を生じさせる余地をなくするであろう。あとで述べる家族のような集団において、メンバーがあまり恥を感じないのはそのためである。それゆえ、現実的な問題となりうるのは、文化体系の中での理念的文化と制度的文化との比重はどうなっているか、言いかえれば、理念がどの程度制度化されているかということである。そこでもし日本の社会が恥の文化によって支配されているとすれば、それは価値が、社会体系の中での制度化された形態に、相対的に強く吸収されている、ということになるであろう。

このような価値の状態を集団内在的（K・マンハイム流に言えば存在内在的）価値と呼ぶなら、それはどんな社会構造に対応するであろうか。E・デュルケームの機械的連帯の社会を思い浮かべてみよう。そこでは、社会的諸機能が分化していないので、多様な機能をすべて遂行するところの自己充足的な共同生活体（community）が環節状に連なっている。個人の地位はほとんど血縁と居住だけによって定められ、この地位に従って仕事の配分が行なわれており、サーヴィスと物とは主としてそのコミュニティ内で交換される。それはまた、司法と政治の点でも一つの管轄地域である(3)。社会的諸機能のさまざまの分化を潜在的に含みながら、しかしまだすべての機能が具体的構造単位の中に縛りつけられているこの共同生活体が、いくつか連なって部族社会、あるいは部族連合の社会を形成している。

だが、機械的連帯に対立するものとしての、諸機能の分化が著しい有機的連帯の社会においても、社会の特定の領域においては環節部分が依然として残存するし、またいっそう進行（環節増殖 segmentation）する場合もある。〈動機調整〉体系の機能を主として遂行する家族がその顕著な例である。産業革命を経て家族のサイズはしだいに小さくなった。経済と政治の合理化が進んで、職場が家族から分離したこと、地域的移動が激化したことが、そのおもな原因であることは言うまでもない。家族のサイズの縮小は、同一の社会的機能を営む家族という集団が、一社会内において増加したことを意味する。家族が一つびとつ独立して、性的統制や緊張の操作、子の扶養や社会化の機能を、環節増殖した私的領域で遂行するということと、仕事の領域の分化が極端に進行しているということとは、産業社会の相互に連関し合う構造的特質である[4]。産業社会はデュルケームの機械的連帯から遠く隔たっているが、しかしその領域の一部には環節的構造を含んでいるために、ウェーバー的な意味においての非合理的な行動様式を温存する。

家族のように成員数が少なくて、相対的に多様な機能を営む集団においては、その集団にとって外在的な価値が、集団内で規範として制度化されることが困難である。役割の機能が明確に限定されず、そのうえ成員が少数であるために、それぞれのパーソナリティの特性が役割期待の重要な条件となるからである。そこで状況の変化や内部の体系の要請に即応する「プラグマティズム」が社会の規範の一貫性の実現を妨げる[5]。成員間の葛藤は規範の解釈の相違よりもむしろ感情の離反やディスコミュニケーションから起こり、相互の調和は規範への共通のコミットメントよりも「人間関係」の調整において成り立つ。塩原勉の用語を借りるなら[6]、この集団体系においては、合意主義と適応性の組み合わせによって規定される運動局面がドミナントとなる。「プラグマティック」な和合が価値もしくは規範の論理性に抵抗するという「文化」と「社会」の関係は、集団としての家族においてもっとも顕著にあらわれているが、しかしそれは、「家族主義」的な他の環節的集団においても見いだされる。

日本の農林漁業、軽工業、商業においては、家族ぐるみで働く零細企業やそれに近い小企業の経営体の数が非常に多いので、環節的集団が根強く残存する経済的基礎があった。しかしこの基礎を離れて、分化の進行が著しい大規模の組織の内部においても、諸部分が環節増殖する傾向がある。こうして形成された環節的集団の機械的連帯が、日本社会の重要な構造的一側面であることは、「日本社会の家族的構成」としてよく知られているとおりである。(7) もちろん、大規模な組織の内部で一部署や一区画がインフォーマルな集団を形成し、その中で、組織全体を貫く規範と両立しない行動様式が、その小集団だけの規範として成立するという事情は、例のホーソン工場の観察いらい、社会学や社会心理学での共有の知見となった。もっとも、日本社会の場合、環節的集団の価値体系は全体社会のそれを模倣し、貢献価値に優位をおいてそれに和合価値が続く(後述の二節参照)という形態をとると言われている。たとえば、そのような状態は次のように述べられた。「人びとはそれぞれその小さな天地に城砦を築き、相互の間ではよそよそしく敵意を以って対峙しながら、しかもその内部に一人の主君を擁してその周囲に高度の融和的団体をつくり出しているのである。もとより職能の差に応じて人びとの間に分化が生じ、目的や利害の相違に応じて人びとの間に党派を生ずることは、どこにでもある珍しからぬ現象であるが、ただ日本の場合ではかくして生ずる集団が常に一人の中心人物に向かって集中する傾向をとり、またその内部に義理人情の著しい濃淡をつける点が異っている」。こうして日本の社会は、個別主義的な領域から発生する貢献と和合の価値に重点をおく多くの集団に分裂しており、そこでは職能の分化からくる協力や党派別を越える全体の統一は、比較的行なわれがたい。「そのかわりに、これらの小集団にそれぞれその中心人物を通じてその直属する上層の集団に結びつき、そしてこの結びつきを幾度か繰り返すことによって結局最上層の統率者に帰一するから、この統率者の統率が有効適切であるかぎり、全体の統一を維持することができる」(8)。

右のような「家族的構成」の社会においては、価値はその本来の性格である状況超越的な一貫性を保持しにくい。一つびとつ区切られた環節的単位において、超越的価値は「プラグマティック」に変容され、制度化された。あらゆる単位を通じて、貢献価値と和合価値とが優位を保つという形式的共通性をもつとしても、その価値の内容の妥当範囲は特定集団の壁を越えては広がらない。こうして「環節的な」社会構造には集団内在的価値が対応するのである。

2　使いわけの論理と相互浸透の非論理

しかし日本の社会においては、すでに封建時代から、中央への強い志向があって、環節的部分の並存にもかかわらず、集中への潜勢状態が見られた。日本民族の民族的同質性の高さと人口密度の濃さとが、そのもっとも基礎的な条件であると思われる。この中央への志向性から、各環節的部分において集団超越的（マンハイム流に言えば存在超越的）価値へのかなり強いコミットメントが生ずることも無視できない。全体社会のレヴェルでは、中央志向性は外国崇拝となってあらわれ、そこから集団超越的価値への芽が育つこともしばしば指摘されるとおりである。このような社会構造（集団間関係）と関連させることによって、制度的文化と理念的文化との対照は、もう一つの文脈のもとでとらえられる。それは、いわゆるタテマエとホンネとの関係である。もちろん、固有に日本的なタテマエとホンネとの関係が、社会構造上の条件のみによって説明できると主張するつもりはない。あとで述べるように、日本社会の上下関係の特質もまた、これを規定する重要な条件である。しかし叙述の便宜上、さしあたって社会構造上の条件を念頭におきながら考えていこう。

まずはじめにはっきりさせておかなければならない点は、タテマエとホンネが完全に合致している社会は、現実においてはもちろんのこと、理論的にも存在しえないということである。それはパーソンズの用語法に従うなら、あらゆる文化項目に対して、社会成員のすべてが「採用」のレヴェルを越えて「コミット」する社会であって、そのような社会は、空間的には内部のいかなる分化をも含まず、時間的には永遠に静止している社会である。社会の定義から言って、それは社会ではない。内部がほとんど分化しておらず、進化が停止しているかのように見える社会においても、タテマエとホンネとのあいだには、多少ともずれがある。

Ｂ・マリノフスキーのモノグラフによって広く知られるようになったトロブリアンド人の同氏族相姦のケースによれば、このタブーの違反は非常な恐怖をもって語られているにもかかわらず、実際の違反行為に対しては必ずしも強烈な制裁が発動するとはかぎらない。違反者のあいだに婚姻はもちろん成立しないが、性交は決して珍しい事実ではない。もし事件が体裁を繕って内密に運ばれ、事を明るみに出そうとする者がなければ、世論はいろいろのとりざたはするけれども、きびしい処罰を要求するようなことはない。醜聞が摘発され（このケースでは摘発者は問題の女性との結婚を望んでいた男）、おおやけの事実として世間が認めざるをえなかった場合にのみ、タブーを犯した者を自殺に追いやるほどの排斥と侮辱が加えられる。(9) このケースを現在の文脈において記述するなら、同氏族相姦の禁止はタテマエであって、その違反に対して生ずると期待される激昂の反作用は、事実においては発動しないのが通常である。きびしい禁止のタテマエの背後には、もっと緩やかなホンネがある。だがこのタテマエの維持は、親族類別制度を根幹としている社会の不可欠の機能的要件であるから、事件が摘発されタテマエの存在そのものが否定される脅威に直面するとき、タテマエにふさわしい制裁が発動する。タテマエとホンネとが合致するのはこのような緊急状態の場合だけであり、常態においては両者は合致しない。

もう一つ、伝統的な宗教的禁忌に抵抗しながら新しい道徳が形成される過程に関連して、しばしば引用される事例を取り上げてみよう。インディアンのある部族においては、正式のタブーの命ずるところに従って、妻は部落の外に分娩しにいく。一人の婦人が分娩で苦しんでいる。寒さはきびしい。家から少し離れた雪の中に彼女の宿となる大きな穴が掘られている。この事実を語っている旅行者は、夫がその妻を抱いてその雪の穴の中に連れていくのを見た。彼は妻がそこで死ぬかもしれないと思い、涙を流していた。このような夫たちの中から、タブーを犯す者がやがてあらわれるであろう。老人たちの不安や呪術師のおどかしをものともせず、哀れな妻に家にとどまることを許す夫が出てくるであろう。そうなれば、その部族の中に私生活を尊重する新しい道徳がはいってきたことになる。この場合の「道徳とは宗教の形式主義的コンフォーミズムを破壊する新しい価値である」(10)。宗教のコンフォーミズムはその後もタテマエとして残存するであろう。だが人がコミットしているのは、もはや宗教的価値にではなく、新しい世俗的価値にである。そのさい、デュルケームやC・ブーグレのように、この世俗的行動様式に神聖性を付与しているものは、かつての宗教的信仰であったと解釈することが正しいのか、それとも聖なるものが、ある場合には宗教的形態をとり、他の場合には道徳的形態をとると考えた方が正しいのかということは、今のわれわれにとっては枝葉の問題である。(11)要するに、市民的世俗的道徳の登場とともに、共同体中心の宗教的慣行はしだいにタテマエと化し、それからホンネが分離していくのである。

タテマエとホンネとの分離をもたらすものは時間の因子だけではない。すでに述べたとおり(Ⅲ章一節3)、社会には異なった機能的要件がある。したがって、ある要件に対応する価値と他の要件に対応する価値とは、状況によっては相互に対立することがあるだろう。とくに分化が著しく進行している近代の文明社会においては、このような対立が頻繁に生ずる可能性がある。R・S・リンドが現代のアメリカ社会の中から拾い上げたタテマエとホンネとの分離に関するリストを見ると、(12)分離は一部分は時間的因子によってもたらされているけれども、他の部分は、機能的諸要件の並存という空間的因子からも導かれている。ここでは二〇に近い二重の生活信条について、一つびとつ論及することはできないが、たとえば次のような組み合わせがある。「宗教とかその他の高尚なことが最高の価値であり、われわれが毎日働くのもまさにそれを求めるためである」。「しかしじつは、自分の家族のためにできるだけ金もうけをすることが第一である」。この二重信条の中に、ピューリタニズムの倫理をタテマエ化した時間の流れをみいだすことは容易であろう。「女性は神が創造したもっとも美しいものである」。「しかしじつは、女はだいたいあまり実際的でなく、判断力とかその他の一般の能力でも男に劣る」。女性崇拝はアメリカ社会の一つの充足価値が理念的文化のレヴェルにまで高昇したものであり、他方、ビジネス中心の「適応」次元からは、女性に対して別の評価が生まれる。これらのタテマエとホンネの分離が顕在化して葛藤状況をひき起こさないように、社会はさまざまの調整手段をもつ。社会統制の一つの機能は、このような調整手段として作用することにある。特定の行動様式の時間的・場所的な隔離（たとえば特定の娯楽に関して）、エティケット、口実（たとえば病気による休養）など。(13)

右に述べたところから明らかなように、タテマエとホンネとが、あらゆる状況において合致しているような社会は一つもない。基本的概念図式から言えば、価値はあらゆる状況を通じて一貫的要請をもつのに対して、行為の体系である社会は、外部の環境と交渉しながら、みずからの同一性を維持していこうとする現実的要請をもつからである。一貫的であろうとするタテマエは、生活の中では現実の壁に衝突して貫徹されず、その衝突の部分からホンネがタテマエと分岐していく。それゆえ、タテマエとホンネが分離しているかどうかが問題なのではなくて、その分離の特殊形態が問題となりうるのである。

日本の社会は、アジアの他の諸社会に比べると、伝統的価値の近代的価値に対する抵抗力が相対的に弱かった。新しくはいってきた外来の行動様式は、しばしばタテマエとして許容され、ホンネであるところの旧来の伝統的行動様式と使い分けられる。たとえば、何度も指摘されてきたように、民主主義的な集団運営や、それに伴う選挙・代表・議会制などの制度は、タテマエのレヴェルにとどまってきた。だがそれにしても、このタテマエはかなり厳密に遵守されてきたことも確かである（たとえばごく最近までは、「非民主的」

というけなしことばは、相手を攻撃するさいに、そうとう有効なシンボルであった）。日本の社会体制が経済の面で二重構造をもっているように、価値の面でも二重構造が存在している。しかし、それでは純粋なタテマエと純粋なホンネとが、明確に区別されながら、社会意識の中に並存しているかというと、日本人の実感は否と答えてしまう。谷川雁が言うように、タテマエの姿をしたホンネ、ホンネの形をとったタテマエがあまりにも多過ぎるのである。(14)

おそらく、こういう点においてもっとも敏感であるのは、社会学者や社会心理学者ではなくて、文学者であろう。問題が顕在的な行動のレヴェルに属さないのはもちろんのこと、意識化のレヴェルにさえ属していないからである。しかし、文学作品からデータを選ぶという点に関しては、行動の科学においてまだ承認された規準が確立していないので、一例を示すにとどめよう。太宰治の『人間失格』の中に、堀木という俗物《スノッブ》が登場する。彼は主人公に「酒と煙草と淫売婦と左翼思想」という「妙な取り合わせ」の文化を注入するが、そのボヘミアン・スタイルと私生活での親孝行とは、相互に矛盾し合いながら、しかも両立している。彼は母親のつくってくれた水っぽい汁粉を、ありがたく頂くように主人公に注意するが、その様子は「しんからの孝行息子のよう」である。そして「まんざら芝居でも無いみたいに」じつにうまそうにその汁粉をすする。主人公は都会人の生活のつつましさにショックを感じるとともに、「外と内との使い分け」のできない自分のような人間は、こういう社会からは徹底的に締め出されるほかはないことを痛感する。いったい、堀木の生活を二分しているボヘミアン・スタイルと親孝行とのうち、彼はどちらをタテマエとし、どちらをホンネとしているのであろうか。だが彼にとっては、どちらもがタテマエであると同時にホンネなのである。それゆえに、彼は「外と内とを使い分ける」ことができる。行動様式はタテマエであるがゆえに、ある状況においてはその拘束から自由に離脱し、同じ行動様式がホンネであるがゆえに、別の状況においては、棄てられていた行動様式にポジティヴな感情が充電される。

『人間失格』において、堀木はスノッブとして位置づけられているが、ヨーロッパの近代小説では、スノッブの典型は、むしろ堀木のアンチ・テーゼである人物の中にみいだされる。それは、あらゆる状況においてタテマエどおりにしか動きえない人物であり、状況の微妙なニュアンスに鈍感なタイプである。G・フロベールのボヴァリー氏はその見事な典型であると言われた。A・チェーホフの『イワーノフ』に出てくるヒューマニストの医者や、グレアム・グリーンの『事件の核心』で一役演ずるロマンチストのスパイは、正義の刃を大上段に振りかざし、タテマエだけでは裁き切れない主人公の心の動きを無視して、大根を切るように断罪する。しかし日本の近代小説においては、この種のスノッブは典型化されていない。それどころか、俗物のもっとも生き生きした造型の一つである堀木の場合、それは世間の表と裏を知り抜いた、人情の機微に通ずる人物として描かれている。そして、スノッブではないところの、つまりマイノリティに属するところの主人公は、一本調子の、「外と内との使い分け」のできない人物なのである。スノッブの取り扱いに関してのヨーロッパと日本とのこの比較は、もちろんもっと豊富なデータに基づいて行なわれる必要があり、したがって、右の比較論は完全であるところからほど遠い。だがそれは、日本の社会でのタテマエとホンネとの関係をめぐる現在の問題の理解にとって、一つの暗示となるであろう。

この問題を通観するのに好都合な項目として、生活の伝統的様式と近代的様式との対立を取り上げよう。誰もが認めているように、工業化に伴って日本人の生活様式は、しだいに伝統的様式の拘束から脱し、近代化されてきた。ゲマインシャフトからゲゼルシャフトへ、機械的連帯から有機的連帯へという変動の過程から、日本の社会もまた免れることはできない。過小農的農業と家内工業生産とを基礎とする社会では、諸地方が環節的に孤立し、人びとはそれぞれの内部においてきびしく階層づけられ、詳細に規定された行動様式が日常の行動を統制している。日常的に起こりそうな状況の種類は限定されており、同じ状況が反復されるので、既成の伝統的な価値が疑いの目で眺められるようなことはない。工業化が進んで、社会の中に地域的・階層的移動が激しくなると、広範な社会関係の網が広がり、複雑になる。小さい生活空間の中での集団の秩序や個人の生活に役立っていた伝統的な生活規範は、その有効性を失い、そのかわりに普遍主義的な倫理、たとえば原理に

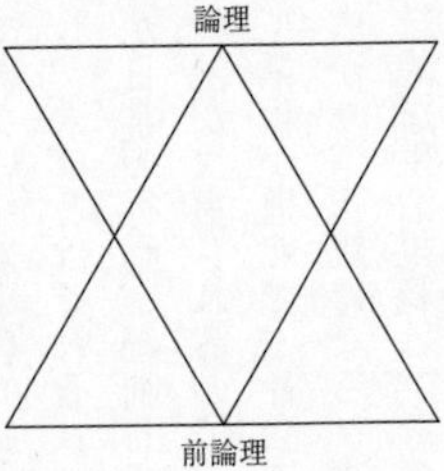

対する忠誠、正義と法の前での平等、幸福と自己実現の追求などが行動の有力な規準となる。こうした社会変動の過渡期においては、近代的様式は社会の一部分においてすでに取り入れられているけれども、他の部分においてはまだ取り入れられていない。さらに、個人の意識に関しては、意識の表面的、自覚的な層においては、遵守すべき価値として認められているけれども、深い層の感情では反発する。こうして新しい様式がタテマエ、古い様式がホンネとして使い分けられる。あるいはまた逆に、社会の中の進んだ部分においては、新しい様式がホンネであって、この様式を他の部分においても貫くにはまだ抵抗が強いという事情を考慮し、古い様式をタテマエとして尊重してみせる。いずれの場合にも、伝統的様式と近代的様式のどちらかがタテマエであり、他がホンネであるというのが通説である。もしそうであるならば、そこにはタテマエとホンネの意識的な、目的合理的な使い分けがあるだけであり、前論理的な自己欺瞞は存在しない。

しかし問題はそう簡単ではない。タテマエとホンネの意識的、目的合理的な使い分けは、一つの、いわば主知主義的な立場からとらえられた現象の一断面である。だが、それですべてが説明しつくされるわけではなく、沈澱物が残る。この沈澱物をすくい上げるためにはもう一つの立場が必要である。それはタテマエとホンネの前論理的な相互浸透を認める立場にほかならない。すなわち、一方においては、タテマエとホンネの論理的な使い分けがあり、他方においては、両者の前論理的な相互浸透がある。論理的な部分と前論理的な部分とが、それぞれ意識の中で占める比重は、行為者によって異なるであろう。主として論理によって支配される行為者の意識においては、前論理的沈澱物は0に近いが、しかし尖った先端においてはこの沼の水面に触れている。主として前論理によって支配される行為者の意識においては、論理的判断は0に近いが、しかし尖った先端においては明るい天井の表面に触れている。このような二つの意識の理念型を構成するなら、主知主義的な説明は現象のなかばしかおおわないことは明らかである。もちろん、ほとんど完全に開明化した意識が過渡期の社会に不在であるというわけではない。したがって、それをモデルとして選ぶことにも理由はある。しかし他の極のモデルを構成しないなら、説明は、現実からなかば浮き上がることになる。繰り返すことになるが、目下の問題は、タテマエとホンネが合致しているかいないかというレヴェルに属してはいない。そうではなくて、その不一致に対処する精神構造の型が問題なのである。

3 中央志向性と義理関係

明治推新以後の近代化の過程に先立って、日本の社会においては古くから中央への強い志向性があった。[15]この要因が、分節化している環節的集団の独立性の徹底化をつねにはばんできたのである。ヨーロッパの封建社会の場合には、栄誉と責任を意識する貴族階級、自治都市、特権ギルド、不入権をもつ寺院など、中央集権に対する社会的バリケードが強靭であったが、日本ではこれらの自治的な伝統は脆弱であった(16)。この現象を、環節的集団の内部の成員の側からとらえるなら、それは、この集団への完全な従属をはばむ条件となる。バリケードは脆弱であるので、そこへ身の安全のすべてを託するわけにはいかないからである。環節的集団への完全所属が可能になるためには、物質的な意味でのアウタルキーと精神的な意味での自己充足がなければならない。環節的集団のモデルはつうじょう自然村に求められている。日本の自然村は人口に比して生産力が低く、上からの搾取との相関においてではあるが、安定したアウタルキーを実現しえなかった。そこから、支配層の温情に基づく経済的庇護に依存せざるをえない。他方、経済的庇護の配分量を左右するのは、支配層の温情である。そのために、支配層の実力(17)(勢力)は道徳的権威に転じ、物質的にのみならず精神的にも、外集団への依存が生ずる。家族もまた自然村のように、その成員を十分には保護しえない。もちろん、家族は物質的には外集団に依存しなければならないのは当然であるが、しかしそれは密接な相互交渉の単位であるから、精神的には、その成員の安定の拠りどころとなりうるはずである。だが、ベネディクトが指摘したように、日本の家父長家族やそれに類する集団は、その成員を外界から精神的に十分に保護することができなかった。外界において非難や攻撃を受けた成員は、その集団に恥をかかせたという理由で、集団内部においても排斥される。集団の価値が自律性をもたず、外界の規準をみずからの規準とする傾向があるからである(18)。

そこで、日本の社会構造においては、相互に矛盾し合う構造原理が並存しているということになる。一方においては、各構造部分（全体社会の各構造要素）は「家族主義」的・環節的な高度の連帯性を有し、外界から侵入してくる価値をどこまでもタテマエ化しようとする傾向をもつ。こうした連帯の壁をとおして、かろうじて侵入してくる集団超越的価値は、集団内の「プラグマティック」な要請と妥協し、理念的文化を圧倒する制度的文化が形成される。この場合、侵入を防がれて、壁の前に立ち止まっている集団超越的価値はタテマエ、集団に内在化し、そこにおいて制度化された価値はホンネとして意識される。つうじょう外界から侵入してくる理念的文化は、その集団にとっては新しいものなので、このタテマエとホンネの対立は、「近代的」と「伝統的」の対立となる。しかし他方においては、各構造部分は「家族主義」(19)的・環節的であるにもかかわらず、外界に向かって開かれており、遠く中央を志向している。そのかぎりにおいて、タテマエとホンネとに配分されている感情のプラスとマイナスは逆転する。外界＝タテマエの方がポジティヴな価値となり、内界＝ホンネの方がネガティヴな価値となるのである。

しかし、日本の社会は完全な有機的連帯の社会ではなかったし、今日でもやはりそうではない。完全な有機的連帯の社会においては、個人は完全独立であり、さまざまの価値に自主的にコミットし、あるいはそれらを手段として利用するという合理的な使い分けを行なうであろう。ここでは、タテマエとホンネの相互浸透は起こらない。他方、完全な機械的連帯の社会においては、おのおのの構造部分に個人は完全に所属している。そこでは、外のものはすべてタテマエであり、内のものはすべてホンネであって、明確な区分の論理が成り立つ。ところが、構造部分がある程度の自律性をもちながら、同時に外界＝中央へ志向しているとき、個人はその部分に対して半所属の関係におかれる。その結果、個人の中に独立と従属へのアンビヴァレンスが生ずるが、それこそ、特定の行動様式を「採用」するとともに、それに「コミット」するというアンビヴァレンスの社会的条件である。[20] 彼は独立を欲しているので、規律的な意味（前述一三八頁参照）をもつところの外界の行動様式に「コミット」しようとする。しかしそうすることによって、内集団での彼の地位をあやうくするおそれが出てくるので、この行動様式に対して、一定の距離をおき、それを「採用」しようとする態度をもっている。他方、彼は従属を欲しているので、エロス的な意味（前述一三八頁参照）をもつところの内界の行動様式に「コミット」しようとする。しかしその様式を制度化している内集団は完全に頼りになりうるような集団ではないので、外界との結びつきを保持するために、この様式に対して、一定の距離をおきながら「採用」しようとする態度をもつのである。

J・P・サルトルは「はじめてあいびきする娘」の事例を次のように分析している。彼女は自分が相手によってあたかも「精神」であるかのように眺められていると思い込もうとする。そう見られていることによってのみ、彼女はこのランデ・ヴーを承認できるからである。しかしまた同時に、彼女は自分が相手によって、「肉体」として見られていることを知っている。そうでなければ、彼女の女性としての誇りは傷つけられ、このランデ・ヴーを中止するであろう。彼女は「精神」であるところの自己にアンビヴァレントな感情をもつが、同時にまた「肉体」であるところの自己に対しても、アンビヴァレントな感情をもつ。この二つのアンビヴァレンスから彼女の自己欺瞞（la mauvaise foi）が生まれる。(21)彼女からは自発的な愛、あるいは愛の純粋性は期待できないであろう。環節的集団の中で半所属・半独立の状態にある個人の場合も、これと類似している。彼はこの集団に「肉体」において半所属し、その集団から「精神」において半独立しているのである。彼は集団内在的な価値に同調することによって、その集団とエロス的・「肉体」的につながる自己にアンビヴァレントな感情をもつと同時に、集団超越的な価値に同調することによって、その集団から規律的・「精神」的に独立する自己にアンビヴァレントな感情をもつ。そこから、ホンネと思っているものがじつはタテマエであったり、タテマエだと思っているものがじつはホンネであったりするという自己欺瞞が始まるのである。彼からは、価値への純粋なコミットメントは期待できない。

環節的集団の外界への依存と解き放しがたく結びついている構造要素として、日本の社会の温情的な支配関係を挙げなければならない。自然村のような環節的集団に対する収奪は、日本においてはほとんどつねに、赤裸々な権力の形態を通じてではなく、温情的な権威の形態を通じて行なわれたということは、すでに繰り返し指摘されてきたとおりである。そこから、支配関係は、多くの場合R・P・ドーアのいう「義理関係」(22)の色彩を伴う。権力と道徳とが未分化の状態にあるので、フォーマルな権利・義務であるタテマエと、インフォーマルな権利・義務であるホンネとが、相互に截然と区別されることなく相即している。日本の「義理関係」はヨーロッパのそれに比べると、物質的なギヴ・アンド・テークの関係が基礎になっている場合が相対的に多いが(23)、それがまさにそのようなものとしてではなく、精神的・道徳的な関係としても意識されやすいところに問題がある。ここにもタテマエとホンネの相互浸透を見ることができよう。だが今は、温情的支配関係がこの相互浸透の結果である側面よりも、原因である側面に注目しなければならない。

日本の社会構造の一つの断面は、縦と横に連結する「義理関係」の交錯である。こうした積み重ねによって、階層の底辺から頂点へ、権力の周辺から中央へと、個人と集団が系列化していく。「義理関係」の系列はパターナリズムによって貫かれているので、封建社会のように封鎖的身分によって厳重に区切られた階級構造が客観的に存在している場合でさえ、裾野から山頂に至る勾配は連続的で直線的であるかのように感じられるであろう。その赤裸々な権力による支配が行なわれる際のようには、段階的な区切りが目立たない。

ために、このような社会での中央志向性は、中央からどれほど遠いか、あるいは近いかという相対的な距離の感覚として経験される。固定した階級構造があって、中央の権力核集団をめぐる階級とそれによって権力的に支配されている階級とが、利害の対立を顕在化させている場合のようには、アウトサイダーかインサイダーかという状況の定義は生まれにくい。連続的に中央が志向される社会においては（もちろん、客観的に階級構造が存在しない社会という意味ではない）、準拠集団は自由に移動し、アウトの意識とインの意識とが状況しだいで間断なく交替する。あるいは、純粋なアウトの意識は成長せず、したがってまた純粋なインの意識も成長しないと言ったほうが精確かもしれない。そのかわりに、中央の権威への距離の感覚と、それに伴う安全と不安の感覚とが発達する。むろん、中央への接近は必ずしも安全を意味しない。故郷である環節的集団から遠ざかるという不安を代価として支払わなければならないからである。同様に、環節的集団への密着は必ずしも安全を意味しない。それは成員を十分には保護しないからである。こうしてふたたび、われわれは環節的集団の中での個人の半所属・半独立の問題に戻ってくる。

4　天皇制

タテマエとホンネとに関する現在の文脈において、どうしても触れておかなければならない問題がある。それはイデオロギーもしくは社会心理のレヴェルでの天皇制の問題である。だが、政治的権力体系の中に位置づけられる天皇制はもちろんのこと、問題を天皇制のイデオロギーもしくは社会心理に限定しても、これを正面から取り扱うには、与えられたスペースの何倍かを必要とする。そこで今は、特定の文脈から、その一側面を指摘するにとどめる。

G・A・アーモンドは、共産党の組織内の活動家向けの教育内容を密教、組織外の大衆に向けられる宣伝内容を顕教と呼んで、イデオロギー教化の使い分けに注目した。(24)この種の区別の線に沿いながら、久野収は天皇観の二重構造を指摘しているが、同時にまた、それが階級構造と重なっている点を重要視している。彼に従えば、天皇の権威と権力は、「顕教」と「密教」、通俗的と高等的の二様に解釈されてきた。国民にとっての天皇は、タテマエでは、無限の権威と権力をもつ絶対君主、支配層間の「申し合わせ」としては、立憲君主、すなわち国政の形式上の最高機関であった。小・中学および軍隊では、タテマエとしての天皇が徹底的に教え込まれ、大学および高等文官試験に至って、「申し合わせ」としての天皇がはじめて明らかにされ、タテマエで教育された国民大衆が、「申し合わせ」に熟達した帝国大学卒業生たる官僚に指導されるシステムが編み出された。(25)

この明快な分析に、今日疑いをさしはさむ者はいないようである。私もまた例外ではない。しかし、社会構造内の布置状況として見れば、顕教と密教とは、支配層と被支配層とにそれぞれ局所化されているとしても、社会心理としては、同じ個人の意識の中に微分化して並存しているという点も無視することはできない。標準的な日本人の意識においては、天皇は神聖な存在＝神であったが、同時にまた政治権力の操作の対象である無力な、したがって無垢の存在でもあった。道具としての天皇観は、顕教の教化を受けた被支配層の個人の意識の中にも生きていたように、密教の教化を受けたはずの重臣たちもまた、天皇を人間的秩序のかなたの世界に位置づけていたことは、極東裁判においてA級戦犯の被告の側から一度も天皇の責任が口にされなかったことからも明らかである。もちろん庶民は支配層とは異なって、天皇の国民統治のための道具としての側面よりも、むしろ、その道具性のゆえに疎外されている彼の人間性の側面に関心をもちやすい。しかし、焦点がどちらの側面におかれるにせよ、権力も権威ももたない無力な人間としての天皇のイメージはいつも存在していた。亀井勝一郎が指摘したように、この無能力あるいは無力ということが、国民の天皇への親近感の一要素となっている。「明治以後こんなことを言うとたちまち『不敬罪』に問われたが、国民の大部分は、『神聖な無力者』を感じとってきたのではなかったか。とくに流刑とか幽閉された天皇ほど人気があることも顧慮しておく必要がある[26]」。だがこの無力者は、神聖な無力者であることは言うまでもない。彼は人間であるが、同時にまた神でもある。このような矛盾を承認するためには、自己欺瞞に陥らざるをえない。自己欺瞞は知識人においては意識化された虚構の形をとる。鷗外の「かのように」の哲学がそれであった。しかし、意識化されると否とにかかわらず、日本社会への全面的所属によって安定感を得ようとする者にとっては、自己欺瞞は不可避の要請であった。平井啓之に従えば、「天皇にかかわる日本民族の意識構造は、原理的に自己欺瞞とならざるをえなかった」(27)。続いて彼は次のような例を挙げている。「たとえば大正天皇が白痴にひとしい脳患者であったことを知らない国民がはたして幾人あったことであろうか。ぼくの父方の叔父は海軍軍人であったが、ぼくは彼が、海軍大学の卒業式の席上で大正天皇が学生に授けるべき卒業証書を突然遠眼鏡のように丸めて四方を見廻した狂態を目撃したことを語ったのを聞いたことがある。しかもこのことは叔父がぼくに陛下の股肱として忠君愛国を説き、幼年学校受験をすすめることの妨げにはならなかったのである」。

神としての天皇は、環節的集団を越えて中央を志向する態度に対応している。中央は遠くにあるので、そのかぎりにおいて、天皇の神性はタテマエ化される。しかし環節的集団の成員は、その集団の情緒的・第一次的結合になかば埋没してもいるので、タテマエの集団超越性は徹底せず、天皇はあたかも、すぐ身近にあるところの、肉体をもった人間的存在としても表象される。戦後のマス・コミュニケーションの発達によって、天皇と国民の距離は確かに縮小したが、戦前においても、その距離はそんなに遠くはなかった。タテマエとしては遠かったが、ホンネとしては、戦後ほどではないが、やはりかなり近かった。戦前の軍隊においては、たとえば小銃はもともと天皇の所有物であって、それが兵に貸し与えられているというパーソナルな貸与関係の論理があり、これが兵器崇拝のフェティシズムを産んだ。[28] 兵器を傷つけることは、天皇を精神的に傷つけることであった。こういう論理がともかく通用するのは、天皇への距離がそれほど遠くないと感じられているからである。天皇が完全にタテマエ化され、遠くの存在であるなら、このような論理が行動を統制することはできないであろう。それは祖先崇拝が行動を統制する仕方に似ている。祖先崇拝が行なわれ、その祖先が家族員の行動に対して制裁力をもつと考えられているのは、家族というものがごく小さい集団であって、成員間にパーソナルな結合が存在するからである。もちろん、集団のサイズが小さいという条件だけで、祖先崇拝が生ずるのではない。今日、家族のサイズはしだいに小さくなっているが、逆にこの信仰は失われた。しかし、パーソナルな結合が強い閉ざされた集団においてのみ、祖先や天皇のような超越的な観念が肉体化されることは確かなようである。環節的集団の中で生きる日本人は、天皇を人間化せざるをえなかった。がまた同時に、比較的無力な集団への半所属状態の不安定を脱し、もっと大きな、もっと強力な集団に完全に所属したいという願望の投射によって、天皇を神格化した。

（1） R. Benedict, *The Chrysanthemum and the Sword: Patterns of Japanese Culture*, 1946（長谷川松治訳『菊と刀——日本文化の型』社会思想研究会出版部、一九四八年、三〇九—三一〇頁）。

（2） 浜口恵俊は六対の二分法カテゴリーにより人間性もしくは人間関係に関する「基本的な動機づけ傾向」を調査したが、その結果によると、日本人は個別＝状況主義の傾向がアメリカ人に比べて非常に強く、アメリカ人は普遍＝論理主義の傾向が日本人に比べてかなり強い（「日本人のモラル・システム」『変動期の社会と教育』重松俊明編著、黎明書房、一九七〇年、一三七―一三八頁）。

（3）T. Parsons *et al.* (eds.), *Theories of Society*, 2 vols., 1961, I, p. 242.

（4）環節増殖の概念については、*ibid.*, p. 45.

（5）家族のパーソナリズムが社会のインパーソナルな規範の浸透を妨げる点については、E. Durkheim, *L'éducation morale*, 1925, pp. 168–69.

（6）塩原勉「統制主義・組織過程・合意主義」『ソシオロジ』第二四号、一九六〇年。

（7）川島武宜『日本社会の家族的構成』学生書房、一九四八年。

（8）尾高邦雄「日本人の「封建的」性格」『職業と近代社会』要書房、一九四八年。

（9）B. Malinowski, *Crime and Custom in Savage Society*, 1926（青山道夫訳『未開社会における犯罪と慣習』日本評論新社、一九五五年）。

（10）R. Bastide, *Éléments de sociologie religieuse*, 1947, p. 81.

（11）C. Bouglé, *Leçons de sociologie sur l'évolution des valeurs*, 1922（平山高次訳『価値の進化』桜井書店、一九四三年、一八〇頁）。

（12）R. Lynd, *Knowledge for What?: The Place of Social Science in American Culture*, 1939.

（13）T. Parsons, *The Social System*, 1951, pp. 268, 270, 285, 309.

（14）谷川雁「日本の二重構造」『現代の発見』第一三巻（亀裂の現代）春秋社、一九六一年、二〇二頁。

（15）座談会「天皇・ナショナリズム・伝統」『別冊新日本文学』第一巻第一号、一九六一年、における宮本常一の発言。
(16) 丸山真男『日本の思想』岩波新書、一九六一年、四五頁。
(17) 京極純一「現代日本における政治的行動様式」中、『思想』一九五二年十月。
(18) この点については、作田「孤独の諸形態」『恥の文化再考』筑摩書房、一九六七年、において詳説した。
(19) 外界もしくは中央への志向が、日本の社会の近代化あるいは工業化にとって重要なエネルギー源の一つとなったことは、すでに指摘されてきたとおりである。立身出世とは、故郷の村落を出て、都市的職業のキャリアーのコースを前進することであった。また国民社会のレヴェルでは、世界の中央はヨーロッパにあると考えられていたから、日本の進化とは西欧化にほかならなかった。こうして日本の進化と立身出世主義とのあいだにパラレリズムが成立する。「欧化」は日本の「立身出世」であり、書生の「立身出世」とは、日本の中の西洋であるところの東京へ出て、大臣大将への段階を上昇することであった(丸山真男、前掲書、二六頁)。
(20) 半所属というのは谷川雁の用語。前掲論文参照。
(21) J. P. Sartre, *L'Être et le néant*, 1943(松浪信三郎訳『存在と無』三冊、人文書院、一九五六年、第一分冊、一六八―一七三頁)。自己欺瞞の概念の重要性については、平井啓之「自己欺瞞の民族」『現代思想』一九六一年十月、現代思潮社、から学んだ。ちなみにブリコーは、この概念を次のような心理に適用している。すなわち、選挙のさいの候補者の意見と投票者との意見とのあいだに不一致がある場合、この不一致が本質的なものではないと解釈して投票するとき、彼は自己欺瞞に陥っている(F. Bourricaud, *Esquisse d'une théorie de l'autorité*, 1961, pp. 278–81)。

(22) ある行為が「義理から」行なわれたと言われる場合、それは次の性格をもつ。(1)それが自発的な好みからではなく、義務感から生じていること。(2)その責務が、特定の人または集団に対する義務と考えられていること。(3)その責務を履行しない場合に生ずる直接的な制裁が、その特定の人物や集団を怒らせる、ないしはガッカリさせるものであること。このようなタイプの義務感から生じた行為が「義理行為」であり、AがBにたいする行為についてこのような気持をもちがちな場合、その関係を「義理関係」という (R. P. Dore, *City Life in Japan: A Study of a Tokyo Ward*, 1958〔青井和夫他訳『都市の日本人』岩波書店、一九六二年、一九八頁〕)。

(23) 右同所。

(24) G. A. Almond, *The Appeals of Communism*, 1954.

(25) 久野収・鶴見俊輔『現代日本の思想』岩波新書、一九五六年、Ⅳ。

(26) 亀井勝一郎「擬似宗教国家」『中央公論』一九五六年九月。

(27) 平井啓之、前掲論文。

(28) 飯塚浩二『日本の軍隊』東大協同組合出版部、一九五〇年、一一二—一一五頁。野間宏の『崩解感覚』の中には、このフェティシズムに伴うきびしい制裁の描写がある。

二　価値体系の構造と変動

1　戦前の価値体系——ベラーの見解を中心に——

第二の論点に移ろう。本章一節のはじめに述べたように、いま取り上げようとしているのは、日本の価値体系の中での普遍主義的な価値に対する個別主義的な価値の優越である。この問題にはいるために、ふたたび機能的要件のリストから出発しなければならない。パーソンズ＝ベラーによれば、全体社会の体系が問題になる場合の四つの次元は、それぞれ「経済」「政治」「統合」「動機づけと文化」という四つの下属体系によって表わされる。そしてそれらの体系に関連する行動は、「経済」価値、「政治」価値、「統合」価値、「文化」価値によって規制される。(1) これらの価値は、社会の成員の立場から見て、それぞれ、業績、貢献、和合、充足と呼ばれたものにほかならない。

右の枠組を使用して、ベラーは、日本の社会とその価値体系との関連を取り扱った。(2) 表題が示すように、それは、徳川時代の後半から明治の初めにかけての日本の前産業社会を対象としているが、そこで指摘されている価値体系の特徴は、産業化したその後の日本社会にも、ある程度生き残っている。社会体系の現実の互酬的活動から、価値体系は相対的に独立しているからである。あらゆる歴史家がそうであるように、ベラー自身も、現代の日本社会の価値体系の観察を通して、前産業社会の価値体系を再構成していることは疑いなく、したがって彼の前産業社会の価値体系の記述から、逆に、当時から今日にかけて（戦後は後述するようにかなり変化したが）存続している価値体系の特徴を読み取ることは、それほど無理な手続きを要しないで済む。以下では、しばらくのあいだ、必要なかぎりベラーに従いながら、しかしときとしては彼から離れて、日本の価値体系を素描していこう。

彼によれば、徳川時代の後半から明治の初めにかけて、もっとも重要な価値は個別主義的業績本位の「政治」価値であり、〈目標達成〉の次元が、他の諸次元よりも以上に、強いコミットメントを要求した。

まず個別主義であるが、日本の社会では真理や正義というような普遍主義的に妥当する理念へのコミットメントよりも、個人の集団に対する関係を維持するという見地から必要とされる行為のほうが高く評価された。個別主義的関係の重要性は、家長、封建領主、天皇というような集団の首長のもつきわめて重要な意味によって象徴されている。首長はしばしば現実において集団の執行機能を担当しないことがある。だが彼が集団を代表しているかぎり、この人物に対する忠誠によって個別主義的関係の重視が表現されるので、集団のメンバーは彼に忠誠を尽くさねばならない。しかしこの忠誠は、その人物じたいに対するよりも、その人物の地位に対する忠誠である。彼に対するパーソナルな愛着を伴っていた場合もしばしばあったであろうが、このような愛着は忠誠にとって不可欠の基礎ではなかった。それで将軍や天皇のような直接に交渉のない人物に対する忠誠が可能になり、強力な政治的影響が個人的影響の及ぶ範囲をはるかに越えて広がっていた。そのために、この種の個別主義は普遍主義と機能的に等価の働きを演ずることができ、近代化に適合する価値の条件をそなえていた。[3] しかし忠誠のこの非人格化は、明治以降の政治体系の合理化が著しく進行するにつれて、とくに強められたことは言うまでもない。[4]

他方個別主義と結びついた業績本位もまた、日本の近代化を促進する条件となった。日本における忠誠は、単なる受動的な献身ではなく、能動的な奉仕と営為である。仏教や儒教は、日本の文化体系に世俗内禁欲主義の基調を与え、報恩に向かう能動的行為に高い価値をおいた。超越的で恵み深い存在の恩に対する酬いは、この存在と瞑想状態で一体化することで果たされるのではなく、またこの存在の与えた秩序の枠内で品性を高めることで十分なのではない。それは、集団の目標達成に寄与しようとする緊張を伴った努力を通じて到達される。品性(quality)よりも営為(performance)に重きがおかれると、普遍主義的な規準が暗に採用されるようになる。なぜなら、品性に関しては、評価者と具体的な関係を抜きにした評価が困難であるが、営為の程度は量化されることができ、量を測定する認識の標準が、対象と評価者との具体的な関係に根ざす鑑賞的規準を支配しうるからである。こうして、非人格的な忠誠に価値をおく個別主義と結びついて、[5] 業績本位の役割期待は擬似普遍主義の機能を果たし、日本社会の合理化に貢献した。

個別主義的業績本位の「政治」価値についで重要性をもつのは、個別主義的属性本位の

「統合」価値である。普遍主義的な原理に忠実であることよりも、集団の要請に従って適当に妥協し、他者と調和することが重んじられる。

この意味での「和」の精神が価値体系の中で占める高い位置については、ベネディクト、川島武宜その他によって指摘されてきた。しかしベラーによれば、調和それじたいが目的なのではない。集団の成員間の調和は、「集団目標の達成」を円滑にし、首長に対する忠誠を意味するがゆえに評価されるのである。そのため、論争好き、闘争好き、過大な野心、その他破壊行動は強く非難される。そして摩擦を避けるために、日常生活の大部分がこと細かに形式化され、成員はこのような様式にリジッドに同調することが期待される。(6)

ベラーのオリジナルな点は、「政治」価値の「統合」価値に対する優位を指摘したところにある。だがもともと日本がきわめて短期間に近代化したという既定の事実があって、その要因の一つを価値に求めようとすると、いきおいアチーヴメントの原理を含む価値が支配的であったにちがいないという演繹的思考によって導かれざるをえない。そのさい、西欧の場合のように普遍主義的価値は強力でないから、個別主義と結びついていた業績本位である「政治」価値が、価値の面での近代化の動因として照明を当てられることになる。ベラーはこの演繹を正当化するにあたってかなり説得的な質的データを整えた。たしかに彼が指摘するように、集団目標の達成を目ざして、他者をマニピュレートするリーダーの実行力は、日本では高く評価されている。ベールズの類型を適用するなら〈目標達成〉次元の執行部（executive）的リーダーは、少なくともタテマエの上では〈結合〉次元の社会的＝情緒的スターよりも高く評価され、またタテマエにおいてもホンネにおいても、〈適応〉次元の道具創造者としてのリーダー（instrumental leader）よりも高く評価されるのが一般的であるようだ。しかしもしそうであるとしても、マジョリティを構成するフォロワーが、リーダーシップを評定する価値規準に従って貢献価値をもっとも強く内面化しているとはかぎらない。エリート・対・大衆という区分を用いるなら、エリートは業績本位の二価値を、大衆は属性本位の二価値を、相対的によりよく内面化しやすいように思われる。(7)そこで、日本のエリート層において、業績価値が優性的であっても、数のうえからいって大衆は自己自身の行動を律する価値としては、和合価値にもっとも強くコミットしていると考えられる。そしてそのようなコミットメントから生ずる集団士気というエネルギーの出力を、どのように操作して集団目標に結びつけるかが、エリート層にとっての最高の価値であるとすれば、そこに一種の分業が成立していたと見ることができよう。(8)

第二の問題点は、理論のより高いレヴェルに属している。ベラーは、近代化の機能的要件として、プロテスタンティズムに代わりうるものを「日本の宗教」の中に求め、その特徴を「報恩」と「修養」に見いだした。そのうち、報恩の思想は個別主義的業績本位の活動を支持し、西欧社会の場合のプロテスタンティズムと機能的に等価で（functional equivalent）あった、と主張する。そして彼は、この機能的等価性の理由を、日本の——一般にどこでもそうである、というのではなく——個別主義的業績本位の価値が行為者を状況超越的な志向に、あるいは首長へのインパーソナルな献身への志向に導くところに見いだす。言いかえれば、プロテスタントの宗教的行為の価値合理性と彼の世俗的行為の目的合理性との適合連関というウェーバーのモデルに、ベラーは、日本人の宗教行為と世俗的行為の連関をそのまま当てはめているように見える。ベラーの考えている機能的等価性は、公式化すると次のようになる。すなわち、A（近代化）に対して正機能するB_1（プロテスタンティズムの倫理）とB_2（「日本の宗教」）は構造上類似しているので、B_2はB_1の機能的代替物《オルターナティヴ》となる、ということ。彼はBとは構造上類似していないCが、Aに対して同様の機能をもつ、と主張したわけではなかった。価値を近代化の動因の一つと見る場合、その価値は一つしかありえない、と彼は主張している。(9) プロテスタンティズムの倫理と「日本の宗教」の構造上の類似がベラーによって強調され過ぎている点については池田昭の批判がある。

それは、「ベラーが……不当なまでに日本の呪術的行動を無視した……ことによると思われる。たとえば、一見、専門的な宗教者によって信じられている宗教と一般民衆の中の宗教者の宗教は、それぞれ相互に異質的に、組織化された知的な救済方法とそうでない呪術的な救済方法をもち、いわば宗教の二重構造をもっていると理解されがちであるけれども、実際は、両者ともに共通の構造体系があり、合理性と呪術性をもっているのである」[10]。

池田は、頂点のレヴェルに合理性があり、底辺のレヴェルに呪術性があるという行動様式の分極化（あるいは局所化）の見方には賛成はしないが、その点を除いては、丸山真男の次の批判（注1の訳書に所収）に同意する。

「呪術性にもかかわらず、ではなしに、まさにトップ・レヴェルと社会的底辺での呪術性がいかに日本的な合理化近代化を内面的に特徴づけ、押し進めているかという秘密こそが、解明の核心でなければならない」

これらの批評は、「日本の宗教」の中から、プロテスタンティズムの価値合理性のモデルに近い側面を抽象し、これをもって近代化の機能的等価物とみなすベラーの方法に異議を提出している。筆者自身も、このモデルから遠い非合理的、呪術的側面もまた――この側面だけではないが――、機能的等価物となったのではないか、と考える。たとえば、先に述べたように、天皇崇拝はベラーの考えているほど合理化されていなかった。要するに、ベラーは、近代化にとっての機能的代替性の範囲を狭く限定し過ぎていると見る点で、これらの批評はポイントを衝いている。ただ、日本宗教の呪術性を強調し過ぎることもまた危険であろう。ベラーは、「日本の宗教」の最も合理的な面を、「西欧の宗教」の最も合理的な面と比較しているからである。プロテスタンティズムはその最も合理的な面を代表しているのであって、西欧の社会においても、そうでない部分は、多分に習俗に妥協し、呪術的であるように思われる。ベラーはいわば両者の「最良の」部分を比較したのであるから、彼が「日本の宗教」の呪術性に気づいていなかったとは断定し難い。彼の比較は、むしろ公平であると思う。しかし、このような公平性を認めた上で、なおかつ、彼は「日本の宗教」の呪術性を捨象し過ぎた、という批判の正当性を認めなければならない。その呪術性は、文化体系としての「日本の宗教」そのものに内在するというよりも、それが社会体系とかかわってくる場合に生ずる屈折に原因をもつ。本章の一節で述べたように、このかかわりのなかで、タテマエとホンネの〈相互浸透〉が起こってくる。外の社会に対しての環節的集団の独立と依存のそれぞれへのアンビヴァレンスから生ずる不安のために、呪術への傾向が温存される。呪術性を文化体系そのものの属性と見るよりも、むしろ文化体系の社会体系との接合の特殊形態と見る根拠は、「日本の宗教」以外の、たとえば外来のキリスト教やその他の思想(たとえば実存主義)が問題になる場合でも、〈相互浸透〉のパターンが依然として存続するからである。

〈相互浸透〉のパターンが、近代化の機能的代替物になりうるという命題は、まったくの仮説の段階に属する。したがって、ここでは、一つのサジェッションを以下に記すにとどめなければならない。価値合理性が目的合理性を導き、両者は適合連関するというのは、一つのスペシャル・ケースであって、両者はつねに適合するとは限らない。価値は目的に達する手段の範囲を制限するからである。この場合、価値に理念のレヴェルでコミットし、動機づけのエネルギーを絶えず補給しながら、実際には手段の範囲をできるだけ広げることができるとすれば、目標達成行為の効率はそうでない場合よりも高い。すなわち、目標に関しては価値合理性を、手段に関しては目的合理性をという具合に、二つの合理性を使い分ける「非合理性」は、価値合理性を手段にまで一貫させる合理性よりも、高度の能率を発揮する。とりわけ、この「使い分け」が無意識に行なわれる場合、パーソナリティ内に緊張が生じないから、目標達成行為の効率はいっそう高くなるだろう。しかし、このことを認めるとしても、状況超越的で首長へのインパーソナルな忠誠を志向させる価値へのコミットメントは、ベラーの指摘する通り、行為のシリーズの持続的な動機づけの源泉である。この点に関しては、ベラーの価値理論からの近代化論はやはりメリットをもつ。

次に、個別主義的な閉ざされた領域に属する右の二つの価値に比べて、普遍主義的な開かれた領域に属する他の二つの価値、すなわち「経済」価値と「文化」価値とは、相対的に低い位置にあった。

まず「経済」体系であるが、それが経済と呼ばれるのは、外の環境への適応において、全体社会では生産の機能がとりわけ重要であるからにほかならない。この〈適応〉の下属体系は、個人にとっては、分化し専門化した職業活動の領域を意味し、そこでは普遍主義的業績本位の価値が支配する。その活動の場が開放市場のような特定集団を越えた領域（マンハイムの言う field structure）であろうと、官僚制組織であろうと、社会体系の中で占める機能的位置が同じであるかぎり、全体社会の目標とのかかり合いを括弧に入れて、営為（performance）そのものが高く評価される。

そこでは、「働くこと」「なすこと」が問題なのであり、その業績に優劣がつけられるとすれば、それは、もっぱら、与えられた目標にどの程度到達したかという成功（success）の規準、および到達にあたって採用された手段がどの程度合理的であったかという技術的標準である。この意味での「経済」価値は、典型的な産業社会であるイギリスやアメリカとは異なって、日本では十分に独立しえなかった。それはつねに「政治」価値に従属してきた。たとえば、富の追求は、国家を通じての全体社会の目標達成に貢献するという正当化のもとにおいて是認された。軍事体系が経済体系に比べて高い位置を占めていたのは[11]、前者が目標達成の手段として重要な意味をもつことが自明であるのに対し、後者は「動機づけと文化」体系に、とりわけ家族や私生活の消費の領域に、むしろ直接の貢献を行なうからである。

最後に、「動機づけと文化」体系に移ろう。すでに触れたように、日本においては仏教と儒教は集団の首長への報恩に高い価値を与えたが、それは宗教の本質である究極的実在との合一の世俗化、集団化された形態にほかならない。非経験的な世界への没入が、このように経験的なレヴェルに翻訳されるのは、個人が役割を通じて社会体系へ編入されるというかかり合いからして当然である。だが日本の場合、宗教はとりわけ強く〈目標達成〉の次元の活動を正当化する機能を果たしてきた。それゆえ、「経済」体系における業績価値や「統合」体系における和合価値は、充足（文化）価値とかかり合うよりも、むしろ集団の互酬的活動の終局である「政治」体系の貢献価値に引きつけられ、それに従属するに至ったのである。日本の宗教は禁欲と勤勉を価値づけることによって、「経済」体系内での活動を動機づけ、家単位ではあったが利益主義を励ました。[12] しかしそこでの業績価値は、ピューリタニズムの場合のように、救済という充足（文化）価値に強く結びつかないで、貢献＝報恩価値によって正当化される傾向が目立っていた。また、「日本の宗教」は、身分階層制によって貫かれた細かいニュアンスに富む儀礼的慣習を聖化し、共同態的結合への埋没を賞揚した。しかしそこでの和合価値は、中国の儒教の場合とは異なり、集団超越的、普遍主義的な「道」の秩序の現実への反映としてよりも、むしろ報恩の一手段として位置づけられた。

しかし、「日本の宗教」は、努力と報酬のアンバランスに苦しむ行為者を救済しなかったわけではない。究極的存在と接することで、行為者は「頼みにならぬ世の中」に頼らず、独力で生きてゆく動機づけを絶えず補給される。ただ、内藤莞爾も指摘しているように、[13] この動機づけは、営利の追求というよりも職分の達成と結びつきやすかった。もちろん、日本の一般の信者は営利を追求しなかったとは言えない。それはただ、理念的文化の次元において、個別主義的業績本位の価値が普遍主義的業績本位の価値よりも優位にあった、ということだけを意味する。

報恩、とくに仏の恩に対する返報のほかに宗教的行為のもう一つの主要な類型がある。それは、究極的存在との合一をめざす自己修養にほかならない(14)。この型の特徴は、仏の恩徳を感謝の対象としてそれに志向するよりも、むしろ仏の慈悲と一体化し、仏恩の中へ抱摂される生活態度である。

「妙好人の庄松に向かって、ある人が『庄松はん。如来の御恩と言うことは、何ともないが、真実領解できたら御恩御恩の日暮が出来ますか——というのに対して、おらはそんな六つかしいことを知らぬ。お前はお前の持ったまま暮せ。おらはおらで暮す、そんなこと聞て何にする』と答える(15)」。

民衆の中での信仰の深い帰依者においては、むろん修養型だけでなく報恩型も見いだされる。その点は、職業的な宗教者に関しても同様である。だから、この二つの型は民間—専門という所属集団の区別とは対応しない。

報恩志向は繰り返し述べてきたように〈目標達成〉活動の中に制度化されるが、しかしこの志向を、行為者が超越的存在から追加報酬を受け取って平衡を回復するという側面でとらえるなら(前述七六頁参照)、それは〈動機調整〉活動の中に制度化されていると言える。その場合の行為者は、多少とも普遍主義的に定義された存在に対し、パーソナリティの平衡を求める存在として向かい合っているから、彼の価値志向は普遍主義的属性本位である。だが、このタイプの価値志向は修養型においてもっと純粋に現われる。追加報酬を得る条件は何らかの行為ではない。究極的存在との合一の状態そのものが、緊張を解消する。

修養志向は、所属集団の〈適応〉〈目標達成〉〈結合〉の諸活動に価値をおかないのではないが、それらにはとらわれない。そこでこれらの活動から隔離された私生活をエンジョイする表現的な活動と意味的に一貫する側面をもつ。

充足（文化）価値へのコミットメントは自己充足的な人間を形成する。丸山真男は「求心的」―「遠心的」、「結社形成的」―「非結社形成的」という二つの軸を組み合わせ、これによって「個人析出（individuation）」の四つのパターンを類型化しているが、そのうちの「遠心的」「非結社形成的」な「私化」は、ここで言う自己充足的な方向と部分的に重なる。日本の政治過程の要因は「私化」であって、この部分が薄くなり、「求心的」「非結社形成的」な「原子化」の部分が厚くなると、急進的大衆運動が昂揚してくる。「原子化」は、和合価値を媒介とする共同態的結合の要件が十分に充足されない場合である、と考えてよかろう。(16)

日本の社会では、「政治」価値が優性であるところから、この価値の対極に位置する価値はそれ自身で正当性をもちにくかった。充足価値への志向は、〈目標達成〉活動へのエネルギーの回復手段として、レクリエーショナルな意味で肯定されるか、あるいは特定の区切られた時間や場所で表現を許される許容的(permissive)意味において認められるかにとどまった。このように、〈隔離関係〉が消極的に価値づけられていたために、それはかえって宗教＝道徳的な色彩によって濃厚に色づけられることを免れ、審美的、鑑賞的なスタイルの規制を強く受けることになった。美を愛好する日本人という性格特性のもつ意味はこのようなものである。勤勉、報恩、身分相応という規範の枠内で、あるいはむしろその枠組の適用を免除されている隔離された領域で、愛情や消費が審美的に享楽された。

以上は、ほぼ徳川時代の後半から明治の初頭にかけての日本社会の下属体系と価値体系の素描である。きわめて巨視的に見れば、太平洋戦争の終末までの日本の社会と文化はさまざまの変異を示しながらも、右の図式から基本的に隔たっていないように思われる。戦後の社会と文化は、価値体系の面から見れば、それからかなり明瞭に離れていく。

2　戦後の変動

次に、戦後の価値体系の変化に移るステップとして、社会構造の諸部分への価値の局所化(デュルケームの言う localisation)について考えてみよう。

全体社会の社会構造という概念を、具体的集団の相互連関あるいは集積として理解する場合、社会の四つの下属体系と価値は主としてどのような構造要素によってになわれてきたのであろうか。〈適応〉の体系から生ずる業績価値がとりわけ強い拘束力をもった集団としては、規模の大きい企業経営体やプロフェッショナルな職業団体がある。〈目標達成〉の体系から生ずる貢献価値は、行政組織や軍隊においてとくに強い拘束力をもった。〈結合〉の体系から生ずる和合価値は、自然村やその共同体的性格を模倣する諸領域（たとえば中小零細企業）に広がっていた。最後に、〈動機調整〉の体系から生ずる充足価値は、市民的な家族（婚姻家族）や私生活、特殊的には多少ともボヘミアン的な気質に適すると考えられていた職業（たとえばジャーナリスト、芸術家）において有力な行動規準となった。

価値体系の面から見るなら、明治二十年代以降、「天皇制絶対主義」と呼ばれる体制の完成とともに貢献価値＝和合価値の結びつきが著しく強化されたことは、しばしば指摘されてきたとおりである。この結びつきはイデオロギー的には家族国家観として現われ、経済的には寄生地主制、政治的には官僚制＝共同態の癒着によって支えられていた。こうして、幕末の開国によって一度上昇した業績価値と充足価値は、二十年代以降、思想の正統性の中心からしだいに遠ざかり、太平洋戦争の終末まで低下し続けていく(17)。それは一つには急速な近代化の要請にこたえるためであった。ヨーロッパの近代化の動因は、ウェーバーによれば、業績価値とそれを基礎づける理想主義的な（超自我《スーパー・エゴ》志向的な）充足価値へのコミットメントである。しかしひとたびモデルとしての産業社会が成立すると、それは後進国の場合にはその社会が適応しなければならない外的環境となる。こうして〈適応〉が緊急のナショナル・ゴールとなり、この目標に到達するための「政治」体系の活動が他の諸体系の活動に優先する。(18) 日本の場合、階級構造の変動がなかったので、近代化は「政商」資本主義の形態のもとで進行した。日清戦争の勝利と産業革命の進行とは、外的環境への適応の成功を意味したが、ヨーロッパの近代化とは異なって、個別主義的な、いわば閉ざされた領域に根ざす貢献価値と和合価値とが、過度に重要視されていった。こうした全体社会の価値のハイアラーキが日本人の社会的性格を形成していくと、こんどは彼が参加するさまざまのレヴェルの集団において、その集団にかかわる貢献価値と和合価値とがとくに高く評価されることになる。しかし、産業社会の発展は、社会と集団のレヴェルにおいて、とうぜん普遍主義的な二領域での個人の自由な活動を要求する。それで、一方においては貢献価値と充足価値、他方においては和合価値と業績価値という対角線上の両価値が（一二〇頁の第2図を参照）、相互に鋭く葛藤する布置状態が生じた。

太平洋戦争の敗北を境にして、この布置状態にかなりの変化が導入された。まず、少なくともナショナルなレヴェルでの貢献価値は極端に低下した。この没落の影響は集団のレヴェルに波及する。たとえば「家」としての家族への献身は、戦前に比べると著しく魅力を失った。貢献価値の低下に対応して充足価値が上昇する。公的価値に傾いていた秤が、今度は逆に私的価値に傾斜することになった。かつては、個人の幸福の追求は、貢献価値や和合価値へのコミットメントと両立しうる範囲で許容される日かげの価値であったが、今やそれ自身で正当性を主張しうる積極的な価値となった。このような充足価値への傾斜は、戦前の儒教主義的禁欲主義の拘束を強くこうむっていない戦後世代においてとくに著しい。しかし、この世代の充足価値の尊重については多くの論及があり、[19]また別の所で取り扱ったので、[20]ここではこれ以上立ち入らない。当面の問題は、敗戦当時、すでに二十歳以上の青年後期に達していた世代やそれに接する世代においても、戦後、充足価値が著しく聖化されるようになったということである。戦中派や戦前派において充足価値が聖化されれる場合、他の諸価値へのコミットメントをコンパルシヴに断ち切ろうとするので、生活のレヴェルでは自由に私的な幸福を追求しえないにもかかわらず、あるいはかえってそれゆえに、思想のレヴェルでは充足価値を強調するという傾向が生ずる。そのような傾向をも含めて、価値の秤は貢献から充足へ傾いた。

戦後のこの解放感覚は、五〇年頃までは〈動機調整〉の領域を越えて、集団のレヴェルでの〈目標達成〉や〈結合〉の領域に浸透していった。こうして、新しい貢献価値と新しい和合価値とに見合うような合理的な人間関係を形成するために、エネルギーが動員された。新しい貢献価値とは、特定の目標をめぐるギヴ・アンド・テークの協力機構（勢力関係に基づく支配機構ではなく）の中での貢献であり、新しい和合価値とは、人間の基本的な平等を前提とした和合である。しかし、戦後のこの解放感覚は、日米講和条約、朝鮮戦争を経て、大衆社会状況が成熟し始める頃になると、もっぱら私生活の領域に限定されるようになる。支配機構の強化と並行して進行した大衆化のもたらす消費感覚に癒着したためである。

充足価値の肥大をめぐるもう一つの問題点は、欲求の昇華の機能を果たす規範が戦後著しく無力となったことである。生物学的な欲求の直接的充足を制限し、そのエネルギーを文化的理想の追求や人格の完成に向かって通路づけていた戦前の儒教主義の倫理は、戦後の開国に伴って伝播された個人主義の文化と衝突し、相互が中和し合って一種の無規範《アノミー》状態が出現した。もちろんこの種の個人的アノミー状態は、戦後一挙に展開されたわけではない。唐木順三が明治末期以来の都市化された市民生活を「型の喪失」と呼んで特徴づけたように、(21)アノミーは不断に進行していた。その進行が著しく速度を速めたのは、第一次大戦を契機とするデモクラシー運動の頃であり、したがってこの時期は戦後の変動期といくつかの類似点を共有している。戦後と同様、その当時もまた「民主化」のインパクトが一時的に充足価値を高めた。知識人の思想のレヴェルでは、この価値の上昇は自我の解放や拡充という表現をとったけれども、知識人を含めて国民の生活のレヴェルでは、素朴な日常的欲求の充足の肯定にとどまった。それは〈共有価値の実現〉活動が弱まり、〈動機調整〉活動の大部分が〈成員欲求の充足〉活動によって占められてくることを意味する

（動機調整、共有価値の実現、成員欲求の充足という三つの概念のあいだの関連については、前述八一頁を参照）。言いかえれば、〈パーソナリティの維持〉のための欲求充足が社会の互酬的構造の活動の一環としての〈動機調整〉に侵入し、それを支配してしまう。しかし、ともかく、この種の欲求の充足を通じて、「公」に従属していた「私」が解放されるようになったのは、第一次大戦を契機とする日本経済の発展によって、国民の生活が多少とも向上し、欲求充足の可能性と現実性とが与えられたからである。[22] 第二次大戦後のナショナル・ゴールの喪失と、朝鮮戦争に続いて復活強化された独占資本主義のもとでの「繁栄」とは、大正デモクラシー当時と似かよった状況をもたらした。しかし、現代のアノミックな充足価値は、第一次大戦後に比べると、スケールの点ではるかに肥大している。[23] それは都市だけではなく農村に、知識人だけではなく庶民に広く深く及んでいった。

最後に、デュルケーム以来のアノミーの概念を検討することによって、日本社会の価値体系の特徴づけを終わることにしよう。デュルケームは『自殺論』の中で有名な二つのテーゼを提出している。一つは例の利己的自殺、愛他的自殺、アノミー的自殺の三者を相互に区別する類型論、もう一つは自殺の原因論（動機論ではない）である。彼は個性の主張、集団の要求、進歩の願望という三つの力が、それぞれ過度に個人を引きずっていくとき、三つの型の自殺が起こると考えた。[24] 彼の二つのテーゼは、いくらか変容を加えると、本書で採用されている概念枠組の中に完全にはまり込む。第一に、デュルケームの自殺の三類型のうち、愛他的自殺は類型としての純粋性をもっていない。それは集団への貢献のために自己を滅却する積極的なサブ・タイプと、集団の和合を尊重するために集団から身を引く消極的なサブ・タイプとの両方を含んでいる。[25]他方、利己的自殺は個人主義的な業績価値の尊重、アノミー的自殺は充足価値の尊重と結びつく。第二に、デュルケームにとっては、貢献を要求する集団の力はもちろんのこと、個性の主張や進歩の願望もまた、個人心理に属するものではなく、社会に根源をもつ社会力である。したがってこの三者は、和合価値と並んで、個人にとって望ましい社会的価値であると解することができる。そしてこれらの価値のどれか一つに極端に吸収されていった個人において、利己的、愛他的（貢献的および和合的）、もしくはアノミー的な自殺が生ずる。[26]

デュルケームの『自殺論』を貫いている二つのテーゼを右のように解釈するなら、戦後の日本社会をアノミー状態と見るいくらか広がった通念をもっと明確に定義し、さらにはかなりの訂正を施すことができる。アノミー状態の第一の側面は、日本社会にとって集団超越的な価値（理念的文化）である「民主主義」の文化が、伝統的な価値と葛藤し、中和し合って、価値の規範的拘束力を弱めているということである。この点についてはすでに述べた。ここで問題にしようとしているのは、その第二の側面であって、文化的な昇華の程度がまだ十分でない充足価値と他の価値（とくに貢献価値）との間の適合不足の状況である。戦後の日本社会において、とりわけ重要な価値のシンボルとなった「生活の向上」

は、デュルケームの用語では「進歩」の願望であり、他の価値を排除してこの価値へもっぱら傾斜する社会は、デュルケーム流に言えば、「中庸の状態」から遠ざかっている。「中庸」とは、欲求が適度に抑制されている状態であるが、それを抑制するのは他の社会力のもつ牽引力であり、われわれの用語に従うなら、他の社会的価値へのコミットメントである。したがって、個人の欲求を文化が抑圧するという意味での抑制によって、アノミー状況からの救済の方向が考えられていたわけではない。社会についての彼の改革のヴィジョンはそのような〈動機調整〉次元の活動にのみ期待をかけ、失われた中世的な最適統合の状態に戻るのではなくて、社会の各要件を充足させようとする諸力が葛藤しながら両立する新しい最適統合の状態を作ることである。なるほど、私的欲求の過度の追求は抑制されなければならないが、それは他の諸価値の追求を強化することによって行なわれるのであり、矛盾し合う諸力が個人を異なった方向に牽引する際のバランスが、社会にとっては「中庸」を、個人にとっては「健康」をもたらすのである。職業団体を強化するのがアノミーの緊急の治療策であるというのが彼の持論であったが、それはこの強化によって、業績価値（職業団体の職業的側面に対応する）へのコミットメントと貢献＝和合価値（職業団体の職場的側面に対応する）へのコミットメントとが回復されうるという機能主義的体系理論に基づいていた。他の社会力の牽引性を強化することなしに、ただ単に私的欲求の表出を抑制するなら、それはアノミー状況の鎮静にはなりえても、そのかわりに社会の進歩は停止する。それゆえ、問題は新しい統合を建設することであり、中世的な消極的統合の状態に退行することではない。

デュルケームは社会的諸力間の均衡化をさす術語をとくに工夫しなかった。彼が統合ということばを用いるのは、家族や教会などの部分集団の凝集（親密な交渉または共有価値による集団の〈結合〉要件の充足）に関してであった。しかし彼には、全体社会の凝集性を特定の価値の一貫的実現によって高める、という構想はまったくない。「中庸」ということばで彼が考えていた統合は最適統合であって、価値統合ではない。

戦前においては、個別主義的な貢献価値と和合価値に重いウェイトがおかれ、それぞれの対極にある充足価値と業績価値が軽くて、分銅の役割を十分に果たさなかった。戦後においては、業績―和合の軸はともかくとして、充足価値に重いウェイトがかかり、貢献価値の比重は著しく軽くなった。フロイトに従えば、自我は衝動的なイドと社会（直接的にはそれを代表する父）の権威を起源にもつ超自我とを調整することを一つの任務としている。自我が強ければ強いほど、それだけこの調整は巧く行なわれる。自我が弱いと、パーソナリティの内部でのイドと超自我との葛藤は激しい。このような心理装置（psychische Apparat）の概念を応用するなら、日本社会の貢献価値は超自我の、充足価値はイドの役割をそれぞれになっていると言えよう。戦前においては超自我が強くイドを抑圧した。戦後においては強いイドが弱い超自我を圧倒する。だがどちらの場合も、二つの機能が調整され、許容水準において両立する状態には達しなかった。その結果、これらの価値が内面化した日本人の社会的性格においては、あるときは充足価値（イド）が、他のときは貢献価値（超自我）が、あたかも自己自身には属していないかのように貶価《へんか》され、よそ者扱いを受ける（alienate）のである。しかし、戦前においては、少なくとも貢献価値を基調とする価値統合が、ある程度実現されていた。家族や郷党の期待にこたえ（和合価値）、報恩の成果や修養の深化に満足しながら（充足価値）、仕事に励んでひとかどの人物になる（業績価値）という立身出世のコースを通じて、国家への奉公（貢献価値）が行なわれるというのが、中央志向的な環節的集団を基体とする価値統合の様式であった。戦前の「富国強兵」や「忠君愛国」は軍国主義的侵略につながっていたけれども、ナショナル・ゴールの象徴としてはきわめて強力であった。戦後この種の統一シンボルは分裂をきたし、多くの党派とそのイデオロギーとが別々の相互に対立するシンボルを出し合って、ナショナリズムが産児制限されることになった(27)。こうして、主として充足価値が養われる婚姻家族と、古い和合価値が養われる世間と、業績価値が養われる近代的職業集団とでは、相互に別々の社会化が相互に関連なく行なわれる状態が出現した。それゆえ、問題は低下した貢献価値をどうして高めるか、ということにあるのではない。むしろ、四つの価値のそれぞれを最も高い許容水準において実現する最適統合の社会を形成することが問題なのである。

日本社会のアノミー状態が指摘されるさい、それは主としてデ・グレジアの「単純なアノミー」[28]、すなわち両立しない価値の並存状態という視角から語られる傾向があった。しかし、矛盾し合う価値が並存していないような社会は、現実には一つとして存在していない。第一に、タテマエとホンネとの関係に即して述べたように、いかなる社会においても、集団内在的価値だけでなく、それと矛盾する集団超越的価値が多少とも権威をもっているのであり、それゆえにこそ、「社会」と「文化」を相互に独立したカテゴリーとして立てることの経験的な基礎が存在する。だがこの点については、すでに繰り返して述べてきたから、これ以上立ち入る必要はない。第二に、社会の四つの機能的要件の一つびとつは、どのような社会においても、あるレヴェルを越えて必ず満たされなければならない。ところがこれらの要件は、つうじょう、最大限には満たされえないという意味で、相互に矛盾し合っているので、貢献と充足、和合と業績のあいだに、なんらかの程度の緊張関係が必ず存在する。デュルケームは機能的要件として、個性の主張、集団の要求、進歩の願望という三つの要件しか考えなかったが、彼はその三者を社会力と理解し、そのどれもが社会の存続、発展にとって必要であるにもかかわらず、相互に反発し合う関係にあると見ている。それゆえ、彼の概念を押し進めていけば、価値の葛藤こそ社会のノーマルな状態であるという帰結に到達せざるをえない。したがって、諸価値間の矛盾が問題なのではなく、矛盾し合う価値をどのような許容水準で両立させるかが問題なのである。

戦後の日本社会の価値体系の特徴は、すでに述べたように、充足価値の著しい肥大であった。この特徴によって、少なくとも文化体系に関するかぎり、戦後の変化は、明治維新に伴った変化よりももっと顕著な形で現われた。それは、ながらく閉ざされていた日本の社会と文化が、普遍主義の方向に開かれるようになった重要な第一歩である。その過渡期において、分銅の役割を演ずるはずの貢献価値のウェイトが著しく軽くなったのは、きわめて当然であるとも言える。しかし、重くなった充足価値は他の諸価値と相互に拮抗しながら、みずからの位置を価値体系の中で限定するまでに達していない。したがって現在においては、価値の葛藤状態というよりもむしろ分散状態がある。しかも最適統合がもたらされる以前に、政治の側からの要請として、イドであるところの充足価値を抑圧し、貢献価値を戦前のような形で、国民教育を通じて国民に注入しようとする動きが強まった。権利よりも義務、基本的人権よりも公共の福祉を強調する傾向は、その一つの現われである。だがそれは、政治権力によって、左に傾いた秤を右に逆転させようとする強制作用であり、それが成功しても、最適統合がもたらされるのではなく、戦前のように、イド〈充足価値〉をよそ者扱いにする超自我の支配が実現するだけであろう。このような動きに対抗するために、いわゆる反体制の側の組織においても、組織内での貢献価値の強調が、一部では目立ってきた。価値変容を通しての社会の最適統合の実現にとって重要な問題点は、〈動機調整〉活動による充足価値の変容と、和合価値および業績価値が、今後どのような形で貢献価値と充足価値とのあいだを媒介していくかということにあるだろう。

（1） R. N. Bellah, *Tokugawa Religion: The Values of Pre-industrial Japan*, 1957（堀一郎他訳『日本近代化と宗教倫理』未來社、一九六二年、三九頁）。

（2） ベラーの「政治」体系と「動機づけと文化」体系は、Ⅱ章三節において定義された〈目標達成〉体系と〈動機調整〉体系に、ほぼ完全に重なる。というのは、ベラーはパーソンズと異なって、「政治」体系に関しては欲求充足の機能を除き、「動機づけと文化」体系においてはパーソナリティの動機調整の機能を中心におく（パターン維持機能を周辺に配置する）記述を行なっているからである。

（3） ベラー、前掲訳書、四二—四三頁。

（4） たとえば、橋川文三の指摘したように、乃木の明治天皇への忠誠は、封建武士団のメンバーの首長に対するパーソナルな愛着を基礎としていた。社会の頂点の官僚制化の進行に伴って、この愛着を非人格的な忠誠に切り換える必要が生じたが、乃木の原体験の深さはスムーズな転向を困難にした。彼の殉死は封建的武士団の一員としての原体験が、政治体系の合理化に対して試みた抵抗として解釈されうる（橋川文三「乃木伝説の思想」『思想の科学』中央公論社、一九五九年六月）。

（5） ベラー、前掲訳書、四三—四四、一〇〇頁。

（6） 右同訳書、四五頁。

（7） 日本の家族の二類型であると言われてきた「武家」型家族と「庶民」型家族との差異は、それぞれの型の家族において、家長が強くコミットしている価値の違いに現われてくる。「武家」型の家族においては、家長は他の家族員と和合することよりも、むしろ家を治めるという「政治」的責任にコミットし、またその能力によって、外部からの彼に対する家長としての評価がほぼ定まる。

他方、「庶民」型家族の場合には、評価の規準として和合価値のウェイトが相対的に高くなる。

(8) 以下のX章は、戦争犯罪者の遺文を収めた『世紀の遺書』(巣鴨遺書編纂会編、一九五三年)の内容を、ここで採用している四つの価値の類型に従って分析したものである。データの性質上、おおよそのことしか言えないが、和合価値へのコミットメントを表わしている遺文が最多数を占めていた。充足価値がそのなかばでこれに次ぎ、貢献価値は三番目であった。しかしこれらの遺文の中の思想は、戦争犯罪による処刑に対しての反応を契機として喚起されたものであり、このような特殊条件のもとでの思想を一般化して考えることはできないが、庶民の和合価値へのコミットメントの強さだけは、否定し難い事実であるように思われる。

(9) ベラーは Values and Social Change in Modern Japan, *Asian Cultural Studies*, 3 (大塚信一他訳「近代日本における価値意識と社会変革」『比較近代化論』武田清子編、未來社、一九七〇年、一一二頁)において、「自分自身の構造を合理化するのみならず、触れるものすべてを絶えず合理化するというのが近代社会の特徴」であると言い、ウェーバーに従って合理化の極限を個人主義と官僚制に見いだす。だが、個人主義に基づかない官僚制は「封建的」なものをとどめていると見ているから(右同訳書、一一六、一一八頁)、究極においては個人主義が近代化の究極の表現であるという立場を採る。ところで、彼の言う個人主義は、価値としては普遍主義的業績本位にほかならない。

(10) 池田昭『日本の精神構造論序説』勁草書房、一九六七年、六一頁。

(11) M・ウェーバーによれば、平和主義的な儒教の支配した古い中国においては、軍人は軽蔑され、読書人の教育を受けた者が将校たちと同等の交際を行なうようなことはなかった(M. Weber,

Gesammelte Aufsätze zur Religionssoziologie, 3 Bde., 1920-21, I（細谷徳三郎訳『儒教と道教』弘文堂書房、一九四〇年、二三三頁)）。この点、日本の軍人の高い威信は鋭い対照を示す。

(12) Bellah, *Tokugawa Religion*（前掲訳書、一八八頁）。

(13) 内藤莞爾「宗教と経済倫理——浄土真宗と近江商人」『年報社会学』8輯、岩波書店、一九四一年、二六六、二八六頁。

(14) Bellah, *Tokugawa Religion*（前掲訳書、一二〇頁）。

(15) 鈴木宗憲『日本の近代化と「恩」の思想』法律文化社、一九六四年、一五九頁。

(16) 丸山真男「個人析出のさまざまなパターン——近代日本をケースとして」松沢弘陽訳 in M.B. Jansen (ed.), *Changing Japanese Attitudes Toward Modernization*, 1965（細谷千博編訳『日本における近代化の問題』岩波書店、一九六八年、三七二、三七九頁）。

(17) これらの諸価値をめぐる社会意識については、以下のIX章で詳述する。

(18) T. Parsons, *Structure and Process in Modern Societies*, 1960, pp. 116-17, 124, 128.

(19) 松下圭一「戦後世代の生活と思想」『思想』一九五九年七月および十月、加藤秀俊「戦後派の中間的性格」『中央公論』一九五七年九月など。

(20) 作田啓一「第二次大戦後の価値の変化と青年の自殺」『日本人の自殺』高坂正顕・臼井二尚編、創文社、一九六六年。

(21) 唐木順三『現代史への試み』筑摩書房、一九四九年（筑摩書房『現代教養全集』第一三巻〈日本の近代〉所収）。

(22) 隅谷三喜男「国民的ヴィジョンの統合と分解」『近代日本思想史講座』第五巻（指導者と大衆

筑摩書房、一九六〇年、三四頁。

(23) 農民層の場合は、農地改革を経過しても、「生産構造の上で家や家連合の集団性は容易に脱却しえないので、最小限の家族主義〔和合価値〕はのこっている」。しかし「家族主義と権威主義との有効な生活場面が縮小退化し、少なくともそれらは信念体系としては解体して、むしろ個人を押し出す力の強化の中でエゴイズムのための方便となる」(鈴木広『都市的世界』誠信書房、一九七〇年、二九五—二九六頁)。「家族主義」に代わるものは「欲望主義」である(右同書、二八九頁)。

(24) É. Durkheim, *Le suicide, étude de sociologie*, 1897(宮島喬訳『自殺論』〔世界の名著47 デュルケーム・ジンメル〕中央公論社、一九六八年、二九二頁)。

(25) この点については、前掲注(20)の拙稿において検討したので、ここでは立ち入らない。

(26) デュルケームが注記にとどめた「宿命的自殺」を、他の三類型と同じレヴェルに昇格させ、四類型論を構想する試みとしては、B. P. Dohrenwend, Egoism, Altruism, Anomie, and Fatalism: A Conceptual Analysis of Durkheim's Types, *Amer. Sociol. Rev., Aug.* 1959がある。筆者も前掲注(20)の拙稿において「愛他的自殺」の中での和合価値尊重のサブ・タイプを「宿命的自殺」と関連させ、四分法化を行なった。もっとも分類の基準はドーレンウェンドのそれと異なる。なお、V章「アノミーの概念」一節の冒頭で行なった定義に従うなら、近代社会においての社会的アノミーの出現は、利己的自殺とアノミー的自殺の両方の頻度を高め、これに加えて、個人的アノミーがアノミー的自殺の頻度をさらに高める、ということになるだろう。

(27) 松田道雄「最近のナショナリズム論について」『思想』一九六一年六月、一〇五頁。

(28) S. de. Grazia, *The Political Community: A Study of Anomie*, 1948.

Ⅷ　恥と羞恥

一　恥と罪のあいだ

西欧文化圏を特徴づける基本的テーマが内面的な「罪の文化」であるのに対し、日本の社会は外面的な「恥の文化」によって貫かれている。R・ベネディクトによるこの対照図式には、内外の日本の社会研究者たちからさまざまの反論が寄せられた。一つの有力な反論は、歴史的に発展し、階級・階層・地域の分化を含むところの複雑な社会を、単一のテーマでとらえようとする方法の素朴さに向けられる。(1) 反論はもっともだが、直観的にとらえられたこのゲシュタルトは、民族的個性をまず浮彫りにしてみせるという点でやはりたいへん有効であるように思える。筆者がベネディクトに与しえないのは、方法の素朴さのためではなく、描かれたゲシュタルトが「恥の文化」の半面しかおおっていないからである。

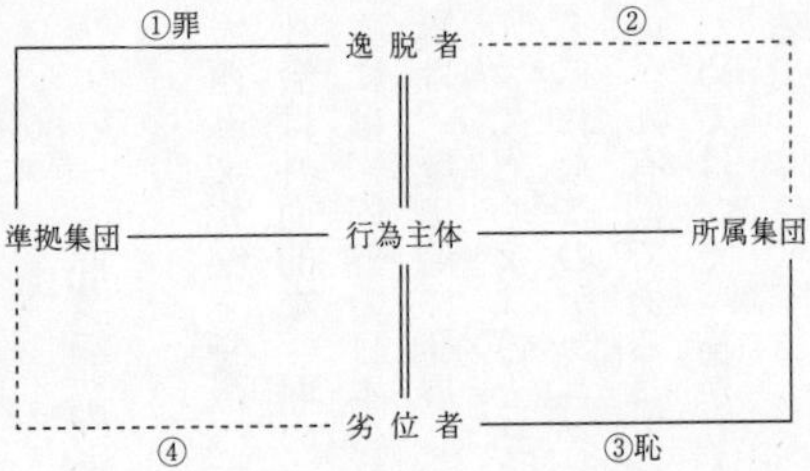

行動の規制原理として、日本人の場合は罪よりも恥のほうが重要な役割を果たす、というのがベネディクトの主張であった。罪は個人の内部にある規制原理であり、恥は外がわにある規制原理であるとする彼女の区別の仕方に、筆者は賛同しえない。人間はまず外がわから罰を受けることによって、何が罪であるかを知るようになるからである。そしてまた、「恥を知る人」は自己自身で自分をコントロールするからである。しかし日本人は恥の表象によって行動を統制する機会がはなはだ多いという点に関しては、彼女に同意する。日本人は小さい時から、「悪いからよしなさい」と言われるよりも、「恥ずかしいからよしなさい」と言われ、この教訓を内面化してゆく。

ここで罪と恥を簡単に定義しておかなければならない。行動の統制規準は二つの機能をもつ。一つは、それにかんして同調しているか逸脱しているかをはかる規律機能、他はそれに関与する仲間に比べて優れているか劣っているかをはかる比較機能である。第一の機能に関しては、行為主体は規準設定者（準拠集団）と向かい合い、第二の機能に関しては、同じ規準を遵守する仲間（所属集団）と向かい合う。図示すれば上のとおりであり、第一次的には、罪は①の関係、恥は③の関係を表わす。②は罪の、

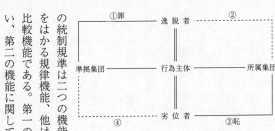

④は恥の、それぞれ第二次的な変化型であると考えられるが、この点についてはすぐあとで簡単にコメントする。規準設定者というのは、親、教師、上司、憧れの人物、理想の集団、神などのように、行為主体と権威の点でいちじるしい隔たりがあり、主体にたいして行為規準を設定する存在の総称である。それはふつう権威者（authority figure）と呼ばれている。所属集団とは主体がそのメンバーである集団であって、そこでは彼のなんらかの生活要求が他のメンバーとの相互作用を通じて満たされている。他のメンバーの中に、主体にとって権威者を意味する人物が含まれていることも少なくない。親、教師、上司などは、それぞれ家族、学校、職場という集団のメンバーである。しかし実体としては同一人物であっても、主体にとってこの人物の一属性が規準設定者としての意味をもつかぎり、その属性を抽象して、特別の位置を与えることができる。もっとも、以下の行文では、規準設定者が所属集団の外にある場合をとくに問題としたい。それはこのような場合こそ、この章の主題である羞恥が起こりやすい社会的状況だからである。図では規準設定者を準拠集団（準拠者 reference individual を含む）[2]として表示しよう。

次に、恥と罪の変化型についてのコメントを加えよう。

恥の変化型④は、行為主体が権威者に比べての自己の劣位を経験する場合である。フロイディズムは内面化した権威者の二つの意味を区別した。特定の行為を禁止する超自我（super-ego）と達成すべき目標を提示する自我理想（ego-ideal）との区別である。この区別に従うなら、①は衝動を禁圧する機能をもつ超自我との関係を表わすのに対し、④は向上を動機づける自我理想との関係を表わす。しかし権威者は必ずしもつねに内面化するとはかぎらないから、外がわにある権威者に対しても、やはり二つの種類の関係が成立する。罪の変化型②は、行為主体が所属集団の存続をなんらかの仕方で妨害した場合の経験である。集団を危機におとしいれる裏切りや、そのメンバーに対する直接の加害は、この種の罪経験が生ずる古典的なケースである。(3)

超自我を罪に、自我理想を恥に、それぞれ関連させて、罪と恥を区別した試みにG・ピアスとM・B・シンガーの研究がある。(4)彼らは、禁止する超自我よりも奨励する自我理想のほうが、パーソナリティの発展にとって望ましいという見地から、西欧的な罪の機能よりも非西欧的な恥の機能を高く評価した。ただし、彼らの場合は、②と③の罪と恥は視野にはいっていない。森口兼二もまた、規律機能をもつ善悪規準と比較機能をもつ優劣規準を区別し、内的制裁に二つの型があることを明らかにしている。(5)

「近代主義」の立場に立つなら、恥よりも罪によって規制されるほうが望ましい。なぜなら、仲間である所属集団の意見が何であっても、超越的な権威を内面化した自律的主体が、自己の正しいと信ずる方向へ向かってゆく姿勢の中に、人間の自由と独立が認められるからである。この価値判断は、罪は普遍主義に、恥は個別主義にそれぞれ不可分に結びつく、という前提の上に立っている。その前提の上に立った「近代主義」という価値意識を、筆者は否認しようとは思わない。「近代主義」なる理想主義の原動力となっている超自我は、ピアスとシンガーが指摘したように、自我を萎縮させ、活動や想像力の自由な展開を阻止する働きをもつことがあるとしても、理想の追求は、パーソナリティの重要な機能的要件の一つだからである。しかし、それにもかかわらず、罪を普遍主義に、恥を個別主義に結びつける前提そのものには問題がある。右の図は、それが問題であることを明らかにする上に役立つ。しかし以下では、この図の枠内に位置してはいるけれども、そして恥の意識に似かよってはいるが、しかしそれと区別する必要のある第三の意識を取り上げ、そこに議論を集中しよう。それは「羞恥」あるいは「恥じらい」と呼ばれる意識である。羞恥はしばしば恥と混同されるが、両者を区別するほうが望ましい。この区別を明らかにすることによって罪①とは結びつかない普遍主義への方向を示唆したいと思う。

羞恥を恥から区別するために、次の場合を考えてみよう。人はしばしば比較集団との関連において、みずからが劣等であるどころか、むしろ優位を占めていることに気づくために、羞恥を感ずることがある。裕福な家庭の子弟が、貧しい人々のあいだで感ずる恥じらいはその一例である。有島武郎や太宰治のような作家は、たしかにこのような羞恥を創作の一つの原動力としていた。この種の恥じらいを恥のカテゴリーの中におさめることはできない。なぜなら定義によれば、恥は所属集団の中での劣位の認知によって起こるからである。だが次のような反論も予想される。ある規準による優位は、他の規準によればしばしばしば劣位を意味するから、結局、優位の認識に伴う恥じらいも、ふつうの恥にほかならない。この反論は一見正しい。だがじつはそれは恥の概念の内容を広げることを主張しているだけである。なぜなら、この反論の中には、二つの対立し合う規準の概念がはいってきているからだ。恥は定義によれば一つの規準のもとで生じた。反論は二つの規準に言及している。それゆえ、二つの規準にかかわる羞恥は恥から区別される必要がある。

羞恥の構造を明らかにするために、ふたたび貧しい学生の中で富裕な学生が感ずる羞恥(これをD・リースマンは現代アメリカ社会の特徴として指摘しているが[6])を取り上げてみよう。一つの地域社会には住民を層化する(stratify)優劣基準があって、この成層化の規準に従うかぎり、彼は比較集団である地域社会の中で優位を占める。だが彼は同時に学生の集団にも所属している。そして彼の豊さのために、その所属は完全ではない。学生集団は彼にとっては、所属を希望する準拠集団でもあるのだ。この集団の規準から見れば、彼の豊さは劣位を意味する。彼がもし貧しさを完全に軽蔑することができ、貧しい仲間を準拠集団としていないなら、彼はもっと富裕な仲間のあいだで恥を経験することがあるかもしれないが、貧しい仲間のあいだで羞恥を感ずることはないだろう。人が所属集団と一体化し、その集団の視点しかもたない場合には、羞恥は生じない。それが生ずるのは、彼が所属集団の視点のほかに、準拠集団の立場からも自己を見る場合である。

羞恥は現実のまた想像上の他者の注視のもとで経験される。だがすべての注視が羞恥の反応をひき起こすわけではない。われわれを恥じさせるのは一種特別の注視である。この特殊な視線の構造を明らかにしたのはマックス・シェーラーであった。人間は普遍的な存在としてもカテゴライズされうるし、個別的な存在としてもカテゴライズされうる。あなたが普遍者として見られることを期待している時、他人がそのような存在としてのあなたを注視しても、羞恥は起こらない（モデルあるいは患者の場合）。他方、あなたが個体として見られることを期待している時、その期待にそった注視が向けられるさいも同様である（恋人同士の場合）。羞恥が生ずるのは、普遍者として取り扱われるはずの状況のもとで、個体として注視されたり、個体として取り扱われるはずの状況のもとで、普遍者として注視を受ける時だ。たとえば患者であるはずのあなたが個体として眺められたり、個体的な生の体験を恋愛の一ケースとして観察されたりしたら、あなたはきっと恥ずかしい思いをするだろう。つまり普遍化と個体化という二つの志向が、自己と他者とのあいだでくい違う時、羞恥が生ずるのである。[7] このように羞恥を催させるのは注視一般ではない。だがそれにしても、やはり注視がなければ、二つの志向のくい違いが起こるはずはない。したがって、あらゆる注視は羞恥の前提ないし必要条件となってくる。はにかみやすい人があらゆる注視に警戒的であるのは、それがもしかすると現実に羞恥をひき起こすことになるかもしれないからである。こうして、羞恥の不安から、たんなる注視のもとでも、すでに羞恥の反応が開始されるとしても不思議ではない。

右に述べたように、シェーラーによれば、個体性の価値を一般化の力から護り、普遍性の価値を特殊化の力から護るのが、羞恥反応の機能である。このような羞恥の現象学的定義を、社会学的に言いかえることができる。先に述べたとおり、行為主体が所属集団である地域社会のメンバーとして自足していない時に、まさにそのような自足的存在として彼を眺めるかもしれぬ準拠集団（学生集団）の目を意識して彼は恥じらう。逆に、彼が準拠集団の平等の一員として見られたい時に、そうは見ない所属集団の目を意識する時にも、羞恥は起こるだろう。両立しない視点の交錯によって、自己の同一性が見失われる危険――その危険に対する反応が羞恥なのである。その際、人は自分が何であるかがわからなくなってしまう。自己が空洞となるようなこの感じは、人が所属集団と準拠集団とのあいだに引き裂かれている状態を露呈するような状況が起こった時、経験される。

疑いもなく羞恥は志向のくい違いのほかに、優劣の観念をすでに暗に伴っている。他者の注視がわれわれを恥じさせるのは、われわれが内密にしたいと望んでいるところのわれわれの劣等な部分の露呈を恐れるからでもある。ベネディクトが強調したのは、世間を母胎とする一定の優劣規準に照らしてわれわれが劣等であると信じている自我の一部分が、白日のもとに露呈される状況であった。しかし羞恥がそれにもとづいて起こってくる優劣規準は、いつも所属集団に共通の規準であるとは限らない。所属集団を越えたもっと広い集団（たとえば階級や人類）を母胎とする優劣規準もあり、そしてこの規準が所属集団の規準と異なる場合には、前者はしばしば私的な優劣規準として自覚される。この種の優劣規準が十分に内面化されると、人は所属集団の規準から見てとくに軽蔑に値しない行為に関しても、独り羞恥の念に苦しめられるのである。ドミートリ・カラマーゾフは女友だちから託された金を遊蕩に費したが、彼が内心恥じたのは、遊蕩の行為に関してよりも、むしろその金を半分だけ残しておいたけちくささについてであった。公恥に対していわば私恥とでも名づけられるこの側面は、その成立事情からいって必然的に〈志向のくい違い〉を含みやすい。自己と他者とが異なった立場に身をおいているからである。公恥は先の図の③に位置し、私恥は④（恥の変化型）に位置する。公恥は準拠集団なしに成立するが、私恥の経験者はなんらかの集団に準拠すると同時に、現実には必ずどこかの集団に所属している。公恥にではなく私恥に、〈志向のくい違い〉が伴いやすいのはそのためである。そして〈志向のくい違い〉はベネディクトのネグレクトした側面であったから、私的な恥は彼女にとって問題とはならなかった。

ところで日本文化を肥大化した公恥によって特徴づけるのは適切であろうか。公恥が強い規制力をもつという点では、西欧文化圏も同じであるように思われる。資本主義国では個人的な業績の程度、社会主義国では集団的達成への寄与の程度をめぐって、人びとはそれぞれ動かしがたい優劣規準を信奉し、他者や自己をきびしく評価している。そこではまた、合理主義的に見れば取るに足らないような名誉やエチケットの遵守にかんして、優劣がはげしく競われているようである。競争から脱落し、集団から否認される時の恥の辛さに、彼らがわれわれよりも鈍感であるとは信じがたい。もし日本文化を「恥の文化」と規定するなら、公恥への恐れよりも、一般にあらゆる注視にたいして警戒的であるという〈志向のくい違い〉への不安のほうに、日本人の特徴づけを求めるのが、むしろ適切であるように思われる。柳田國男によれば、日本人は子供の時からはにかみがちであり、はにかみへの強い関心から「にらめっこ」という珍しい遊戯を発明した(8)。

それでは、羞恥は先に掲げた図の中ではどういう位置を占めるのだろうか。逸脱者―劣位者の軸に関連して羞恥を位置づけるなら、この経験は逸脱と劣位とが未分化にある状態の経験である、と考えたい。人は自己を営為の、あるいは属性のにない手として定義する前に、このような未分化の存在としての自己が、所属集団からの視線と準拠集団からの視線の両方を受け止める時、羞恥が生ずる。H・M・リンドは罪と恥を区別する際、罪は個々の行為にかかわり、恥は自己《セルフ》全体にかかわる、と述べている。たとえば、愛する誰かに向かって有害な行為を行なったという感情は罪であり、自分にふさわしくない人を愛しているかもしれないという感情は恥である。あるいはまた、人を非難している他者に対して感ずる義憤は罪の感情から生じ、信頼に値しない人を信頼している他者に対して恥の感情が生ずる(9)。筆者の分類では、H・M・リンドの恥はここで言う羞恥と非常に近い。彼女もまたベネディクトと反対に、罪よりも恥の経験を重要視しているが、しかしH・M・リンドの恥の概念はベネディクトのそれとは非常にかけ離れていて、実存的経験を核心とするかのような感情を恥と定義しているのであるから、ベネディクトの言う意味での恥を高く評価しているわけではない。彼女はベネディクトの恥とは区別されたものとしての「恥」に言及しているのに、この「恥」を指示する別の言葉を工夫しなかった。混乱を避けるためには、ベネディクトの恥の概念をそのままにしておいて、それを活用しながら、別の概念を構成する必要がある。筆者の考えでは、H・M・リンドの言う「自己《セルフ》全体にかかわる」恥は、ここで羞恥と名づけるものにほぼ該当する。しかし、この全体は未分化の全体であって、〈営為〉部分と〈属性〉部分に比べ、価値において優先する、と主張するつもりはない。この優先は、たんに発生論的な意味にとどまる。

このように、羞恥は逸脱者―劣位者の軸に関して罪と恥が分化する以前の経験であるとしても、羞恥のにない手である〈存在〉は、どちらかと言うと〈営為〉（罪のにない手）よりも〈属性〉（恥のにない手）のほうと重なりやすい。ここで言う〈属性〉は、〈存在〉とは異なって、限定された性質ではあるが、〈属性〉は本来〈営為〉よりも無限定《ディフユーズ》だからである。したがって、羞恥の経験は、どちらかと言うと、罪よりも恥に近い。

羞恥の経験は恥の意識に対していくつかの機能をもっているようだが、ここでは次の二つの機能に注目したい。第一に、羞恥は恥の中に沈んでいる人をある意味では救済する機能をもつ。人の生きる世界が所属集団だけしかなく、そこで自己の劣位を自覚する恥経験を深めてゆく場合、彼は永久に出口のない苦悶に終始するにとどまる。もし、その時、このような状態におかれた行為主体の中に、そうした恥の苦悶にどこまでもこだわっている彼自身を恥じる視点が生じたとしよう。恥は二重となり、苦しみは倍加する。だが同時に、彼は所属集団への埋没的なつながりから、いくらかは解放されるという意味で、救済されているのである。この視点はいうまでもなく所属集団の中からは出てこない。それが出てくるのは、行為主体がたとえ意識しないことがあるにせよ、なんらかの準拠集団の中からなのである。それゆえ、彼の恥経験は、その経験そのものを恥じる意識の誕生とともに羞恥の経験に移行する。一般的な法則とはいえないが、一つのケースをあげるなら、恥の経験の極端な苦しさから、無意識のうちに自己を解放するメカニズムとして、恥にまみれている自己を裁く衝動が起こってくる場合である。嘉村礒多《かむらいそた》の場合はそのようなものであったと考えられる。そして恥から羞恥への転換により、自己を裸にして分析しようとする動機づけと、私小説の方法とを彼は体得した。もし彼が恥の状態だけにとどまっていたなら、彼は小説を書く動機も方法も見いだしえなかったであろう。羞恥にとらわれて書くことが、彼にとって救済となった。

羞恥にはもう一つの重要な機能がある。それは羞恥が媒介となって、恥の意識が罪の意識に接近する、という機能である。羞恥はたいていの場合、自己の劣位の認識を含む。だが劣位の認識は羞恥の経験の不可欠の要素ではない。交錯する二重の視点さえあれば、羞恥は成立する。羞恥は経験的にはしばしば劣位の認識をともない、そのことによって恥と接続するが、しかし恥には欠けているところの所属集団を越えた視点をその要素として含んでいる。そしてこの超越的な存在から出てくる視線こそ、羞恥が罪に接近するポイントとなるのである。現実の所属集団を越えた理想の準拠集団は、多少とも権威の後光をになう。そこから出てくる視線に照らされた行為者は、その権威の至上命令に、みずからがどこかで違反してはいないかと自己を検討する。この違反を発見した時、典型的な罪の意識が生ずることは前に述べた。それゆえ、所属集団以外のところからの視線を意識する羞恥の経験の中には、どことなく罪の感じが漂っているのである。嘉村礒多の作品にも、いくらか罪のにおいがするが、しかし羞恥から罪への移行がもっともはっきり現われているのは太宰治の作品であろう。太宰の作品には、嘉村のような強烈な劣位の認識はない。そのかわり、超越的権威を前にした罪悪感が目立ってくる。のちに事例として取り上げる二人の作家は、それぞれ恥→羞恥のケース、羞恥→罪のケースとして位置づけることができる。

恥―羞恥―罪の系列を図式化すれば、次のように要約できる。恥をひき起こす一つの視点に加えて、この視点とは異なった側面を照らすところの、所属集団を越えたどこかにある視点がともなってくると、恥は羞恥に転化する。そして羞恥にとっては非本質的な所属集団の仲間に対する劣位の認識が薄れてゆくにつれて、羞恥は罪に近づく。それゆえ羞恥は恥と罪の中間にあり、両者を媒介する機能を果たす。

（1）『民族学研究』第一四巻第四号（ルース・ベネディクト「菊と刀」の与えるもの）、一九五〇年。

（2）ここでは準拠集団が機能的にだけではなく実体的にも所属集団と異なる場合を問題にし、R・K・マートンの言う「所属集団としての準拠集団」を視野の外におく。すなわち、ここで取り上げる準拠集団は、所属集団とは別の生活空間に位置しており、「個人が所属を願い同一化しようとする集団」である（M. Sherif & C. W. Sherif, *Reference Groups: Exploration into Conformity and Deviation of Adolescents*, 1964〔重松俊明監訳『準拠集団——青少年の同調と逸脱』黎明書房、一九六八年、七四頁〕）。この集団は想像上のものにとどまり、実在しないこともあるが（T. Shibutani, *Society and Personality: An Interactionist Approach to Social Psychology*, 1961, pp. 258-59）、個人がその集団に準拠して行動しているかどうかが、その集団によって見られているということを、個人が意識している場合だけを取り上げる。すなわち、ここで問題にするのは、R・H・ターナーの言う「オーディアンス・グループ」としての準拠集団である（R. H. Turner, Role-Taking, Role Standpoint, and Reference-group Behavior, *American Journal of Sociology*, vol. LXI, 1956, pp. 327-28）。

（3）G・デ・ヴォスは両親の期待——とくに仕事と結婚に関しての——に同調しえない場合に生ずる罪の意識に、日本人の特性を見いだしている（G. De Vos, The Relation of Guilt toward Parents to Achievement and Arranged Marriage among the Japanese, *Psychiatry*, vol. 23, 1960）。しかしこの罪の意識は、ベネディクトの意味での罪の意識、すなわち準拠集団に位置する権威者の命令に対する違反から生ずるものではなく、所属集団の仲間に対する侵害から生ずるものと考えられる。つまり、デ・ヴォスは、日本人は罪の意識が弱いとみなすベネディクト的な考え方に対立するテーゼを主張したが、その場合、彼は罪①の意識ではなく罪②の意識に日本人の特性を認めた、と解することができる。なお筆者は別のところで、罪②の意識の特徴を一つのケースにそくして記述した(「死との和解」『恥の文化再考』筑摩書房、一九六七年、一八一—一八三頁)。

(4) G. Piers & M. B. Singer, *Shame and Guilt*, 1953.

(5) 森口兼二「自尊心の発達諸段階における罪と恥」『京都大学教育学部紀要』IX、一九六三年。

(6) D. Riesman, *The Lonely Crowd*, Abridged ed., 1960(加藤秀俊訳『孤独な群衆』一九六四年、二二一頁)。

(7) M. Scheler, Über Scham und Schamgefühl, *Schriften aus dem Nachlass*, Bd. I, 1957, S. 78–79, 90–91.

(8) 柳田國男「明治大正史 世相篇」『定本 柳田國男集』第二十四巻、筑摩書房、一九六三年、二四六頁。

(9) H. M. Lynd, *On Shame and the Search for Identity*, 1958, pp. 208–9.

二 社会構造による規定

羞恥が状況の定義のくい違いから生ずるとすれば、このくい違いを頻繁にもたらす社会構造上の条件があるはずだ。筆者は、社会と個人の中間にある集団の自立性の弱さがその一条件であると考える。中間の集団には、個人と密接する家族から、もっと大きい地域社会や自発的結社にいたるまで、さまざまのレベルがある。これらのどのレベルをとってみても、その集団が一般に、より上位のレベルの集団にたいして弱い自立性しかもたない社会構造――それをここで考えてみたい。

自立的な地域共同体が独立の単位を形成しながら、相互に弱い連結を維持している古いタイプの社会（デュルケームのいう機械的連帯の社会）があった。このタイプの社会は工業化の進行にともなって急速に変質してきたが、今日の工業社会の中にあっても、やはりいくらかの活力を残している。自立的な地域共同体はしばしば民俗社会《フォークソサイエティ》（あるいは共同体社会《コンミユナルソサイエティ》）と呼ばれており、そこでは長い世代にわたって続いてきた慣習が、人びとの日常生活をこまかく規制する。またそこでは、人びとの生活空間はその小さな共同体の範囲に限定され、所属集団と準拠集団とはほぼ完全に重なり合う。したがって、民俗社会においては、一定の状況にさいしての認知様式の二重性は生じにくい。そこで、民俗社会は羞恥よりも恥がドミナントな社会であると考えられる。そのうえ、羞恥は鋭い自己意識を必要とする点からみても、このタイプの社会は羞恥の恰好な母胎であるとは言えない。

工業化が進行し、民俗社会が解体してゆくと、社会の要素的な単位は、地域共同体や家族経営体ではもはやなくなって、個人を単位として全体社会が有機的に構成されるようになる。市民社会と呼ばれるこのタイプの社会では、人間の移動が激しくなるので、地域共同体の慣習は個人の行動をコントロールする力を失う。そのかわり、抽象的な規範が個人に内面化され、規範の自主的な遵守が社会の秩序を支える。抽象的な規範を個人の内部に浸透させる機関のうちで最も強力なものは家族である。西欧のブルジョアの家族は、抽象的な教訓を権威をもって子どもに教え込み[1]、自律的な人格の形成に成功した史上まれな家族のタイプであった。親たちの権威もまたその教訓とともに子どものパーソナリティに内面化されたので、強い超自我が形成されてゆく。その超自我との関係において、罪の意識が養われた。ブルジョアの親たちの中には原罪意識の強いプロテスタントが多かったことも、市民社会において罪の文化が広がる一条件であった。

ブルジョア家族は、無力化した地域社会の中にあって自己の成員を護ってゆく自立性をもっていたが、西欧の市民社会は、そのほかにも自立性の強い中間集団を形成した。プロテスタントのセクトが原型となって、それをモデルとする多様な結社が出現したからである。これらの結社はより上位の集団である国家に対して、結社のメンバーの要求や意見を組織し、表現しうる力をもっていた。社会の内部に国家と対抗するだけの力をもつ諸集団が出現しえたのは、しばしば指摘されているとおり、西欧では国家と教会とのあいだに勢力の平衡の歴史があったからであろう。

罪の意識は、その重荷に十分に耐えうるほどの強い自我を必要とする。強い自我は心理的な安定なしには存続することはできない。市民社会の家族や自発的結社は、そのメンバーを地域社会や国家から保護することによって、彼らに心理的な安定をもたらした。集団の自立性―メンバーの心理的な安定―強い自我という三者の関係は、しばしば見逃されやすい関係である。そして「市民」のこの心理的な安定のゆえに、市民社会では羞恥は文化の有力な型となりにくい。

共同体社会においては、中間集団としての地域社会《コミュニティ》の自立性が強かった。この構造上の特質を受け継いだ西欧の市民社会は、コミュニティの自立性を工業化によってそこないながらも、なおそれを地方自治の制度で維持してきたし、またその自立性の弱化を、アソシエーションの自立性の強さで補ってきた。モデルとしての共同体社会は恥の、市民社会は罪の典型的な基盤である。幕藩体制以後の日本の社会は、共同体社会のモデルからは遠かったし、そしてもちろん市民社会ではなかった。そこでは、社会と個人との中間に位置する集団の自立性がコミュニティとアソシエーションの両面において弱いということが、その構造的特質の一つであって、これが羞恥の文化と重要な関係を保っている。しばしば指摘されたとおり、西欧の中世においては、貴族階級、ギルド、教団、自治都市などが強い特権と自治能力を有していたが、日本の場合、これらの中間集団の力は相対的に弱かった。これらの中間集団は、外がわの社会からその成員を防衛するという集団一般にそなわった機能を十分に果たしていたとはいえない。大学の学生が「国のなかの国」と呼ばれる自治的な団体を形成していたヨーロッパ中世の史実を教えられたり、レジスタンスの闘士を教会がかくまうイタリア映画などを見たりすると、われわれの社会のイメージとはよほど遠いものをそこに見いださざるをえない。G・ギュルヴィッチは、社会集団の属性の一つとして、外社会からの浸透性の程度をあげているが(2)、この用語を採用するなら、ヨーロッパの中間集団は浸透性の弱さという特徴をもってきたといえる。そこでは各集団がそれぞれ相対的に高い程度の自治能力を保っていた。ギュルヴィッチとは独立に、R・K・マートンは外からの集団内部の可視性（visibility）を問題にした(3)。ここではこの概念を外がわからの浸透性の概念と重ね合わせて使用するのが有効である。そうするとたとえば、カトリック教会は外がわの社会から十分に透視しえない秘密の構造を保ち続けてきたといえる。その内部でのラテン語の温存は、可視性を拒絶する姿勢と関係がある。日本の中間集団は、とくに徳川集権制の成立以来、中央＝社会からの透視を拒むことができなかった。これらの集団の成員は、集団という防波堤の内がわで身を護る特権を十分に維持しえなかった。彼は外からの注視に対して、いわば裸身の状態におかれていたのである。

家族でさえも例外ではない。ベネディクトが鋭く観察したように、日本の社会は家族主義的であるといわれているにもかかわらず、家族集団の防衛機能は、ヨーロッパの場合に比べてむしろ弱い。家族外の世間の規準に従って家族成員が裁かれた時、家族は彼を世間の非難から護るどころか、家族の体面を傷つけたという理由によって、世間の彼に対する非難に同調する(4)。それは世間の中にあっての家族の自立性の弱さからくるやむをえない措置なのである。日本のファシズムがドイツのファシズムとその性格を異にする点は少なくないが、これらの相違を明らかに表わしている一例として、国家権力が家族を取り扱った仕方をあげることができよう。ナチスの悪名高い強制的等質化《グライヒシャルツング》は個人にもっとも身近な家族集団にも及んでいった。「独裁が人間自由の最後の砦をも攻撃するとすれば、全体主義は人間の存立の根底的単位たる家族にふれずにはおかない」とジクムント・ノイマンは書いている(5)。親たちが昔ながらの信念を依然として持ち続けていたりすると、学校や青年組織などで訓練を受けた子どもは、親たちを監視し、その裏切りを報告すらしなければならなかったといわれる。古い家族の崩壊は独裁制の望むところであった。これに対して、日本の国家権力は決して家族の崩壊を望まなかった。むしろそれは家族主義のイデオロギーの浸透に極めて熱心であった。日本の社会では家族は中央の権力に対してその成員を防衛する機能を十分にもたなかったからであり、むしろ家族こそ外社会の要求へのコンフォーミティを育成する重要な機関であるとみなされてきたからである。今日においても、古い家族制度の復活を望む声があるが、それは集中的国家権力の強化によって社会秩序の安定を望む陣営からあがっていることは、改めて指摘するまでもなかろう。

近代日本文学史の定説によれば、二葉亭四迷の『浮雲』、森鷗外の『舞姫』いらい、島崎藤村、田山花袋と続く自然主義文学、その同時代の夏目漱石などの文学、さらに白樺派を通じて、近代的自我の成長はつねに「家」に対する抵抗の過程において行なわれてきた、ということになっている。実際の家出人、あるいは家出を念じた人によって日本の近代文学が成立した。まさにそのとおりなのだろうが、近代化を西欧化と考える常識の立場からすると、じつにこれは奇妙な命題である。西欧の近代資本主義社会のにない手となったブルジョアの家族は、すでに述べたとおり、近代的自我のポジティヴな養成機関であったからだ。ブルジョアの家族ほど、相互に隔離され、プライバシーを保障し合う家族は、どの時代のどの社会にもなかった。D・リースマンが特徴づけたように、ブルジョアの子どもの性格形成にとっては、学校や教師や友だち仲間の影響は、家族のそれに比べるとほとんど無に等しかった(6)。家族は外社会に向かって開かれていない密室であり、その密室の中で壁に区切られた独りの部屋があり、子どもは親たちの生活からも遮断されて成長した。未知の生活を営む親たち（とくに父親）から、実地指導をともなわない抽象的教訓が時折りきびしく与えられる。正直であれ、勤勉であれ、内省的であれ、などの、生活から切り離されたシンボルが権威を背景にして注入される時、人間は内向的となり、観念的思考に長ぜざるをえない。こうして内部指向型の性格、すなわち近代的自我が成長する。西欧のブルジョア家族はその子どもを外社会から隔離することによって、近代的自我を培養したのである。ところが日本の近代社会では、家族の中においてではなく、家族に反逆することによって近代的自我が成長したのだ。それは日本の家族が密室ではなかったからである、というほかはない。日本の家屋が外界の風や気温の侵入を防ぐのに適していないように、世間の世論や権力の支配は自由に「家」の中にはいってくる。家族は他の家族と避けがたい連帯の組織の中に織り込まれている。家族間にはプライバシーを相互に保障し合う黙契が十分に制度化されなかった。家族がより大きい集団の単位、たとえば同族や近隣や村落へと高度に組織化され、家族間の隔壁が薄いという社会構造は、孤独や寂寥や自己決定の重荷にあえぐブルジョア的人間を産み出した社会に比べると、ある意味ではすぐれているかもわからない。(7)資本主義化しないで「近代化」した中国の人民公社は、家族間の隔壁をできるだけ薄くするねらいをもっていた。だが家族が密室化していない社会では、いわゆる近代的自我が成長しないことは確かである。日本の近代文学が「家」への反逆を通じて成立したのは、このような事情からであった。精確にいえば、自我が反逆したのは家族に対してではない。家族を通して浸透してくる外社会の世論や権力に対してである。

日本の家族の弱い孤立性を遠い起源にさかのぼって追及するなら、村落共同体のゲルマン的形態と対比されるアジア的形態にゆきつくだろう。アジア的形態に属する日本の村落は古くから水田稲作を営んだので、水利が共同体によって管理されるとともに、季節的に強まる労働力の需要に応ずるため、家族が相互に労働力を補給する共同体単位の労働組織が発達してきた。つまり経営単位としての農家の自立性は十分ではなかったのである。他方、ゲルマン的形態においては、耕地は個人的所有を原則としており、各家族は森の中に孤立して生活していた。共同体としての意思を決定する集会は、共有の狩猟地、放牧地などの管理をめぐって行なわれたにすぎない。すでにしばしば指摘されてきたところの農家の孤立性に関する彼我の比較を、ここでこれ以上繰り返すまでもなかろう。それからまた、集約農業のもとで、労働力よりも土地＝自然の生産性に相対的に多く依存する日本的形態と、疎放農業を展開することにより、土地よりも労働力（家畜や機具の操作を含めて）＝人間に相対的に多く依存するヨーロッパ的形態とでは、「人間」に対する価値評価の仕方もまた異なってくるという指摘も[8]、ここでは想起しておくだけで十分である。現在の課題に関しての重点は、これらの推察を今一歩進めて、家族の孤立性の弱さと個人の価値の低さとを、中間集団一般のレベルにまで及ぼすことにある。この仮説を裏づけるデータを筆者はもたない。だが日本人の集団生活の原点である村落での生活様式が、複雑化した社会の他の部分においても適用されてゆくという推論には、それほど無理があるとは思われない。村落共同体《コミュニティ》の中では個人とコミュニティとの中間にある家族が相対的に自立性を欠いたように、社会の中で個人との中間にある村落やその他の集団もまた、弱い自立性しか保ちえなかった。村落内の各戸の自立を困難にしていた幼弱な生産力は、村全体の自立をも不安定な状態にとどめることを付け加えておく必要があろう。

このような集団に所属する個人は、その集団所属によって十分な安定感をうることができない。彼は少なくとも心理的には（物質的にでなくとも）つねに外社会への依存の衝動を秘めている。この種の外部への依存の傾向は、内部での個人の価値の低い評価から生ずる無力感を基礎としているように思われる。こうして、外がわからの力の浸透は、集団成員のがわの受容の態度によって促進されているのである。大衆社会論は、集団という砦を失った個人に「甲羅のないカニ」のイメージを見た。(9) 日本人は大衆社会化以前に、すでにいくらか「甲羅のないカニ」に似た存在であった。もちろん彼は意識的には厚い甲羅の庇護を信じた点において、あるいは少なくとも信じようとした点において、大衆的人間とは異なる。谷川雁の用語を借りて、日本人のこのような集団所属の形態を〈半所属〉と呼ぶこともできるだろうが、その社会構造こそ羞恥の文化の発生基盤である。集団成員はさまざまの状況において、集団の内からの視線と外からの視線とに、しばしば同時にさらされる。集団内部でパーソナルな人間関係を取り結ぶ時、彼は外からの目を意識することによって恥じる。われわれが家庭の外で肉親に出会ったさいの説明しがたい羞恥はこのようにして生ずるのである。他方、集団成員が外社会と多少とも抽象的な原理にそくして関係を取り結ぶ時、彼は内からの目を意識することによって恥じる。普遍的、論理的な関係の設定が、たとえば個人的な利害の追求をおおうヴェールとして、「リアリスティック」に解釈されるのではないかという不安にとらわれるからである。高尚な観念形態を表現し主張しようとする時、この表現や主張の裏に実利を読み取ろうとするイデオロギー批判の目は、つねにわれわれを脅かしてきた。(10)

羞恥は状況の定義のくい違いから生ずる。このくい違いを頻繁にもたらす社会構造上の条件は何か。筆者はこの問に導かれ、集団の自立性の弱さがその一条件であると考えてきた。それは集団成員のがわからいえば〈半所属〉の状態にほかならない。この社会構造上の特質はわれわれの社会にひじょうに古くから含まれているように思われるが、伝統的な行動様式が支配する民俗社会の解体という世界に共通の変動過程の進行につれて、いっそうはっきり現われてくる。民俗社会においては一定の状況にさいしての認知様式が固定しており、志向のくい違いが生じにくいからである。そのうえ先にも述べたように、羞恥は鋭い自己意識を必要とする点からみても、このタイプの社会は羞恥を産むに適した母胎であるとはいえない。集団の自立性を弱めるような仕方で社会の有機的構成が進み、しかも善悪規準よりも優劣規準が人間の行動を強く規制する社会こそ、羞恥のとりわけ発生しやすい基盤である。その意味で工業化のいちじるしく進行した大衆社会は、その外見にもかかわらず、羞恥をひき起こしやすい状況を生み出す。リースマンは、このタイプの社会では、個人に向けられる期待が状況ごとに異なるので、その期待への同調に失敗しはしないかという不安が、広くゆきわたっていると考えた。失敗は恥ずかしいことであるから、この種の不安の徴候は羞恥のもつ拘束力を表わしている。だが大衆社会は、社会関係が広り、こみ入ってくる社会であるから、そこでは、人びとは子どもらしいはにかみの感情を押し殺し、さまざまな未知の他人の視線に耐え、交渉する訓練を積まねばならない。それゆえこの社会では、羞恥を誘発する状況が同時にそれを抑圧する状況ともなる。だがここでは、大衆社会化は羞恥の発生を助長するという比較的ネグレクトされやすい側面のほうを強調しておこう。日本においては、自立的な中間集団によって構成される多元的市民社会が成熟しないうちに、中央志向性の強い民俗社会がそのまま大衆社会化してきたという視点に立って、羞恥の文化の古くて新しい性格を問題にしたかったからである。

日本の社会は明治三十年代の産業革命以後、急速に都市化し、地域共同体の解体がいちじるしくなる。明治三十年代に完成した日本の天皇制国家は、中間集団としての地域共同体（伊藤博文のいう郷党社会）を重要視し、この集団のリーダーである中間層を好遇してきた。この政治的中間層は頂点からの官僚制支配を底辺に徹底させる統制機構の末端であると同時に、底辺から立ち昇る民衆の自発的要求を、頂点に向かって多少とも組織的に表現する代表の機能をも遂行した。こうした統制と代表の二重の媒介機能が作動することによって、底辺の未分化な共同体を温存しながら、同時に近代的、画一的な官僚制支配を貫くという矛盾した二つの要請が、同時に成立することになった[11]。しかし三十年代以降の急速な工業化によって、明治国家の巧妙な安定装置は十分な機能を果たさなくなる。離村向都の傾向がはなはだしくなり、個人主義が地域共同体に浸透して、その集団的統一性の物質的、精神的基礎を脅かすことになったからである。このころから昭和のファシズムの時代にかけて、地方在住の政治的中間層を育成し、その士気を高め、地方の共同体の拠点を失うまいとする政策が、繰り返し提案されたことは、政治学者たちが指摘したとおりである。

このように明治の前半期においては、中間集団は、のちの時期に比べると、相対的に自立性をもっていた。そして民衆の有力な準拠集団となった国家は、中間層の媒介機能がスムーズに作動するかぎり、所属集団である「郷党社会」と巧く接合した。明治前半期の立身出世パターンは、こうした接合から出てくる。国家的レベルでの成功は、故郷でも高く評価され、所属集団の中での高い評判は、広い社会での成功を約束するかのように思われた。成功者、あるいは成功を志す人の自己意識においても所属集団の立場から自己を眺める視線と、準拠集団の立場から自己を眺める視線とは重なり合った。そのような社会では、うまく計画された社会主義社会がそうであるように、恥や名誉が行動の重要な規制原理となるが、羞恥のパターンは普遍化しない。明治前半期の文化的環境の中で育った明治人の社会的性格は、それ以後の日本人に比べると、羞恥にとらわれにくい剛直さをもっていたように思われる。

工業化、都市化にともなって、中間集団のもつ代表機能が弱化してくるので、人びとはその中ではもはや心理的には安定しえなくなる。所属集団である田舎（地方）と準拠集団である都会（中央）とのあいだに切れ目が出てくる。そこで人びとは同時に異なった視線を意識するようになるだろう。たとえば、かつては透明であった立身出世の意識にも、どことなくうしろめたさの影がさし込んでくる。成功者、あるいは成功を志す人の意識には、不分明ながら裏切りの感情があり、所属集団との失われた一体化への郷愁が宿る。

さらに大正期にはいると、日常生活や精神文化の面でも、西欧化がいちじるしくなった。ふつうの日本人にとって西欧が一つの準拠集団としての意味をもってくるのは、第一次世界大戦以後のことである。そこで、所属集団としての日本と準拠集団としての西欧とが、個人に異なった行動様式を期待する。彼は日本人としてふるまう時、それを見つめる準拠集団の中の他者や自己の目を意識し、逆に、西欧風にふるまう時、それを見つめる所属集団の中の他者や自己の目を意識するであろう。

大正デモクラシーは天皇制国家の枠に限定されてはいたけれども、それでもある程度は市民的な文化が形成されるようになった。ブルジョアや小市民の階層の子弟は、権威をもつ親との関係において罪の文化を学んだ。強力な所属集団に根をもっていた恥の文化が下降線をたどるのと逆行して、罪の文化が上昇線を描き始めたわけである。罪の文化にともなって成長する自己意識の深化の方向と、恥の文化のもつ一元的価値観の衰退の方向とが、大正期において交錯してくるように思われる。そこで、恥と罪の交接点にある羞恥は、この時点において一つの有力な文化型として確立したとみなすことも許されるであろう。

アメリカを含めた西欧の社会においては、事態は逆に進行してきたようである。すなわちそこでは、中間集団の巨大化、官僚制化にともなって、集団への同調が重んじられるようになり、罪の文化が衰退した。他方、資本主義の高度化にともなう国家権力のいちじるしい強化によって、自発的結社の並存を構造的背景とする多元的価値観が、しだいに一元的価値観へと移行してくるので、恥の文化が上昇線を描き始めた。

要するに、日本の社会は中央志向的で自立性の弱い地域共同体や家族を保ってきた。そして大正期以降の大衆社会状況は、この構造的な特徴をいっそう強化した。そうだとすれば、日本の近代文学の中で、羞恥を発想の原点とする作品が生まれても不思議はない。以下ではそのような視点から、嘉村礒多、太宰治の二人を選んだ。[12]

（1）リースマン、前掲訳書、三六頁。

（2）G. Gurvitch, *La vocation actuelle de la sociologie*, 1950（寿里茂訳『社会学の現代的課題』〔現代社会学大系11〕青木書店、一九七〇年、二五四―二五八頁）。

（3）R. K. Merton, *Social Theory and Social Structure*, rev. ed., 1957（森東吾他訳『社会理論と機能分析』〔現代社会学大系13〕青木書店、一九六九年、三〇五頁）。

（4）R. Benedict, *The Chrysanthemum and the Sword: Patterns of Japanese Culture*, 1946（長谷川松治訳『菊と刀――日本文化の型』社会思想研究会出版部、一九四八年、三八四―三八五頁）。

（5）Sigmund Neumann, *Permanent Revolution*, 1942（岩永健吉郎他訳『大衆国家と独裁』みすず書房、一九六〇年、一七九頁）。

（6）リースマン、前掲訳書、四九、五七頁。

（7）H. D. Laswell, The Threat to Privacy, in R. M. MacIver (ed.), *Conflicts of Loyalties*, 1952, pp. 132-34.

（8）たとえば、中島健一「封建遺制の歴史地理学的考察――とくに、水田社会の本源的蓄積によせ

て」『封建遺制』有斐閣、一九五一年、二六四—二六六頁。

(9) 清水幾太郎『社会心理学』岩波全書、一九五一年、一〇二頁。

(10) 丸山眞男「ある自由主義者への手紙」『現代政治の思想と行動』(増補版)、未來社、一九六四年、一三四—一三五頁。日高六郎「日本的知性の非生産性」『改造』一九五三年十月、一一四、一一六頁。

(11) 石田雄『明治政治思想史研究』未來社、一九五四年、一一七—一一八頁。同『近代日本政治構造の研究』未來社、一九五六年、一一頁。藤田省三『天皇制国家の支配原理』未來社、一九六六年、一〇—一一頁、三五頁註(1)。

(12) 以上は恥・羞恥・罪への社会学的アプローチであるが、心理学的その他のアプローチの可能性をもちろん否定するつもりはない。恥への種々のアプローチの分類と検討については、井上忠司「「はじ」の社会心理学序説——研究アプローチ：展望」『人文学報』29、京都大学人文科学研究所、一九七〇年、を参照。

三　嘉村礒多と太宰治

嘉村礒多の文学を特徴づけるものは、まず何よりも強烈な恥の意識である。彼にとっては、故郷の地域社会が所属集団としての実効性を失ったことは一度もなかった。彼は自分の不行跡を村びとたちがどう見ているかをつねに気にしており、彼に見捨てられた子どもを育てている老父が、村びとの中でどんなに肩身の狭い思いをしているかを想像して苦しんだ。中学生のころ、彼は友人のあいだで、自分の皮膚の色の黒さを恥じていた。愛する少女の家に招待され、そこで火鉢をひっくり返したために、その思い出で生涯苦しんでいる。これらは、嘉村の作品に多少とも近づいた読者がすべて印象づけられる二、三の事例にすぎない。

しかしこの恥多い自己を仮借なく描くことによって、彼はいわば私小説の極北に達した。これほどまでに完全に、自我の劣等と信ずる部分を白日のもとに露呈しようと志した作家はいない。だが彼は、比較集団（村びとや友人仲間）に関連しての劣位に苦しむことが、比較集団を超えた立場から見れば、どんなに愚かであるかを知っている。その二重の視点の交錯を浮き上がらせるために、彼はもっともラジカルな仕方で自己の劣位を追及していった。そうすることによって羞恥の限界までゆこうとしたのである。この限界のかなたに彼が予想したものは、完全な自己克服であった。自分の秘密を公開の場ですっかりあらわにし、自我を支える一切の価値を否定することが、彼の自己克服の方法であった。

その方法の修得にさいしては、疑いもなく真宗の強い影響がある。十八歳（大正三年）の時、故郷で真宗の教えを学んでいらい、大正八年に上京してからも、近角常観の説教や著書を通じて、親鸞の信仰に傾いていた。大正十三年、彼は次のように書いている。「先生の御舎弟の君の先生、しば〳〵仰せられ候。『蛇が自分の姿の醜い《ママ》をかなしみ、人にくらはるゝを歎き人にクヒつく性分を浅間しく思ふて、なやんでゐたが一度、さうしたことがスベテ、自分のノッピキならぬ業報だと、仏のお慈悲をいたゞけば、自分の姿や性分を、何うしようの、かうしようのと、焦心つたのは、ホンにすまなかつたとなる』と」(『御勧化聞書』)。

所属集団の中での自己の劣位を普遍的な準拠枠である仏の視点から眺めること——それは嘉村に限らず、多くの日本人の採用してきた自我救済の方法なのであろう。ただ彼は作家であったから、普遍者として、目に見えない仏のかわりに実在する読者をおいた。普遍者である読者に自己の劣位を公開することは、仏の前で自己の醜さを露呈することよりもずっと辛い作業である。しかしその作業を通じて、彼は信仰と創作とを同じ動機づけによって統一しようとはかったように思われる。彼が多くの私小説家の中にあってもとりわけ誠実に見えるのは、彼が語りかける読者が、ちょうど信者の準拠する仏の位置におかれていたからである。読者は公平で厳粛であることを、作者によって強いられる。そこで読者は嘉村の作品を誠実なものとして受け取らざるをえなかった。

嘉村の方法は、日本の自然主義作家たちが手本にしたヨーロッパのリアリズム文学の方法とは非常に違うけれども、ある側面ではかなり似かよった到達点に達している。当時の手本であったフロベールもまた、文学を通じて自己の否定を試みた。彼の場合は、自己がかかわっている一切の価値を否定するために、価値相対化の方法が採られ、その相対化を通じて、「人間とはなにものでもない」という自己否定が行なわれている。彼はみずからを含めた愚劣な人間像が併存する世界を観照した。その観照の極限に、彼は完全な自己克服を夢みたのである。価値の相対化によって、そしてその相対化を通じてのディスインタレスティドな観照によって、自己克服の可能性が追求されている。

嘉村はフロベールとは非常に違った方法に頼ったけれども、結果としては自己否定の文学に到達した。ただし、フロベールの場合には自己克服を通じて、世界を高見の場所から鳥瞰するという象徴的な世界克服が夢想されている。自分をマスターすることが世界のマスタリーとなる。他方、嘉村には世界をマスターしようという野望はまったくない。彼はひたすら自分という個体を描きつくすことしか願わない。しかしこれまた結果としては、嘉村礒多という一個の人間にとどまらず、彼をとおして、さまざまの人間がその中で明け暮れする煩悩痴愚の世界が、読者の前に現われてくるのである。

嘉村礒多が生を終わるころから仕事を始めた太宰治は、やはり恥と羞恥を発想の様式とし、同じように四十歳に達する前に去った。太宰はある意味ではたいへんモダンな作家であって、助詞を節約した初期の文体のくふうからも判るように、彼の表現しようとしたものは伝統的な私小説の枠組に収まらなかった。だから、古くから日本人に親しい恥と羞恥の経験を探るための例証として、太宰のような作家の仕事を持ち出すのは不適切であるという印象を読者に与えるかもしれない。だが太宰の中に、権威から愛されることを切望する古いタイプの不良少年を見いだした坂口安吾のような見方に賛成する人も少なくないだろう。そのうえ前にも述べたとおり、集権的で有機的な構成の密度を高めた現代社会は、行動の規制原理として羞恥に依存する一面をもつ以上、羞恥のテーマを追及する作家を産み出したとしても不思議ではない。太宰の仕事の総決算である『人間失格』の第一の手記は、「恥の多い生涯を送つて来ました」という文章から始まる。恥と羞恥の意識は彼の一生を貫く基調であった。小品『恥』は、主人公の少女がある作家にとって重要でユニークな存在（個体的存在）であると思っていたところ、じつは無名の一読者（普遍者）にすぎなかったという典型的な志向のくい違いをテーマとしているが、これ以外にも、恥に関連する個所は彼の全作品の中に無数に散らばっている。「己れを嫌つて、或ひは己を虐げて人を愛するのでは、自殺よりほかはないのが当然だといふことを《ママ》、かすかに気がついてきましたが、然しそれはただの理窟です。自分は世の中の人に対する感情はやはりいつもはにかみで、背の丈を二寸くらい低くして歩いてゐなければいけないやうな実感をもつていきてきました」（「わが生を語る」『小説新潮』一九四七年十一月）。

　太宰文学の基本テーマは罪悪感であるという説が今日定説化しつつある。地主の子、コミュニズムからの脱落、江の島での不完全心中（佐古純一郎説によれば、江の島での投身自殺は殺人に近いものであった）など、彼の罪意識の形成要因はいくつもあげられてきた。たしかに彼の仕事は罪意識によって動機づけられているともいえる。だがここでは別の側面、羞恥の側面からアプローチしてゆきたい。

太宰を嘉村から区別する点を求めるなら、それは自我の徹底的な孤立性にある。嘉村の場合には内妻の小川ちとせとの共同態があって、いくらか「片隅の幸福」を享受している。羞恥はそこにははいり込む余地をもたなかった。初恋の少女の家での失敗の思い出に苦しむが、それを内妻に隠そうとはしていない。さらに嘉村には父とともに形成している共同態があり、そこにもまた秘密はない。彼の苦悩の少なからぬ部分は父と内妻とのあいだの板ばさみからきている。父あるいは家とのつながりは、外見以上に強く、このつながりの強さは、内妻への気兼ねのため、彼女の前では表現されない。だがこの秘密は、彼だけの秘密ではなく、彼が参加している共同態の秘密である。

太宰にはそのような共同態はない。彼の秘密は誰にも隠されている。この秘密が外部から見すかされているかもしれないという羞恥を、彼は繰り返し創作の動機づけに用いた。「誰か見てゐる」(『虚構の春』)。この誰かを、内部の超自我すなわち神と見るのはうがち過ぎた解釈である。それは文字通り誰かであり、たとえば、妻であったり、竹一や堀木のような友人(『人間失格』)であったりするだけだ。ただこれらの人びとは、太宰にとってはインパーソナルに彼を批判する他者一般にまで抽象化されている。「この五、六年、きみたち千人、私はひとり」(『HUMAN LOST』)。彼らの視線は太宰を一個の病理的ケースとしてとらえる。そうではないと反論したいのだが、唖のように声が出ない(『鷗』)。彼は個別者として眺められることを期待した時に、しばしば普遍的なカテゴリーによって位置づけられた。戦後の民主主義に対する彼の奇妙な反感は、このような彼の経験を無視しては理解できない。「人間は、みな、同じものだ」という思想に対して、彼はむきになって抗議している（『斜陽』）。

嘉村の羞恥は、それとはやや性質を異にする。彼は父に苦労をかけて済まないという手紙を書き、同時に内妻に対するいたわりのことばを返信に書いてほしい旨を、二伸としてわざわざ付け加えている。このような手紙を書きながら、彼は「八方塞がりの気持を感じた」（『業苦』）。「八方塞がり」とは、あちらを立てればこちらが立たずという道徳的ジレンマである。彼の生涯のテーマは習俗への同調と幸福への願望との葛藤である。前者は父との共同態が象徴し、後者は女性との共同態が象徴する。彼のような人間は、幸福への願望がかなり十分に達成されたなら、習俗への非同調にそれほど苦しまなくても済んでいたかもわからない。だが最初の結婚は、彼があまりにも強く幸福を求め過ぎたためもあって、巧くゆかなかった。駆け落ちした内妻とともに築いた共同態も、生活の苦しさが手伝って、十分満足のゆくものではなかった。それゆえ彼は習俗に同調しえなかったみずからの過去の行為を後悔し、「八方塞がり」に陥るのである。彼は葛藤に苦しみ、その苦しみの醜さを恥じらう。しかし醜さを露呈して自我の誇りをすっかり打ちくだくその自我の強さが、作品に倫理的な美しさを与えている。その自我の強さは、彼を許し彼がそれと一体化できる共同態が、父と形成し、そして妻と形成する二つの家族という形で、ともかくも残されていたためと考えられる。

太宰の作品には、生きるエネルギーが内訌《ないこう》した「八方塞がり」の感じは現われていない。嘉村の場合には、出口がないという能動性があるが、太宰の場合には、外からの侵入を塞ぐ壁がないという受動性が目立つ。その受動性に着目して、太宰のパーソナリティを分裂性性格とみなす解釈もあった（奥野健男、島崎敏樹）。あるいはそうであったかもわからない。だがここでは、病理学的診断ではなくて社会学的解釈が問題である。

長男であった嘉村は太宰と同じように故郷を捨てたけれども、父とのあいだには終生、共同態的なつながりがあった。その共同態は親族にも広がっている（『秋立つまで』）。太宰は東北のより富裕な地主のむすこであったが、家との一体化は嘉村の場合よりもはるかに弱い。彼が六男という余計者の地位に生まれついていたためかもわからない。嘉村は、志を立てるために都に出るという明治のパターンをまだどこかに残していたが、そういうところが、家との一体化をいつまでも維持していたゆえんなのだろう。太宰は嘉村のように、小さいながらも秘密を共有する共同態をもたなかった。親とともに構成する家族だけではなく、配偶者とともに形成する家族に関しても、太宰は嘉村ほど強く一体化していなかったようだ。家族は小さい集団だが、それでも人間の自我を支える最後の拠りどころである。この拠点をもたない人間は、強く自己を主張する自我を保ってゆくことはむつかしい。太宰はそのような拠点をもたなかった。あるいは「滅亡の民」となるのを志した太宰は(『東京八景』)、意識的にこの拠点を築くことを拒否した。「家庭の幸福は諸悪のもと」(『家庭の幸福』)。

こうした拠点から出てくる積極性をもたなかったという意味で、太宰の羞恥はいわば羞恥の理念型である。なぜなら、羞恥は、能動的に見る存在ではなくて受動的に見られる存在に固有の経験なのだから。太宰の生活史の中に、罪意識を形成した基本的体験を見いだしうるとすれば、羞恥に関しても同様の体験が指摘されうる。それはパビナール中毒の治療のため、太宰がだまされて、精神病院に強制的に入院させられた体験である。入院中の心象を断片的に綴った『HUMAN LOST』が、総決算の『人間失格』に直結する作品であることは、誰の目にも明らかだ。作品の題名が同じだし、『人間失格』の結びは、廃人となった主人公の入院で終わっているからである。『HUMAN LOST』は、決定的な恥の経験に身をおいて人間をもう一度見直そうという自己設定と自己確認のために書かれている。この人間は精神病院にはいるべき存在として妻や師から眺められていたにもかかわらず、彼らと同じ仲間に属すると信じていた。「一箇月そこで暮して、秋晴れの日の午後、やつと退院を許された。私は迎へに来てゐたH(妻)と二人で自動車に乗つた。……『僕は、これから信じないんだ』。私は病院で覚えてきた唯一の事を言つた」(『東京八景』)。信じやすく子どもらしい青年が「おとな」になる過程を、したがってまだ「おとな」の善意を十分に理解しないエゴセントリズムを、ここに読み取ることは容易である。だがその点はあまり重要ではない。わずか一カ月の、そして身近な人の善意によって行なわれた入院が、彼にとって決定的な意味をもっていたのは、このできごとが社会の中での彼の位置を象徴的に表わしたからである。彼は故郷を捨て、家から見離され、大学は卒業せず、革命運動から脱落した。彼はほとんどどの集団にも所属できなかった。自分でつくった家族さえも、彼を精神の弱い病人というカテゴリーを通して眺めていた。集団的な立場を喪失したために、外がわからほしいままに眺められるだけの受動的な人間、防衛のすべをもたない透視される人間、これが世界における彼の存在の仕方であった。それはいわゆる近代的自我から遠くかけ離れた存在である。近代的自我とは有であり、集団所属から生まれ、どの所属を選ぶかを決定する主体となりうるからだ。太宰の描いた主人公たちは、無であるがゆえに、思想体系をもたない。nobody のもつ悲哀と寂寥の感情がすべてである。『こんなの、おすきか?』女は、さまざまの料理を自分の前に並べました。自分は首を振りました。『お酒だけか? うちも飲まう』」[1](『人間失格』)。ツネ子という女の使う方言らしいものは、じつはどこの方言でもない。どこにも存在しないところの、しかも標準語では決してないところの架空のことばをツネ子に語らせながら、作者は主人公と彼女の心中を予定する。

根拠地をもたないで人生を漂い、人生を生きるという姿勢が、どこまで彼の幼児期の環境によって規定されているのか、私たち読者にはよくわからない。しかしともかく、太宰の語るところによれば、次の通りである。「私の家系には、誇るべき系図も何も無い。……私は、無智の、食ふや食はずの貧農の子孫である。……私の家系には、ひとりの思想家もゐない。ひとりの学者もゐない。ひとりの芸術家もゐない。役人、将軍さへゐない。実に凡俗の、たゞの田舎の大地主といふだけのものであつた。父は代議士にいちど、それから貴族院にも出たが、べつだん中央の政界に於て活躍したといふ話も聞かない。この父は、ひどく大きい家を建てた。風情も無い、ただ大きいのである。……おそろしく頑丈なつくりの家ではあるが、しかし何の趣きも無い。書画骨董で、重要美術級のものは、一つも無かつた」(『苦悩の年鑑』)。津島家は彼の根拠地となりうるほど、磨きのかかったカルチュアをもたなかったようである。凡俗で実利的な東北の大地主の生活は、太宰の自我を支えるに足るような価値をほとんど提供しえなかったようだ。

この点、同じ世代のラジカルなロマン派、保田與重郎の環境と比較した橋川文三の次の指摘は興味深い。「保田の頽廃は、いわば蓄積された京阪ブルジョアジーの感情的錯乱としてのみ生じえたし、そこには、形骸化したとはいえ一種の節度が見られた。それに対して、太宰の場合には、その錯乱は、到底文字どおりの自滅におわらざるをえないような生活としてあらわれたということである。……太宰の『全存在』は、まさに日本のもっとも恥じの多い構造に根ざしていたのであり、……保田の場合のように、土着的なるものは、太宰を甘やかすほどに『肥沃』なうそにみちてはいなかったのである」[2]。この指摘は、太宰の作品を特徴づけているところの、あの極端にフィクショナルなスタイルが、どうして出てきたかを明らかにしているように思われる。太宰は文字どおり「虚無からの創造」を試みた数少ない作家の一人である。極度に人工的な作品構成と実生活の上での「節度のない錯乱」――それは無からの出発を証言する二つの側面として理解しなければならない。

しかし初期の二、三の作品には、彼に生家を誇る気持があったことを示すいくつかの個所がある。家への依存的態度が、家からの疎外の意識と表裏の関係にあった。だが中期の作品になると、その依存が完全に断ち切られていることがわかる。転換期の代表的な作品をあげれば『東京八景』であろう。先に述べたように、彼はほとんどどの集団にも所属できなかった。妻を迎え、彼女を教育しようとしたが、今度は彼女から裏切られた。集団の砦による一切の遮蔽を取除かれた人間として彼はこの作品の中で自分を位置づけている。人間が自己を主張しようとする場合にはいつも、依拠するに足る所属集団やその文化を背景としているものだ。なんらかの立場がなければ、彼は自己を主張したり、他人を攻撃したりすることはできない。太宰はだんだん立場を失っていった。そして右の作品を書いたころから、一切の立場なるものを意識的に放棄する「立場」をとるようになった。そこから彼のユニークな方法が生まれてきたのである。たとえば彼は死に近いころ次のように書いている。「自分はかつて聖書の研究の必要から、ギリシャ語を習ひかけ、その異様なよろこびと、麻痺剤をもちひて得たやうな不自然な自負心を感じて、決して私の怠惰からではなく、その習得を抛棄した覚えがある。……勉強がわるくないのだ。勉強の自負がわるいのだ」(『如是我聞』)。

太宰の気質に近い作家として芥川龍之介をあげることができるだろうが(福田恆存)、芥川には教養主義という呰が残されていた。教養主義はどこかで大正期の人格主義とつながっている。太宰は意識的に教養主義と人格主義を否定した。「時潮が(彼に)振り当てた」「滅亡の民」となることを志したからである。羞恥の作家、嘉村もまた人格主義、教養主義にすがろうとしたところがある。太宰は彼が定義したところの、あの「風情も無く「何の趣味もない」「大きいだけの家」に育ち、そしてその大きさを恥じらう思い出だけを大切にした。大きさを誇る気持をもっているのではないかと、外から見られているかもしれないという恐れ、そういう恐れからは、教養主義や人格主義はとても出てこない。根拠地から出発して人格を完成する理想に代わる彼の理想は、自虐であった。

根拠地あるいは立場をもたないところから、太宰の作品は、一見そう見えるほどには感傷的でない。芥川や嘉村の文章のさわりに当たる部分は、一口にいって感傷的である。それは立場をもつ者の自愛からくる。太宰のさわりの部分は自虐の論理的帰結としての他愛への憧憬にある。「(幸福なんだ、この人たちは、自分といふ馬鹿者が、この二人のあひだにはいつて、いまに二人を滅茶苦茶にするのだ。つつましい幸福。いい親子。幸福を、ああ、もし神様が、自分のやうな者の祈りでも聞いてくれるなら、いちどだけ、生涯にいちどだけでいい、祈る）自分は、そこにうづくまつて合掌したい気持でした。そつと、ドアを閉め、自分は、また銀座に行く、それつきり、そのアパートには帰りませんでした」（『人間失格』）。

同じ所属集団の中の他者への愛から出てくる自虐に関しては、私たち日本人は伝統的といってよいパターンを精錬してきた。しかし太宰の場合はその逆である。愛する者のために自分を虐げるのではなく、自虐の底から他者への愛が祈りとして出てくる。だからその愛は淡く、水のようで頼りないが、一種特有のやさしさがある。前後の文脈から切り離して引用した右の行文は、重い感傷をになった伝統的なパターンの表現とまぎらわしいが、やはり太宰に特有の軽さがある。それは背後に集団的な「有」をひきずっていない人間、拠点をもたない人間に固有の軽さである、というほかはない。彼はその軽さを意識し、重い人間と作品とを尊重する世間に挑戦しようとした。「ヴァイオリンよりケースが大事」（『虚構の春』）。

太宰が戦後ある意味で国民的作家となりえたのは、彼がどんな集団にも根拠地をもちえなかったからである。あらゆる既成の集団の価値が疑わしいものに見えた戦後の三、四年間は、彼の作品がもっとも強いアピールをもった時期である。彼は一つの有の立場に立って自己を主張し、世界を裁断する主体としてではなく、種々の有の立場から裁断される客体としてのみ自己を位置づけた。集団の砦による遮蔽がなく、レントゲンにかけられたように透視されている人間、透明であるがゆえに無であるところの人間、そういう人間として自分を位置づけた。八方の光源から照らされて、人間存在の羞恥という原点以外にはどういう立場ももたない人間の視点だけが最後に残る。それが太宰の視点であった。恥や羞恥を発想の原点とする作品を残した人びとは、ほかにもあげられるだろう。そしてそれらの人びとを網羅的に取り上げ、彼らに共通の思想の構造をもっと深く見究めることも、一つの課題であろう。また、この「親族関係」にある人びとの中でも、嘉村と太宰が相互に異なっていたように、さまざまの個性があるだろうが、その差異がどうして出てきたかを、時代や生い立ちやその他の要因との連関のもとで追及するのも、一つの課題であろう。だがこれらの課題は今後の宿題として残し、ここでは発想の一つの様式としての羞恥のもつ意味を、いくらかの例示をもって明らかにすることだけにとどめておく。

(1) 橋川文三『日本浪曼派批判序説』未來社、一九六〇年、一六四頁。
(2) 右同書、一六五、一六七頁。

四　展　望

罪の観念はある行動を禁止するだけであるのに反し、恥の観念は自我理想にみずからを近づける行動を奨励するから生産的である、という議論があることは、すでに述べた。それからまた、とくに日本の社会に関しては、外国人に笑われまいとする心がけが、攘夷から開国への政策転換にもかかわらず、日本人に一貫しており、近代化の動因の一つとなったという議論もある。(1)これらの議論は、恥の文化に対する罪の文化の優越を暗黙のうちに前提とするキリスト教中心的な考え方への挑戦である。したがってそれは有意味な異論であるけれども、能動的な活動に高い価値を与える達成《アチーヴメント》の原理に立って、罪と同じように恥もまた、あるいはむしろ罪よりも恥のほうが有効だということを指摘するにとどまっている。そのかぎりにおいて、これらの議論は西欧的ヒューマニズムの枠を越えてはいない。

最後に、別の観点から恥および羞恥のもつ社会的機能を取り上げてみよう。恥はとくに公恥の側面においてアチーヴメントの動機づけを支持する。他方、羞恥は達成の原理にともなう競争のスピリットを抑制する作用をもつ。競争の過程においては当然自己があらわになってくるが、この自己顕示は羞恥によって限界を画されるからである。この限界から突き出た自己の部分は、本人にとってだけでなく、他者にとっても羞恥の対象となる。こうした羞恥の共同態が、個人の創意や自発性の表現を押えつけるというマイナスの効果は、議論の余地がないほど明らかである。だがそれにもかかわらず、羞恥の共同態は、達成本位によって結びついた徒党がもちやすい集団的エゴイズムに対決するところの、一つの拠点となってきたことも忘れてはならない。エリートたちの激しい身振りの前で沈黙している大衆というわれわれに親しいイメージと重なるのは、このような羞恥の共同態である。先に太宰治を引合いに出したが、彼の生き方においては、達成をめざす競争の場での自己主張を否定する無為の理想が中核となっていた（たとえば『お伽草紙』のなかの「浦島さん」）。「時潮が私に振り当てた役割を、忠実に演じてやらうと思つた。必ず人に負けてやる、といふ悲しい卑屈な役割を」（『東京八景』）と彼は書いている。もちろん負け犬の役割を選んだのは太宰のなかの「自由」であって、近代日本が表向きに国民に要求した役割は、当然その逆の内容をもっていた。しかし彼は達成をめぐる競争の場から必然的にはじき出されるはずの「滅亡の民」のほうに、みずからを同一化する。そして彼に負け犬の役割を課した状況から生産的に脱出することによってではなく、この状況のもとで受けた傷口を露呈することによって状況に反逆する。それは異和の感覚を身内に凝縮させ、そのバネによって状況を鋭く切り開くかわりに、この感覚を周囲へふだんに拡散させ、自己を状況の中へ沈める方法である。そうすることによって彼は、同じ状況の中での負け犬同士のあいだに、ある種の連帯が成立するかどうかを探ろうとしたのであった。

じっさい、恥には二つの社会的機能があることを認めなければならない。それは公恥としては達成や自己主張の動機を強化する力をもっているが、その私恥の側面は、羞恥とともに人を孤独な内面生活に引き込む。しかし羞恥は、太宰がサロンと呼んで罵倒したところの自己主張を助け合う徒党よりも、もっと広汎な連帯を可能にする作用をもつともいえる。自己の内部の劣等な部分が八方から透視されている人間、集団という甲羅の一切が剥奪され、有としての自己を主張しうる根拠を失った人間、そういう人間同士の連帯は、集団の砦を越えた連帯だからである。疑いもなくそれは、現在の時点では生産的、創造的な機能をもつことはできない。だがこの連帯は、生産力の高まりによって競争の動機づけが弱化し、有機的な構成によって階級の壁が徹底的に崩されるところまで進んだ未来の社会において、結合の重要な一形式となることは確かだ。はにかみがちな日本人は事大主義や権威主義にたいして、無為の立場から消極的に抵抗してきた。その伝統は未来につながるものとして再評価に値するだろう。

（1） 河原宏『転換期の思想——日本近代化をめぐって』早稲田大学出版部、一九六三年、第1章。

（2） 達成本位は普遍主義的業績《アチーヴメント》本位と個別主義的業績《アチーヴメント》本位の両方を含む。

Ⅸ　同調の諸形態

一　同調の理念型

私たちはふつう、他者の期待への適切な同調を社会的適応とよんでいる。同調（conformity）は行為者の動機ないし態度を指すのに対し、適応（adjustment）は、このように動機づけられた行為の成功した結果を指す。日常の用語で適応性があるとかないとかいう場合、それは状況の変化にもかかわらず、そのときどきの主要な期待に適切に同調しうる能力があるか否かを意味している。しかし、ここでは直接に知覚しうる状況だけではなく、もっと広い生活空間を含む状況の側からの期待とそれへの同調、そして適応を問題にしよう。

個人の同調は自発的な場合もあれば強制的な場合もあるが、どちらかの意味においてそれに適応しなければならないと彼が感ずるような（したがって彼にとって重要な意味をもつ）生活空間として、つぎの四つを挙げることができよう。第一は、彼が所属している国民（全体社会としての国民社会ではなくて、それの基礎的な部分集団としての国民）、第二は、多少とも人格的な結合が可能な第一次集団（家族を含む親族、村落、友人仲間など）、第三は、職業集団（集団としての統一性を欠いた関係の連鎖をも含む）、第四は、以上の三種類の社会集団を規制するという機能を越えたところに妥当性の根拠をもつ、普遍的な規範もしくは価値（たとえば、キリスト教のような価値標準から導かれる規範もしくは価値）である。四つの生活空間への同調に関して二つの分類基準が適用されうる。第一は、自発的な同調である同一化と、強いられた同調である迎合の区別である。前者がそれ自体を目的として行われる同調であるのに対し、後者は外部から科せられる制裁を避けるために、生活の方便として演出されるにとどまる。第二に、第一次集団はもとより、職業集団もまた、いちおうは直接的に知覚しうる生活空間であるのに対し、国民と普遍的価値は、なんらかのシンボルやイメージを媒介として確認されうるような、より広い生活空間である。結論を先廻りして言うと、明治維新から太平洋戦争の終末までの社会的適応の歴史は、一方においては、自発的同調がしだいに外面的同調に移るとともに、他方においては、それに適応しなければならないと感ずるような生活空間がますます狭くなってゆくというコースをたどってきた。敗戦後、普遍的価値との同一化と生活空間の拡大が並行して進んできたが、この発展を抑制する勢力もまた勢いを盛り返しつつあるように思われる。

近代国民社会においての社会的同調の理念型は、四つの生活空間への自発的な同調がバランスのとれた状態にある場合である、と仮定してみよう。そうすると、明治の前半期、ほぼ日清戦争の頃までは、国民の限られた部分においてではあったが（主として旧士族出身のエリート）、この理念型に近い同調様式が実現した。そこで本節では、そのような同調様式とその形成についていくらか詳しく述べ、次節では同調の変化形《ヴァリアント》のいくつかをとりあげることにしよう。だがいうまでもなく、日本の近代社会の特殊性は、近代国民としての同調の理念型への接近をヨーロッパの場合よりも困難にしているし、また、この困難をひき起した同じ要因が、変化形のあり方をも規定していることに注意しなければならない。

嘉永六年（一八五三）のペリー来朝以来、明治維新を経て外部の国際社会との調整を性急に迫られた日本は、古い行動様式や秩序の崩壊と急激な社会的移動によって反作用した。この反作用は、少なくとも当初においては、「閉じた社会」の障壁の瓦解によってひき起された自然的反動であった(1)。内外を隔てる障壁の瓦解は、必然的に内部の地域的・階級的な区画封鎖を打ち崩すことになる。すなわち、地方間の交通や移住が急速に頻繁になったことと並行して、いわゆる立身出世（垂直的移動）の可能性もまたいちじるしく増大した。地方の貧農や軽輩の家から出て、ついには中央の権力のトップ・レベルに至りつく者も少なくなかった。伊藤博文《いとうひろぶみ》（一八四一―一九〇九）をはじめとする明治の「功臣」たちのキャリアーを、ここで思い出す必要もあるまい。「丸太小屋からホワイトハウスへ」という夢は、建国当初のアメリカ社会においてある程度現実であったように、明治初期の日本の社会においても、立身出世は単なるイデオロギー以上のものであった。新大陸のなかでの移民たちのあいだでは、かつてヨーロッパにおいて父祖や本人に割り当てられていた身分のもつ威信《プレスティージュ》が、有効な働きを演じなかったのと類似して、日本の社会でも、貴族的伝統や自治都市その他の自主的特権のもつ力が弱かったために、個人の能力と努力が社会的上昇のすぐれて重要な条件となりえたのである。「今日ノ団百姓モ明日ハ参議ト為ルベシ。去年ノ大輔今年ハ町人ナリ。貴賤ハ廻持チ、貧富ハ順番面白キ世ノ中ニアラズヤ。石室ニ住居シテ馬車ニ乗リタクバ智恵分別ヲ出シテ銭ヲ取ルベシ。富貴ノ門ニ門《カンヌキ》ハナキモノゾ。門モナキ其門ヘ這入ルコトヲ得ザルハ必ズ手前ニ無智文盲ト云フ門アリテ自カラ貧乏ノ門ヲ鎖シ、自分ノ勝手ニテ娑婆ノ地獄ニ安ンズルナリ」（福沢諭吉『民間雑誌』第一号、明治七年二月）。

立身出世の動機づけの源泉の一つは、右の論説が刺激しているような個人的卓越の野心であるが、ほかにも二つの重要な源泉がある。一つは家族によって代表される第一次集団の社会的期待に同調しようとする動機づけであり、他はより広い共同生活の秩序に全面的にコミットしようとする動機づけである。この二つの、いわば集団的な動機づけのもつ比重が相対的に重いところに、日本の社会の同調様式の特殊性がみいだされる。

明治の初期までは、立身出世は純粋に個人の問題ではなかった。それは個人の問題であると同時に、彼の属する家族の、その家族を含む親族の、さらには弱い程度ではあるとしても彼が生れ育った「郷党社会」の問題でもあった。農家の場合のように、経営体と家族が一体を成している時、その経営体の側面は家長だけによって代表される。だが、経営体と区別された家族の本質は、特定の目標を欠いた不定量の連帯（diffuse solidarity）としての共同態《ゲマインシャフト》であり、そのかぎりにおいて、家族成員は潜在的にはなにびとも家族の代表者である。外界との関連においての共同態の目標は物質的・精神的な財の生産ではなく、社会のなかに配分されている威信の享受（消費）にある。ディフューズな連帯としての家族に含まれている威信を共同で消費するかぎり、一人の成功（威信の増大）は全体の成功であり、一人の失敗（威信の減少）は全体の失敗である。だが、いうまでもなく家父長家族においては、家長を除いては長男に代表的責任がとくに重くのしかかっている。日本の社会においては最近まで（村落においてはこんにちでもなお）家父長家族が家族の標準的な型であったために、長男に課せられた家族の期待はとりわけ強かった。けれども、日本の場合、家族成員はいちおう誰であっても潜在的に家族の代表者である傾向が強かったことは、やはり注意されなければならない。明治前半期の成功者の立志伝のなかには、志を立てるに至った動機の一つとして、家名や家運の回復を挙げているものが少なくない。一例として全国私設鉄道を動かした今村清之助《いまむらせいのすけ》（一八四九―一九〇二）の場合をみよう。少年の頃、彼は山林に入り枯枝を拾い落葉を集め、これを売って家計の資としていたのであるが、ある日のこと、山の所有者に見つかって泥棒とののしられる。帰宅してこのことを祖母に告げると、彼女は「あの山はもとは我が家の所有であったが、家道衰えて、今は他人のものとなっている。はずかしめを受けたのが残念であれば、しばらく忍耐して家を興す心掛をつねづね忘れないように」と言う(『実業之日本』第四巻第七号)。この種の事例は、多少とも通俗的な小説をとおしてもくり返されてきたので、ほとんどステレオタイプとなっている。

個人が家族を代表するというこの責任の制度(もちろんインフォーマルではあるが)は、疑いもなく古代的・封建的な社会体制と結びついていた集団責任の残存である。そのかぎりにおいて代表制の観念は、産業化の進展とともに消滅してゆく運命にあり、また事実、こんにちにかけてしだいに消滅してきた。しかし、日本の社会においては、この種の代表制は社会秩序の維持にとってとくに重要な機能を果してきたように思われる。日本では、キリスト教のような普遍主義的な価値統合の原理が欠けていたし、市民的自主性にもとづく社会の調和の信念も発達しなかったため、産業構造の資本主義化にもかかわらず、精神構造の面では、依然としてE・デュルケームのいう機械的連帯の特質をとどめている。社会は個別主義的な(particularistic)紐帯によって結ばれる同質的な諸環節(共同態)の多元的並存の状態にある。したがって、ここでは個人ではなく共同態が体制の底辺を構成する単位である。このような場合、個人が個人としてではなく、共同態の代表者として行動することが、社会秩序の維持の見地からとうぜん期待されてくるだろう。要するに、日本の社会の機能的必要から、代表の制度が維持され、これが社会的適応（積極的には出世、消極的には保身）への強力な動機づけの一つとなるのである。もっとも、はじめに述べたように、個人が代表するものは家族だけではなく、村からさらには地方にまで広がりうる。したがって、無理な忍耐をして家の名を興した者（共同態の期待に同調した者）に対しては郷人もまた賛嘆を惜しまなかったし、ときとしては度を過ごして絶賛した。この点、「弘く読まれた英国の自助論などとよほど又行き方が違って居るのである」(3)。

このような代表制からくる社会的適応への動機づけは、社会的分化と個人主義化の進行とともに減少してゆく。出世は共同態のためのものではなく、個人のためのものとなる。しかし、代表制の消極的な側面、すなわち社会的適応に失敗してはいけないという側面は、こんにちに至るまでもなお、社会的適応への動機づけの強力な源泉であるように思われる。入学試験に臨む子供、会議に出席する職場代表にかかってくる圧力は多少ともこのような性質を帯びている。たとえば、妻子を捨てて愛人とともに故郷をあとにした嘉村礒多《かむらいそた》（一八九七—一九三三）の負い目は、創作の主要な動因となるほど深刻なものであるが、彼の場合、それは不幸な父との同一化を通じてさらに強化されている。「鼎《かなえ》の湯のやうに沸き立つ喧しい近郷近在の評判や取々の沙汰に面目ながつてゐる父」（『業苦』）に対し、彼はつぎのように書き送っている。「たれにたいしてすまないとも思ひませんが、お父上様にたいしては、すまない〳〵とほんたうに泣いて〳〵くらしました。三十年の間父上様のきもを焼いて〳〵（心配をかけて）やきあげて、やつと××の先生になつたと、父上様が喜ばれたのもつかの間の事で、すぐまたかうしたしつさくをしまして、それを思はれる父上様の御心を思ふと私はたゞ〳〵泣くより外ありません」（『父の手紙』）。

共同態を代表することと並んで、社会的適応への強いプレッシュアを課するシステムは、一元論的な価値体系である。しばしば指摘されてきたとおり、日本の社会においては、ヨーロッパとは異なって、世俗的価値と精神的価値が相互に分離せず、「俗」の領域においての優位がそのまま「聖」の領域においての優位を意味する傾向がある。これは一つには、世俗的権力の担い手である王や国家と精神的権威の代表者である教会とが長い相剋を続けてきた歴史を、われわれがもたなかったからであろう。しかし、日本の社会では、「俗」界での重要な価値尺度は財産もしくは収入の多寡ではない。このような尺度は、個人主義化がいちじるしく進行したところにはじめて成立するからである。ここでの重要な尺度はR・N・ベラーの指摘したとおり、集団目標達成への寄与の程度であり、それはさらに、集団の首長への忠誠の度合によって測られることになっている。[4] この限定された意味での能動性《アチーヴメント》の価値づけによって一元的に行為や属性が排列されるので、世俗的価値への同調はひじょうに強いプレッシュアを伴ってくる。反世俗的もしくは脱世俗的な行為や属性は、ある限界内で許容されるけれども、しかしそれはサブ・カルチュアとして承認されるのではなく、逸脱的な領域として貶価《へんか》される。なるほど、宗教生活への没入が称賛され、娯楽的・快楽的活動が時と場合によって制度化されている。しかし、それらはそれら自体として肯定されるのではなく、能動性の原動力を培養したり回復したりするという資格においてである。神々が氏族や村落の守護神であり、集団の媒介を経ず直接に個人の魂を救済する働きをもたなかったところでは(5)、集団中心主義的な価値体系と拮抗する普遍主義的・精神的な秩序の妥当性の信念が育ちにくかった。「聖」は「俗」を支持する手段的価値しかもたなかった。そこから、日本の「出世主義」には一種特有の強迫的《コンパルシヴ》な性格が付与されることになる。社会的適応の失敗は、精神的な価値の低さとして評価されるからである。共同態からの圧力と並んで、一元論的価値体系は出世もしくは保身にきわめて敏感なパーソナリティを形成することに貢献した。

つぎに、社会的適応への動機づけの問題から離れて、適応しなければならない生活空間の問題に移ろう。先に、個人の立場から対象化された四つの生活空間は、日本の近代社会の側からみると、一つの生活単位としての国民社会が、環境(とくに国際的環境)のなかにあって同一体制のまま存続してゆくために遂行しなければならぬ四つの機能に照応している。これらの四つの機能とは、国民的ゴールの達成、共同態的コンセンサス、個人的アチーヴメント、普遍的自我の確立である(6)。社会は環境に順応しつつ一つの単位として存続してゆくために、それぞれの時期において特定のゴールをもつ。このゴールの達成のためには、諸活動や諸財を目的―手段の系列に従って適当に配置する統制機構がなければならない。この機構の運営に国民の意思がどの程度反映するかにより、協力機構の面が強くなったり、支配機構の面が強くなったりする。つぎに、経済的および技術的な諸領域におけるそれぞれに固有の目標を実現しようとする活動の体系がある。これらの活動は、統制機構の働きによって国民的ゴールに結びつけられはするが、それら自体としては特定の目標の実現をめざす個人的なアチーヴメントである。実用性への配慮を無視した活動が、じつはかえって実用的価値をもってくるということは、分業の複雑化した有機的連帯の社会にとって必要な知恵である。第三に、右のいわば公的な二領域で生ずる緊張を集団的な場で解消し、公的活動への動機づけ（士気）を回復する機能をもつ体系がある。さいごに、特定の社会の個別主義的な限定を越えて、さまざまの普遍的な価値と同一化しうる自我の側面が残る。その意味で、どのような社会も閉じたモナドではない。普遍的な自我の働きは、全体社会のシステムの運行にとって直接的に必要な財（物質的および精神的）や決定の権限を産み出さないという点で、共同態とともに私的領域に属するが、しかし、それは共同態に吸収されることはない。普遍的な自我はまた、個人的アチーヴメントの源泉となり、国民的ゴールを普遍主義的な立場から評価しうる位置にある。

右に述べた概念図式はきわめて不完全なものであるが、社会的同調のタイポロジーを構成するにあたって、ある程度有効であるように思われる。この図式を用いれば、たとえば明治初期の典型的な立身出世をつぎのように規定することができよう。開国と並行して起った国内の改革のため社会的流動がいちじるしくなり、共同態の閉鎖的システムが破れて普遍的自我が成長した。普遍的自我は海外の物質的・精神的文化を大きく吸収し、個人的アチーヴメントを積み重ねてゆく。これらの業績が、たとえば「富国」という国民的ゴールの達成にとって不可欠なものと評価され、統制機構のヒエラルヒーのなかで高い位置を占める。このコースは、明治の社会の存続と発展に必要な四つの機能が果される生活空間を順次に遍歴する道程であるが、それは集団的な文脈では、第一次集団に埋没していた自我がめざめ、村落共同体から身を起し、公的な第二次集団（職業集団と国家の統制機構）の世に出ることと符合する。もちろん、統制機構の中枢、とくに幕末に洋行して近代化の必要を痛感した開明官僚たちは藩閥意識をすでに越えており、庶民や幕臣のあいだから積極的に人材を吸収したから、下からの跳躍に上からの牽引が呼応する態勢がそなわっていた。

幕末から明治前半期にかけての国民的ゴールは、「国内統一」「富国」「強兵」の三つであったといわれる。明治政府はこれらの目標の達成をめざして、しだいに上からの組織化を進めていったが、少なくとも日清戦争当時までは、それらはある程度まで国民のなかに内面化している価値でもあった。それらの価値にコミットすることは、直接的には藩閥政府への忠誠を意味するものではなかった。もちろん、明治政府の第一次的な目標は国権の拡張におかれ、そのための条件として国民のエネルギーの吸収（「国内統一」）と産業化の促進（「富国」）をはかるという傾向があり、これに対して民間の思想や運動は民権の伸張（「国内統一」というシンボルに民間が与えた意味）を主要な国民的目標とするという違いはある。だが、たとえば自由民権運動にしても、不平等条約を打破して国威を昂揚するということが、一つの重要な動機づけとなっていたことは疑いえない。明治十三年一月、岡山県有志は国会願望の檄でつぎのように言っている。「今ヤ外人ハ鴟梟《シキョウ》ノ欲ヲ逞《タクマシ》フシ我々民人ヲ見ル事雀雅《ジャクガ》ノ如ク児童ノ如ク卑屈ナル奴隷ノ如」し。「国会已ニ開クレバ、則チ民権始メテ伸暢《シンチョウ》ス。民権已ニ伸暢スレバ何ゾ国権ノ拡張セザルヲ憂ヘン、何ゾ何人ノ陸梁《リクリョウ》ヲ患《ウレ》ヘンヤ」。明治二十年代の雑誌『国民之友』や『日本人』に現われているナショナリズムにおいても、力点の相違はあれ国権論と民権論を不可分のものとして主張しているということは、すでに知られているとおりである。

当時、洋学の教養は出世にとってほとんど不可欠の条件であった。新しい西洋の学問を身につけることによって、自我が解放され、個人的な業績の達成が可能になったのであるが、そのことが同時に、国民的ゴールの達成に直接に寄与しえた。いいかえれば、普遍主義的な価値にコミットする「開かれた」姿勢と個別主義的な価値にコミットする「閉じられた」姿勢とが相互に補足し合って一つの社会的機能を果していたのである。成功を夢みる人々は、ほとんど例外なく東京に遊学して新知識の吸収を求め、政府はまた海外留学生の派遣に多大の予算を投じた。報知新聞社通信部『名士の少年時代』（三巻）に載録されている名士一六九名についてみると、これらの名士のほとんどすべては、明治元年（一八六八）から二十年にかけて上京遊学を行っている。[7] 他方、明治六年五月の報道によれば、政府の海外留学生は三八五名で、そのほかに二一四名（明治五年の数字）の外人を雇用していた。彼らに支払う費用は概算一〇〇万円と見積られており、留学費用を加えると当時の予算としてはぼう大な部分が海外文化移入費にあてられていたことがわかる。[8]

海外文化の移入にあたって外国語の習得が基礎的な条件であるから、その習得に力が注がれたことはもちろんであるが、各種の学校で弁論の技術をみがくことに青年たちが熱中していたことも注目されてよい。社会的流動がいちじるしくなると、伝統的・地方的な具体的知識を異にする人々が相互に交渉する機会が増加するので、抽象的な用語や概念を用いて意見をコミュニケートし合う必要が増大するのは当然である。徳冨《とくとみ》蘆花《ろか》（一八六八―一九二七）は、明治十七、八年頃の関西のある私学の学生層についてつぎのように書いている。「『おますさかい』の京男、『ばつてんくさい』の九州男、『しやがばい云ふな、しばくぞ』と罵る四国者、中国、関東……士農工商の子弟が其れ其れの国風、族風、職風、家風、自個の風を持ち寄つて、基督教の精神を含んだ教育を受くるので、宛《さ》ながら芋の子を洗ふ様にごつちや〳〵と賑やかで面白い」。またこの学校では毎週金曜日の夜、「嗚呼《ああ》東洋文明の開拓者は誰ぞ」だの「涙を揮つて吾満天下の同胞に訴ふ」だのという壮大な演題のもとで、数名の弁士たちが雄弁を傾けるのである（『思出の記』）。当時はようやく世論がさまざまの社会層を通じて形成されるようになった時期であったから、準備期間としての学校生活において弁論熱が盛んとなるのも自然である。「従来我国ニ於テ政事ヲ論ジ治策ヲ講ズルモノハ僅カニ士族中ノ一部分ニ止マリシモ、近時ニ至リテハ政治ヲ談論スルノ区域ヲ拡充シテ苟《いやし》クモ書ヲ読ムコトヲ知ルモノハ亦政談ヲナサザルモノ無シ。……何々社、某々会ト唱へ、百ヲ以テ数ヘ千ヲ以テ算スルノ会員ヲ結合シテ専ラ政談ニ従事スルモノ唯《ひと》リ都会ニ存スルノミナラズ、各地方ニ在リテモ皆然ラザルハナシ」（大江直『郵便報知新聞』明治十二年十一月二十八日）。このような社会的雰囲気が背景にあったので、説得の技術にすぐれることがリーダーシップの重要な条件となった。

右に述べたような四つの生活空間へのバランスのとれた同調は、明治後半期以後しだいに困難になってゆくのであるが、しかし、それは一つの類型であるかぎり、時代的制約によって実現の規模の差はあっても、こんにちに至るまでひき続いて存続している。次節で述べるように、普遍的価値と個人的アチーヴメントへの同一化を抑制する意識的・無意識的な政治的統制が強まってきたが、逆に、ヨーロッパ文化を吸収した近代的自我の成長と資本主義の発達に伴う産業界の威信の上昇とは、この統制作用とバランスをとる分銅の役目を果し、近代的自我→共同態→個人的アチーヴメント→国民的ゴール型の同調を、かぎられた階層において小規模ながら実現させた。昭和のはじめに書かれ、戦後においても版を重ねている鶴見祐輔《つるみゆうすけ》(一八八五―一九七三)の『母』は、このような同調様式を表現した典型的なものである。それはいわば『思出の記』の昭和版であって、英語の熟達、海外遊学(この場合はヨーロッパではなくアメリカ)、外国文明への憧憬、雄弁(議会での名演説)が成功もしくはその手段のシンボルとなっている。そして、登場人物たちは、狭い生活空間のみへの同調ではなく、国民との同一化を行いうる「英雄」である点でも相違はない。

「英雄」としての実業家のイメージは、日清戦争後、徐々に形づくられてきたのであるが、このイメージは、たとえば雑誌『実業之日本』のような民間ジャーナリズムを通じて造形されたものであり、この時期以後政府が国定教科書などによって「飼育」に努めた小型の「臣民」像とは異なる点が少なくない。明治四十年(一九〇七)の第一二号で、『実業之日本』は創刊以来十年間の主張を再確認し、国民への貢献を誇示しているが、そこにうかがわれるのは、精神的・道徳的自我の表現と向上が事業の繁栄をもたらし、ひいては産業界と国民社会の発展に寄与するという、資本主義の成長期に固有の楽天的イデオロギーである。成功をめぐる生存競争において勝ち残るかどうかは、いったん立てた志を堅持し、自己の所信を貫徹する態度の有無にかかわる。生存競争である以上、力のある者が必ず勝つが、その力は外部から付与されるものでもなければ、狡猾な策略でもない。その力は自己自身のなかに内在している。他人への依存や射倖心、眼前の小利に動かされる利己主義的行動や不正手段の採用、一時的な失敗から生ずる無気力、これらの誘惑もしくは危機にさいして自己自身を失う者は、潜在的に有している力（生命）を十分に発揮しえないで終るのである。「一消一長は事業の常として固《もと》より免る能はずとするも、最後の決勝点は常に生命の有無強弱にあり、而して生命の強弱は実に其全面全体を一貫する主義主張の明快にして切実、熱誠にして猛烈なると否とに存す」。「吾人の紹介せる成功者中には或は晩年に於て或は其進行の途中に於て、許すべからざる不正の手段を弄《ろう》したる者之なしとせず。然れども此等は彼等の欠点にして決して彼等が成功の原因にあらず、即彼等は皆勤勉と節倹とを以て基礎を作り、誠実と堅忍とによりて信用を博し、以て成功の地盤を築きたる者にあらざるはなし」。これらの行文のなかに、現実を隠蔽し、成功をどこまでも正当化しようとする階級的性格をみいだすことはもちろん困難ではない。このような性格はまた、日露戦争後のサラリーマン予備軍の増大と就職難、物価の騰貴と低賃金という背景のもとで、青年に独立自営を奨めるというアナクロニズムにも現われている。青年が俸給生活者としての安定を願うのは、資本主義の成長に伴って独立自営が困難になったからである。このような状況にカーネギー A. Carnegie（一八三五―一九一九）あたりからヒントをえた独立独行のイデオロギーを素朴に適用して、青年の無気力を指摘し、独立心を煽るのは、成功への途を閉ざされた不満から生ずる攻撃を資本制社会の構造に向けさせないという機能をもっていた。しかし、イデオロギー的なバイアスがあるにしても、成功した実業家たちの生活史（もちろん限られた数の、そして不完全なものではあるが）のなかから造形した社会的同調の様式は、狭い生活空間（第一次集団や職業集団）のみならず広い生活空間とも同一化し、個々の同調を人格によって一貫させるという型であって、この型は、明治の産業人のあいだでは、かなりの規模で現実化していたように思われる。時代の推移に伴って、同一化に代ってしだいに外面的な迎合（たとえば国策への機会主義的な同調）が目立つようになり、人格による状況の統制に代ってその場かぎりの策略が顕著となってくるが、明治の古いタイプは、もちろん今日においても産業人の一つの準拠《レファレンス》用のモデルとなっており、その意味で普遍的な一つの同調様式とみなすことができる。

（1）丸山真男「開国」『講座現代倫理』11、筑摩書房、一九五九年。
（2）神島二郎『近代日本の精神構造』岩波書店、一九六一年、二六九―二九〇頁参照。
（3）柳田國男「明治大正史 世相篇」『定本 柳田國男集』第二十四巻、筑摩書房、一九六三年、三一七頁。
（4）R. N. Bellah, *Tokugawa Religion*, 1957. 前述三五二―三五三頁参照。
（5）有賀喜左衛門「封建遺制の分析」『新日本史講座』中央公論社、一九四九年、一七頁。
（6）普遍的自我は自己修養の結果、確立される。修養の概念については、前述三六二―三六三頁参照。
（7）吉田昇「明治時代の上京遊学」『教育の史的展開』石川謙博士還暦記念論文集、石川謙博士還暦記念論文集編纂委員会編、大日本雄弁会講談社、一九五二年。
（8）栗原信一『明治開化史論』帝国図書、一九四四年、八六頁。

二　同調の変化型

明治二十年代にはいって、国際社会に少なくとも外面的には順応しうる程度の海外文化の摂取を成し遂げた頃、明治政府は対外的には列強に伍して侵略的ナショナリズムの方向に進み、対内的には自由民権運動の挫折に乗じて「絶対主義」的統制機構を固める種々の布石を行った。日清戦争の勝利は支配層の自信を深め、支配機構と価値体系の両面においての天皇制「絶対主義」体制が完成する。それに伴って、明治の前半期の社会の「開かれた」側面が閉ざされてゆき、個人の適応すべき四つの生活空間のうちで「閉ざされた」側面の意味がバランスを失して重要性を増大した。いいかえれば、「個人的活動」と「普遍的自我」という、世界に向って開かれている国民社会の二領域が、「統制機構」や「共同態」との接合をしだいに失って、そこから疎外されてゆくのである。この分離と並行して、「統制機構」と「共同態」の接合が、支配関係と価値体系の両面にわたって強化される。この結節は前者の面では地方自治制と政治的中間層であり、後者の面では儒教的家族主義のイデオロギーであることは、すでに多くの研究によって明らかにされたところである。[1]開かれた領域と閉ざされた領域の分離は、明治前半期の社会において典型的であった四つの生活空間のあいだの遍歴を困難にする。自我への沈潜とそれの条件でもあり結果でもあるヒューマニテリアンな教養、そこから導かれる個人的アチーヴメントへの没頭は、統制機構のヒエラルヒーのなかで高い位置を占めることに不可欠の条件であるとは考えられなくなったからである。もちろん、これらの開かれた領域の通過は、出世のためのパス・ポートとしての意味をもつことになったが、そのかわり、本質的《イントゥリンシク》な意味を失いはじめた。それは、知識人として通る良識や学歴を装飾としてまとうためにくぐり抜けなければならない関門として解されるようになった。そうでなければ、イントゥリンシクな意味をもつとしても、それは純粋に「個人」的な部分であり、「国家」的な部分とは無関係の、あるいはそれと対立するものとして考えられるようになった。福沢諭吉《ふくざわゆきち》（一八三五―一九〇一）の「一身独立して一国独立す」という命題によって表現された個人意識と国家意識の融合は、こうしてしだいに実感の裏づけを失ってゆくのである。

　統制機構と共同態の癒着の観念の面での原理は、国家の首長としての天皇への忠義と家父長家族の家長への孝行との論理的な照応、および両者の心情的な同一視である。型の一貫性（pattern consistency）ないし価値の一貫的な実現によるこの国民統合は、一方においては価値体系の一元性と、他方においては共同態を背負う個人の代表制によってさらに強化される。この二つの点について、いくらか説明を加えておこう。近代的統制機構は、ほんらい限定された権限にもとづく命令と服従の系列を通じて機能するのが建前である。ところが、一元論的価値体系の頂点に世俗的権力と精神的権威の総合である天皇の人格をおくことによって、「天皇の官吏」は、その末端に位する者に至るまで、究極の価値の後光を担うことになる。この尊敬とひきかえに、官吏は限定された権限を越えて、共同態的秩序の維持にかかりあうことを社会的に期待された。上級の官吏は民衆を指導教化する責任を負い、村長、書記、巡査たちは村や家のもめごとの調停に一役を演じた。要するに、統制機構が共同態のディフューズな連帯とみずからを断ち切ることなく、それと連続してその働き《ファンクション》を強化するのである。他方、共同態は私的領域であるから、公的な制度による支配に反発する傾向と、一つの単位として個人の析出を許さない傾向とを含んでいるのであるが、天皇制「絶対主義」の統制機構の組織化が進むにつれて、後者の傾向が上からの組織化と呼応して発達する。すなわち、共同態の首長はそれを代表して、統制機構の末端に連なることにより、国民的組織の原本的な単位としての共同態のコンセンサス（世論の一致）に責任を負う。したがってまた、首長の直接的統制のもとにある平メンバーは、相互の親和と外部への同調を強いられるのである。

つぎに、右に素描した国民的規模の統制機構＝共同態的構造は、社会の内部の工場、会社、官庁のような部分集団（職業集団）においても縮図となって現われてくる。ほんらい、社会の内部の部分集団もまた、環境のなかにあって長期にわたり存続するためには、ゴールの達成（g）、仕事の場での個人的活動《アチーヴメント》（a）、情緒的な場への成員の包絡《インヴォルヴメント》（i）、自我《エゴ》の普遍的価値へのコミットメント（e）という四つの機能を果さなければならないという意味で、国民社会のマイクロコスモスであるといえる。だが、天皇制社会では、型の一貫性の原理が意識的に国策として採用されているという事情が加わり、大社会と小社会の構造的相似がいっそう顕著となるのである。そこで、サイズの小さい企業経営体の場合には、企業主が家父長の役割を演ずることによって統制機構（gを実現するためのメカニズム）がまるごと共同態（iの場）と重なる。他方、しだいに発達してきた大規模の官僚制的組織においては、分割された一つ一つの単位（職場）が閉鎖的な共同態になぞらえられるか、それともこれらの単位のなかの個人が、同族・同郷・同窓などの属性本位《アスクリプション》の横糸によって繋がるかによって、ディフューズな連帯の要素が持ち込まれる。こうして、仕事の場でひき起された不平や不満は、共同態的な機能を通じて部分的に解消される。これらの不平や不満は、多かれ少なかれ、統制機構＝共同態的構造（国民的規模のG＝I）によって規定された部分集団のg＝i）内の「身分」に根ざす自由の制限と創意の抑制からくるのであるが、その解消の基本的な型は、与えられた「身分」に甘んずるかわりに、共同態もしくはそのなかの有力者に全身的に依存することによって心理的安定をうるという補　償《コンペンセーション》のメカニズムである。そして、このようなオーソドックスな社会的同調の様式に十分に習熟した者に、統制機構内の昇進が約束される。国民社会の縮図としてここでもまた、「個人的アチーヴメント」の領域（a）と「普遍的自我」の領域（e）における卓越と深化は、部分集団が統制機構＝共同態を主軸とする「閉ざされた」性格を担っているために、すぐれた社会的同調の様式とはみなされないのである。二葉《ふたば》亭四迷《ていしめい》（一八六四―一九〇九）の『浮雲』は明治二十年に書かれたものだが、そこではすでに官僚制化した官庁において強い自己意識のために適応に失敗する内海文三と、そのアンチ・テーゼとして公私に抜け目のない本田昇とが対照的に描かれている。そして、失敗者としての前者はもちろん、後者もまた成功がもっぱら官僚制組織への適応に限定され、国民的ゴールへの関心をまったく欠いているという点で、あらゆる差異を越えた共通性がある。国際社会に向って開かれていた部分がしだいに縮小するにしたがって、立身出世のパイプが細くなると、小市民出身の知識人は、一方においては内海のように広い生活空間から孤立し、そのために自信を失って自己を無用人として定義しながら自我に立てこもるタイプと、他方においては本田のように国民社会にではなくその統制機構のなかの一組織にのみ自己を同一化させ、その範囲内での同調に没頭するタイプとが分化してくる。これに対して、国民社会との同一化に固執するタイプの一つは、「開かれた」部分にコミットしえないために共同態（Ｉ）に没入して農本主義化するが、それはミクロの次元の生活空間を座標とする出世主義と反出世主義に対する反動であるとみることができよう。

要するに、明治二十年代以降の主導的な同調様式は、右に見たように統制機構＝共同態へのコミットメントなのであるが、この変化に応じ、コミットする空間がしだいに縮小して、生成途上の国民社会のレベルから固定化しつつある部分集団のレベルへ移ってゆく。

したがって、普遍的価値にコミットした自我（E）が、第一次集団と同一化（I）しつつ、個人的アチーヴメント（A）を通じて、国民的ゴールの達成に寄与（G）することにより、物質的・精神的な報酬をうるという多面的・拡散的な同調様式が分裂し、一面化・縮小化したさまざまの変化形が現われる。しかし、論理的に可能なヴァリエーションの型のすべてを列挙することは図式化の濫用に陥るから、以下では、比較的重要と思われる同調様式の二、三を指摘するにとどめよう。

日韓合併が行われ、幸徳秋水事件があった明治四十三年（一九一〇）、石川啄木《いしかわたくぼく》（一八八六—一九一二）はつぎのように書いている。「今日我々の中誰でも先づ心を鎮めて、彼の強権と我々自身との関係を考へて見るならば、必ず其処に予想外に大きい疎隔（不和ではない）の横たはつてゐる事を発見して驚くに違ひない。……我々青年を囲繞《いにょう》する空気は、今やもう少しも流動しなくなつた。強権の勢力は普《あまね》く国内に行亙つてゐる。現代社会組織は其隅々まで発達してゐる。——さうして其発達が最早完成に近い程度まで進んでゐる事は、其制度の有する欠陥の日一日明白になつてゐる事によつて知る事が出来る」（『時代閉塞の現状』）。状況をこのように定義することによって、彼は「絶対主義」国家権力と近代的自我（普遍的価値にコミットする自我）の疎隔を肯定しているけれども、あらゆる社会的目標（G）を拒絶する自我の孤立化の方向を選びはしなかった。「遠い理想のみを持つて自ら現在の生活を直視することの出来ぬ人は哀れな人です。然し現実に面接して其処に一切の人間の可能性を忘却する人も亦憐《あわ》れな人でなければなりません。……現在の日本には不満足だらけです。然し私も日本人です、そして私自身も現在不満足だらけです。乃《すなわ》ち私は自分及自分の生活といふものを改善すると同時に、日本及日本人の生活を改善する事に努力すべきではありますまいか」(四十三年一月、大島経男宛書簡)。ここには、理想の目標の追求を通じて、社会と個人の調和を実現させようとする能動的理想主義の典型的な論理が力強く述べられている。自我も国民的目標も、ともに克服され変更されるべきものとしてとらえられ、そのような国民社会との同一化を通じて「現状」の変革を志向するタイプは、その後の社会主義的な反応の様式を先取りしたものとみなすことができる。近代的自我の要求(E)と統制機構への同調(G)とが相互に成立せず、どちらか一方だけの選択しか許されなくなった場合、その解決の仕方は三つしかない。すなわち、近代的自我の実現を断念して統制機構に同調するか(G+、E−)、統制機構への同調を断念して近代的自我の要求を他の生活空間に閉じ込めてしまうか(G−、E+)、それとも国民的ゴールをとりかえて、それに対応するよう自我構造をつくりあげる(普遍的価値の選択の仕方を変える)か(G±、E±)である。啄木の場合は、思想のレベルでの第三のタイプに属するといえよう。

右のパラグラフの括弧内の記号はR・K・マートンにならい、+は受容、−は拒否、±は変容を加えたうえでの受容を示す。周知のとおり彼は、「成功《サクセス》」というアメリカン・ドゥリームが、社会において正当化され承認されている手段によっては容易に到達されない（とくに低い階層の出身者にとって）という「開放社会《オープン・ソサイエティ》」の名実の矛盾から、いくつかの偏った同調の様式が生ずることを図式化した。最近、ある社会学者はこの有名な図式をさらにエラボレートする試みを行っている。(2) 彼によれば、国民社会の規模の文化的目標（ここでの文化的とはいうまでもなく社会にプリヴェールなという意味である）に対して、個人は同じく社会的規模の手段を選択するのではない。社会に一般的な目標と個人とのあいだには、彼の活動が直接に織り込まれている制度（とくに所与の職業的活動を規制する行動様式の複合）に固有の規範と手段が介在している。だから、マートンは正当化されていない手段を採用して成功するか、正当化されている手段を遵守して失敗するかというディレンマを軸として偏った同調のタイポロジーを立てたけれども、じつはディレンマは、文化的目標（成功）、制度的規範、制度的手段の三者のあいだにまたがっているのだ、と言う。しかし、ここで彼の所説を持ち出したのはそのタイポロジーを検討するためではなく、マートンには欠けていた社会的レベル（文化的目標）と集団レベル（制度的規範および手段）の区別が提起されているからである。文化的目標（本文の文脈では国民的ゴールの達成への寄与、もしくは統制機構への同調）への自発的同調に失敗した個人は、部分集団のレベルに属する職業集団や第一次集団への同調を多少とも強迫的に追求することになるだろう。本文のなかの三つの同調様式のうちの第二のものがこれである。

それでは、変革者の視点に立った啄木には、当時の支配的な同調様式はどのように見えたか。

国民的ゴールへ自我をコミットさせることが、「強権」の圧力のためにほとんど絶望的に困難な状況のもとでは、現実に密着して「一切の可能性を忘却する」ミクロの次元の出世主義と反出世主義が優勢となってくる。「今日我々の父兄は、大体に於て一般学生の気風が着実になつたと言つて喜んでゐる。しかも其着実とは単に今日の学生のすべてが其在学時代から奉職口の心配をしなければならなくなつたといふ事ではないか」。「『国家は強大でなければならぬ。我々は夫《それ》を阻害すべき何等の理由も有《も》つてゐない。但し我々だけはそれにお手伝ひするのは御免だ！』これ実に今日比較的教養ある殆ど総ての青年が有ち得る……愛国心の全体ではないか」。建設期を終った明治国家が、制度と習俗の巧妙な癒着を通じて、国民の生活を身近な側面からいっそうナチュラルな形で統制しうるようになったのと対応して、二代目青年のあいだに、このような体制受益者感が広がってゆく。国家的利害への関心は国家権力への感受性とともに鈍化し、国家的な問題は文字どおりの第二次的環境のなかに位置づけられる。自己の生きうる生活空間とみずからの潜在的能力とを狭く小さく限定することによって、はやくから「大人《おとな》」の身構えの習得に志向するこのタイプは、一方においては、たとえば高文試験をめざしての懸命の勉学、役所的世間知らず、出世のポシビリティとプロバビリティの混同などの特質を伴った勤勉努力型と、他方においては、明朗快活で都市生活の便益をエンジョイする余暇の場のエキスパートである楽観主義的行動型とに分れる（後年この型は、たとえば藤井貢の演ずるところの角帽シリーズの私立大学生を経て、戦後の比較的おとなしいタイプの太陽族青年に至るまで、マスコミによる娯楽作品のなかの重要な一人物となった）。前者の将来志向と後者の現在没入の差はあるとしても、体制批判を欠いた将来主義と制度・習俗の枠内でとどまる享楽主義は、ともに「着実」である点で相似している。

このようないわば上昇的・自足的リアリズムに並行して、下降的・逃避的リアリズムが蔓延する。「急進的な」（強い近代的自我の要求をもつ、と読みかえるべきだろう）人たちが、こういう「時代閉塞の現状」にぶつかったとき、「抑へても〳〵抑へきれぬ自己其者の圧迫に堪へかねて、彼等の入れられてゐる箱の最も板の薄い処、若くは空隙（現代社会組織の欠陥）に向つて全く盲目的に突進してゐる。今日の小説や詩や歌の殆どすべてが女郎買、淫売買、乃至野合、姦通の記録であるのは決して偶然ではない」。社会の陰の部分――そのうちの一部は国家権力が故意に組織化を停止した部分、政治的・経済的・社会的な自由の抑圧から生ずる抵抗をそらすために人権の犠牲において配給した自由の部分なのであるが――へのこの傾斜は、しばしばひじょうに深い哀切感に達した。たとえば、永井《ながい》荷風《かふう》（一八七九―一九五九）はつぎのように述べている。「嗚呼余は浮世絵を愛す。苦界十年親の為めに身を売りたる遊女が絵姿はわれを泣かしむ。竹格子の窓によりて唯だ茫然と流るる水を眺める芸者の姿はわれを酔はしむ。……雨夜の月に啼く時鳥《ほととぎす》、時雨《しぐれ》に散る秋の木の葉、落花の風にかすれ行く鐘の音、行き暮る、山路の雪、およそ果敢なく頼りなく望みなく、この世は唯だ夢とのみ訳もなく嗟嘆せしむるもの悉くわれには親し、われには懐し」(「江戸芸術論」)。

ヨーロッパとの比較を通じて、日本の市民社会に深く絶望した荷風は、国家の統制と産業化からかろうじて免れた日の当らない部分とみずからを同一化することによって、逆に近代的自我を守ろうとするのである。しかし、この型は、文化的目標と制度的規範・手段のどちらにもアタッチしないという意味で、むしろ非同調を表わしているから、ここではこれ以上立ち入らない。

明治後半期において、自我の同一化の対象を直接国民的ゴールに求めた思想家は、もとより啄木だけではない。たとえば、高山樗牛《たかやまちよぎゆう》(一八七一―一九〇二)の場合は三十年代のナショナリズムの典型とみなされているが、彼と啄木とが決定的に区別される点は、自我と国家が相互に自己を否定することなく、直接に結びつくというところにある。しかし、樗牛によって代表される明治後半期のナショナリズムにおいては、前半期のそれと異なって、自由や独立を不可欠の要請とする近代的自我の属性への配慮がいちじるしく減少しているということである(G+、E−)。ヨーロッパ近代民族の健全な自足的ナショナリズムの場合、国際社会のなかでの民族を民主主義社会のなかの独立の個人になぞらえるという対応の論理が支配しているのであるが（イデオロギーとして利用される以前の民族自決主義）、明治二十年代のナショナリズムにおいても、ある程度、このような対応への信念もしくは願望がうかがわれた（G＋、E＋）。ところが、樗牛のナショナリズムにおいては、自我の属性はその本能的衝動の面によってとらえられ、ニーチェの権力意志の概念を媒介として、膨脹する国家権力の対外的発展と対応させられている(3)。自我を本能的衝動の根源としてとらえる発想は、いうまでもなく自然主義のアイディアであるが、自然主義の場合には、衝動や価値からくる諸要求をにらみ合せてバランスをとる市民的自我の規律《ディシプリン》の存在が前提となっており、このような規律の働きにもかかわらず、衝動に押し流されてゆく凡愚の悲哀が歌われているのである。ところが、樗牛においては本能的衝動が即自的に肯定されており、それが国家権力と一貫《コンシステントリー》的に結びつくところに、自然主義的適応もしくは不適応とのあいだの深い断層がある。この本能的自我と専制国家の権力支配の側面（価値体系の側面よりもむしろ）との直結は、日清戦争の勝利によって自信をたかめた知識層の一部の自覚形式を表わしていると解することができる。

日清戦争後、日本の資本主義は産業革命を終り、日露戦争から第一次世界大戦にかけて飛躍的な発展を遂げた。こうした資本主義の発展に伴って、会社銀行員の数はいちじるしく増加し、明治末期から大正にかけて、新中間層としてのサラリーマン層が成立する。中下層の官公吏を含めたサラリーマン層の社会的同調の主要な様式は、自我↓職業集団の結びつきである。独占段階にはいった資本主義社会においては、エリートの目標が国民的ゴールとなり、民衆はそれから疎外される。他方、産業化に伴って家父長家族から婚姻家族への移行が進み、家族が経営体から分離して、しばしば家長ひとりが彼の職業的役割を通じて一家の生計を支えることになる。あるいは、独身者はそのようなコースを未来に描いて職業的役割に参加する。したがって、彼は職業集団と家族の接合点に位置し、その職業的役割の成功・不成功、その結果としての階層システムのなかの位置づけが、そのまま彼の妻子の成功や失敗であり、その階層的地位を決定する。婚姻家族の場合、「家庭の幸福」（比較的平等な夫婦親子間の愛情の交換）は家父長家族の場合よりも重要視されるが、その幸福を維持する最も重要な条件は、職業集団のなかでの適応である。そこから、職業的キャリアー――その頂点がどのあたりにあるかが十分に見通しがきくような、きわめて制限されたキャリアーではあるが――へのひじょうに強い関心が生ずる。昭和のはじめからひき続いて、広い読者層を獲得した佐々木《ささき》邦《くに》（一八八三―一九六四）（いわゆるユーモア小説家で全集が出たのは彼が最初である）の文学は、主として大都市サラリーマン青年のキャリアーをめぐる哀歓を描いたものである。しかし、彼の場合も、仕事の場（a）よりもむしろ情緒的な場（i）を中心におくという点で、太平洋戦争以前の日本文学に共通の傾向を表わしている。社長や重役や課長や同僚やタイピストたちとのあいだの人間関係の網の目を巧くくぐり抜ける青年に出世が約束される。しかし、「全権先生」で家庭教師として図抜けた独創性を発揮する主人公をとりあげたところからも分るとおり、佐々木の関心は情緒的な場にもっぱら傾斜していたのではない。彼はむしろ、仕事の場でも十分な能力を発揮しうる可能性のある青年が、いわばその徒弟時代において、創意や主張を抑制しようとする共同態的雰囲気のなかで、どのようにして目立たないように身を処してゆくかの追及をテーマとしていた。どんなに才気のある青年も目立とうとすれば失敗する。このタイプはたとえば「明暗街道」の内田君であり、彼はキャリアーにもっぱらコミットして未来の履歴書を書いているくらいなのだが、結局は一見凡庸の麻生君にかなわない。佐々木のサラリーマン文学のなかでとくに注目に値するのは、社長などの上位者との関係だけではなく、同僚間の関係が共同態的なものとしてとらえられている点である。学校生活で、先生にかわいがられる模範生が仲間から疎外されるように、ここでもまた、上位者との特別のコネクションをもつ者は仲間から陰に陽に制裁をこうむる。それは、官僚制支配に対する共同態の抵抗の一つのヴァリエーションであるとみることができよう。もちろん、都市の職場の仲間では、共同態的性格はずいぶん弱まっており、D・リースマンのいう敵対的協力者《アンタゴニスティック・コーペレーター》から成り立っているので、上部のアウト・グループに繋がろうとする者に対する反感が顕在化する、という点は見逃しえないけれども。

しかし、自我→職業集団型の同調様式が最も典型的となってくるのは、太平洋戦争後、戦争による一時的な混乱を切り抜けて資本主義社会の秩序がふたたび安定化した時期である。敗戦による領土の喪失に伴う人口密度の高まり、学制改革による教育程度の全般的な向上とそこから結果する希望水準《アスピレーション・レベル》の一般的な上昇、これらの要因からサラリーマンの職場内での敵対的協力者間の競争は、戦前よりもはるかに激しくなっている。「職場には本当の友情がない。先輩も同僚も、うわべはうまいことをいって話を合わせているが、真底は、ほかの人を押しのけてでも上へあがりたいという気持の人が多いのです」(「サラリーマン二年生の生活と意見」『朝日新聞』大阪版、一九五七年六月十四日)。戦前は天皇制価値体系が官僚制的支配をイデオロギー的にカバーしていたから、それとパラレルに競争にまた多少とも人格化されていた。戦後、天皇制価値体系は天皇の人間宣言によって少なくともその中核的部分を去勢されてしまったため、支配はもっぱら精巧につくり上げられた制度による非人格的な形態をとるようになった。したがって、競争もまた非人格化し、成功の手段は道徳的にニュートラルな技術とみなされるようになる。「記事にする」ための新聞記者の技巧が、人々に不当な重荷を背負わせる例は、その代表的なものとしてしばしば注目をひいてきた。たとえば、事故死した生徒に対する責任の有無を追及して、教師を自殺に追い込んだ場合などがそれである。天皇への忠誠に代わって、点数制で能率を上げさせる警察の官僚制は、民衆の人権を別の仕方で(だがやはり底深く)おびやかしている。交通違反を見つけて加点するために、バック・ミラーの死角にはいって白バイクで追跡する練習が行われている署もあるそうだが、この種の技術は、警察の社会的機能として正当化されない場合にも、ときとして適用される（憲法で合法化されている集会に持ち込まれる隠しマイク）。仕事の場での技術への関心がその裏道にまで及ぶのと並行して、情緒的な場合でも、成功と結びついた道徳的な人格のイメージが崩れてゆく。人格的に一貫してすぐれているかどうかではなく、その場その場の状況において、仲間の雰囲気に同化し、一同に抵抗感を感じさせない技術に関心が集中する。こんにち「ハウ・ツウもの」とよばれる成功術の書物を分類すると、「異化」（個別化）を強調するタイプと「同化」を強調するタイプに分れるが（土方文一郎「成功ものの効用」『日本読書新聞』一九五八年五月一日）、異化（意表をつく技術の発見と実行）は主として仕事の場で、同化（仲よし主義へのコミットメント）は主として情緒的な場で展開されるべき旨を説いているばあいが多い。

自我↓職業集団型の同調様式に関して、さいごにつぎの二点を指摘しておこう。第一に、この型においては組織目標（g）との同一化は、資本主義社会の官僚制組織のもつ特性上、組織上層に限られる傾向がある。したがって、ふつうのメンバーは、仕事の場（a）か情緒的な場（i）のどちらかに主要な社会的同調の場をみいだす。第二に、組織の官僚制化につれて、同調は近代的自我の表現もしくは拡大という要請としだいに矛盾するようになり、このような自我の要求の犠牲において成立する可能性が増してくる。他方、職業集団内の情緒的な場も同調を強いる圧力を課しているので、個人はいきおい、第一次集団のなかで、あるいは大衆娯楽の享受者《オーディアンス》として、自我の表現を求めようとする。こうして、仕事の次元と余暇の次元が明確に分化してくるのである。「朝の挨拶からはじまった職場生活が終る頃になると、目白三平はしゃべり疲れてすっかり人間嫌いになってしまう。せめて職場以外の場所、即ち家庭とか近所では、面倒臭い時には、朝の挨拶やその他儀礼的なことは、かんべんして貰いたいものだというのが目白三平のいつわらぬ心境なのである」（中村武志『目白三平の生活と意見』）。

職業集団における成功への願望が、なんらかの理由によって否定されたとき、自我→第一次集団型の同調が支配的となる。よく知られているとおり、太平洋戦争以前の日本文学の主要な傾向（私小説と心境小説）は、この同調への努力の表現であった。もちろん、生活者としての文学者の関心は、しばしば一次的には職業的成功にあったかもしれないけれども。この同調様式の特徴は、職業生活を中心とする目的合理的、道具《インストウルメンタル》的な活動の複合体を卑俗な「世間」として定義し、それへの自我の参加を断念する代りに、家族、恋愛関係、友人仲間のような第一次集団の場で、他者の期待と自我の表現《エクスプレッシヴ》的活動の調和を追求する点にある。「日本の代表的な知識階級の一人、……当代の最高の教育を受け、……東西古今の莫大な量〔の書〕を読みこなし」、世界の文明国の大学講師で小説家でもあるところの「得能五郎の幸福の正体は、冬に妻と子供をつれてスキイに行くことにある、と言い切ってしまうのは、何というはかないことであろう」。三十五歳になった彼は、一夕友人の来訪を受け、楽しい座談の期待に子供のように胸を躍らせ、生きがいを感ずるのであるが、それは、彼らがとりかわすはずの会話が、「金儲けや腕力や論理の自慢」(むきだしの支配欲)でもなければ「空しい挨拶や世辞」(生存競争をおおうヴェール)でもないからである(伊藤整『得能五郎の生活と意見』)。こうして、道具的活動と国民的ゴールが結びつく「大人の世界」に、第一次集団にコミットする公的に無責任な自我が対立する。これは昭和十年代のファシズム期において、極端に生活空間を押し狭められた一知識人の描いた図式であるが、この図式はいろいろのヴァリエーションをとりながら、明治後半期からこんにちに至るまで貫流している。統制機構と共同態の接合以来、「権力が内面化道徳化し、道徳倫理の方が外面化機構化しがちな環境」(堀田善衛「日本の知識人」『岩波講座 現代思想』XI、岩波書店)のなかにあって、この同調様式は内面的な自我の働きを保有する有力な方法となった。

自我→個人的アチーヴメント型においては、奮闘努力する能動型の成功者がモデルとなって、自我の行動をそれと比較しつつ向上がめざされるのであるが、これに対して、自我→第一次集団型においては、準拠《レファレンス》となるモデルは受動型の無為の人である。日本の社会においてこの準拠用のモデルの役割を主として果したのは、母親であった。「世間」のなかを循環している悪(主として支配欲)に対して、世間人は免疫をもっているか、それとも厚く武装されているので、水が高所から低所へ流れるように、悪は最も無力な最も無防備な人に集中してくる。この文字どおりの贖罪の羊は、「世間」(それを代表するのはしばしば夫である家長なのだが)に対して抗議を試みることなく、黙って不当な苦しみに耐えてゆく。日本の母のイメージはしばしばこのような贖罪の羊として描かれており(たとえば織田作之助『青春の逆説』)、その純粋さへのプラスの同一化と、その無力さへのマイナスの同一化が、子供のパーソナリティの形成に重要な役割を演じた。「世間」に対する無抵抗は同感と同時に反発を呼び起し、このアンビヴァレンスを軸として反出世主義と出世主義が分化してゆくのである。成功を激しく願望した島田《しまだ》清次《せいじ》郎《ろう》(一八九九—一九三〇)の少年の頃の詩につぎのようなものがある。試験を済ませて家へ帰ってみると、白い三つの西洋皿の一つ一つに、焼いた鯖《さば》、芋のうま煮、古たくあんの醬油煮が盛られてある。「己にとつては珍らしいごちさうである。/『これは!』己の叫ぶのを/『おほゝゝ』と母がわらひ/二人は腹一杯たべた/……己達は幸福であつた」(『早春』)。この詩は日常的な苦痛と羞恥を読者に催させるほど濃密な実感がこめられているが、他方「母即《すなはち》世間なることを思へ」と書いて、悪の侵入を無制限に許す母との同一化があまりに深くならないように自戒している。子の奮闘(業績の達成や忠君愛国的献身)を激励する有為の母は、たとえば教科書で有名な「一太郎やあい」の軍国の母において戯画化され、官製イデオロギーと結びつき、子の幸福を願う無為の母は庶民のイメージとして定着した。[4] 非活動の場としての第一次集団を象徴するイメージは、しだいに象徴化を深めてゆくと、近代文学の発想の根源である「無辜の人《イノセント》」に結晶する。国家権力に無縁であり、人を傷つけることを恐れて生存競争の場から退き、共同態の習俗のもつ偽善的側面になじむことのできない「無辜の人」は、権力欲や卓越の願望や虚偽の身振りが渦巻いている広場のなかにあって、八方破れの構えで孤立する。鳴海仙吉は、このような「無垢の心を剝き出しにしている怖ろしさ」をユリ子に感じ、彼女との同一化を通じて芸術家（自発的・内面的な自我をもっている人間）としての自分を肯定すると同時に、彼女との距離を確認することによって、適応しなければならない「世間」に繫がっているという安全感を回復するのである（伊藤整『鳴海仙吉』）。準拠用モデルのこの二重の使い分けは、「絶対主義」権力を後楯とした日本の資本主義社会において、近代的自我の要求と「世間」からの同調の要請とを妥協させる有力な方法の一つであった。これをもっと日常的な実生活の方針のレベルに移して表現するなら、人は無為の理想から遠ざかった悔恨を通じて自我を確認し、有為の現実（「世間」）に所属しないというアリバイを獲得することによって、無責任者の資格で心理的負担を軽くしながら「世間」をわたる（それにコミットしない）ということになる。

（1）石田雄『明治政治思想史研究』未來社、一九五四年、同『近代日本政治構造の研究』未來社、一九五六年、など。
（2）R. Dubin, Deviant Behavior and Social Structure, *Amer. Sociol. Rev.*, Apr. 1959.
（3）丸山眞男「明治国家の思想」『日本社会の史的究明』歴史学研究会編、岩波書店、一九五一年。

(4) 日本人の「母」は特定の主体にとっての母という個別主義的存在を越えて、「母」なるもの一般としての意味を担う。この意味はちょうど、集団の中で特定の関係を結んでいる首長への忠誠が、首長の人格への忠誠ではなく首長なる地位への忠誠を意味するという、ベラーのいわゆる「擬似普遍主義」とパラレルな位置にある。ここで通りすがりには展開し切れないインプリケーションを伴う右の指摘は、山村賢明『日本人と母』東洋館出版社、一九七一年、二一五頁、において行われている。

X　戦犯受刑者の死生観
――「世紀の遺書」の分析――

一　課題

　戦争から受けた被害について正当に語ることは容易ではない。それは、体験者のすべてが、どのようなレヴェルにおいてではあれ被害者であると同時に加害者であるからだ。この矛盾し合う双面的な性格が極めて典型的に現われるのは、戦争犯罪者の場合である。約五五〇〇名の日本人が、平和に対する罪、通常の戦争犯罪、人道に対する罪のいずれかにより連合国側によって裁かれた。(1) だがこれらの訴因のほとんどは、現象的には日本人以外の人びとへの加害に関している。彼らは加害者であると認定されたが、同時にまた旧敵国によって一方的に裁かれた被害者である。このように加害―被害の軸が敵味方の軸と交錯しているために、責任と無責任の意識化の過程においてとりわけいちじるしい混乱が生ずる可能性がある。事実、以下で検討する約七〇〇名の遺文のなかには、迫りくる刑死の運命に対しての痛ましい格闘のほかに、その意味をなにに求めればよいかに関しての苦渋に満ちた模索の跡がうかがわれるものが少なくない。

この試論の目的は、『世紀の遺書』(巣鴨遺書編纂会編、一九五三年)に収録されたA級およびBC級戦犯七〇一名の遺文をおもな資料とし、そのなかに現われている死の意味づけの型を明らかにすることにある。

およそドラスチックな価値剝奪(deprivation)の状況においては、その苦痛がなにゆえに受け容れられなければならないかという「意味の問題」が生起せざるをえない。特に刑死という究極的な、そして絶対的に他律的な価値剝奪を目前にした場合、意味の追及に怠慢でありうる人間がいるだろうか。おそらくなにびとも、みずからのこうむる究極的な被害の原因(科学的な因果律のレヴェルの原因ではなく意味のレヴェルの原因)を何者かの作為(もしくは不作為)に結びつけようとするだろう。[2] この連結が成功した一つの場合が、自己の罪(原因)に対する何者かの罰(結果)である。しかし、この純粋な戦争責任の意識化による解決は、このたびの戦争の戦争犯罪の場合には極めて生じにくいことが予想される。BC級戦犯に限ってみても、裁判の報復的性格、日本軍隊の慣行に関する原告側の無知(故意もしくは善意の)、訴訟手続のいちじるしい不備、未決既決の拘留期間中に受けた不当な待遇(虐待を含む)など、「罪と罰」型の解決を困難にする数多くの条件がそろっている。[3] 事実、あとで見るように、この型の解決に訴える人は少数派に属する。だが、意味の追及は過去に向ってだけではなく、未来に向っても行なわれうる。すなわち、「この苦痛はなんのために必要であるか」という形の問として現われてくる追及である。たとえば、国民を代表して犠牲になるというのは、その有力な解決法である。これら二つの解決の仕方以外に、なおいくつかの有力な解決の型があると考えられるが、当然予想されるように、これらのどの型に訴えても解決をみいだしえない多くの人びとがある。彼らにとっては、提供された意味の連結のどれもが、納得しがたい (déraisonnable) もの (A・カミュ) としてしか受け取れない。彼らは、無意味に殺されるという懊悩からついに免れることができなかった人たちである。だがいうまでもなく、先に述べた裁判の諸条件からみて、なんらかの解決をみいだしたと書いている人びとのなかでも、その解決を本当に受け容れた人びとは極めてまれではなかろうか。いいかえれば、彼らの多くは、真の解決ではなく、その欠如を補う「防衛のメカニズム」(5) のとりこになったにすぎないのではなかろうか。資料の性質上、われわれはこの種の問に答えることはできない。しかし、われわれの関心はこのような危機的状況に追い込まれた個人の反応を臨床心理学的に究めることにはない。そうではなくて、十五年の戦争下で過ごした日本人が、戦争犯罪のための刑死という状況に直面して、どのようなメカニズムに訴えるにせよ、どんな解決の仕方に傾きやすいかという問題にある。そのかぎりにおいて、『世紀の遺書』やその他の手記は、(6) われわれの要求にかなりの程度まで応じてくれる (もちろん、これらの遺文や手記は、他のさまざまの要求に対してはもっと高い価値をもつこともあるだろう)。

(1) 戦争犯罪関係者の内訳は、下記の通りである(広島大学政経学部の高橋三郎氏の教示による)。

	起訴されたもの				
	有罪			無罪・起訴却下・死亡	
	死刑	終身	有期		
A級	7	16	2	3	28
B・C級	937	335	3,098	1,117	5,487
小計	4,395			1,120	
総計	5,515				

(2) この点については、前述二〇一―二〇二、二〇七―二〇八頁参照。

(3) いうまでもなく、それはBC級戦犯のほとんどすべてが「無実の罪」で罰せられたということを意味しない。言葉の精確な意味で「無実」の人、すなわち訴因にまったく無関係の人が含まれているとしても、それが大部分ではなかろう。

(4) ここで「未来に向う」というのは、通常の行為を理論化する場合に問題となる未来指向性(future-orientedness)のことではない。過去から現在までを結ぶ意味の線を、未来に向って延長する、というだけにすぎない。だが、これから取り上げようとしている特殊な行為(意味の追及)に関しても、それが行為であるかぎり、行為の一般理論はやはり適用されうる。先に行為の要因として〈手段としての有効性〉、〈価値の一貫性〉、〈欲求充足にとっての適切性〉の三者を挙げたが(I章一節)、この分類に従うなら、意味の追及はすべて第二のタイプによって誘発される。ただ、この追及の過程において副次的に採用される認識論のカテゴリーが目的関係であるか、それとも因果関係であるかに従って、限定された意味での「未来指向性」と「過去指向性」が分化する。だがこの動機づけの本性上、起源の追及は避けられないから、「未来指向性」の場合にも、過去とのかかり合いが断ち切られているわけではない。後節で述べる「いしずえ」型は、そういう含みのうえでの「未来指向性」が強い。これに対して、「自然死」型は「過去指向性」が強い。

(5) T. Parsons & E. A. Shils (eds.), *Toward a General Theory of Action*, 1951, pp. 134-37.

(6) 理論編集部『壁あつき部屋』理論社、一九五三年、飯塚浩二編『あれから七年』光文社、一九五三年、神吉晴夫編『三光』光文社、一九五七年。

二　対象

『世紀の遺書』の付録第一表（次頁）によると、昭和二十八年十月三十一日現在で、戦犯受刑者（未決を含む）のうち死没者は一〇六八名に達している。その内訳は表のとおりである。

本書に収められている遺書、遺稿（日記、手記、随筆、詩歌、書簡、伝言を含む）は右の一〇六八名中の七〇一名によって書かれたものである。戦犯刑務所は巣鴨のほか、大陸南方諸島五十余個所に及ぶが、その大半は筆紙の所持を厳禁し、あるいは筆紙を与えても処刑後遺稿を没収した。したがって、収集された遺文のなかには、便箋、包装紙、トイレッ

死因別一覧表（昭和28年10月31日調）

関係＼死因	刑死	病死	事故死	自決	死因不明	合計
A級	7	5 △2				12 △2
B・C級	860	59 △26	10 △7	11 △23	＊13	940 △69
B・C級 台湾出身	20	1	2	1		24
B・C級 朝鮮出身	21					21
小計	908	65 △28	12 △7	12 △23	＊13	997 △71
総計	908	93	19	35	＊13	1,068

△印は未決中の死没者
＊印は即決未決いずれか不明

トペーパー、タバコの巻紙などの紙以外に、シャツ、ハンカチーフ、板などに書かれたもの、鉛筆やペン書以外に血書のものも含まれている。紙数の多い遺稿は、なるべく最期に近いもののなかから遺志の最も明確な部分が選ばれた（『世紀の遺書』七四四頁。以下書名を省略、頁数のみ記す）。

　これら七〇一名の、絶望、慟哭、愛情、郷愁、悔恨、諦念の入り混った遺文のなかから、死生観を明らかにするというわれわれの目的のために、刑死者によって書かれたものを残し、有期刑無期刑の人（自決、病死、事故死、死因不明の人）の遺文は除いた。しかし、未決中の自殺者の分は、死刑を予期しうる状況におかれていたと解釈できるので、これを残すことにした。こうして分類の対象となったのは六七四名である。

　しかし、これらが書き遺された状況はじつにさまざまに異なっているから、それら一つびとつを平等の資格で取り扱うことにはずいぶん問題がある。字数、宛先（多くは妻、子、親であるが、同じ刑務所内の受刑者、教誨師宛のものも少なくない）、執筆の時期（何年何月に、また執行を時点としてどれくらい前に書かれたか）にかなりの相違があり、そしてこれらの相違に、各人の訴因との関係をはじめとして、刑務所の待遇、執筆の難易、宛先に届く見込、判決から執行までの期間などに関する諸条件の差異が付け加わる。だが、これらの差異にもかかわらず、彼らがおかれていた環境には多くの共通点がある。第一に、彼らのすべては死に直面しており、その死は究極のところ、程度の差はあれ、戦争への参加に由来している。第二に、少数の民間人を除いて残りのすべては軍隊教育を経験し、あるいは嘱託、通訳、軍属として軍隊規範の統制下におかれていた(1)。第三に、彼らのうちのごく一部分は戦後の日本の市民生活を短期間のあいだ送ることができたけれども、他の人びとはすべて戦争から死に至るまで、戦後の日本社会からほとんど完全に遮断されていた(2)。彼らのコミュニケーションの範囲は同じ環境下の戦犯受刑者の集団に限定され(3)、したがって、朝鮮事変の前後まで生き残った人びとがあるとしても、戦後の民主主義カルチュアにほとんど参加しえなかった。受刑者集団は少数の成員から成る孤立した集団であったから、そこに伝承された旧日本のカルチュアは、受刑者の意識と行動を戦前に劣らないほど強く拘束していたように思われる。それゆえ、われわれは彼らの行動様式のなかに、戦前の、とりわけファシズム期の日本社会のカルチュアを、かなり純粋な形でみいだしうることが期待できるだろう。これらの共通点が存在する以上、遺文の内容を相互に比較し、それらを若干の型に分類して表示する試みも、ある程度有意味であるように思われる。そこで次節以下では、いくつかの型を設定し、簡単な量化を行なうことにする。

(1) 六七四名の階級別は次のとおりである。

階級	人員	合計
大将	7	
中将	17	38
少将	14	
大佐	31	
中佐	15	82
少佐	36	
大尉	110	
中尉	51	184
少尉	23	
准尉・兵曹長	58	58
曹長・上等兵曹	118	
軍曹・一等兵曹	54	210
伍長・二等兵曹	38	
兵長	9	
一等兵	7	17
二等兵	1	
民間人・文官*	85	85
合計		674

* 司政官，嘱託，通訳，軍属，警部を含む

(2) もちろん、刑務所によって孤立の程度は異なる。おそらく、巣鴨とマヌス島がその両極であろう。だが遠い外地でも、手紙、新聞、雑誌などを通じてのコミュニケーションはある程度行なわれている。

(3) 外国人の監守との交渉は、社会的位置と言語の関係で、ごく表面的なものであったと考えてよい。日本人の教誨師との関係も、その役割上、やはり限定されたものにとどまっていたであろう。

三　分類――四つの型

右に述べてきたような特殊な環境において死に直面した受刑者の死生観（精確に言えば死観）はさまざまである。だがそれらは、いちおう次の四つの型のどれかに含まれるように思われる。あまりぴったりした名称ではないが、かりにそれぞれを「自然死」型、「いけにえ」型、「いしずえ」型、「贖罪」型と呼んでおこう。

1 「自然死」型

刑死が避けがたい運命として認識されたとき、その予期から生ずる苦悩は、刑死という人為的な死を、あたかも自然死であるかのようにみなすことによって、ある程度緩和されるだろう。資料中の数多くの個所に、この方法に訴えることによって苦悩を軽減しようとする痛ましい努力の跡がうかがわれる（以下の引用文はすべて新かなづかいに統一した）。

I陸軍大尉「咲いた花は散り作られたものが壊れる様に生ある者は死ぬ」（七二頁）。T陸軍中佐「殺されたと思うな。父は三十年間の御奉公をした。若い者たちが何万と死んで行った。死は怖れてはいない。死は人生に避けられない宿命である」（五八六）。T海軍中尉「人間一度生を受ければ、一度は地にかえらねばなりません。考え方によりては、人間生れる時、既に死刑の宣告を受けている様なものです」(五一八)。H海軍中尉「只自然ニ化スルト言ウ気持ダケデス」(三八九)。死の前の「感想」を執拗に聞き出そうとする花山信勝に対して、広田弘毅は「すべては無に帰して、いうべきことはいって、つとめ果すという意味で自分は来たから、今更何もいうことはない。自然に生きて自然に死ぬ」と言葉少なに応じている。(1)

この型においては、死は自然法則が働いている以上、避けえられないものであるという形で普遍主義的に定義されており、また同時に、自然の所与として受動的に受け容れなければならないものとして位置づけられている。状況の普遍主義的定義の強調と、人間としての属性によって規定された受動的な役割の強調のコンビネーションが、この型の特徴である。したがって、T・パーソンズの「型の変数」("pattern variables")のタームで表現するなら、「自然死」型は普遍主義(universalism)—属性本位(ascription)である。

しかし、死が自然であり、自然科学的な意味において生の帰結であるとしても、これを「自然」に受け容れることができるためには、死の精神的な意味が納得されていなければならない。特にその死が、他者の物理的な力によってもたらされる場合、この意味の追及はひときわ自覚的に行なわれるはずである。死を自然として認めることと、それを「自然」に受け容れることとのあいだには深い断層がある。彼らはそれを飛び越えた。あるいは飛び越えようとした。絞首刑を宣告されたA級戦犯のうちでただ一人の文官であった広田は、そのせいか運命を共にする獄内の仲間たちと交わることなく、独りでトランプに興じていたという。そのあいだ彼はなにを考えていたのだろうか。BC級の手記のなかには、自分を吉田松陰にたとえているケースが数多くみいだされる。松陰がレファレンス・インディヴィデュアルとなっているのは、とりわけ彼の辞世の歌「呼出しの声待つ外に今の世に待つべきことのなかりける哉」に基づく（一七四、二九七、三八九、四四三など）。

この歌の一つの含みは、すでになすべきことは十分に果した、という点にある。広田は花山に答えて、「公けの人として仕事をして以来、自分のやったことが残っているから、今さら別に申し加えることはないと思う」と言っているが、彼の場合、死の道徳的意味は、公人として課せられた役割を遂行したというところに求められているように思われる。そして、その役割の遂行の結果として、避けることのできない死が科せられてくるのである。広田の場合、死の原因となった役割は具体的にはどのようなものとして定義されていたであろうか。彼はそれについてなにも語っていない。だが、「自然死」が普遍主義―属性本位であるならば、この死を最も受け容れやすくする「死の原因」は、やはり普遍主義―属性本位の役割の遂行であろう。その場合には、原因と結果が論理的に一貫するからである。課せられた――ascribed――義務を公人（あるいは軍人）として――universalistically――忠実に履行したこと、それが「死の原因」となったとすれば、原因と結果（精確に言えば前提と結論）(2) を結ぶ連結は論理的に一貫し、他の場合よりも心理的な緊張が高まらないだろう。役割は自主的に選択し、かちとったものであるというよりも、むしろ、多かれ少なかれ運命によって課せられたものである。人は運命に従ってその仕事に精励し、そしてまた、時がくれば運命が彼からその仕事を取り上げる。だからこの「自然死」型の完成した形は、「運命＝自然死」型と呼ばれてよいだろう。

K海軍大尉「明日自分達の死刑が執行されます。今更悔ゆることも恨むこともありません。自分としては任務に対し尽すべきことを尽し又裁きの廷に立っては正々堂々心に臆することなく言うべきことを言いました。そして明日を控え何時もと変らぬ明朗な気持で居ますが、只終戦下の皆様の事を思うと断腸の思いが致します」（三六二）。H陸軍大尉「栄治は当時少尉でした。馬来作戦を終えビルマへそれから泰緬《たいめん》線の建設へと転戦を重ね作業にも兵力の運用にも稍慣れて来た時分であった。そして誠心を以て部下と共に、千古斧鉞《せんこふえつ》を入れざる原始林に闘争を続け、雨季と悪疫に侵され、それは言語に絶する死闘でした。……今までの栄治の戦歴をかえりみて最も戦争をしているという感じと御国の為に働いていると思ったのは此の頃のことであります。即ち栄治としては全力全精力を出し切った時でありました。此処で死刑になるのであります。──中略──有名な画家が死ぬ一歩前に於て絵を画いた処最後の精力を出し切って筆をつけ其の絵の出来上るまでは死を恐れ又生を神に祈った。しかし家人に助けられて画きおわった時は死はその人にとって懐しいものであったという事を聞いた。私もそれ程迄には行かないとはいえ青年将校として其の全精力を出し切った処で死ぬのである」(四〇九―四一〇)。M憲兵軍曹「人はそれ〲時と場合によってなさねばならない事があるのではないでしょうか。……理には理があるものです。どうか自分の事を思って悲しまないで下さい」(一〇四)。

運命=死の背後に、人格的な神の意思をみいだそうとする場合もまれではない。

F憲兵大尉「運命は人間そのものが自ら開き創造して行くのか、又天(神)が各人に運命を授けるのか」。彼は死刑宣告という現在の立場に至った要点を、(1)憲兵となりそれを今日まで続けたこと、(2)将校となったこと、(3)ビルマに赴任したこと、(4)埠頭分隊長に任ぜられたことのうちに求める。そして、彼は(1)と(2)に関しては自分の意思の働きを認め、(3)と(4)に関しては、軍の命令であったから、選択の余地はなかったと考える。次に、これら四つの分岐点において、もし他の方向に進んでいたならば、彼とその家族はどのような事態に直面していたかを想像する。たとえば、「若し私が憲兵になっていなかったら如何なる状況が身辺に展開していたか。満洲事変当初砲兵として満期除隊していたならば内地に帰国するか、或は満洲に居住して何等かの職業に従事していたであろう。そして家族を持っていたか、独身でいたか、それは判らないが間もなく召集を受けたであろう。大体満洲事変から今日迄三回又は四回に亙って召集を受けて居る事が普通と予想出来る。此の間に恐らく何れかの戦闘に於て戦死していたであろう。……中には幸福にも……生抜いた人もあると思われるが、之は極く少数と思われる。私がその道を辿ってその何れかの立場に在ったとして、その人生行路は決して楽なものではなかったであろう。其の職業は度々の召集でまとまらぬ結果となっていたであろう。独身ならばまだしも其の間の何れかの時期には家族を持っていた事が想像出来る。其の家族の召集間の生活は悲惨なものであった事は間違いないと思われる。斯く考えて見ると私の現実に辿った道と比較して本人の為、又家族として何れが幸か不幸か判別がつかない」。他の三つの点に関しても同様の仮定を立ててその道程を吟味し、現実と比較した結果、彼は次の結論に達する。「神は最も幸福な道を私に授けたものと思う。他の道程を辿っていたならばもっと悲惨な運命にあったであろう。此の永い戦争中に今日迄比較的安住に過して来られたのはせめてもの神の恵みであったのであろう。私は無理にも此の様に解釈したい」(傍点は作田)。なぜそう解釈しなければならないのか。「自己の過去を振り返って見て私は決して悪者でも怠け者でもなかった筈である。……此の私の誠心は天(神)に通じぬことはなかろう。天は私の努力や善心を無視して不公平な悲運を態と授ける筈は無い」からである(二八六—二八九)。

右の引用は、F憲兵大尉の手記のごく一部分にすぎないが、「自然死」型による苦悩軽減の方法が、緻密な分析的思考を通じて明確に表わされている。神もしくは神の摂理の要請は、それ自体としては「自然死」型にのみ属する特徴ではないが、現在の資料においては、普遍主義的属性本位の死の受容と頻繁に結びついている。したがって、この種の傾向をもつ遺文は、多くのサブ・カテゴリーに分けられる可能性をもってはいるが、いちおう「自然死」型のなかに分類することにした。

2 「いけにえ」型

「いけにえ」型は、刑死を受動的に受け容れるという点で、「自然死」型と属性本位を共通にしている。しかし、その死の普遍主義的に定義されうる側面ではなく、国民や国家のための、あるいは部下や上官のための死という個別主義（particularism）の側面を強調するという点で、「自然死」型と異なる。

「いけにえ」型の集団的なレファレンスとして最も頻繁に出てくるのは、国民ないし国家、またはその象徴としての天皇である。自分の死は、たんなる一個人の死ではない。情勢のおもむくところ、たまたま選ばれた日本人の代表として死を受け容れるという状況の定義が、死の苦悩を軽くする。

K炭鉱職員「日本国民共同の責任の贖罪の為、犠牲となるべく覚悟の臍《ほぞ》を決めています」（四五）。N憲兵少尉「国民全体の代表として罪に服する……」（一六七）。O陸軍准尉「敗戦ノ罪ハ国民ノ誰カ負ウベキモノ。計ラズモ大川が負ウベキト古キ因縁ヲ持ッテ居タモノト考エテ下サイ」（三二六）。S憲兵軍曹「此ノ度ハ仕事ノコトデ責任ヲ負ッテ御国ノ人柱トナッテ死ンデ参リマス」（三三一）。T憲兵准尉「俺の罪は隊長春日大佐の命令に基き米飛行士二名を殺した為である。立派な統帥命令による行為で俺としては一つも私心のあったものではなく立派な行動と思い一つも恥辱とは考えない。即ち天皇の身替りとなって罪を着て逝くのだ」（四一二）。S陸軍伍長「日本人の誰かが犠牲にならなければならないのだ、私は員数で処刑されるのだ、とお考えになって御覧なさい。すると不思議に気は軽くなり、口笛でも吹いて死のうという気になりますから」（七三八）。

「いけにえ」思想を受け容れる精神的な地盤は、家族国家観によって十分に培われてきたとみてよかろう。この国家観は封鎖的な集団としての家父長家族をモデルとしているので、集団への個人の埋没を強調し、個別的な集団を越えた普遍主義的秩序の存在を等閑視する。秩序の妥当範囲は特定の集団（国家）の広がりに限定される傾向がある。集団の目標の価値を判定する普遍的な標準は存在しないので、個別的な集団があい争う場合には、真理は勝つこと以外にはない。「勝てば官軍」という表現が非常にしばしば出てくるが、それは確かに戦勝国の無理な裁判や不当な待遇に苦しんだ人びとの実感の現われであるとしても、なおそれ以上の意味を含んでいる。そこには、個別主義《パティキュラリズム》の価値にコミットする以上、敗戦の責を敗戦国民が背負うのは当然であるという思想が、底深く流れている。

T陸軍軍属「勝てば官軍負ければ賊軍の習い、誰かが責任を担わねばならないのです」（三四）。S海軍中将「日本の国内戦争でさえ明治十年以前特に封建時代敗軍の将は当人は勿論一家断絶の悲惨な目にあった」（四四八）。T陸軍中将「昔より一城の主が降伏する時主将は自決して其の首を呈するのが習である」（一二三五）。

だが当然のことながら、集団責任の代表としての死を受け容れることは、低い階級の者にとっては極めて困難である。

K陸軍曹長「あの罪悪の多い忌わしい戦争と云うものの責任は八千万同胞にあるのです。就中その重責は、軍部、政治家にあるのでしょう。それなのに私はこの微々たる身にその大責任の贖罪の一部を背負って逝かなければならなくなりました。思えば重い責任です」（六二七）。

刑死という状況の特殊性の認識を拒み、みずからの死はなんら戦死と異なるところはない、というアイディアにも何度となく出会う。

M憲兵軍曹「天朝の命を受けて九月一日十二時〇〇江南戦線の華と散る」（四〇）。N憲兵軍曹「私は死を戦死と信じて逝きます」（四五〇）。K海軍兵曹長「死刑とは云え……戦場に於ける戦死と何ら変る事はない。同一の理であると思う。……『ニッコ』と笑って祖国再建を祈りつつ散って行きます」（一二三九）。

そのためにみずからを捧げる集団の範囲が狭くなって、自分の所属していた隊の同僚や部下や上官となる場合がある。

T憲兵軍曹「一憲兵隊として……誰も犠牲にならずには和蘭は許しません。誰かは逝かねばならない……」（一九七）。T陸軍伍長「事実を語れば私と米田は救われるでしょうが、事実を語れば十八名の罪人が出るのです。そして十一名が死刑七名の者が有罪になることは明かです。私と米田が犠牲になれば十八名の者が救われるのです。そして又彼等の家族のことも考えて見れば私にはとても真実は語れませんでした。お前にも家族があるのではないかと言われるでしょうがどうかそのことは言わないで下さい。私は真犯人を出せば無罪となったでしょうが……友情は最後迄失いたくありませんでした」（四八六）。M海軍少尉「自分は既に死刑になっているので中隊長丈でも助けてあげたいと思って、上官たる中隊長の命令であったけれども……一切の罪を自分で負いました。……私は死の判決を受けても大勢の部下と上官の命を救う事が出来て自分は立派に国家への御奉公が出来たと思っています」（五九一）。

第一次集団の代表としての犠牲にはいろいろのケースがあるに違いない。(3) この型への参加の難易は、訴因とのかかり合いの程度という、他の型の場合にも共通する要因を別にすれば、とりわけ軍隊内での階級的地位に依存するように思われる。

A憲兵曹長「小生の死刑判（数字不明）安心して居る事と思うが如何ですか。昔将校として威張って居た野郎が今日何一つ知らん顔で居る事でしょう。是が日本の将校（一字不明）であったかと思えば情けない。今只……神の助けを待つのみ。……他人様の犠牲にはなるな」（一九〇）。

集団が中隊の範囲を越えて第一次集団の性格を失うにつれ（陸軍軍隊において中隊長は父と呼ばれ、少なくとも擬制的には第一次集団であった）、上官の犠牲となる決心はいっそう困難となる。

O陸軍大尉「命令を受けて行った者が死刑……になっている者が多い。此の原因は、師団長、特に参謀、聯隊長の腰抜けにある。……恐らく師団長は生きて帰るだろう。そして厚顔無恥に私の家族を聖人顔して見舞に来れば上出来の方で、多分は一瞥もしないだろう」（五七三）。

「いけにえ」型の死（結果）に論理的に一貫して対応する原因はなんであろうか。多くの遺文に現われているステレオタイプは、国家もしくは天皇に対する御奉公である。

B陸軍中将「大命を拝し任に赴き職に殉ず、臣子の本懐之に過ぐるものあらんや」（五〇四）。O憲兵曹長「不幸大東亜戦争ノ敗戦ニヨリ御奉公ノ誠ガ戦犯トナリ死ニ就カントス。我レ名誉ノ戦死者ニ比シ恥ズル処ナシ」（五五八）。

奉公とは天皇制国家のヒエラルヒーのなかで定められている地位（「分」）に応じ、職責を果すことを意味する。集団の恒常的、潜在的な目的としての秩序（「和」）の強調（個別主義）とその目的に寄与する役割遂行にあたっての身分相応の強調（属性本位）が奉公の本質であり、したがってそれは、「いけにえ」死にとって最も適合した先行条件となりうる。

しかし、「奉公＝いけにえ」型は、その構造自体のうちに内在的な緊張をはらんでいることを、みのがす訳にはいかない。緊張の第一の源泉は、リチュアリスチックな義務の遂行の結果として、当然それにふさわしい報酬（心理的な報酬としての名誉を含む）が期待されていたにもかかわらず、現実に与えられたものは死と汚名にすぎなかった、という点にある。

S憲兵准尉「敗戦と同時に幾多の武勲は戦争犯罪となりました」（三九二）。H陸軍伍長「選抜のトップを前進し続けた二年四カ月の軍隊生活、一兵卒として恥〔ず〕かしくない御奉公をしたと思う。真面目の上に馬鹿がつく。その結果が斯うとは云えないが当時を回顧すれば一〇〇％の殆んどが影響していると思う」（二四一）。E海軍大尉「私は余り馬鹿真面目に働き過ぎた感がある」（六五四）。

この種の緊張が欲求のレヴェルにおいて発生するとすれば、認識のレヴェルでも別のタイプの緊張が用意されている。それは、「分」という属性の基底（ascriptive base）によって行為のイニシアティヴの範囲がいちじるしく制限されているので、とりわけ下級者にとっては犠牲の重荷はあまりにもアンバランスだという認識を伴うからである。だがこの点についてはすでに触れておいたから、これ以上繰り返さない。

3 「いしずえ」型

普遍的な価値標準によるサンクションを必ずしも必要としない集団目標へのコミットメント（個別主義）が、受動的な「分」相応の働きよりも、むしろ、その目標への積極的な寄与（業績本位 achievement）と結びつくとき、「いけにえ」型は「いしずえ」型に移る。死はたんに受動的に受け容れなければならないものであるにとどまらない。それは未来の集団目標達成にとって不可欠のものであり、したがって、刑死は避けられない所与であるとしても、死者の役割が主体的に選択される。普遍主義的な世界宗教の場合の殉教者の役割に似かよったものが、ここにみいだされる。「いけにえ」型に比べると、死の意味は、なおいっそう未来との関連において追及されている。

K海軍大尉「私は無実の罪で死刑になるのは誠に残念である。然し敗戦日本が無条件降伏後において日本の国体と国土を護り日本民族の滅亡を止めるためには血の代償は是非必要なるを肝に銘じ、国家の犠牲となる私の心中を親も兄弟も妻子も知って戴きたい」（三九）。T海軍大尉「ポツダム宣言を受諾した日本は戦犯者を戦勝国に引渡さなければなりません。戦犯者を引渡すこと〔が〕……日本存続の要件でありました」（五一五）。O陸軍法務少将「僕等の命がどうしても聯合国側……に必要な事情があるならば僕等が犠牲になることは何かの方面に於て今後日本の為になるのであるからこそ今こそ死すべき時機である。死機を得たる死こそ男子の本懐である。斯う思うのです」（四一四）。M海軍大尉「昔から人柱と称して尊い命を抛って洪水の災害を救った犠牲者の話を聞いているが、実際国家再建の礎たらんとして散りゆく我々の気持はその人柱の気持と変りない」(二四九)。

これらの遺文に現われたかぎりでは、「いしずえ」型は「いけにえ」型にほとんど紙一重のところまで接近している。両者のあいだの差異は、たんにニュアンスの相違にすぎないといえるかもしれない。死の受容の積極性と消極性の勾配によって、鈍い分水嶺をみいだしうるにすぎない。しかし、「いしずえ」型の場合には、なんらかの程度において集団目標が意識されており、それへの能動的寄与を死のレーゾンとしている点で、属性本位的な集団責任の受容である「いけにえ」型の受動的代表意識と区別される。

T海軍少尉「吾犠牲となり連合国の祖国に対する悪感柔らげば幸いなり」(四〇六)。

K陸軍中将「華僑諸君、若し私が諸君の該事件に関する対日憎悪の感情の幾分にても緩和し得ることとなるならば、私の深く喜悦し感謝する所であります。私は中日両国人が旧来の恩讐の念より蟬脱して新〔た〕なる親愛と信頼の下提携する日の速かならんことを切望するものでありま平和の時代は来〔た〕ったのであります。今や戦争は終了しす」(三一五)。

これらの遺文においては、武器を捨てた日本の目標は、旧敵国との平和的共存にあるとされており、刑死の意味をこのような目標への献身のなかにみいだしている。

個別主義―業績本位の死(人柱)に対応し、それと論理的に一貫する先行条件は、いうまでもなく「東洋平和」、後には「大東亜共栄圏」樹立事業への積極的参加である。日中戦争から太平洋戦争にかけての戦時天皇制国家の至上目標であったこの「建設」事業は、国民全体にわたる大規模の物的、心的動員《モビリゼーション》を要請した。この要請は、「分」の思想によるる動員参加への制限の枠をある程度まで緩めるという意味で、疑似的ではあるがデモクラチックであった。それが「非常時」といわれたことの一つの意味である。この業績本位の価値（achievement value）の強調は明治初期の変動期においても強調され明治国家の体制建設の一つのドライヴとなったのであり、そのレファレンスから「昭和維新」というスローガンが導き出された。いま対象としている人びとのほとんどは、青少年期あるいは壮年期に、このような精神的雰囲気のもとで生活してきた人たちであるから、遺文のなかに「東洋平和」あるいは「大東亜共栄圏」樹立への献身が、頻繁に言及されていることが予想される。ところが、資料のなかには、この言及はそれほど多くは出てこない。その理由としては、このような理想は国民のなかに十分内面化していなかったこと、それは主として一般市民向けのPRであり、対象である人たちが死の直前まで身をおいた軍隊においてはあまり教育されなかったことが考えられる。だがもちろん、いくつかのケースにおいては、この理想への言及が明確に行なわれており、そこから死の意味を導き出す試みがみいだされる。この一貫した完結形をかりに「建設＝いしずえ」型と呼んでおこう。

T憲兵准尉「私は今次戦争が東亜新秩序の建設を目標としている以上中日民衆は絶対

提携すべきであり之が為我々日本人は中国民衆を盟友として進まねばならぬと痛感した一人である。然るに戦争と云う惨劇は相互間に多くの犠牲と誤解を招来した。……中日提携の実が果して何時の日に実現するか、武器を失った大和民族は至誠以外に生き得る途はあるまい。……死は至誠の最高峰的表現である。之に代るべき何ものもないではないか」(六五―六六)。O陸軍曹長「此の戦争に依り吾々の多くの先輩や戦友が支那大陸に或は南に北に流した赤い血潮は無駄に流された血潮であっただろうか、……決してそうではない。その熱い血潮は深く〳〵大東亜の各地に滲み込んで地軸迄徹しているであろう。その上に新しく植え付けられた日本は地軸までも滲み込んだ赤い血潮、多量の肥料に依ってやがて又すくすく天を衝いて伸び若芽を出すであろう。それを確信しつつ立派な肥料となって私は国民の思出の地、昭南〔シンガポール〕で散るのだ」(三七一)。S陸軍曹長「吾々は共存共栄の最高なる道徳の世界を生み出す為に、之が障碍を排除する戦を大東亜戦争と名付けた。そして其の結果は敗れた。然し其の理想は等しく各国人の認めるところとなった。南方各地は独立を叫び、欧洲各国は之を認めざるを得なくなった。……吾々は最終の世界を作り出す為に、犠牲となる事に吝であってはならない。

否寧ろその神聖なる勤めを喜ばねばならない」(七四一)。

「東洋平和」もしくは「大東亜共栄圏」の樹立は、もともと戦争を正当化する口実である面が濃厚だが、しかし、その理想を観念体系そのものとしてとらえるなら、戦争は共存共栄の手段であって目的ではない。したがって、武器を捨てた日本が、他国との平和裡の共存（普遍主義によってサンクションされた集団目標）に目標を切りかえた以上、その目標に対して献身することに死の意味をみいだすことは論理的に一貫している。先に引用したK海軍大尉、T海軍大尉、O陸軍法務少将、M海軍大尉、T海軍少尉、K陸軍中将の場合がそれである（四八七、四八八頁参照）。なかでもT海軍大尉は、自己の死をポツダム宣言に結びつけて法律的に納得するという、感情的にニュートラルな態度を示し、個別主義の終わる限界に近づいている。感情の抑制（affective neutrality）を媒介として普遍主義へ接近する一例を付け加えておこう。

S海軍大佐「父は決して濠洲人を怨んでいる訳ではない。我々が日本の為にやったと同様に濠洲人は濠洲の為にやって居るのである。何等個人的怨恨がある訳ではないのである。父は寧ろ父の死が日濠親善の楔となる事を希望している次第である」（五〇六）。

4 「贖罪」型

第四は、資料中最も数の少ない、だがわれわれの関心にとって最も重要な意味をもつところの「贖罪」型である。それはみずからのなんらかの罪を認め、この罪の正当な結果として罰を受け容れることによって、刑死を目前にした苦悩を軽減する方法である。「贖罪」型は多かれ少なかれ死を能動的に――業績本位に――迎えるという点で「いしずえ」型に類似する。しかし後者においては、死者の役割は個別的な集団目標とのかかり合いから意味を生ずるのに対し、前者においては、集団に論理的に先行し、集団がそれに服さなければならないところの掟（法律、政治的ルールといえどもこの性格をもつ）によって死の意味が与えられる。この普遍主義的性格のゆえに、「贖罪」型は「自然死」型に隣接するのである。ただし、後者においては、死者の役割は受動的であるけれども。

海軍兵学校出身の一将校（I海軍大尉）は次のように書きとめた。「呵責と悔恨の重荷を負いつつゆくより、有り得ざる決定に死んでゆく事は、考え様によってはつまらぬ馬鹿々々しい事ではあるが同時に不思議に気が軽い事である。昔から冤罪や自己の主義主張の為に死んでゆく人々の従容たり得し理由も分る」（七一五）。I大尉の場合はそうであろう。だが一般に、他の条件がすべて同一であるとき、人は「ノット・ギルティ」と主張する方が、「ギルティ」とみずから宣告する場合よりも、死を受け容れやすいであろうか。それはずいぶん底の深い問題であり、この短い試論ではとても通りすがりに取り扱いえないような性質のものである。

「罪と罰」に関する思想は未開から文明に至るあらゆる社会の段階において、広く深く人びとの心を揺り動かしてきた。「ギルティ」型のポピュラーな一例だけを挙げておこう。ラスコリニコフは殺人を犯したにもかかわらず、どうしても罪を認めることができなかった。もちろん、彼は国家の刑法の名において罪を問われることを知っている。彼はそのかぎりにおいて刑に服する。しかし、道徳的には彼は「冤罪」を確信していたのである。なぜなら、無意味に金を貯め込んで社会的にはマイナスの機能しかもたない老婆を殺し、その金を有効に使うことは（もっとも彼にはそれができなかったのだが）、道徳的に正当であるように思えたから。だが、その確信にもかかわらず、殺人の前後から彼につきまとっていた憂愁は、シベリヤ徒刑後もいっこうに消散しない。ある夜彼は奇妙な夢をみる。この夢は、人間と人間とのあいだには道徳の次元を超えた連帯があることを彼に暗示する。その日からラスコリニコフの「復活」が始まるのである。K・ヤスパースの用語に従うなら、ラスコリニコフは「形而上の罪」を認めたとき、(4) はじめて人生と和解しうることになる。彼の場合、冤罪の申立は苦悩を少しも解消しなかった。安らぎへの道は「ギルティ」と呟くところから開かれてくる。ドストエフスキーが設定したこのモデルは現在の対象に関してはほとんど役立たないようにみえる。ラスコリニコフは死刑を宣告されはしなかったし、また、彼の殺人はまったく個人的な決意によって行なわれたものであるからだ。じっさい、次節の表（五〇一頁）に示されているとおり、「贖罪」型に向う人はわずかしかない。あとはすべて（「自然死」型、「いけにえ」型、「いしずえ」型）「冤罪」のカテゴリーにはいる。(5) だがそれにもかかわらず、問題の状況におかれた人びとのなかに、たとえ少数でも「贖罪」型に参加した人があるということは、やはり注目に値する。

ここでいう「贖罪」型にかかり合う罪の種類は、ヤスパースのいう「法律上の罪」「政治的な罪」「道徳的な罪」「形而上の罪」のすべてにわたっている。はじめの二者はいわば外面的な罪、あとの二者はいわば内面的な罪である。「贖罪」型は、すでに述べたとおり、受刑者の役割に積極的な意味を付与するという点で、「いしずえ」型と共通性をもつ。しかし、外面的にせよ内面的にせよ、贖罪はなんらかの普遍的な標準に照らし合わせて正当化されうるものであるから、この型は普遍主義的であり、その点で「いしずえ」型から区別される。

贖罪の「原因」となる先行条件は、右の行文で明らかなとおり、罪責にほかならない。両者の連結は論理的に高度の一貫性をもつことはいうまでもない。なにに対して責任を負うべきかという責任の対象にはヴァライエティがある。旧敵国人中の被害者もしくは占領当時の原住民、自国民、抽象的な存在である人道（humanity）、それから神。これらの対象の区別は責任の層（法律的、政治的、道徳的、形而上的）の区別と交錯する。しかし、論理的に可能な数多くの組合せ（それは人道と神を除いても、あとの二つを四つの責任の層と組み合わせるだけで八組に達する）に一つびとつ対応する現実のケースをみいだすことはできなかった。

T海軍大尉「バゲロク島への輸送指揮官谷岡中尉……ハ皆々様（アンダマン民衆）ノ御期待ニソイ従容トシテ死ニツキ責任ヲ全ウス。何卒御許シ下サイマセ。親愛ナルアンダマン民衆ヨ」（三三二）。S陸軍大尉「私は自分の軍人生活を通じての一切の行為が少しも後暗い不義のものでない事を信じて居ります。然しそれは私一個の立場よりするものでありまして軍隊全般、或は日本国という観点より神の審判を受ける時、そこには私たち一人一人の行為が如何に国家民族を思う為の至誠より発したものでありましても、それが正義とは相当離反したものとなる事が或は存在するものであるかも分りません。それは決して敗北した結果よりの反省ではなく最も神聖な立場に於ける反省であります」[6]（五五二）。H海軍少尉「因果応報ノ理我ヲ責ム。唯天命ノ正シキ審判ニ依リ喜ンデ服シ罪ヲ償ウ」（四二四）。

エリートの場合は、その立場上、少なくとも政治的責任を受け容れやすいことは説明を要しない。

東条英機大将「自分としては国民に対する責任を負って満足して刑場に行く。ただこれにつき同僚に責任を及ぼしたこと、又下級者にまでも判決が及んだことは実に残念である。天皇陛下に対し、また国民に対しても申し訳ないことで、深く謝罪する」（六八三）。

隊長の部下およびその家族に対する責任も、関連する集団の範囲が狭くなってはいるが、同じく政治的（この場合には「軍事的」といった方が精確かもしれない）もしくは道徳的なレヴェルに属する。[7]

T陸軍少佐「天皇陛下ノ赤子ヲ失イ申訳ナク、又想ヲ時局下御心痛ノ御家族ノ上ニ馳スル時、私ノ胸ハ塞リ何トモ御詫ビノ言葉ガアリマセン。茲《ここ》ニ殉死シテ謝罪スル次第デアリマス」（五五六）。

天皇に対する罪責が死のレーゾンとして挙げられているのは、日本社会のエリート意識の特質を表わしている。上に対するこの罪責の表現は、実質的には代表としての責任（下に対する責任）の自覚から出ていることが多いが、しかしやはり、このようなシンボルを使用すること自体が、代表の意識を曇らせていることは否定できない。

S陸軍大尉「天皇陛下、曾根は多くの過を犯し陛下の御仁慈に背き御稜威を傷けました。今死んでおわび致します」（一二三九）。

鶴見俊輔はA級戦犯においてはパーソナリティの表層で受容される外面的な責任のとり方が目立ち、BC級戦犯においてかえって深層の内面的な責任の受容が顕著であることを指摘した[8]。責任が上に軽く下に重いという *noblesse oblige* の逆方向の指摘は、日本の社会構造の特殊性に迫る興味深い問題提起である。現在われわれのデータからはこの仮説を証明しえないので、体制の問題に深入りすることなく、いちおう次の説明にとどめておく。すなわち、BC級戦犯には軍隊の中堅ないしランク・アンド・ファイルが圧倒的に多く、政治的責任をとることは容易ではない（小規模の単位を統制する隊長、司令、参謀、司政官などにおいては部分的に可能であるとしても）。また、上官の命令には絶対に服従すべしという、日本に特に顕著な軍隊規律からして、法律上の責任も感じにくい。そこで、外面的責任の受容に関しては少なからぬ抵抗がある。したがって、「贖罪」型を選ぶとすれば（右に述べた事情からこの選択にあたっては当然強い緊張[9]が伴うが）、どうしても内面的責任に傾かざるをえない。他方、A級戦犯は体制のエリートであるから、わりあい政治的責任をとりやすく[10]、量刑の軽い場合には、法律上の責任を引き受けていっさいをご破算にすることができる。それゆえ、彼らの場合には、かえって内面的責任へおもむく道が狭くなるのである。

苦しい緊張《ストレイン》をくぐり抜けたBC級戦犯の「贖罪」型の場合、死の受容が道徳の領域を飛び越えて宗教的（形而上的）な色彩をしばしば帯びてくることも、十分理解できる。

T海軍二等兵曹「ドウカ口ノ聞《ママ》ケヌ生物ヲ私ダト思ッテセイゼイ可愛ガッテヤッテ下サイ」（三九四）。N陸軍軍医中尉「かたわらに秋草の花語るらく／亡びしものは美しき《ママ》かな　と牧水は歌って居りますが私は本日午前十時半この美しき仲間に入ります。……誰か甘受せねばならぬ運命を私が背負って行くわけです。死亡せる多数の俘虜の事、その家族の事を思うと諦めもつきます。……智恵子〔娘〕へ……智恵ちゃんに靴やシャボンなど色々買っておきましたがお家へ届かなくなりました。お母さんに買ってもらって下さい。良く勉強して良く遊んで丈夫に大きくなって下さい。生き物は殺さないようにお父さんがたのみます。トンボは捕えてもすぐ離してやって下さい。お母さんの言うことをよくきいて神様や仏様を良くおがんでくらして下さい」（四〇七―四〇八）。

道徳的責任を背負って逝った人たちもいる。

K陸軍軍属（朝鮮出身）「人間的に間違っていた私の行為に就て、私は責任を負って死んで行きます」（四三六）。T海軍軍属「船乗り稼業以外には何も知らなかったので、戦争になると私は海軍に徴用され、やがて特警隊の通訳になった。……自分の意思に反しても命令には従わなくてはならなかった。私は生来このような中で働いて行くに適わしい人間ではありませんでした。今私は此の世を去ろうとしている。此の最期の時にあたって、私は私のかつての行為の中にたとえどんな大きな罪と過失が犯されていたとしても、この世を去ろうとする私の為めに許して戴きたいと思う」（原文マラヤ語）（二二四）。

道徳的責任の追及は、自主的に生きなかった自己に向い、この自責から、みずからの自発性を奪った日本のカルチュアや軍隊機構の批判に及ぶ。

O陸軍准尉「〔甥たちを〕強い意志でどこまでも自分の意志を貫き遂げる様な者にして下さい。（私が戦犯として処刑されるのも上官の命抗し難く自分の意志外に出た事のみです）……我々が幼き頃日本人は只偉いのだ、世界一だと教えるのみで、其の根本である……〔心の〕糧たるべき教育をしなかった為に、結局此の様な結果が起きつつあるのです」（二二八）。E海軍大尉「軍隊の如き命令等の制度のある所では何うする事も出来ない事がある。之は単に運命とは考えられない。仏教では之を因縁因果に依るものなりと説いている。併し軍隊の事は特別だ。足を踏み入れないに限る。戦争が如何に残酷なものである事は皆な良く知った事と思う。永遠の平和こそ望ましい。併し私は生きて其〔の〕平和を見る事は出来ない」（六五四）。

（1）花山信勝『平和の発見』朝日新聞社、一九四九年、一八八頁。

（2）この連結は物理的に〔事実の先後関係として〕見れば、「原因―結果」の意味をもつ。だが論理的には、「前提―結論」のカテゴリーに属する。

（3）たとえば「上官の命によって事件の真相を述べる事を口止めされた」というケースもある（二〇二）。

（4）K. Jaspers, *Die Schuldfrage*, 1946（橋本文夫訳『戦争の責罪』桜井書店、一九五〇年、五七―六五頁）。

（5）「ギルティ」型と「冤罪」型の対立の背後に、ヨーロッパ的ヒューマニズムと東洋的ナチュラリズムの対立をみることができそうである。

（6）傍点は作田。ここには個別主義との違いがはっきり現われている。

（7）国民や部下やその家族に対する政治的（および軍事的）ないし道徳的罪責に対応する贖罪の型は、その個別主義的な傾向のゆえに、②の「いけにえ」型に接近する（それはちょうど、「いしずえ」型のサブ・タイプが法律上の責任の承認を通じて普遍主義に傾き、「贖罪」型に接近するのと対応している）。しかし、両者は死の苦悩の解決の仕方において本質的に異なっていることをみのがしてはならない。「いけにえ」型は「ノット・ギルティ」（冤罪）であるがゆえに死を受け容れるのであり、「贖罪」型は「ギルティ」であるがゆえに死を受け容れるのである。そして、「いけにえ」型において、責任（たとえば部下の罪に対する）を引き受ける場合があるとしても、その責任はどこまでも集団責任であり、罪のある集団の代表者としていけにえになるのであって、個人的には無責任を確信している。この点、業績本位を特徴とする「贖罪」型における責任は、その罪責が過失もしくは怠慢（罪のある集団への無自覚の包絡を含む）のような不作為としてのみ認められている場合でも、究極においては個人責任の承認である。

（8）鶴見俊輔「戦争責任の問題」『思想の科学』一九五九年一月、中央公論社、八七頁。

（9）心理学でいう欲求不満からくる tension ではなく、状況の構造に内在する矛盾がパーソナリティに反映されるために生ずるところの、T・パーソンズ的な意味での strain。

（10）ただし、『世紀の遺書』『平和の発見』に現われているかぎりでは、政治的責任への言及すら、極めてまれである。

四　整理と一つの展望

前節においてわれわれは、死の受容の四つの型を区別し、それらの内容をいくつかのケースを通じて明らかにした。念のため、四つの型を図で示しておこう（次頁参照）。われわれの関心にとって、パーソンズによってくふうされた二組の「型の変数」（役割期待に関して主として適用される変数）が、資料の整理に最も適しているように思えたが、他の関心にとってはもっと適切な枠組がありうるだろう。

以下に、整理の結果を数字で表わす試みを行なうが、資料の性質上、それは文字どおり試みの段階にとどまる。六七四名の遺文のうち、集計されたものは三三九である。残りの分はさまざまの内容にわたっており、便宜上、レジデュアル・カテゴリー（Ｖ）として一括されているにすぎない。これらは（ａ）死を最後まで拒否するか、あるいは死の意味についていちじるしく懐疑的であるもの、（ｂ）字数が少なかったり、短歌や俳句に感想が託されているために、内容が精確に理解しえないもの[1]、（ｃ）死の問題への言及がないもの（たとえば家族への愛情や死後の事務的な処理の記述のみに終始しているもの）のどれかに属する。同一人の文章（なかには異なった時期に、異なった相手に対して書かれたものが二つ以上含まれている）のうちで、ⅠからⅤ（ａ）まで型の二つ以上が現われている例も少なくなかった。そのうちどれが優勢であるかを決めるのが困難な場合もあったが、あえてそのうちの一つを選択することにした。

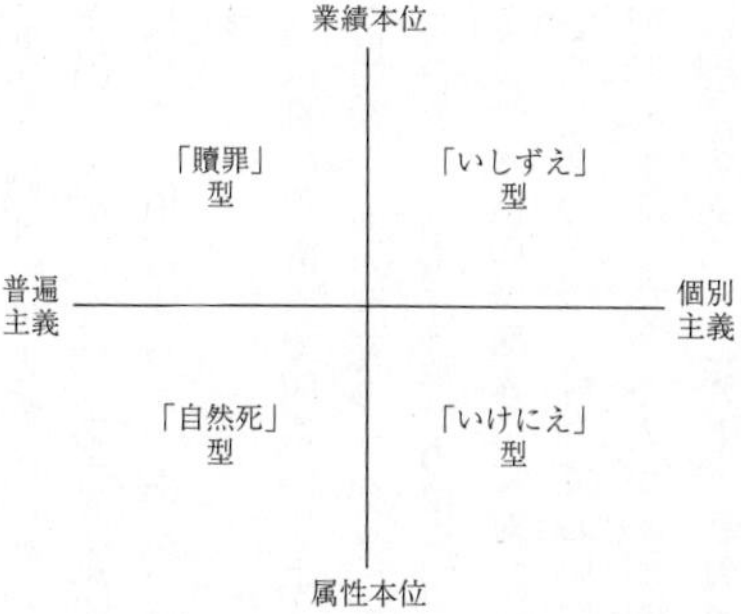

ⅠからⅣまでの型の完結形、すなわち、「運命＝自然死」型、「奉公＝いけにえ」型、「建設＝いしずえ」型、

「罪責＝贖罪」型と呼んだものは、表記の三三九名のなかに含まれている。それを別に抜き出して示すのは、あまり意味がないので省略した。残余のうち、六八名は、（a）「死を最後まで拒否するか、あるいは死の意味についていちじるしく懐疑的であるもの」に属する。[2]

次頁の集計表で明らかなように、「いけにえ」型がきわ立って優勢を示し、その半分の「自然死」型が続き、「いしずえ」型と「贖罪」型がほとんど同数でマイノリティを構成している。「型の変数」の用語でいえば、個別主義―属性本位が最頻的《モーダル》であるが、総体として属性本位の業績本位に対する優位を表わしている。その理由と思われるものは、これまでの行文の各所で触れておいたが、エリートが少数であること、軍隊生活からただちに受刑者の生活に移った人が圧倒的に多数であることが、データの性質から想像される一般的な理由である。しかし、属性本位の優勢（特に個別主義と結びついた）は戦前の日本人一般にドミナントな役割期待の型であり、それが問題の状況においても優位を持して現われると仮定することも、十分根拠があるように思われる。

残された課題の一つは、死に意味を付与するこれらの四つのどれかを人びとが選んださい、彼らはその型にどの程度までコミットしているか、ということである。カルチュアとしての行動様式のまったく受動的な採用（acceptance）と内面的なcommitment[3]とのあいだには多くの段階がある。選択された型へのコミットメントの程度は、人によってさまざまに異なるだろう。たとえば、「海ゆかば」を歌い、天皇陛下万歳を唱えて消えていった「いけにえ」型や「いしずえ」型の人たちは、その死に方をどれくらい納得していただろうか。第一節で述べたように、この問題の心理学的な取扱いは資料の点で不可能であるし、またわれわれの課題でもない。しかし、家族の者を苦しめたくないという強い配慮が働いているにせよ、じつに多くの人たちが、天皇、国家、民族、部下のために、あるいは運命に従って、「笑って死んでゆく」と書き記しているのは、まことに驚くべきことである。ある意味では、重要な問題は、彼らが語ったことよりも、語ろうとして語り切れなかったことに潜んでいる。「捨つるとも何か惜しまん今更に捧げ余せし此の身なりせば」（一九八）。「身はたとえ南の土と化するとも皇《すめら》御国を護り通さむ」（三二三）。巧拙は別として、最期の詠嘆までが型にはまらざるをえない悲しさは、われわれの国民的性格にどこまでもつきまとう（この種の遺詠は資料中数え切れないほどである）。T陸軍軍属（朝鮮出身）「友よ弟よ、己れの知恵で己れの思想をもたれよ。今自分は自分の死を前にして自分のものの殆どないのにあきれている」（四四二）。「死ぬ前にうたう歌が欲しい／……でも僕にはうたう歌がない[4]」という歎きは、多少とも自己分析にすぐれた人びとに共通する感慨であったかもしれない。「おおやけ」には「天皇陛下万歳」を唱え、「わたくし」には「お母さん、さようなら」と呟けば、もは

Ⅰ	「自然死」型	99
Ⅱ	「いけにえ」型	181
Ⅲ	「いしずえ」型	30
Ⅳ	「贖罪」型	29
	小計	339
Ⅴ	残余	335
	総計	674

や言うすべを知らないということは、自主的に生きることができなかった過去の生活と深い関係があるだろう。「この短い一生の間自分は何をしたか……猿真似と虚妄、何故もう少しく生きなかったか。たとえ愚かでも不幸でも自分のものといった生活をしていたらよかったものを、知識がなんだ、思想がなんだ、少なくとも自分のそれは殆んど他人からの借物だった」(四四一—四四二)。

もちろん、自分の歌をうたって死んでいった人たちもいる。グァム島で果てたU海軍軍医中佐の遺書は、ヒューマニズムの見地からは、おそらく「世紀の遺書」中で最もすぐれたものであろう。法律的および道徳的責任を受け容れている点で「贖罪」型であるが、この遺書の特徴はそこにあるよりも、むしろ、十分に生きてきたという自信に裏づけられた死の前の安定感にある。「私ガ微笑ンデ天国ニ旅立ツ日、ミンナノヤサシサニ謝シ、手ヲ振ッテ云ウ言葉、アリガトウ、アリガトウ、アリガトウ　浮雲の旅にしあれどひとすじに人を愛せし我なりしかな」(七三六)[5]。

(1)　これらのうちには、強いて分類しようとすれば可能なケースも少なくなかった。

(2)　このサブ・カテゴリーの内容の分析は、ⅠからⅣまでの型の分析に劣らないほど重要な意味をもっている。死の拒否は、戦勝国による裁判の不当性、無実の罪の中立に基づく場合が多いが、それだけには尽きない。しかし、ここではこの問題の取扱いを省略する。

(3)　T. Parsons, *The Social System*, 1951, pp. 55–57.

（4）『壁あつき部屋』一六二頁。
（5）彼の長文の遺書は、臼井吉見編『現代教養全集』18（敗戦の記録）筑摩書房、一九六〇年に収められている。

付記

本稿（一九六〇年）を書いたあと、別のところでもう一度『世紀の遺書』の分析を試みた（「死との和解」『恥の文化再考』筑摩書房、一九六七年、所収）。そこでは、「いしずえ」型の代わりに、「とむらい」型という型が設定されている。「とむらい」型は本稿の「贖罪」型の一側面を「贖罪」型から切り離し、独立させたものである。他方、「死との和解」では、「いしずえ」型は少数であるため、「いけにえ」型に含められた。「とむらい」型を独立させたのは、それは罪悪感を伴ってはいるけれども、その罪はⅧ章一節の図の②（罪の変化型）に相当すると考えたからである。②型の罪は①型の sin の性格をもつ罪と、同じカテゴリーの中に入れにくい側面を含む。しかし、表現が限られている資料を前にして、①型と②型とを区別することは不可能に近い。そこで量的な分類をめざした本稿では、②型も①型とともに「贖罪」型に分類した。もっとも、「贖罪」型に属するものの大部分は、実際は「とむらい」型であるように思われる。とむらい死は一種の殉死であるが、殉ずる対象が軍隊の仲間や日本国家を越えて敵味方を含む共同態（戦争の悲惨を共同でこうむった仲間）にまで広がる時、とむらい死は sin としての罪のための死に非常に近づく。とむらい死の意味を信じようとした人は、彼自身を含めた人類の「原罪」のために殉じようとしたかのように見えるからである。しかし、この死は、やはり①ではなく②の罪に関連すると言われなければならない。彼の罪は神の掟の侵害ではなく、どんなに拡大されているとはいえ、仲間である所属集団の成員に対する加害である。

鶴見和子の『世紀の遺書』の分析は（*Social Change and the Individual: Japan, Before and After Defeat in World War II*, Princeton Univ. Press, 1970, chap. IV）、旧日本軍隊の注入したイデオロギーの軸から見て、戦争犯罪者が転向したかどうかの観点から行なわれている。十三の分類項目が用いられており、本稿の分析よりも緻密である。この分類においても、犠牲死（「いけにえ」死）が多く、罪の自認は非常に少ない（この本の書評、作田啓一・井上俊「近代日本の社会と個人」『思想』一九七一年三月、参照）。

XI 戦後日本におけるアメリカニゼイション

一 「豊富」と「自由」のモデル

戦後の日本はフィリピンを除いて、アジアのどの地域よりもアメリカの影響がいちじるしい社会となった。もちろんペリーの来朝以来、交戦状態にはいった時期は別として、アメリカ文化の不断の浸透があった。しかし、戦後は占領軍の権力と権威を支柱としたために、その浸透の程度は戦前と比べて異質的に強い。都市や知識人だけではなく、農村や庶民もまた大規模のアメリカニゼイションにさらされることになった。そこで、戦前の問題は他の機会に考えることにし、以下では戦後のアメリカニゼイションだけに言及することにしよう。

「豊かで自由で民主的」というアメリカ像がある。先頃来日したR・ケネディ司法長官が精力的に伝播しようとした像もこれであった。しかし他方では、一〇〇〇万の失業者、半失業者を生み、官公吏や教育者の忠誠を審査し、黒人の差別待遇が行なわれ、南朝鮮のファシスト政権を援助するアメリカ像（『アカハタ』六二・二・二五）がある。アメリカの肯定的な像と否定的な像とは、占領直後においては、それほどはっきり分化していなかった。というよりはむしろ肯定的な像が否定的な像を圧倒していた。やがて分化が始まった。現在でも、国民のあいだでは肯定的な像の方が否定的な像よりも広く広がっているが、(1)しかし否定的な像はいちじるしく鮮明になっている。

戦後われわれはまずアメリカの「軍国主義の根絶」と「資本主義体制の温存・強化」というアメリカの対日基本方針のうち、前者が強く打ち出された占領当初においては、革新の側においても、アメリカ像はバラ色に見えた。社会主義体制との緊張の激化に伴って、二つの像が分化していった。

戦後われわれはまずアメリカの「豊富」に驚かされた。次いで、主として教育制度の改革や自発的結社（労働組合や婦人団体）の集団づくりを通じて、アメリカ的な「自由」をある程度学んだ。日本人は豊かになりたいと思い、苦しい労働に耐え、社会階層の中以上、生活の限られた側面においては、ある程度豊富になった。かつては幻影であった豊富が一部分現実となったこの過程を通じて、日本人の生活はいちじるしくアメリカナイズされた。戦後日本に滞在しているアメリカの一ジャーナリストの目に映った印象を引用してみよう。アメリカ人が導入した学校給食の結果、パン、ミルク、バターが常食化した。肉、卵の消費量が激増し、学校の椅子や机の脚は長く伸ばされねばならなかった。ある専門家は今から四十年のあいだに、日本人の身長は西欧人と同じになると予言している。学校、公営アパート、商店、公園、遊園地はアメリカの公共住宅計画をモデルにするようになった。都市の街路を歩いてみると、アメリカのスタイルや慣習が日本をどんなに変えてきたかがわかる。日本はもはや着物と下駄の国ではない。若い人たちは手を組んで歩き、妻は以前のように夫から三フィート離れて伏し目がちにつき従うというようなことはない。夫が乳母車を押し、買物かごを運ぶ。若い夫婦は数年間は子どもをほしがらない。妻は職業を続け、預金を肥らせ、家庭用電気器具を買う。電気器具のブームが起っているが、それは一つには、アメリカ的生活様式を模倣しようとする意識的努力のためである。(2) この診断は、少なくとも都市の中間層以上の生活に関しては、ある程度精確であると言えよう。

他方、アメリカ像のもう一つの面、「自由」に関してもやはり変化が起った。占領の翌年の二月、GHQ労働課の一大尉は、労働者による生産管理は必ずしも公の秩序を破壊するものではないと主張した。(3) しかし人民的自由の幻影は、続くスト禁止指令、レッド・パージなどによって崩れてゆく。追放解除によって象徴される旧勢力と共同態的な人間関係技術との盛り返しは、新しい職階制を補強し、市民的自由の実感さえも、職場や地域で脅すようになった。こうして「自由」の範囲は、個人的な空想、恋愛関係や家庭生活という私生活に限定される傾向があり、その範囲で部分的に現実化していった。極めて節約された表現を用いるなら、日本はよその世界のものであった「豊富」を自力でいくらか実現できるようになった頃、「自由」の幻影を失い始めたと言えよう。このシーソー的な関係を規定したおもな要因は、二つの体制間の緊張の激化と日本の大衆社会化とである。時期としては前者が後者よりもずっと先にやってきた。「豊富」がかなり出回ってきたのは五五年以後であるが、「日本を全体主義の防壁にする」というロイヤル陸軍長官の演説が行なわれたのは四八年である。しかし政策転換の影響と大衆社会化とは、急激にではなくゆるやかに国民へ及んでゆく。それゆえ、大衆の生活と意識においては、シーソーはおもむろに偏っていったのである。

人民的自由の目標が遠いかなたに退き、市民的自由が抑制されがちな今日、日本人は「自由」に関してアメリカから何を受け取ったと言えるであろうか。われわれはとりわけ「国家からの自由」を学んだ。われわれが自力では下しえなかった天皇制「絶対主義」への一撃によって、かつて国家へ注がれていたエネルギーは、その対極である私生活へ流れていった。官僚制的な管理の規則や共同態的なムードの拘束によって、自由を求めるエネルギーが広範な連帯を形成しうる道は塞がれたけれども、私生活は「自由」になった。そしてこの「自由」をもとに「豊富」がエンジョイされるに至った時、アメリカニゼイションの一段階が終った。この終結とともに、文化もしくはイデオロギーのレベルでのアメリカ批判、「プラグマチズム」と「アメリカ的生活様式」への批判が、日本の現実の中に明確な対象をもつことになる。

（1）東京都民を対象とするランダム・サンプルによる一調査（五三年二―三月）によると、十の異民族のうち一番好きなのはアメリカ人である。統計数理研究所国民性調査委員会『日本人の国民性』至誠堂、一九六一年、三三八頁。

（2）R. P. Martin, The American Way: But Antiamerican Violence, *U. S. News and World Report*, June 20 1960, pp. 76–79. なお乾孝・望月衛「風俗・娯楽」『思想』一九五三年六月（特集「占領と日本」）を参照。

（3）『日本資本主義講座』I、岩波書店、一九五三年、三三一頁。

二　国家からの自由

アメリカニゼイションは、生活の比較的表層の部分だけではなく、日本社会の価値体系をかなりの程度に変えた。しかしこの変化にあたっては、当然のことながら、変化を受容する側の内発的な動因も作用している。あらゆる文化変容（acculturation）の問題は、他の文化のインプリントとしてではなく、そのインパクトによる編成がえとして取り扱う必要がある。

戦前、特に昭和の戦争の期間においては、周知のように忠君愛国というシンボルによって統合された国家目標の達成への貢献が、私生活での幸福追求の範囲をいちじるしく制限していた。この「国家と個人」に交錯する軸は、共同態的和合と個人主義的業績の軸であって、和合が業績に優越していたことも、よく知られているとおりである。戦後のアメリカニゼイションのインパクトは、「国家と個人」の軸に強い影響を与えた。それは貢献価値を低下させ、逆に幸福追求という充足価値を高めたのである。他方、「業績と和合」の関係は、「国家と個人」の関係ほど、いちじるしい影響をこうむっていないように思われる。

繰り返すことになるが、占領当初のアメリカの対日政策は、日本の軍国主義の根を絶やすことを一つの焦点としていた。四五年の十月から十二月にかけて、マッカーサー司令部は、「軍国主義および極端なる国家主義的イデオロギーの普及の禁止」「軍事教育の学科および教材（正課としての柔・剣道を含む）の全面的廃止」「国家権力と神道との分離」「修身・地理・日本歴史の授業停止」などの指令を次つぎに出した。現場の教育は混乱したが、それは新しい「民主主義」教育への急速な適応の困難であり、集団主義のイデオロギーが抵抗したためではなかった。このイデオロギーがアメリカ人の予想をはるかに下回って無力であった理由として、有力な説明が二つ与えられている。

R・ベネディクトによれば、日本人は武力によって世界の賞賛をかちえようとしてきた。今や彼らはその方針を棄て去り、今度は平和愛好と国民の生活の向上とにより、世界の中での名誉ある地位を獲得しようとしている。これまで受けてきた一切の訓練は、このように転換された方向においても役立ちうる人間を造り上げていた。[1]丸山真男に従うと、戦前のナショナリズムは、自我がその中に埋没している第一次集団への愛着が延長されたものにほかならなかった。続く日本帝国の膨脹は、そのまま自我の拡大として熱狂的に支持せられ、市民的自由の狭隘さと、経済生活の窮迫からくる失意とは、国家の対外発展のうちに心理的代償を見いだした。しかしこのナショナリズムはデモクラシーと結合していなかったので、敗戦とともにもとの古巣へ、つまり第一次集団へと自動的に分解していった。[2]ベネディクトの説明は目的―手段のカテゴリーを用いる説明であり、丸山氏のそれはパーソナリティの非合理的衝動に動機づけを用いる説明である（前述一三―一六頁参照）。しかし、いま取り扱っている問題に関しては、両者は両立しうる。両者とも国家目標が大義名分ではなくエモーショナルな欲求によって選択されたことを指摘し、その選択過程を説明しているからである。ベネディクトは積極的な面から名誉心に、丸山氏は消極的な面からフラストレーションに、それぞれ照明を当てた。もちろん説明はこれで尽きるわけではない。たとえば宗教＝道徳的な価値のにない手としての天皇への愛着という重要な問題が残る。しかしここでそれに立ち入るのは適当ではないだろう。

いずれにしても敗戦と戦後の「民主化」政策とは、国民を国家から自由にした。アメリカはしばしば指摘されてきたとおり、近代のヨーロッパ文化圏の中でも、とりわけ国家の価値が低い社会である。戦後の社会科中心教育のモデルであったと言われるヴァージニア州の教育プランに顕著な発想、身近な集団から遠い集団へとプラグマチックに問題を解決してゆくという発想は、今日では文部省の同心円主義と言われるが、たいへん国家主義的でない考え方である。このような考え方は、戦後の教育を受けた若い世代に、とりわけ強く浸透したと思われる。

青年の生活態度が、戦前から戦後にかけてどう変わったかを比較する際、しばしば利用される質問項目がある。どういう生き方を希望するかに関する六つの選択肢のうち、「清く正しく暮らす」と「社会のために身を捧げる」という社会的志向は、戦前から戦後にかけて弱まり、「趣味に生きる」「のんきに暮らす」という私生活への志向は逆に強まっている。「恋で死ぬのは犬死か」という問に答えて、『葦』の一読者は次のように回答した。「天皇陛下のために死ぬよりは立派である」。(3) 日米児童の将来の職業選択の理由を比較したある調査の中から、小学校五年、中学校二年の生徒をとってみると、予想されるように、「貧しい人、病気の人などのため」「国のため」「人類のため」という社会志向型は、アメリカよりも日本において多い。しかしこのうち、「国のため」と「人類のため」とを国別男女別のカテゴリーにおいて比較すると、日本男子が一一・四%対一二・一%、アメリカ男子が三・三%対一・九%、日本女子が三・七%対七・一%、アメリカ女子が〇・七%対一・六%となっており、男子に関する比率においては、日本の方がアメリカよりも人類への志向が強いという結果が出ている。(4) この結果は、日本において戦前に強かったと思われ

る「国のため」という志向が、戦後弱化したことの一つの現われと解することができよう。(5)

(1) R・ベネディクト(長谷川松治訳)『菊と刀――日本文化の型』社会思想研究会出版部、一九四八年、四二八、四四二頁。

(2) 丸山眞男「日本におけるナショナリズム」『現代政治の思想と行動』(上)、未來社、一九五六年、一五九―一六〇、一六五頁。

(3) 『葦』一九五八年八月、一二一頁。

(4) M.E. Goodman, Values, Attitudes, and Social Concepts of Japanese and American Children, *American Anthropologist*, Dec. 1957, p. 989.

(5) 人類はおそらく同心円的に拡大された国家ではない。H・ベルクソンが指摘したごとく、人類はおとなにとってもそうであるように、子どもにとっても、現実の集団というよりもむしろ観念、理想にすぎないからである。その限りにおいて、「人類のため」は「国のため」よりも「貧しい人、病気の人などのため」に近い。

三 大衆社会に向かって

軍国主義の根が、アメリカにとって必要と思われる程度に刈り取られた頃、「自由世界」の一環としての日本資本主義体制の強化というもう一つの基本方針が明確になり、具体化する。その方針に呼応して、アメリカ資本の作り出した原料や文化財が大量に日本に氾濫し始めた。自動車、ガソリン、米綿、薬品、ラジオやテレビの部品、映画、テレビ・ドラマ、音楽など。アメリカ資本に支払われる利潤、特許権料、著作権料などが、消費価格を高くしているが、それでも大衆社会化の進行とともに、これらの消費量は戦後いちじるしく増大していった。たとえばアメリカ映画の輸入本数は、四六年の三九本、四七年の五一本。そして五〇年には一八〇本という頂点に達した(1)(収入総額約一〇〇億円、うち製作会社のもうけは四十数億円)。他方、戦争の痛手から立ち直れなかった日本映画産業は、四七年には六七本、四八年には九七本の長編を製作したが、アメリカ映画の二倍に達することもできなかった(2)。

アメリカのマス・メディアは何を提供し、そこからわれわれは何を受け取ったであろうか。この問に答えるためには、多くのデータと念入りな分析を必要とする。しかし、送られ受け取られたさまざまの観念や思想の中で、個人や家庭の幸福の追求が重要な位置を占めていることは否定できないように思われる。テレビ・ドラマでは、『パパは何でも知っている』や『うちのママは世界一』のような、アメリカの新中間層の家庭生活を描いたホーム・ドラマが、数年間コンスタントな視聴率を維持している。『映画の友』の読者が選んだアメリカ映画のベストテンのうち、一、二位を占めるのは、個人の自由な生き方やロマンチック・ラヴや家庭の幸福の肯定をおもなテーマとするものである。ここでそれらの内容分析を行なうことはできないが、それらはたとえば『我が道を往く』(四六年二位)、

『我等の生涯の最良の年』(四八年一位)、『ママの想い出』(四九年一位)、『若草物語』(五〇年一位)、『イヴの総て』(五〇年一位)、『陽のあたる場所』(五二年一位)などである。『欲望という名の電車』や『セールスマンの死』のような鋭い社会批判をテーマとするものは、当然のことながら、上位にはくい込めず、『愛しのシバよ帰れ』や『群衆の中の一つの顔』は、ベストテンにも顔を出していない。『陽のあたる場所』が一位を占めたのは、T・ドライサーのリアリズムが水で薄められ、日本人に最も人気のある男女優を配しているからであろう。

大衆の選んだベストテンのリストを見て気づかれる点は、一方において、恋愛関係や家庭生活をめぐる価値への同調をテーマとする系列の作品とともに、強いエゴを貫く生き方をテーマとするものが、かなり頻繁に選ばれているということである。『イヴの総て』から始まって、『探偵物語』(五三年二位)、『ピクニック』(五六年一位)、『女優志願』(五八年二位)などは、この後者の系列に属する。これらの作品に寄せられた大衆の人気は、その中のヒーローやヒロインとの同一化にもとづくのであろう。そしてこの同一化が容易になったのは、伝統的規範の無力化に伴って、自己自身の中の何らかの力に安定のよりどころを求めようとする態度が形成されてきたためであると考えられる。

松下圭一は戦後世代の生活態度の特徴として、かつての禁欲倫理、出世主義、事大主義に代わり、消費感覚、安定の追求、平凡人の理想が顕著になってきたことを指摘している。(3)

この変化に及ぼしたアメリカニゼイションの影響がどの程度のものであるかは明らかでない。しかし、その影響を最も受容しやすい世代は、疑いもなく戦後世代である。そしてアメリカの社会においても、市民的デモクラシーの段階から独占資本と大衆文化の支配する段階へ移行するにつれて、消費感覚、安定の追求、平凡人の理想が主要な価値の座を占めるようになったということは、D・リースマンをはじめ、アメリカの多くの社会学者によって指摘されてきた。この後者の段階のアメリカ文化は、日本において大衆社会化が進行するにつれ、しだいに日本の状況との適合の度を高めてゆく。

一九〇一年から四一年にかけて二つの大衆雑誌に現われた伝記の研究によれば（L. Lowenthal, "Biographies in popular Magazines"）、アメリカ人の理想は「生産の偶像」から「消費の偶像」に移っている。組織や生産過程において実質的な業績をあげる人びとから、レジャーを楽しむ人びとへと注意の焦点が移行した。今世紀の二五年までは、社会、商業、文化の最前線で指導的役割を演じている人物について何かを知りたいと願う自由社会の開放的精神から、伝記が取り上げられている。ところが、一九四〇―四一年頃から、英雄は娯楽やスポーツの世界から選ばれるようになった。そのうえ最近の伝記においては、その人物の私生活や消費生活に強調が置かれている。大衆が伝記についてもつ好奇心は、「行なう人」の世界、「行なうこと」の世界によってひき起されるのではない。成功は何かのきっかけでたまたま起ったこと、偶然的なラッキーなできごととして取り扱われ、一貫した努力の当然の結果としては、取り扱われていないようである。[4] 毎年卒業期の大学生に対して行なわれる人生の目標についてのあるアンケートによれば、冒険的な企業家、知的世界の開拓者、型破りの人間になることを目標とする者がいちじるしく少なくなってきた。それらに代わって、家庭、二、三人の子ども、一、二台の自動車、年収一万ドルが主要な目標となる。「安定をめぐる徴候群の中での最も腐食性の強い要素は、他者に対する寛容の限界を狭める作用である」。あなたがアウトサイダーの烙印を押されないようにするためには、犠牲者に同情して巻き込まれてはならない。「安全にノーマルであろうとする願望は、このようにして強力な大勢順応主義をもたらす[5]」。

アメリカ・イデオロギーの重要な源泉の一つであった社会ダーウィン主義のもとでは、市場の競争で勝ち抜いた企業家は、道徳的にも英雄であった。今はこの信仰は衰え、映画『灰色の服を着た男』の老実業家の場合のように、非情の報いとしての孤独が、恐れと憐みをもって眺められるようになった。しかし、社会ダーウィン主義の倫理は、人間の悲惨を無慈悲に傍観するとしても、自己自身に対しても苛酷であること、高い原理への献身が必要であることを説いた[6]。現代のコンフォーミストは、自己自身に対して寛容であり、他者に対しては、ダーウィニストが軽蔑したセンチメンタルな同情を惜しみはしないが、身の安全のために何ごとも為さないのである。

芝田進午は狭義の「アメリカ・イデオロギー」として、南北戦争後、特に一八七〇年代以降の独占資本の形成期にイズム化され、今日に至るまで支配的な帝国主義段階のイデオロギーをあげている。それは「財産権に基礎をおいた反革命原理」を核心とするものであり、独立革命から南北戦争に至るブルジョア民主主義革命のイデオロギー、「人権に基礎をおいた革命的原理」を核心とするイデオロギーから区別されなければならない。(7)この区別に従うなら、戦後日本に浸透したアメリカ文化の指導原理を成すものは、狭義の「アメリカ・イデオロギー」である。しかし、イデオロギーと一定の歴史的社会の経済的土台との対応は、直接的ではなく間接的であるから、新しいイデオロギーは過去のイデオロギーと部分的に連続し、その諸要素を取り入れて、体系的にみずからを再編成する。それゆえ、「アメリカ・イデオロギー」の日常化、内面化であるところの、現代のアメリカ人の意識の中にも、十八世紀の古典的な民主主義を支えていた公衆の生活意識の諸断片が、複雑な屈折を経て取り入れられているとみてよかろう。こうして、一方においては自由と独立を求めながら、他方においては物質的な豊富の追求過程の中での自己喪失と身の安全のための過剰同調とに陥るというアンビヴァレンスが生ずる。アメリカでは富の集中が異様な速さで進んだので（H・J・ラスキー）、豊富と同調のとりこになった大衆が、みずからをかつてのように自由で独立した存在であると考えるとしても、それは理解しにくいことではない。

アメリカにおいて、望ましい生活の主要な象徴が「自由」から「豊富」へ移った過程は、戦後日本の短いアメリカ化の過程において縮図的に再現された。「基本的人権」への強調は「財産権」への強調に置き換えられた。もちろんわれわれは「自由」を十分に享受したわけではなかったし、「豊富」を手に入れるためには、非人間的な悪戦苦闘を演じなければならない。しかし事実はともかくとして、何が望ましいかの観念に関しては、確かに「自由」から「豊富」への移ろいがあった。

(1) 樋口哲也「市民生活とアメリカ資本」『中央公論』一九五六年七月、一三四頁。
(2) 山田和夫「日本におけるアメリカ映画とその影響」『文化評論』一九六二年二月、一二三頁。
(3) 松下圭一「戦後世代の生活と思想」(下)『思想』一九五九年十月、九六頁。
(4) R. M. Williams, Jr., *American Society*, 1951, p. 408.
(5) M. Lerner, *America as a Civilization*, 1957, pp. 692–93.
(6) R. Hofstadter, *Social Darwinism in American Thought*, revised and reset ed., 1955, p. 11.
(7) 芝田進午「アメリカ・イデオロギー論序説」『社会労働研究』第六号、一九五六年、五三頁。

四 中間集団の比較

日本の文化とアメリカの文化とのあいだにはいちじるしい違いがあるけれども、日本は工業化の進んだ教育程度の高い資本主義社会であるという点で、アメリカ文化を受容しやすい先有傾向もあった。戦後の政党政治は大正デモクラシーのつぎ木であり[1]、成功への野心は、家族本位、国家本位のニュアンスを伴っていたけれども、やはり奨励された。教育程度を階層編成の原理とする開放階級制度（open class system）に関しても、明治以来の伝統がある。少なくとも制度の上では、これらの領域はアメリカ文化の侵入を受けやすい箇所であると言えよう。しかし社会学者が「社会統制」と呼ぶ領域に関しては、日本の社会はアメリカの社会と極めて異質的であるように思われる。この領域の機能は、社会の構成単位である個人や集団が、与えられた体制の枠内で相互に調整され、連帯を結び合うことにある。

しばしば指摘されているように、アメリカでは純粋にインフォーマルな友人関係から、かなり規模の大きい自発的結社に至るまでの、さまざまの機能集団が発達し、個人は多数の集団の加入者（joiner）となる。もちろん加入の範囲と程度は、個人の属する階層の違いによって左右される。しかし全体としてみれば、このような多様な集団への加入を通じてのコミュニケーションが、国民的連帯の社会的基礎を成していると言える。他方日本の社会では、地縁と血縁によるつながりと、職業上の利害で結ばれる範囲とを超えて集団を形成し、それに参加する組織化の様式は、あまり発達してこなかった。そして、自然的属性の共同や利害関係で結ばれる比較的固定したこれらの集団においては、共同態的な、あるいは家族主義的な規範が社会統制を行なうおもな機関であった。

個人もしくは家族と国家とのあいだにあって両者を媒介する社会統制の機能をもつ中間集団は、現代のアメリカにおいては、かつて保有していた政治的決定を左右する働きを、もはや喪失していると言われる。[2] しかしその実質的な政治的機能の低下にもかかわらず、私的な欲求を公共の問題に結びつけて解決する場としての中間領域のイメージは、やはり根強く生き残っている。この領域こそ公衆の舞台であり、個人の自発性を民主主義的な手続きを通じて表現する重要な装置であると考えられている。中間集団の創設をとおして「民主化」を進めるというアイディアは、占領軍から文部省に引き継がれ、社会教育団体の育成が図られた。しかし長いあいだ上からの組織化に慣れてきた日本人にとって、みずからの集団の性格を定め、事業計画を立て、役割配分の組織をつくってゆくということは、かなり厄介な問題である。アメリカ人に接した日本人に強く印象づけられた点は、個人の意見の率直な表現、未知の人に対しても示しうる開放的な態度、望ましいと考えたことを即座に実行に移す積極性などであった。これらは中間集団の組織化にとって、極めて適合的な性格特性のように思われたが、われわれの中には十分に発達していなかった。アメリカ的民主主義が最も浸透しにくかったのは、おそらくこの中間集団の領域である。

先に述べたように、社会統制は、体制の枠内で個人間や集団間の葛藤を調整し、そこから国民的な連帯のエネルギーを引き出すことをおもな機能としている。アメリカの場合、愛国心は公衆のもつ自発性が多様な中間集団の交錯状態をとおして、国民目標に通路づけられるところに成立する。この目標と通路づけが、国民の大部分にとってもはや幻想にすぎなくなったとしても、「イデオロギー」としての愛国心はそのようなものである。他方日本の場合には、共同態的、家族主義的な集団の中から、国家への忠誠のエネルギーを汲み取ってきた。宿命的に閉ざされた狭い生活空間の中で、人びとが協調しながら生きてゆくためには、どんな種類の葛藤も最後には調整されなければならない。こうして、日常的な慣習の聖化、全体のための自己犠牲、死後に残された肉身への配慮のための忍耐などへの傾向が生ずる。ただこれらの傾向によって、葛藤がすべて内面的に解決されるわけではない。だが未解消の不満は、集団の秩序を破壊することによってではなく、より大きい、だがやはり同じ性質の集団の中での和合を待望することによって抑制される。日本の社会では、中範囲の集団の支配者を超えて、より上位の集団の支配者に不満を訴える直訴の伝統があった。このような傾向は天皇信仰と何らかの関係があるだろう。これらすべての傾向が政治的に組織され、中間集団の平和的存続という目的を超えて国家目標に結びつけられる時、それらは愛国心のエネルギーとなった。

(1) K. Kawai, American Influence on Japanese Thinking, *Annals of the American Academy of Political and Social Science*, Nov. 1951, pp. 24-25.

(2) C・W・ミルズ(鵜飼信成・綿貫譲治訳)『パワー・エリート』(下)、東京大学出版会、一九五八年、四五〇—四五三、五一〇頁。

五　「平和」ナショナリズムの成長

戦後、共同態的、家族主義的和合へのエネルギーをナショナリズムへ導く道は、まず占領軍によって断たれた。次いで、体制維持のための社会秩序の安定をめざして、この古い方法を復活させようとする試みが権力の側によって行なわれ、それを阻止するために、今度は反権力の側によって、「ナショナリズムの産児制限」(松田道雄)が引き継がれた。この占領直後のアメリカニゼイションに起点をもつナショナリズムの抑制は、五〇年の朝鮮戦争、五五年の原水爆禁止世界大会(広島)や砂川基地闘争を経て、平和というシンボルを中心とする特異なナショナリズムへの道を準備することになった。

あらゆるナショナリズムは、その定義によって、民族体験の特殊性の主張を含んでいるが、同時にまた、この特殊性が普遍的原理の一表現形態としての性格をもつことを成立条件としている。唯一の原爆被災国民である日本人の平和ナショナリズムは、戦前のナショナリズムにおいて極めて稀薄であったところの、この大義名分的な性格をもつことができた。それゆえアメリカにとっては意図しない結果であったが、戦後日本のナショナリズムの成長にあたって、アメリカニゼイションが果した役割は決して小さくない。それは共同態的なものと私生活とを国家から切断しようとした。その結果、共同態的、家族主義的な和合への憧憬が、国家を超えた平和シンボルと直接結びつく道が開かれるようになった。他方、私生活はそれ自体として神聖な価値をになうようになったので、個人や家族の幸福を脅す戦争は、理由のいかんを問わない最大の悪として位置づけられるに至った。こうして戦後のアメリカニゼイションは、日本社会の価値体系をかなり変化させたにもかかわらず、そのためにかえって、日本に軍事基地をもち、核実験を行なうアメリカの戦争政策への抵抗の一条件を準備した。

平和をめぐって相互に浸透し合うシンボルとして、独立と民主がある。文化の面でのアメリカニゼイションを含めて、アメリカに対し最も戦闘的なのは、独立に重点を置く立場である。しかしそこでは、日米間の従属関係が、一社会内の階級関係をモデルとしてとらえられており、民族意識は階級意識のカテゴリーにおいて理解される。したがって、支配階級＝帝国主義のイデオロギーである「プラグマチズム」に対抗するものとしては、労働者階級の立場に立つマルクス・レーニン主義だけで十分であると考えられており、この思想を日本の民族的な土壌の中で再創造するという課題に関しては、あまり関心が向けられていない。他方、民主に重点を置く立場もまた、「日本的なもの」との絶縁を通じて、民主主義的に国民主体を形成しうると考えている点で、民族の内容を捨象しようとするインターナショナリズムである。したがってそこからは、戦後われわれが直接経験したアメリカ的民主主義の中での「民主主義的なもの」を、広狭さまざまの範囲で、日本の風土の中にどう取り入れるかという秩序形成者としての関心は生じにくい。それに代わって、アメリカ的民主主義をすでに「日本的な」仕方で取り入れてしまった現実への批判的関心の方が強くなる。

今日の国民運動において、独立や民主主義への志向が、平和への志向と並んでどんなに大きい役割を演じているかは、ここであらためて論ずるまでもなかろう。ただ、文化のレベルでの日本とアメリカの関係を考える場合、独立や民主は、それ自体で十分な視点を構成しているとは言い難い。「日本的なもの」が階級や市民に解消されてしまっているからである。

もちろん平和に重点を置く立場も、ポジティブな自民族像や特殊性への要求を、それほどはっきりもっているわけではない。しかし、わが子や教え子を再び戦場に送りたくないという願いの中には、階級や市民の正当性への要求以外に、あるいはまた私生活の幸福への欲求を越えて、ある種の共同態的な感情が流れているように思われる。独立ナショナリズム（あるいはインターナショナリズム）を支える感情の基調が怒りであるとすれば、平和ナショナリズム(1)のそれはむしろ悲しみに近い。日本文化の特徴として指摘されている悲哀の感情の重視が、日本人の共同態的、家族主義的な生活とどのようなかかり合いをもつかは、今後さらに追及されてよい課題である。過去において、共同態的なものは大小さまざまの権力と結びつき、権力によってゆがめられてきた。今日においても権力による利用は部分的に、インフォーマルに続いている。したがって純粋に共同態的なもののイメージを構成することは容易ではない。しかし、平和ナショナリズムは、戦前、国家権力によって抑圧されていた庶民の平和への願いを、ある程度組織化することに成功した。狭い生活空間の中から飛び出すことによってではなく、その中にあって人と人との和解の道を求めてゆく生き方は、プラグマチックであると言えないこともないが、積極的なアメリカのプラグマチズムとずいぶん隔たっている。日本人の日常生活の中に見られるこの「平和主義」の全面的な肯定は、もちろん望ましいことではない。無防備の経験的「平和主義」は、いつも権力によって利用されてきたからである。しかし、日本のナショナリズムは、そのエネルギー源を社会主義や民主主義への要求の中だけではなく、和合への庶民的な願いの中にももっていることに、いつも留意する必要があるだろう。その自然発生的な願望を、社会体制や国際的状況に関する認識図と統合しうるようなイデオロギーが成長した時、われわれははじめて、日本におけるアメリカニゼイションに対する確かな視点をもつことができるのである。

(1) たとえば梅原猛「感情論の歴史的展望」『立命館文学』一九六二年一月、四九頁。

XII　日本人の連続観

一　連続観と非連続観

日本人は西欧文化圏に属する諸民族に比べると、罪の意識によって自分を統制することが不得手だ、といわれる。日本人自身も、この点は戦後充分に自覚してきた。たとえば、遠藤周作の初期の仕事である『海と毒薬』は、日本人の罪悪感の弱さをテーマにしている。『海と毒薬』に現われている遠藤氏の思想は宗教的というよりもヒューマニズムに近いように思われるが、その点はともかくとして、罪悪感の弱さは私たち日本人の一つの特徴であることは確かである。この種の議論は、とくに戦後の五、六年のあいだささかんであった。日本人の戦争責任についての考え方があまりにもきびしさを欠いているという指摘も、同じ文脈の上に立っていた。かずかずの戦争犯罪、とくに中国で犯した残虐行為に関しても、日本人は反省するところが少なかった。戦争とはしょせんそういうものだとみる一種の

「自然主義」が、われわれの罪についての反省を妨げた。このような自己批判は、戦後何度となく繰り返されたと記憶している。今日では、日本人の短所ではなく長所に、できるだけ脚光を当てようとするナショナリズムが台頭してきたから、日本人の罪の意識の弱さや、それにともなう責任感の不足、あるいは忘れやすい性質について、語られることはまれになった。戦後五、六年のあいだ、私たちの心を強くゆさぶったこの自己批判の様式は、論壇では古くさくなり、ほとんど忘れ去られたかのようである。もっとも、それはたんに古くさくなっただけのことであり、なぜ私たち日本人が罪の意識の弱さを問題にする必要がないかが、まともに論じられたこともなかった。しかし、その問題を充分に追及する必要はないという論拠がなかったわけではない。それは日本人にはキリスト教なるものが理解できる伝統が欠けているから、したがってキリスト教的な罪の意識が日本民族に不在であるのは当り前のことであって、それを慨嘆したところで、どうなるものでもない、という論拠である。この論拠は明示的に語られたことはなかったが、多少ともナショナリスチックな議論の中には、暗にこのような考え方が含まれている。筆者自身もある面ではまったくその通りだと思う。一億総キリスト教化などとても可能な話ではないし、またキリスト教文化圏に属する諸民族には、彼らに特有の罪悪の歴史がある。さらに、西欧風の罪の意識などなくても、日本人は戦後国内的にはともかく安定した秩序を保ってきたし、国際的にみても、平和憲法のおかげで、公平にみてそんなに加害者的な役割を演じてもこなかった。罪の意識がないなどということが、どうして自己卑下の理由になるのか。

だが筆者には、戦後提出されたこの問題のもつ意味は、やはり重要性を失っていないように思われる。キリスト教風の罪の意識がないことを概嘆するには及ばないが、それにもかかわらず、この種の意識が含んでいる「非連続観」は、現代の世界の中で文明をつくってゆくうえに、どうしても必要である、と考えるからである。キリスト教の罪の意識は、超越神に対する人間の絶対的な距離にもとづいて生ずる。神と人間とのあいだは、絶対に非連続である。人間はきわめて不完全で、そしてまた無力な存在だ。では、人間は何をすればよいのか。これが、脱世俗的なカトリシズムであろうと、世俗内禁欲を奨めるプロテスタンティズムであろうと、キリスト教一般に共通する出発点の構えである。この構えに含まれている非連続観は、神を対象とする場合のそれだが、それは非連続観の一つのタイプにすぎないと考えられる。

人間は神以外のさまざまの対象、たとえば自然、世界、国家、他者などに対して非連続観をもちうる。そしてまた、この態度を基礎として、ある対象と他の対象とのあいだは、連続的につながっていないという感じをもつことがある。たとえば、国家と世界（あるいは人類）とのあいだの非連続の感じがそうである。逆に、さまざまの対象と自己とのあいだや、対象と対象とのあいだが連続的につながっているという感じをもつこともできる。阿弥陀と自己、家族と国家とのあいだの連続観は、日本の歴史においてはっきり現われている。連続観をもつ人間は、心理的な緊張に陥らないで、人生と調和して生きてゆくことができる。対象のもつ要求と自己の要求との矛盾、あるいは対象のもつ要求相互の矛盾に直面しないで済むからである。しかしそのかわりに、対象界が一枚の平面にみえ、そしてその対象と自己とが密着し過ぎているので、対象界を分解したり組立てたりして、計画をつくることに不向きである。また、計画をつくっても、その計画を充分に対象化し、自己とのあいだの距離を適当に設定しえないから、計画によって現実を構成してゆく持続的な努力を怠る傾向が出てくる。そこで、せっかく計画をつくっても、それは実現不可能だとして棚上げしてしまうか、そうでなければ、既成の技術に適合する部分だけを計画の中から選び出すことによって、高かった目標の水準はいつのまにか引き下げられてしまう。どちらの場合も、現実のほうは、計画が立てられる以前とほとんど変らないままにとどまる。日本の社会においては、小はサークルの運営から大は国家的規模の改革や開発にいたるまで、さまざまのレベルでの「計画倒れ」がみられる。この傾向は一つには、行為全体が働きかけようとする対象との距離の感覚が曖昧なために、目標達成にいたるまでの努力をうまく組織化できないことにもとづく、と筆者には思えるのである。対象が純粋な自然現象である場合には、距離感ははっきりしているので、その際は、計画に従って現実を変容する仕事は、しばしば巧くいっている。だが対象が社会現象になると、私たちの計画化と実行の能力は急に低下する。日本にかぎらず、どこでもそうだったが、自然との連続観の強い過去の時代においては、自然を対象とする場合でも、事柄は計画どおりに運ばなかった。

それからまた、特殊な問題かもしれないが、世界の平和を維持し、あるいはもっと実質的なものにしてゆくことに、日本民族の重要な使命があるとすれば、この点でも連続観はあまり役に立たない。なぜなら、現存の国家の要求に応ずることは、しばしば世界の平和にとってマイナスになるからである。現存の国家を愛することがそのまま人類への愛に通じるとは、よほどおめでたい人間でないかぎり、信じられないだろう。国家と世界とは連続していない。そのことは、長い戦争を経験した私たちがはっきり確認してよい命題である。だから平和の論理と心情とは、どうしても連続観からは出てこない。

連続観―非連続観なるタイポロジーは、現実のさまざまの世界観をはかる一つの尺度にすぎない。そして、日本人の世界観は連続観の典型と言い切れない側面をもっている。たとえば、仏教が培った彼岸への志向は、連続観と一貫しない。ただ、この尺度によってみると、日本民族は、かなり長いあいだ、どちらかと言うと連続観のほうに偏っていたように思う。西欧文化圏の場合はその逆である。そして彼我の違いをもたらした要因の一つは、やはり西欧のキリスト教に匹敵するような超越神への信仰に相当するものが、日本の伝統になかったということ――これは今日では常識以外のなにものでもない解釈だが――にみいだされると思う。だが戦後の日本では、将来の日本人を非連続観に向かわせてゆく社会的な諸条件が現われてきた。これらの条件を一つびとつ検討することは、興味のある課題だが、ここでは一つの条件だけを取り上げてみようと思う。それはほかでもなく、私たちにとってもっとも身近な集団である家族の変化である。家族の観点から非連続観を問題にする場合、これまでのところ、日本の家族はどうして自律的な人間を形成しえなかったかという形で、問題提起が行なわれてきた。筆者の考えでは、自律性は非連続観の一つの側面として位置づけることができる。そこで、家族と自律性の関連を追及することにより、日本人の連続観に転換が起こる可能性を考えてみるというのが、この小論の目的である。

二　家族の民主化を求めて

戦後の日本の社会はかなり民主化した。近代化はしたけれども、民主化はしていない、という意見もある。しかしそれは民主化なることばをきわめて厳格に用いた場合、つまり民主主義の理想を実現しているかどうかの観点からみた場合に出てくる意見である。ところで、民主主義の理想を実現している社会は、世界中どこにもない。民主化なることばは程度を表わすにとどまる。もし日本の社会に関して民主化ということばを使うのがどうしても適当でないなら、近代化ということばにおきかえてもよいが、近代化はしばしば工業化の意味に用いられるので、社会関係の近代化に関しては、やはり民主化なる語を保留したほうがよさそうである。もちろん、日本社会は体制としては資本主義社会であるから、社会主義社会のもとではじめて民主主義が実現するという考えに立つなら、日本社会は体制的には民主化しなかった。だが、かりにそういう考えに立つとしても、部分的には、日本社会は戦後、民主化の方向に進み、そしてかなり前進したことを認めなければならない。

戦後の民主化の起動因はアメリカの実力にあったから、民主化のモデルとしてもっとも有力な働きをしたのは、大局的にみてやはりアメリカの社会であった。デモクラティゼイションとはある側面では、じつはアメリカニゼイションにほかならなかった。デモクラティゼイション＝アメリカニゼイションはいろいろな領域に及び、今日にいたった。国家権力からの宗教の分離、自由主義イデオロギーのいっそうの（戦前に比べての）広がり、六・三・三・四の教育制度、選挙権や相続に関する男女の平等、衆議院優位の政党政治、労働組合やその他の自発的結社の発展など。だがアメリカの影響がもっとも深く及んだのは、衣食住に関する日常生活の領域と、それに密接につながっている家族生活の領域ではなかったか。「もっとも深く及んだ」というのは大胆過ぎる仮説であるかもしれない。だが少なくとも、これらの領域はいちじるしくアメリカナイズされた領域であることは確かである。

戦後日本の家族の変化は、私たちが日常的によく経験しているところである。社会学の用語で表わせば、家父長家族の夫婦家族への移りゆきということになる。親子関係中心の家族が夫婦関係中心の家族へと変ってきた。結婚した夫婦がその親たちと同居せず、未婚の子どもとだけ一緒に暮らすのが夫婦家族である。おそらく新住居を構えることの経済的な困難のために、夫婦がその親と同居する場合が多かったが、その場合でも、親が新しい家族の生活、たとえば嫁の行動様式や彼女の子どものしつけの仕方などに干渉することはむずかしくなった。さらに、昭和三十五年の国勢調査によれば、一世帯の平均世帯員数は従来の五人前後を大幅に下回って四・五六人となり、両親から独立して住居をもつ夫婦家族が、さいきんとくに増加したことがうかがわれる。家父長家族は長男が配偶者とともに同居し、子どもを育ててゆくので、「家」は連続する。夫婦家族の中で育った子どもは、配偶者を迎えると親の家族から独立するので、家族は一世代の夫婦ごとに区切られ、「家」は連続しない。いうまでもなく戦後の民法は夫婦家族の概念にもとづいてつくられた。そして実生活においては、若い人びとにとっての新しい家族のモデルは、文化的接触がもっともいちじるしかったアメリカ人の家族であったことは疑いえない。

戦後の日本で民主化をどう進めてゆくかに関する議論は、いろいろの分野にわたっていた。その一つの分野は家族の民主化に関する議論である。日本人は独立の行為主体としての自覚が弱く、権威に従順であって、多数意見に同調しやすい。このような自律性あるいは主体性の欠如のために、満州事変から始まって太平洋戦争にいたるまでの二十年間、日本の民衆はなすところなく権力者の操作になしくずしに引きずられていった。こうした自律性を欠く人間を形成したのは、日本の家父長家族である。したがって、家族の民主化こそ、日本社会が民主化してゆくにあたってのもっとも重要な出発点となる。これが戦後五、六年のあいだの支配的な論調の一つであった。この議論は哲学者を中心とする「主体性」論の中にあって、地味ではあるけれども重要な、そして日常生活ともっとも深くかかり合う一角であった。

日本の家父長家族と日本人の自律性の欠如との関係を当時非常にあざやかに指摘したのは、よく知られているとおり、川島武宜《たけよし》の一連の仕事である。とくに「日本社会の家族的構成」(『中央公論』昭和二十一年六月、のちに同名のタイトルをもつ単行本に所収)(1)は、民法改正の直前に発表され、専門の学者を越えて広い影響力をもった。その中で川島氏は、日本の家父長家族を統制する儒教倫理に注目し、この倫理が親の子に対する、夫の妻に対する一方的な支配を正当化したことを強調する。日本の家族においては、親子、夫婦がたがいに権利・義務をもつ平等の主体者として向かい合ってこなかった。こういう環境の中で形成された人間は、独立の価値ある主体として自分を意識することができない。「かれの行為はつねに他者によって規定され、彼はみずから判断しみずから行動することはありえないし、またその能力もない」。要するに、ここでは「個人的責任」の観念は育たないのである。こうした家族制度の生活原理は、「家族の外部においても、みずからを反射する」。個人的責任の観念をもたない人間は、他者もまた、自分で自分を統制する内面的な原理をもたない人間にみえるのは自然である。そこで、家族の外の世界は、人間がみずからの欲望の動くままに他者を利用する無秩序の世界にみえる。安定した社会秩序を築き、不安をしずめようとして、人びとは家族の外にも第二の親子関係をつくろうとする。こうして、農村においての親方・子方関係が形成され、またそれに似たものが、近代的な色彩をもつ会社や役所や学校や政党において、親分・子分関係として現われてくる。これらの擬似家族的集団を支える生活原理は、やはり平等の人格間の権利義務関係ではなく、権威の点で格差のある人びとのあいだの庇護＝奉仕の関係にほかならない。その点で、これらの集団の中に、家族制度の生活原理が反射しているといわれるのである。

川島氏の右のような指摘は、当時においてはきわめて新鮮であったし、今日でも日本社会を「家族的構成」の見地からとらえる見方に賛同する人は少なくない。もっともその後、事実認識とは別に、価値評価の点で、「家族的構成」の社会がもつプラスの点を暗に評価する考え方が現われてきた。たとえば、平等者間のきびしい業績主義に立つ競争が人びとにもたらす鋭い緊張を、「家族的構成」の社会は緩和することができるというような評価である。だがその場合でも、事実認識に関して別の命題が出されたわけではないし、また価値評価の点に関しても、このタイプの社会のもつマイナスの側面、つまり主体的、自律的な人間の自己表現が抑制される側面は、やはり今日でも誰もが認めているところである。「日本社会の家族的構成」なる視点に立つなら、戦後顕著になった家父長家族から夫婦家族への移行は、明らかに望ましい方向を意味する。「家」の権威を背負った家父長の権威は、「家」の解体によって低下し、それにつれて、親子、夫婦間の関係は平等の関係に向かうからである。しかし、いわゆる封建遺制が現在の社会生活において個人の自律性や自発性に対し負機能をもつ、ということから、「封建的」家族が衰微すれば、自律的人間がやがて形成される、ということにはならない。「封建的」でない家族にもいろいろのタイプがあるからである。個人の自律性や自発性の形成にとって正機能をもつタイプもあるが、負機能をもつタイプもあるかもしれない。もちろん封建遺制の理論は、そこまで問題を広げようとはしなかった。しかしもしこの理論の射程を、それを構成した人びとの意図しなかったところにまで広げることが許されるなら、次のような問が出てくる。すなわち、「封建的」家族が衰微した今日、戦後の夫婦家族は、自律的、主体的な人間を形成することに成功したであろうか。戦後に生まれた子どもは、まだ一人前の社会人としてほとんど活動していないから、その成功・不成功をいくらかでも精確に判定するためには、私たちは将来をまたなければならない。しかし現場の教師の多くの証言によれば、戦後日本の夫婦家族は、西欧の十八世紀から十九世紀にかけてのブルジョア家族が生み出したような自律的人間をつくり出してはいないようである。もちろん、D・リースマンが「内部指向型」ということばで典型化した市民的人間、あるいはM・ウェーバーがフランクリンの中にみいだしたような勤勉で内省的な人間は、一つの理念型であるから、当時のブルジョア家族に育った場合でも、誰もが自律的人間となったわけではない。モデルと実際とのあいだには、いつも多少の距離がある。しかし、ここで日本の夫婦家族がそのようなタイプの人間を生み出すことにそれほど成功していないというのは、そういう意味においてではない。筆者が指摘したいのは、モデルと実際との距離といった程度の不成功ではない。じつは、モデルの設定の仕方に、ある種の混乱があった。そのために、自律的な人間が形成されたかどうかという尺度が、この場合には本質的に役立たないのである。

最初に簡単に筆者の主張したい点を掲げておくほうがよいだろう。家族の民主化を目標として、民法が改正され、家父長家族から夫婦家族への移行が始まった。そして、自律的、主体的人間の形成されることが、暗に期待された。だがモデルとされたのは、十八―十九世紀ヨーロッパの近代ブルジョア家族ではなく、二十世紀中葉のアメリカの新中間層に属する家族であった。現代アメリカの新中間層の家族は、自律的人間を形成することにそれほど向いていない。ところが、戦後、私たちには、西洋的なものはすべて一つにみえたから、十八―十九世紀のヨーロッパも二十世紀のアメリカとともに「近代」に属していた。社会科学の領域においても、近代の中の「市民社会」的な側面と、「大衆社会」的な側面との区別が、充分に意識され始めたのは、ようやく昭和三十年ごろになってからである。この認識の弱さから、少なくとも実生活のレベルでは、アメリカニゼイションがそのまま民主化を意味するという暗黙の想定が行なわれたとしても、それは無理からぬことである。すでに述べたように、アメリカニゼイションは社会生活の各所で起こった。そして家族はその一つの焦点であった。ところが、アメリカの多くの社会学者の診断によれば、アメリカの新中間層の家族は、もはや自律的な人間を生み出す力を失い、そのかわり同調過剰の「他人指向型」の人間を生産している、ということである。筆者はこの説には全面的に賛成ではない。自律性と同調性とは必ずしも相互に排除し合うとは限らないからである。自律的な人間が、人種的、民族的偏見にとらわれることもまれではない。(2)だが相対的な意味で自律性の側面にかわり同調性の側面が目立ってきた、という意味に解するなら、この指摘はやはり正確だと思っている。それゆえ、戦後日本の家族がアメリカナイズされ、そしてその過程を通じて自律的人間が形成されるという暗黙の期待の中には、かなり大きな錯誤があったように思う。

戦後に生まれ育った青少年の社会的性格（彼らに共通のパーソナリティ）については、現場の教師や評論家たちが多くの報告を書いている。漢字を知らない大学生から「カッコよく」生きようとする「現代っ子」にいたるまで、否定や肯定のさまざまな評価がある。あるいはまた恐ろしい勢いで激増する少年非行や少年犯罪について、専門家や評論家はいろいろの診断を下している。これらの認識や評価を簡単に整理することはとてもできないほど、多くのことが語られてきた。しかし、考え方の共通の軸となっているものは、家族が近代化したためによくなった、あるいは悪くなったという発想、あるいは家族の近代化が貧困あるいは「封建遺制」のゆえに不充分であったため、いっこうによくならないという発想（この場合には、「封建遺制により」感化の傾向がくいとめられていると考える人はいない）である。いずれにしても、前近代―近代のタイポロジーが共通の座標軸となっている。そしてそれにもかかわらず、「近代」的と考えられているものの内容は、必ずしも人びとによって一致しているわけではない。そのために議論がたいへん混乱してくるのである。筆者はこの種の混乱をいくらかでも整理するために、もう一度戦後の出発点に返ることを提案したい。いったい、私たちはどんなタイプの家族をモデルとして選び、その中でどんな人間が形成されることを望んだのか。

（1）川島武宜『日本社会の家族的構成』学生書房、一九四八年、日本評論社、一九五〇年。
（2）F. L. K. Hsu, *Clan, Caste, and Club*, 1963（作田啓一・浜口恵俊共訳『比較文明社会論――クラン・カスト・クラブ・家元』培風館、一九七一年、二一六―二一八頁）。なお前述三〇二―三〇三頁を参照。

三　西欧「近代」の家族と自律的人間の形成

私たち日本人にとっては、西欧文化のある側面、とくにキリスト教にかかわる側面を理解することはむずかしい。それでも、たとえばグレアム・グリーンの『事件の核心』とか、G・ベルナノスの『田舎司祭の日記』などというカソリシズムのすぐれた作品を読むと、かなり強い感動を経験する。これらの作品の中には、人間の不完全さについての絶望が表現されているが、人間は不完全なものだという認識は、時として私たちにも訪れてくるからである。人間は他者を本当に愛することができるだろうか。たとえ愛することができても、それは個人の好みで特定の他者だけを愛するにとどまっているのではないか。ある人を愛し、他の人を愛さない正当な根拠はどこにあるのか。またかりに一人の他者を愛したとしても、それはその人の幸福にはたしてどれだけ役立つのか。これらの疑問に私たちは時として苦しめられている。そして、人間は人間を愛することができ、それによってお互いに幸福になれるというヒューマニズムの教えが、生きてゆくうえにほとんど支えにならないという危機感を経験する。キリスト教のような強い非連続観に立つ宗教が、私たちの心をとらえるのはこのような場合である。人間同士のあいだの愛は不可能だ。可能かもしれないが、一時的ではかないものだ。また、永続するとしても、そのことによって誰が幸福になれるのか。こういう疑問に苦しめられる時、神への愛という奇怪な想念が私たちの心の中に閃く。神は人間になにものも求めないから、神を愛しても愛さなくても構わない。また、愛が不完全であっても構わない。そして——これがとくに筆者には重要であると思われるのだが——神を愛しても、そのことによってなにびとも傷つけないだろう。神はいくら愛されても傷つかないし、神への愛ならば、第三者が傷つくというようなこともない。だから、私たちが自由に、安心して愛することができるのは神のみである。神と人間とのあいだの絶対的な非連続により、かえって人間には救済の可能性が与えられている。西欧の精神史においては、人間の不完全性（悪）を強調する宗教的態度と、人間の生来的な完全性（あるいは完全になりうる可能性）を強調するヒューマニズムの態度とが対立していた、といわれる。比較的新しい時期においては、前者は宗教改革に現われ、後者はルネサンスに現われた。戦前から、一部の読者に親しまれているT・E・ヒュームは、この二つの態度は相互にまったく異質的であるから、峻別する必要がある、と主張した。ヒューマニズムの態度は、人間の欲求の充足をなるべくきびしい枠にはめようとする制度に反逆し、自然や生命の直接的な表現である芸術（W・ヴォリンガーのいう「感情移入」の芸術）をつくり出す。他方、宗教的態度は、規律によって人間をコルセットにはめようとし、非人間的で抽象的な構図をもつ芸術をつくり上げ、このような対象と不完全な人間とのあいだの絶対的な距離を通じて宗教感情を表現しようとする（「抽象」の芸術）。[1] ヒューマニズムは連続的な世界観に立ち、宗教は非連続的な世界観に立つ。そして、どちらかといえば、しばしば指摘されてきたとおり、日本人にはT・E・ヒュームが定義した意味でのヒューマニズムのほうがわかりやすいのである。

人間は生まれつき不完全であり、そしていくら努力しても完全にはなりえないという信念は、どんな家族の中で形成されやすいか。疑いもなくこの信念は、親と子とのあいだに権威の点で大きな隔たりがあり、そして子どもの自然発生的な欲求の表現をきびしく規律する教育が行なわれるところに育ちやすい。十八世紀から十九世紀にかけての西欧のブルジョア家族は、仕事の場と家庭の場とが分離し、夫婦関係を中心とする点で近代家族であったけれども、親、とくに父の権威の強さの点では、中世的な家父長制のなごりを充分にとどめた家族であった。こういう家族の中で育った子どもは、親の強い権威を内面化し、そのことによって、自己自身で自己を統制する内面の監督機関である強い超自我＝良心をつくり上げてゆく。この過程の古典的な定式化は、家長の権威の強い十九世紀のウィーンのブルジョア家族を観察したS・フロイトによって行なわれた。もっとも彼は、強い超自我が罪悪感の源泉となり、病理的な徴候を表わすようになった臨床例に没頭したため、超自我の機能がノーマルに作用する健全な「市民」の精神構造の形成に関しては、正面から議論を展開してはいない。しかし彼の病理学的研究の裏をとらえれば、自律的、主体的な人間は、親の権威が強く、規律のきびしい家族の中で形成されるという命題が、はっきりと浮かび上がってくる。そして、ブルジョアたちに広がっていたプロテスタンティズムにとりわけ顕著な禁欲主義が、子どものパーソナリティに浸透し、子どもがみずからのイド（自然の欲求）に対していだく恐れを強化した。この恐れのゆえに、超自我はイドを抑える必要上ますます強くなり、そして彼はますます自律的とならざるをえなかったのである。こうして、キリスト教は第二次的な意味で、自律的、主体的な人間の形成に寄与した。

しかし、自律性の第一次的な形成要因は、親の権威の強い規律好きの家族である。キリスト教は自律的人格の中に原罪意識を注ぎ込み、それによって、自律性に特有の色彩を与え、あるいはその自律性を強化したかもわからない。しかしそうであるとしても、やはりキリスト教は、ふつう考えられているほど、自律的人間の形成にあたっての決定的な要因であるとは筆者には思えない。なぜかというと、第一に、親と子とのあいだに権威の点で隔たりがあれば、それだけで強い超自我をもつ人間が形成されるからであり、第二に、この隔たりによって、子どもの側に非連続の世界のイメージがつくられるからこそ、キリスト教の教義を子どもに容易に植えつけることができるからである。要するに、親の強い権威を内面化し、超自我をパーソナリティの内部に確立した人間は、もはや外部の権威や周囲の要請によっては容易に動かされないだろう。彼は自己自身の中に行動の指針を求め、信念に従って一貫的に行動するだろう。私たち日本人には、西欧人は非常に頑固で、融通性に乏しいようにみえることがあるが、この頑固さは自律的、主体的人間が支払わなければならない代償である。

　次に、西欧の「近代」家族は、その近代性のもう一つの側面のゆえに、自律的な人間の形成に寄与した。その側面とは、親子間に権威の隔たりがあるにもかかわらず、夫婦関係は比較的平等であって、その夫婦関係が家族の中心であった、という点である。子どもは夫婦が構成するおとなの世界に容易に立ち入ることが許されなかった。子どもは食事の際やその他限られた時間のほかは、ひとりで、あるいは家庭教師などの使用人とともに時を過ごした。親たち、とくに父と接触する時間は、以前の農業社会の農家の場合に比べれば、いちじるしく少なくなった。抽象的な教訓を語る親たちが、じっさいにはどんな生活をしているのか、子どもにはまるで想像できなかった。そういうところが、農業社会の農家の生活構造と根本的に違っている。そこでは親たちの生活は子どもにとって充分に見通しが可能であった。「近代」家族においてはそうではない。親たちの生活はヴェールでおおわれ、神秘的となった。自分の生活には触れないで説教するのは、ブルジョアの親たちの偽善である。しかし、生活のこの隠蔽のゆえに、親たちの教育はそれなりの効果をもった。(2)

もともと夫婦関係は親子関係とは異なって、本来的に第三の当事者を排除する性格をもつ。親子関係は、子どもが二人になっても、三人になっても、本質的には変化しない。ところが夫婦関係は二人だけで完結する。第三の当事者が現われれば、夫婦関係は成り立ちにくくなる。その場合には、一夫多妻制を例にとると、夫は第一の妻と一組の夫婦関係をつくり、第二の妻と別の夫婦関係をつくることによってのみ、二重の夫婦関係を維持することができる。妻同士が密接に交渉する場合には、一夫多妻のシステムを維持してゆくことは非常にむずかしい。親子関係はそういう排除性をもたず、子ども相互が密接に交渉しても、親子関係は崩壊しないし、むしろ強化されさえする。そこで、夫婦関係が中心である家族においては、たとえ子どもであっても、第三者として夫婦関係を脅かす可能性をもっている。母親を自分から引離して、独占する父親に対しての怨恨、そしてこの怨恨のゆえに父親の側から男の子に襲ってくる復讐というようなフロイトのテーマは、夫婦関係を中心にした家族においてのみ問題となりうるテーマである。(3)こうして、子どもは親たちの関係に立ち入れないで排除されるから、夫婦中心の家族の中で育つ子どもは、親の世代とのあいだに深い断絶があるという経験をもって成長する。このような経験をもつ人間は、非連続的な世界観に親近性を感じるようになるだろう。これに対して、親子関係が中心の家族の場合には、事態は逆となる。古い中国の家族がそうであるように、親と子の関係は密接であり、子どもは将来の自分のイメージを親の中にみいだす。子どもはいつかは親のような人間になることを確信して疑わない。とくに長男は父親と強い同一化を行ない、父親のいろいろの特徴を幼い時から自分の中に取込む。こうして、たとえば弟妹に対するふるまいの中に、小型の「父」が幼少期から現われてくる。異なった世代のあいだに裂け目が感じられないので、彼は連続的な世界観に親しみやすくなるだろう。

自律的、主体的な人間の形成母胎として、親の権威の強い西欧の「近代」家族をあげることができるのは、以上の理由によってである。けれども、ここで一つの異論が起こることが予想される。親の権威の強い家族が自律的人間を形成するということであれば、戦前の日本の家族はまさにそのようなものであったから、そこからは自律的な人間が生み出されたはずではないか。そうだとすれば、戦後私たちは、日本の家族について深刻な反省などする必要はなかったのではないか。この異論はある意味では正しい。じっさい、日本の家族の中でも、儒教倫理を保ち続けてきた古風な家族の中からは、たしかに自律的な人間が形成された。このタイプの人間は、自律的人間に特有の、強い信念と頑固さとによって目立っていた。

唐木順三がかつて指摘したところによれば、儒教、仏教、武士道は近代日本人にも承け継がれ、生活に端正な型を付与していた。ところが大正期以降になると、この型はしだいに失われてくる。この「型の喪失」による日本の「近代化」にもかかわらず、日本の軍隊は、昭和にはいってからも、ともかくも型を維持してきた。だから、日本の国家権力が軍隊を背景にした軍部の手に握られるようになったのも不思議ではない。政党、官僚、重臣層などは、集団の秩序を維持し、信念を創出する型をほとんど失っていた。(4)ここで筆者はこれ以上、唐木氏の史観に深入りするつもりはない。自由な仕方で要約を試みたのは、儒教倫理にもとづいた集団秩序は、それなりの仕方で信念をもつ人間を形成しうる、ということを指摘したかったまでである。人間と人間とのあいだの上下関係を正当化する儒教倫理は、戦後「封建遺制」の名のもとに、民主主義に対立する反価値のレッテルをはられた。しかし正当化された権威は、それがどんな倫理によって正当化されたものであっても、人間に信念を付与する働きをもつものである。筆者は儒教倫理の名誉回復をここで試みるつもりはない。儒教倫理と民主主義の倫理との対照をはっきりさせようとする思考の様式は、いまも必要であり、正当であると思っている。だが、繰り返すことになるが、儒教倫理に支えられた権威的な親子関係は、たしかに自律的人間を生み出す力をもっていた。

ところが、じっさいには日本の家族は、自律的な人間を社会に大量に送り込んだわけではなかった。西欧近代の自律的人間は、その社会で大量に観察されうるパーソナリティ（modal personality）である、という意味と同じ意味において、日本の近代社会のモーダル・パーソナリティが自律的人間であるとは、どうしてもいえない。近代日本の家族は、いくらかは自律的人間を生み出したけれども、大量的にはそうではなかった。その理由を、唐木氏の理論を応用して、大正期以後の「型の喪失」の中に求めることができるだろうか。そういう解釈も不可能ではない。しかし筆者の考えでは、「型の喪失」以前の明治期においても、そして明治維新に先立つもっと以前から、日本の家族は自律的な人間を大量に形成するのに不向きなところがあったのである。大正期以降、この不向きな特徴が強化されたかもわからないが、主要因はそれ以前のところにあった。

（1）T. E. Hulme, *Speculations: Essays on Humanism and the Philosophy of Art*, 1924（長谷川鑛平訳『ヒュマニズムと芸術の哲学』（改版）、法政大学出版局、一九七〇年。

（2）D・リースマン（加藤秀俊訳）『孤独な群衆』みすず書房、一九六四年、三三―三四、三五―三七頁参照。

（3）F. L. K. Hsu, The Effect of Dominant Kinship Relationships on Kin and Non-Kin Behavior, *American Anthropologist*, No. 3, 1965, p. 655.

（4）　唐木順三「現代史への試み」『展望』四二号、筑摩書房、一九四九年。

四　集団の自立性と人格の自律性

日本の家族において親の権威が強かったという場合、この権威はじつは本当の強さをもってはいなかった、と筆者は考える。権威は権力とは異なって、その統制に服する側の者に、統制が正当であることを認める承認の態度がなければならない。この態度が強ければ強いほど、権威の強さは増してくる。ところで、一般に集団のリーダーの統制が充分に承認されるためには、彼が集団の外側からくる圧力に対して、集団のメンバーを保護しうる力をもっていなければならない。リーダーのこのような保護能力は、権威の唯一の要件ではないが、重要な要件の一つである。リーダーが外界に対して依存的である場合には、集団内での彼の権威は弱くなる。ことに、外部からの要求にひきずられて、彼の集団内での統制の仕方が動揺する、というようなことであれば、彼の権威はいっそう低下するであろう。もちろん、権威の構成要件は多様である。家族のリーダーである家長の場合を考えてみるなら、一家を扶養する能力、愛情や人格的な魅力、一般的な教養、時に応じての的確な判断など、数多くあるだろう。しかし、家長はつねに家族の代表者としての役割を演じることを、社会からも家族からも期待されており、この代表者の役割に関して自立性を欠く場合には、家族の中での家長の権威はかなり低下する。

ところで日本の家族は、Ⅷ章で述べたように、西欧の家族や中国の家族に比べると、伝統的に自立性が弱かったのではないか、というのが筆者の推測である。かつて別のところで引用したことがあるけれども、[1]ベネディクトはこの点について重要な指摘を行なった。「大家族制、もしくはその他の部分的集団が活動している社会では、ある集団の成員の一人が、他の集団の成員から非難や攻撃を受けた場合には、その集団は一致団結して保護に当るのが常である。……ところが日本では丁度その逆になっているように思われる。すなわち、自己の集団の支持を得ることが出来るという確信を持ち得るのは、他の集団から是認が与えられている間に限られるのであって、もし外部の人々が不可とし、非難したならば、当人が他の集団にその非難を撤回させることができるまでは、……彼の属する集団は彼に背を向け、彼に懲罰を加える。こういう仕組みになっているために『外界の是認』ということが、恐らく他のいかなる社会においても比類を見ないほどの重要性を帯びている[2]」。これはたいへん重要な指摘であるように思われる。彼女は、家族を含めて一般に日本の集団が、外界に対して抵抗力が弱く、内部の成員を外界の脅威から保護する能力を欠いている、と考えた。

日本の家族は農業家族をとって考えてみると、村落の中での自立性はきわめて弱かった。日本の農村ではとくに共同体規制が発達し、各家族が分担すべき仕事は、この規制によって厳重に定められていた。経営の単位はもちろん一個の農家であったけれども、水や山林の共同利用に、各農家の経営と生活が大きくよりかかっていたので、村の中での世論に、家族はきわめて敏感にならざるをえなかった。村の世論によって是認されない行動をした人間が現われると、彼の家族は彼を世論の圧力から保護してやるだけの力をもたなかった。家族はむしろ「世間」の側に立ち、彼に反省を求めた。そこでたとえば村のしきたりに同調することができなかったむすこにとっては、彼の父＝家長は、世間の圧力の流れを彼に向かって流し込むパイプの役割を果たしたのである。彼の家族は村落の中での独立の単位ではなく、したがって家族を代表する家長は、外に対して自立性の弱い存在であった。もちろん、両親、とくに母親は、しばしば心情の面ではむすこの味方であったことは確かだろう。しかし、心情の面での同情は、世間に背くむすこを世間から保護する力のたしにはあまりならない。そこで、両親はむすこに同情しながらも、むすこに改心を求めるという矛盾をおかすのである。こうした親の行動にみられる一貫性の欠如に対応して、当然むすこの側においては親の権威が低下する。親の同情は、権威の低下を防止するどころか、その非一貫性のゆえに、かえって低下を促進することさえ考えられるのである。他方、後期封建社会の武家家族の場合はどうであったか。このサラリーマン家族にとっては、職業集団である武家仲間の世論、とくに上位者のあいだの世論が、たいへん大きな意味をもっていた。親たちはそれらの世論にきわめて敏感であった。平和な時代にあっては、「家」の存続と繁栄は、ほとんど家族に対する世間の評判によって左右されるからである。しかし武家の職業集団と家族との関係は、社会学の研究が薄い部分なので、ここではこれ以上立ち入ることができない。推測にすぎないが、俸給生活者である武家の家長は、ともかくも自営の農家の家長よりも、家族を保護する力が弱かったのではなかろうか。そのかわり、武家家族においては、儒教倫理による家長の権威のテコ入れが行なわれた。そのことで権威はたしかに強化されたに違いないが、そのテコ入れを必要としたということが、武家家族の自立性の弱さにもとづく家長の権威の弱さを、逆に物語っているともいえるのである。

明治以降になって、日本の家族の自立性を強める条件が、とくに新しく現われたとは考えられない。むしろ国家権力が強くなったので、この権力が家族を含む第一次集団の末端にまで及ぶようになった。国家権力の圧力は地域社会《コミュニティ》の世論の圧力ほど、生活の隅ずみにまでは及ばないが、しかしやはり家族の自立性を脅かす強敵である。国家権力が家族の自立性を直接テストする場合はまれであるが、治安維持法によって学生や若い労働者が検挙された時、家族は自立性に関して一つの試練に直面した。多くの若者は家族のことを考えて転向した。その意味はさまざまに解釈することができようが、一つにはやはり、この若者たちのような非同調者を世間に送り出した家族が世間の中で意識する肩身の狭さに、若者たちが耐え切れなかったためである。親たちが若者に同情すればするほど、逆に若者は親たちの世間の中での卑下の意識を尊重しなければならぬ義務を感じたことであろう。もし、親たちが子どもの非同調的な活動により、世間の中で誇りを感じないまでも、少なくとも世間に対して無関心な姿勢程度のものを持ち続けていることができたなら、転向の動機として家族への配慮があげられる割合は、もっと少なくなっていたかもしれない。転向者が少なかったであろう、というのではない。裸の暴力に抗して信念を守るためには、特別の資質が必要である。ただ、転向の動機として、家族に言及されることがもっと少なかったであろう。そして、もしかすると、転向そのものもいくらかは少なかったかもしれない。日本の家族は、近代社会にはいってから、自立性を強めるよりもむしろ弱めてきた。ヨーロッパの家族は、農業家族の段階から日本の場合よりも強い自立性をもっていたように思われる。農家は相対的に広い地域に散在しており、昔から自衛のための武器さえもっていた。それに、水を利用しない生産様式は、日本の場合のようなこまかい共同体規制を生み出さなかった。十九世紀のブルジョア家族もまた、コミュニティから比較的独立していた。たとえば、子どもの教育に関しても私教育が盛んであり、明治以降の日本の家族の場合のように、公教育に子どもをゆだねることで、コミュニティと強く結びつくようなことはなかった。革命以前の中国の家族は、より大きい集団に強く依存していた。だがこの集団は氏族であり、家族の延長にすぎなかったから、日本の家族の村落への依存とは性質が違っている。中国の氏族は拡大された家族であり、したがってこの大きい集団に家族が包摂されていたとしても、そのことが家族の自立性の弱さとして、家族成員に受け取られはしなかったであろう。そして氏族はきわめて自立性の強い集団であり、氏族の成員のあらゆる生活要求を満たしうるほど自足的であった。氏族は自然や国家権力の脅威から自己の成員を護り、どこかの家族が被害や災害を受ければ、氏族全体がその家族を助けた。日本の同族は中国の氏族と似たところをもっている。しかし同族は純粋な血縁集団ではなく、しばしば無力な家族が庇護を求めて参加する保険の組織に似たところがあったから、中国の氏族ほど強い精神的な統一性をもっていない。そのかぎりにおいて、外部に対しての自立性も相対的に弱かった。

これらの比較は、もちろんきわめて不充分なものである。だが、日本の家族はふつう考えられているほど自立性をもたなかったということは、以上述べたところによって、いくらか明らかになったと思う。その自立性の弱さと裏表の関係にある親の権威の弱さが、自律的、主体的人間を大量に形成することに、日本の家族が不向きであった第一の理由である。強い権威のない親が、子どものパーソナリティの中に強い超自我をつくり上げることはむずかしい。第二に、日本の家族が戦後にいたるまで、親子関係が中心の家父長家族を典型としていたことも、主体性の弱い人間を形成した原因である。そこでは西欧近代の場合のように夫婦関係が中心でないから、世代間の非連続観が育ちにくかった。そのために、世界一般から自己が切り離されているという鋭い自己意識が形成されにくい。第三に、指摘の必要もないほど自明の事柄であるが、超越神をもつキリスト教に相当するような宗教が、日本には不在であったことも、自律的人間の形成をはばむ付随的な条件である。

それでは、家族の擬制的な延長である親分―子分的な組織は、どの程度自立性を保ってきたか。筆者はその点についても、従来までこのタイプの組織の閉鎖性が強調され過ぎた、と思っている。先に触れたように、家族主義集団の典型とみなされている同族にしても、中国の氏族に比べれば、自己完結性は弱い。国家と家族との中間には、さまざまの中間集団があるが、一般に日本の中間集団は、外界の圧力に対してそのメンバーを保護する力を充分にもってはいない。

日本社会においては、擬似家族的な中間集団が相互に孤立し、おのおの内部で階層的序列を含む小宇宙を形成している、というのが、戦後、疑いの余地のない正統的な見解となった観がある。たとえば、中根千枝の「日本的社会構造の発見」(3)は、この正統的な見解の再確認であり、石田英一郎もまた、中根理論に完全な同意を表明している。(4)

「家族的構成」論は「封建遺制」の分析に大きく貢献した。だがそのことはすでに先に述べたから、ここではもう一つのメリットを指摘しよう。それは、同族や家元のような成員の地位の不平等を含む道具的かつ表現的な全面的人間関係の単位、すなわち協同体(ないし共同態)が、家族の構造を模倣する、という概念である。日本の社会においてながらく存続してきたところの、ほとんど〈原組織〉とでも名づけうるような集団形態が、家族的であるという見方は、社会構造の分析に新しい可能性を与えた。それは社会構造の一般理論としての利用可能性を含むからである。すなわち、日本の〈原組織〉に相当する集団形態を他の社会の中にも見いだし、この〈原組織〉をその社会の家族の「反射」としてとらえることはできないだろうか。言いかえれば、日本以外の諸社会もまた、それぞれの家族を「模倣」する〈原組織〉をもってはいないだろうか。このような観点から、さまざまの社会構造を相互に比較できないだろうか。しかし、「家族的構成」の理論は、戦後すぐの封建遺制批判の道具として誕生したために、家族と〈原組織〉とのあいだの構造上の類似を、日本社会の特殊性としてのみ位置づける観点から、まだ脱け出してはいない。それにもかかわらず、この理論はいわゆる中範囲の理論としてではなく一般理論として発展する可能性を含んでいる(5)。

右に述べたメリットと関連して、もう一つの特徴を指摘することができる。それは〈原組織〉においての家族の「模倣」は、家族内で社会化された動機によって説明されている、という点である。全面的結合の中で形成されたパーソナリティは、仕事の領域での道具的、手段的な結合の中では不安に陥り、たとえ擬制でもよいから、それを全面的な結合であるかのように構成しようとする願望をもつ。こういうわけで、〈原組織〉は家族を「模倣」する。あるいは、家族が〈原組織〉に「反射」する。この「反射」理論はさまざまのインプリケーションをもっている。だがここでは、このインプリケーションを完全には展開しえないので、要点のみを拾い上げよう。それは次のように公式化しうる。すなわち、〈原組織〉は、家族の中で形成されるが家族の中では充分に満たされえない欲求ないし動機を充足させる、と。家族の中で満たされえない欲求の主要なものは、生活の安全（security）の欲求である。直系家族のような小さい規模の家族は自給自足しえない。そこで安全の欲求は家族外の集団の中で満たされなければならない。こうして、第二次集団が形成され、維持される。しかし、家族内で形成された動機が、この集団を家族に似せてしまう。家族と〈原組織〉とのあいだの構造的類似の定式化に加えて、さらにその類似を説明する「反射」(6)の理論もまた、やはり日本の社会にだけ当てはまるものではなく、広い射程をもつ一般理論として精錬されうるのではなかろうか。

右に述べたような二つのメリット――家族をモデルとする〈原組織〉の発見、および〈原組織〉を家族につなぐ動機づけ理論——を認めた上で、「家族的構成」論と、それにつながる「タテ社会」論に対するいくらかの疑問を述べ、その補足を試みたい。疑問点は二つあるが、単純なほうから先に述べる。坂本二郎が「会社主義」と名付けた戦後の新しい現象と戦前の経営家族主義のような現象とを、充分に区別していない点が、その一つである。戦前では、家族は職場からむしろ切り離されていた。家族はその代表者（通常は夫＝父）の職業活動に比較的無関心であった。夫＝父だけが家族主義的企業体に巻き込まれていたのである。家族の代表者を通じて、彼の職業集団に配偶者などが関心をもち、代表者もろとも職業集団にコミットするようになったのは、戦後の新しい現象である。その中には、ここで通りすがりに分析できないほど重要な変化が含まれているように思われる。会社が社員を家族ぐるみにだき込んで、能率を上げさせようとすることと、会社の中のインフォーマルな組織が親分―子分関係を中軸にしていることとは、別の次元の問題であって、両者を同じ「社会構造」として一括するわけにはゆかない。文化人類学は社会の歴史的変化を捨象する方法によって、大きな功績をあげた。しかしどうかすると、同じ社会の歴史的に異なった段階に属する異質的な諸現象を、同じカテゴリーに収めてしまう危険をもっている。

ただ、筆者がここでとくに述べてみたい異論――異論というよりも補足的な意見といったほうがよいかもしれないが――は、日本的〈原組織〉の家族的構造そのものについての見解をめぐってではない。そうではなくて、この構造と外側の社会との関係についての見解に、いくらかの疑問を感じるのである。日本的〈原組織〉においては、上位者と下位者のあいだの縦の関係が強く、下位者相互の横の関係が弱いことが、しばしば指摘されてきた。横の関係は一つの集団の内部において弱いから、諸集団を横切って横の関係が発展し、制度化されるようなことは、とても不可能だ。たとえば、日本の労働組合が企業別に組織されているのは、そのためである。このような指摘に対して、次のような疑問が生ずる。第一は、日本の〈原組織〉を縦の結合の圧倒的な優位によって特徴づけうるかどうかという点である。〈原組織〉の一つの具体的な構造である日本の農村においては、縦の結合の強い同族型（東北型）と横の結合の強い講組型（西南型）があるということが、福武直によって定式化された。(7) また、本家分家間の全包括的な庇護＝奉仕関係を基軸とする同族組織と、核家族の自立と平等の上に立つ相互的依存を基軸とする親類関係とが、日本の親族組織の中で構造的に分化しているという指摘もある。(8) 第二は、かりに縦の結合の横の結合に対する優位を認めるとしても、縦の線にそった上昇移動は、とくに明治以降の日本の社会では極めて顕著であり、したがって〈原組織〉は比較的に開放性をもっているのではないか、という点である。〈原組織〉のモデルである家族は、養子制を採用することによって、また〈原組織〉の一つである同族は非血縁者の分家昇格を認めることによって、血縁原理の完全支配を許さなかった。(9) そこでは、業績本位が属性本位を裏で補ってきた。養子制度が表わしているように、家族は横に向かってもある程度は開かれており、また、〈原組織〉は業績本位によって、異質的な成員を――分家の場合にはヒエラルヒーの底辺においてではあるが――補充してきた。このような意味で、〈原組織〉の縦割制と封鎖性とを強調し過ぎることには危険がともなう。実際、縦割制と封鎖性が厳重に維持されてきたなら、日本の近代化は不可能であったはずである。

「家族主義」的集団は、一見封鎖的ではあるが、もう一つの意味において、すなわち心理的な意味において開かれてもいる。もっともこの場合は、開かれている窓口は、集団の底や横の側面についていているよりも、むしろ天窓のように、上に向かって開かれている。集団はそのメンバーを外側からの脅威に対して保護する力を充分にもたなかったので、メンバーは心理的な安定を欠いていた。(10) 彼らはもっと安全をえたいと望み、より上位の集団への所属を目ざした。これが日本社会にいちじるしい垂直的社会移動の心理的な要因である。そしてこのような心理的条件こそ、社会の全体的な〈結合〉の要件が、日本の近代において比較的容易に実現した一つの条件なのである。人びとは自己の所属集団の中で安定せず、より上位の集団を準拠集団として選び、その集団の行動様式に同調しようとする。日本の社会では、所属集団を越えたより上位の集団の決定に人びとが比較的素直に同調してきたのは、やはりこのような条件のためである。こうした条件があったために、幕藩体制は封建制の概念からはみ出すほどの強い集権制を確立しえたし、また明治国家による急速な国民規模の連帯も可能となった。史上のどんな社会も連帯を望んだが、その要求はつねに実現するとは限らなかった。要求が実現するためには、条件がそなわっていなければならない。

要約しよう。日本の社会では、家族も中間集団もともに自立性が弱く、そしてこれらの集団が、つねにより上位の集団に向かって開かれている(横にはまったく開かれていない、というのではないが)、というのが、これまでの結論であった。このような社会構造は、親子関係によって培われた日本人の連続観に明らかに適合する。そして、その連続観を補強する働きをもつといえよう。こうして、個人を中心とし、家族、中間集団、国家と広がってゆく同心円的構造が、日本人に一般的な社会構造の表象となるのである。古典的な中国の場合には、氏族と国家とのあいだに深い非連続があった。それゆえ、国家を越えた世界的秩序を支配する理法としての「道」が、現実の国家の政治の依拠すべき原理であるとみなされていた。君子たろうとする者は、まず「道」に従わなければならなかった。日本人は、儒教の「道」に相当する超越的原理への関心が弱い。それは国家のレベルにまで、集団が連続的に、同心円的に拡大してゆくからである。だが逆にまた、原理への関心の弱さが、諸集団間の裂け目、あるいは非連続を充分に意識することを妨げる因子ともなった。

（1）作田啓一「孤独の諸形態」『恥の文化再考』筑摩書房、一九六七年。

（2）R・ベネディクト（長谷川松治訳）『菊と刀――日本文化の型』社会思想研究会出版部、一九四八年、三八四―三八五頁。

（3）中根千枝『タテ社会の人間関係――単一社会の理論』講談社、一九六七年、所収。

（4）石田英一郎「日本的人間関係の構造」『東西抄』筑摩書房、一九六七年。

（5）F・L・K・シュー、前掲訳書の浜口恵俊・作田啓一による「解説」参照。

（6）この類似は、特定の組織原理の複製（reduplication）（S. F. Nadel, *The Foundations of Social Anthropology*, 1951, p. 392）として説明（「論理的一貫性」による説明）できないこともない。だが、なにゆえ複製されるかということになると、「目的―手段」のカテゴリーか「心理＝生理的メカニズム」に訴えざるをえない。「家族的構成」理論は、前者のカテゴリーを利用しないわけではないが、「心理＝生理的メカニズム」により多く依存する（前述一一三―一一六頁参照）。

(7) ただし、この場合の結合する単位は個人ではなく家である。福武直『日本農村の社会的性格』東京大学出版会、一九四九年、第一部二。

(8) 光吉利之「親族組織の動態分析」『現代社会学の基本問題』山根常男・森岡清美編、有斐閣、一九六八年、一六六―一六七頁。

(9) シュー、前掲訳書、二八七、三一八―三二〇頁。

(10) 本稿での「不安」の原因の解釈とは異なるが、日本の農耕共同体において生ずる不安の指摘については、堀一郎『日本宗教の社会的役割』未來社、一九六二年、三三頁、を参照。先に述べたように、「家族的構成」の理論においては、協同体の全面的結合の中で形成された個人は、外の部分的結合の社会に出た際に不安を感じ、その不安をしずめるために擬制的に協同体的関係をつくり上げる、と考えられている。擬似協同体関係の創出に関するこの説明は、きわめて説得的である。だが、協同体の中での心理的安定が充分なものであるなら、人は擬似協同体を外部に求めるむなしさを知り、そのような関係を協同体の外部に創出する動機づけをもたないかもしれない。そこで、「家族主義」的集団の中でのいくらかの心理的不安定が、個人をこの集団の外に押し出し、外界での地位の確保によって心理的安定をえようとする、という仮説も成り立つであろう。もっとも、その場合でも、「家族主義」的集団の中で習得された人間関係に関するパターンは、外の社会において「模倣」される。

五　非連続観と集団の形成

結論を急ごう。戦後日本の家族は急速に民主化し、親子中心の家族から夫婦中心の家族へ転換し始めた。しかし、夫婦家族のモデルとなったのは、現代のアメリカの家族であり、そこでは十八―十九世紀西欧の家族の場合のような親の権威が、すでに失われていた。したがって、自律的、主体的な人間を形成するのがねらいであったとすれば、現代のアメリカの家族をモデルとして選ぶのは適当ではなかった。だが日本の家族がひとたびこのような軌道にそって進み始めた以上、もはやあと戻りすることはできない。そのうえ、日本の新しい夫婦家族は、それなりに新しいタイプの人間像を生み出す可能性をもっており、この面は充分に評価しなければならない。それは、夫婦中心の家族は、子どもの中に非連続観を植えつけるという側面である。戦後の日本社会では世代の意識が非常に強くなったが、それはおそらく、夫婦家族のパターンが広がり始めたことと関係がある。戦後の青少年は、戦前の青少年に比べると、年長者の権威に従う傾向がかなり弱くなった。そのかわり、同世代の者から成る同輩集団の行動規準によって、自分たちの行動を規制する傾向が強まっている。

非連続観は主体性と直接に結びつくとは限らない。世代間の非連続の意識が強まっても、権威ある年長者への同調が同輩集団への同調に変わるだけにとどまるかもしれないからである。しかし、世代間の断絶の意識から出発するにしても、この意識が深まってゆけば、人はさまざまの単位と単位とのあいだの非連続に敏感になるだろう。そしてこの感受性は、自己と自己以外のすべてのものとのあいだの非連続にも、敏感に反応するようになるだろう。自己と自己以外のものとのあいだの区別がはっきり認識されるようになれば、それは自律性への一つのステップとなりうる。

いくらか旧聞に属するが、数年前来日したアメリカの心理学者R・リフトンは、日本の大学生を調査して、彼らのあいだに次のような共通の特徴が広がっていることを指摘した。自分たちが歴史的伝統から切り離されているという意識(historical dislocation)、主体性、論理と美の追求。これらの三つの特徴のうち、ここで問題にしてよいのは、第一と第二の特徴である。調査の対象は数年前の大学生であるけれども、これらのパターンは、最近のそして大学生以外の青年のあいだにも、ある程度広がっているように思われる。リフトンが主体性と呼んでいるものは、精確にいうと、「主体的であらねばならぬという義務」を意味する。この義務はもちろん、おとなの世代から課せられたものではなく、青年が自分自身で自己に割当てた義務である。そして、そのような主体性の追求は、疑いもなく、彼らがいだくヒストリカル・ディスロケーションの意識と深くかかわっている。彼らは歴史的伝統やそれをになっているおとなの世代が自己と無縁のものであると感じ、この非連続観のゆえに、独力でみずからの立場を築かねばならない、と考えているからである。彼らはまた、社会学者が「些細な差異《マージナル・ディファレンス》」と呼ぶものに、きわめて敏感である。仲間たちとのほんのわずかな考え方の違いも、本人にとって決定的に重要な意味をもつ。あるいはもつことを義務づけられる。そこで、そのわずかの差異を鮮明にするために、仲間から出て、新しいサークルをつくるために組織化を始める。こうして、新しい集団ができるが、ふたたび内部で細胞分裂が始まる。こうした繰返しの過程は、集団づくりへの日本人の伝統的な好みのうえに、青年たちに特有の主体性の追求が付け加わったということで説明できる、とリフトンはいう[1]。

大学生という限られた対象を通じてではあるけれども、日本の若い世代に現われてきた非連続観が、ここではかなり的確にとらえられている。ただ、日本人の集団づくりへの好みは、戦前はそれほど顕著ではなかった。とくにその好みが、主体性の追求と結びついて増幅されるとすれば、これはきわめて新しい傾向であるといえる。戦前の社会でも、大きい組織の中で小さな派閥がこまかく分裂していったけれども、それらは組織全体を分解させるまでにいたらなかった。ここでいう「主体性の追求」が分裂の起動因ではなかったからである。派閥の分裂増殖は、全体の組織の各部分で、特定の人間関係がとくに濃密になるためである。他者と異なっているという自我の意識が集団の形成の起動因となる現象は、とりわけ戦後的であるように思われる。そしてこの現象が観察されるのは、学生のサークルにおいてだけではない。戦後に発展した多様な自発的結社においても、それは広く観察されうる。そして、この種の分裂増殖は、アメリカ社会の多様な集団の形成過程や、インドの社会でのカストの細分化、再編成の過程と、かなり似かよっている。これらの社会が伝統的に非連続観の強い社会であることを参考にすると、日本の社会は戦前とは異なった側面をそなえ始めたように思われる。

インドの家族は中国の家族と同じように、家父長家族の構造を最近まで保ってきている。しかし、親子関係の実際の内容においては、中国では父と子との関係が強いのに比べ、インドでは母と子の結びつきが濃厚である。男の子の場合をとると、父との関係が強ければ、彼は幼いころから父の役割を先取りするので、世代間が非連続であるという感じをあまりもたない。この点については、すでに述べたとおりである。ところが、インドでは、男の子が母と強く結びつく時、彼の中には父のイメージが充分に内面化しない。子どもは母やその他の女性に囲まれて成長し、(2) 父と子の関係はわりあい疎遠なので、中国の場合のように、連続的世界観が形成されにくかったのではないかと思われる。宇宙の魂であるアートマはどこにでもあり、なにものにもなりうるが、しかしそれは知覚や感覚によってはとらえどころのない絶対者であって、人間はけっして、それと完全に同一化することはできない。アートマを求めて、多くのインド人は人生のある時期に家を離れて旅立つ。この聖地参詣《ピルグリム》のパターンが広範に広がっているということは、絶対者と人間とのあいだの深い非連続の谷間を物語っている。そういう非連続観が母子関係の強さによってのみ説明されうるとは、もちろんいえない。けれども、絶対者への強い依存の感情は、母に対する幼児の絶対的依存となんらかの関係があるように思われる。そして、絶対者とのあいだの非連続の感覚は、こまかく横に刻まれたカストの諸段階のあいだの非連続の感覚と、適合し合っているようにも思われるのである。筆者はインドの社会の問題に深入りするつもりはないし、またその資格もない。それにもかかわらずインドの社会に言及したのは、そこに特有のカストの細分化や再編成の過程と、戦後の日本社会での多様な集団の形成とが、非連続観という視角からみれば、いくらか重なり合うように思えたからである。

非連続観は究極においては、自己と世界とのあいだの違和感に還元されうる。この違和感は、主体性というようなことばで表わしうるものだけではなく、もっと不分明で曖昧な感じを含んでいる。だがともかくこの違和感は、なんらかの集団を形成しようとする一つのエネルギー源となる。アメリカの社会では、この違和感はヒンズー人の場合よりも明確に意識され、多様な集団の形成の原動力となった。日本の戦後の社会においても、いくらかそのような徴候が現われてきたというのが、この小論の結論である。自律的、主体的人間を形成しようとして、日本の家族は民主化されたけれども、西欧の十八—十九世紀的な自律的人間を生み出す母胎を、アメリカナイズされた家族に求めることには無理があった。けれども、夫婦関係中心の家族は、それなりに子どもの中に非連続観を形成してゆく。そのことはただちに自律的な人間の形成に直結するわけではないが、しかしここではぐくまれた非連続観は、新しい方向に日本の社会を向かわせる可能性を含んでいる。日本人は罪の意識が欠如しているといわれてきたけれども、非連続観を媒介とすることによって、新たな文化の局面が切り開かれるということも、充分に考えられるのである。

(1) R. Lifton, Youth and History: Individual Change in Postwar Japan, *Daedalus*, Winter 1962.

(2) シュー、前掲訳書、一五〇頁。「一方的依存」(シュー) あるいは「甘え」(土居健郎) は、母子関係の強さに基づく。しかし、日本の家族においては父—息子の関係もかなり強く、「甘え」のエロス価値とともに規律価値も学ばれる (エロス価値と規律価値の概念については前述一三八頁参照)。日本の〈原組織〉がインドの〈原組織〉よりも、目標達成に関して能率的なのは、インドに比べて父—息子関係が強いためであろう。

あとがき

この本は、筆者の価値についての論考を集め、修正のうえ加筆したものである。価値は選択過程から生ずる。選択の原理は〈手段としての有効性〉〈価値の一貫性〉〈欲求充足にとっての適切性〉の三つに尽きる。これらの原理は、それぞれ現実原則の支配する世界、不変の理念が貫徹する仮構の世界、現実と理念の拘束から離れた自由あるいは遊びの世界に根ざしている。価値は選択過程において生ずるのであるから、これら三つの世界はすべて価値の発生源である。これらの価値のうち、筆者は第二の理念の世界から生ずる文化的価値を狭義の価値と名づけた。文化的価値が、現実の世界に属する社会体系の中での行為の一選択肢となる時、それは社会的価値と化する。一方、社会的価値は理念として高昇すると文化的価値となる。このような抽象的な議論に続いて、本書では、いくつかの事例に即して、文化的価値の現実とのかかり合いを考察してみた。

第三の自由あるいは遊びの世界から、価値がどのように形成されるかという問題は、本書では全く考慮の外におかれている。この問題を正面から取り扱うためには、社会体系とパーソナリティ体系の体系としての類似性を強調する概念枠組から離脱しなければならない。類似にもかかわらず相異があると見る立場を築く必要がある。しかし、社会と個人の対立は「虚偽問題」にすぎないと見るG・ギュルヴィッチのような立場をも含めて、両体系の類似を強調するのが、今日の社会学の風土《クリマ》である。このクリマの中にいる筆者は、〈欲求充足にとっての適切性〉の原理もまた価値を生むことの論理的可能性を認めながら、この種の価値を定義し記述することができなかった。しかし、価値を自由や実存の相のもとでとらえようとすると、経験科学の領域をいくらか離れることにもなるだろう。

次に各章と初出の際の内容との関連を記しておく。加筆、訂正、削除を行なったのは一九七一年の夏である。

Ⅰ「行為の概念」は七一年夏に書かれた。全体としては未発表であるが、そのいくらかの部分は、以下の論考の各所に分散して述べられている。それらは「社会行動の動機と原因」(間場寿一氏と共同執筆)(『思想』一九五九年五月号)、「価値と行動」(『文化と行動』〔今日の社会心理学5〕培風館、一九六三年)第Ⅰ章、「ジンメルの価値の概念」(『ソシオロジ』第48号、京都大学文学部社会学研究室、一九六八年)である。

Ⅱ「社会体系のモデル」は「構造と機能」(『社会学のすすめ』筑摩書房、一九六八年)にいくらか手を加え、「行為理論と体系理論」(『思想』一九六五年十二月号)の一部分によって補足したものである。

Ⅲ「価値の制度化と内面化」は「価値と行動」第Ⅰ章および第Ⅱ章に基づいている。本書のこの章の第一節は初出論文第Ⅰ章の内容をかなり変え、筆を加えている。第二節は、字句の修正以外は、初出論文第Ⅱ章の再現である。

Ⅳ「責任の進化」は「客観的責任の心理と社会的諸条件」(『西京大学学術報告 人文』第1号、一九五二年)の再現である。本書の概念枠組の中に位置づけるため、最初の一パラグラフと最後の一パラグラフが書き加えられているが、残りはすべて初出当時の内容に字句の修正を施すにとどめた。数かずの不備が気になるけれども、手を加え出すと際限がないので、それ以外の加筆、修正は断念した。

Ⅴ「アノミーの概念」は『社会学評論』第4巻第4号、一九五四年に掲載された。この稿が書かれたのち、内外でアノミーのすぐれた研究が続いて現われた。これらの研究を参照し、稿を改めようと考えたこともあったが、今回は最初の二つのパラグラフを補足するだけでとどめなければならなかった。

Ⅵ「市民社会と大衆社会」は『思想』一九六六年九月号に掲載された。引用個所を注で明記したほかは、ほとんど初出のままである。

Ⅶ「価値体系の戦前と戦後」は「価値と行動」第Ⅲ章に加筆したものである。

Ⅷ「恥と羞恥」は「恥の文化再考」(『思想の科学』一九六四年四月号。のち『恥の文化再考』筑摩書房、一九六七年に収録)と「羞恥と芸術」(桑原武夫編『文学理論の研究』岩波書店、一九六七年)とを、一つにまとめたものである。二篇のあいだで重複する部分があったので、その部分を整理したうえ、いくらか補筆し、初出の論考では省略していた注を加えた。「羞恥と芸術」は多田道太郎氏との分担執筆で、氏や他の人びとから示唆を受けている。

Ⅸ「同調の諸形態」は「社会的適応」(『近代日本思想史講座』6〔自我と環境〕筑摩書房、一九六〇年)の再現であり、数個所字句を改めたにとどまる。

Ⅹ「戦犯受刑者の死生観」は『ソシオロジ』第24号、一九六〇年に掲載された。収録にあたって本文の一部を削除し、注にいくらか手を加えた。

Ⅺ「戦後日本におけるアメリカニゼイション」は『思想』一九六二年四月号に掲載された。字句を改めたにとどまる。

Ⅻ「日本人の連続観」は初め「日本人は自律的になれるか」という題で『潮』一九六六年八月号に掲載された。筆者はこの章と同じ題名をつけていたが、雑誌では右のように変更された。本書に収録するにあたり、各所にかなり筆を加えた。

Ⅳ章が書かれた一九五二年からⅠ章が書かれた一九七一年まで、多くの方がたから教示を得たことを、感謝とともに追想している。また、本書の出版までながらくお力添えいただいた岩波書店編集部の諸氏に、そして拙文のこのような形での収録に関しご好意を得た培風館、筑摩書房その他に、厚く御礼申し上げる。

一九七二年夏

作田啓一

解説　作田啓一『価値の社会学』に寄せて

出口　剛司

本書は一九七二年に岩波書店から刊行され、その後、同社のシリーズ「岩波モダンクラシックス」に加えられたのち、このたび新たに「ちくま学芸文庫」の一冊として刊行されることとなった。著者の作田啓一（一九二二―二〇一六）は京都大学名誉教授であり、京都大学、甲南女子大学で教鞭をとる一方、日本社会学会会長を務めた我が国を代表する社会学者である。とくに社会学理論、文化社会学（文学の社会学）の領域で優れた業績を残すと同時に、タルコット・パーソンズ、エーリッヒ・フロム、ジャン＝ジャック・ルソーの翻訳者としても知られている。

本書は作田の初期の代表作であり、戦後日本における社会学理論の到達点といえる著作である。明治時代、日本の社会学は「輸入学問」として始まらざるを得なかった。しかし、作田は本書においてマックス・ヴェーバー、エミール・デュルケム、ゲオルク・ジンメルといった確立期のヨーロッパ社会学、そうした古典理論を統合したタルコット・パーソンズ、ロバート・マートンらのアメリカ社会学双方の成果を取り入れ、それらを「価値の社会学」というオリジナルな社会学理論として（再）構築するという偉業をなしとげている。

また理論面だけではなく、明治以降の日本の近代化、アジア太平洋戦争における敗戦、戦後復興と経済成長といった日本の近現代史を彩る歴史的経験を分析対象とし、その普遍的性格と歴史的個別性をみごとに描き出している。その意味で、本書は戦後日本の社会学理論の到達点というにふさわしい。

本書には、「もはや戦後ではない」という言葉が経済白書（一九五六年度版）に登場した時期から、経済成長を経てオイルショック（一九七三年）の直前までに作田が執筆した論考が収録されている。このころ、日本は経済大国への道を着実に歩み、それと軌を一にして日本の社会学のプレゼンスも大学や出版業界において急速に拡大していった。今日社会学を学ぶわれわれにとって、本書は戦後日本の社会学が欧米発の諸理論をどのように作り変えていったのか、またそのレンズを通して日本社会をどのように見つめてきたのか、そして日本の社会学史がどのような道を歩んでいったのか、それらを窺い知ることができる歴史的なドキュメントでもある。

しかし同時に、本書の文体にはいっさいの無駄がなく、一語一語が考え抜かれており、安易に読者を近づけない厳しさを持っている。作田の構想そしてその実現のために編み上げられた緻密な論理は、本書の土台となったアメリカの構造・機能主義や行為システム論の「賞味期限」をはるかに超え、今日の理論社会学の発展にも充分貢献しうるものである。その意味において、本書は社会学理論を志す者が何度も立ち返るべき第一級の古典なのである。

以下の解説では、専門家、非専門家を問わず、はじめて作田社会学に触れる読者のために本書の概要を紹介するとともに、理論社会学としての可能性の中心を明らかにしていきたい。

最初に、本書の作田社会学における位置づけと構成について触れておきたい。体系的な作田研究に着手した岡崎宏樹は、作田の全研究を概観し、それを第一期「学術論文／エッセイの二重戦略」、第二期「三次元の自我論」、第三期「力の思想」という三つの時期に区分している。このうち、第一期は論文「客観的責任の心理と社会的諸条件」（一九五二年）から本書『価値の社会学』（一九七二年）刊行に至る時期にあたり、本書はここに位置づけられる。作田三〇代から四〇代前半にかけての論考が収録されている。

また、本書は理論パートの第一編「社会的価値の理論」とその応用にあたる第二編「日本社会の価値体系」という二つの部分からなる。本書に収録された全論文の初出を検討すると、興味深い事実が浮かび上がってくる。目次の順序とは逆に、第一編の第I章「行為の概念」（一九七一年）が最も新しく、それに第II章「社会体系のモデル」（一九六八年）が続くという形になっているのである。そして、この第I章と第II章は、本書のタイトルにも含まれている「価値」の概念を作田オリジナルな形で集中的に論じた論考となっている。

このことから、作田は本書の主に後半第二編に収録された日本社会に関する経験的な研究（日本の資本主義的近代化、ホンネ・タテマエ・使い分け、羞恥感情、戦犯刑死者の死生観）を終えたのち、改めて価値概念の理論的検討を行い、全体を「価値の社会学」として再編したことが窺える。つまり、本書の目次は価値に関する理論研究から応用研究へという順序になっているが、執筆の順序としては応用研究ののち、価値概念の再検討が行われたのである。本解説も執筆の順序で進めたいが、その前に社会学における価値概念の系譜をごく簡単に確認しておきたい。

社会学一般同様、作田社会学においても、価値概念の由来としてマックス・ヴェーバーの「価値合理的行為」（価値合理性）が念頭におかれている。この場合、価値とは美的あるいは道徳的・宗教的な崇高さをさし、人間の行為を方向づける客体の性質を意味している。ヴェーバーの価値概念は、その後パーソンズの「共有価値」や「価値志向」へと引き継がれているが、そこでヴェーバーの言う行為の駆動力という意味に加え、社会の成員全体に「共有価値」として共有されることにより、社会秩序を安定させるために行為者が従う「規範」という意味もあわせもつことになる。ただし、人間が価値（規範）を学習（内面化）するということは、人間が社会秩序に受動的に服属するということを意味するわけではない。むしろ、望ましい価値あるいは普遍的な超越価値を実現するために、伝統や因習を乗り越えていく自由で独立した主体（近代的主体）であることが含意されている。

こうした価値概念の系譜の中に、ヴェーバーが論じたプロテスタンティズムに出自をもつ西欧キリスト教的な価値観、そしてカント倫理学の自律をめざす普遍的道徳論の痕跡を見出すことは容易である。社会学の一般概念である価値概念が西洋という文化的負荷が大きい概念であるということは、作田も含め、日本の社会学者が共通して認識するところである。そこで、作田は第二編に収録された日本社会に関わる一連の経験的研究を終えたのち、あらためて本書の理論編に立ち返り、ヴェーバー＝パーソンズとは異なる（ゲオルク・ジンメル流の）内在的な価値概念に注目するのである。逆に、日本社会に対する経験的研究に深くかかわることが、ヴェーバー＝パーソンズ流の超越的な価値概念から距離をとることにつながったと言えるだろう。価値概念の概要がつかめたところで、第二編の考察に立ち返ろう。

第二編は第Ⅶ章「価値体系の戦前と戦後」、第Ⅷ章「恥と羞恥」、第Ⅸ章「同調の諸形態」、第Ⅹ章「戦犯受刑者の死生観」、第Ⅺ章「戦後日本におけるアメリカニゼイション」、第Ⅻ章「日本人の連続観」からなる。ここでは相互に密着に関連した第Ⅶ、第Ⅷ、第Ⅸを中心的に取り上げ、作田が見た日本の資本主義化とそのメカニズム、日本人特有の羞恥の感情の考察を紹介しよう。いずれも作田のすぐれた社会学的貢献である。

作田は日本の資本主義を解明するモデルとして、ヴェーバーの『プロテスタンティズムの倫理と資本主義の精神』によって示された西欧社会の資本主義化のメカニズムを念頭においている。周知のように、ヴェーバーは古い伝統的秩序を克服する能動的な資本主義的精神（目的合理性）の文化的起源を禁欲的プロテスタンティズムにおける首尾一貫した生活態度（価値合理性）に求めた。そして、それを継承したパーソンズは、西欧由来の資本主義的精神（目的合理性へと展開した価値合理性）の価値パターンを普遍主義的業績主義として再定式化した。それに対して、『徳川時代の宗教』で知られるロバート・ベラーは、西欧と比較してみると、日本社会にも属性主義ではなく業績主義（たとえば武家における廃嫡や商家における姉家督の慣習）の価値パターンが貫徹している一方、個別的な関係性（例えば資本主義勃興期の藩閥政府と政商との関係）を重視する個別主義の価値パターンが存在するという。こうした個別主義的業績主義の価値パターンが、上からの資本主義化に適合的であると結論づけたのである。このように、ヴェーバーからパーソンズ、ベラーへと継承された日本の資本主義化を支えた価値パターンの研究に対し、作田が出した答えは、タテマエとホンネ、あるいは理想としての西欧の価値（理念的文化）と現実にある伝統的価値（制度的文化）とを、意識化することなく使い分ける独自の思考、すなわち複数価値体系の「前論理的相互透過性」であった。後発の日本社会では、特定の目標に向かって首尾一貫した生活態度をもつよりも、状況に応じてあるときには外来の価値を、また別の状況では伝統的な価値を意識せず使い分けるという文字どおり目的合理的な態度が、社会発展（資本主義化）には適合的だと言うのである。

本書『価値の社会学』の特筆すべき点は、こうした価値パターンの分析が現実の社会構造の分析へと深められ、その他の社会領域で観察されるさまざまな現象の分析結果としっかりと接合されていく点にある。すなわち、外来の価値（西欧近代の価値観）と現実に機能している伝統的価値（日本の価値観）の相互浸透性は、さらに作田によって日本特有の機械的連帯（環節社会）のあり方、つまり社会集団論に接合されるのである。

機械的連帯（環節的社会）／有機的連帯（組織的社会）の区分は、デュルケムの社会的分業論に由来する。デュルケムによると、機械的連帯とは社会的な機能分化が進展していない前近代を代表し、逆に有機的連帯（組織的社会）とは社会の高度な機能分化（社会的分業）によって成立する近代以降の社会を言う。古典的な社会学理論、具体的にはジンメルやデュルケムにおいて、社会の機能分化は個人の発達（自由や個性）をもたらすとされる。分業が進まない社会では集団の個人に対する規定力が強く、互いに類似した成員が集団を構成するのに対して、分業が進展した機能分化型の社会では個人は複数の集団に同時に所属することから、個々の集団の個人に対する規定力が弱く、個人の自由と独立が大きくなるからである。さらに、集団の外部との関係で言えば、共通意識（たとえば固有の宗教）で強く結びついている機械的連帯（環節社会）へは、外部の価値が浸透しにくく、内部の（伝統的な）価値が強く残存する傾向があり、反対に有機的連帯（組織的社会）では独立した個人が自由な判断において外部の価値を採用することが容易となる。

作田は、一般に日本社会の中間諸集団は内部が均質的で、個人の自立性が弱いという点では、環節社会の傾向を強く持っているが、同時に外部に対する集団の独立性が弱く、標準的な機械的連帯とは異なり、外部の価値が浸透しやすいという傾向をもっていると述べている。そこから、内部の中間諸集団は環節社会的性格を持ちながら、外部（とくに中央政府）の価値が浸透しやすいこと、そしてその結果、理想的価値（西欧的価値）と伝統的慣習（日本的価値）との浸透、つまりタテマエとホンネの使い分けが起こりやすいと結論付けたのである。

こうした作田の分析において注目すべき点は、社会学者で言えばヴェーバー、デュルケム、ジンメル、パーソンズの理論、そして彼らが生み出した価値合理性／目的合理性、普遍主義／個別主義、機能分化（社会的分業）、社会圏の交錯、行為システムとサブシステムという社会学由来の概念を駆使する一方で、資本主義化のメカニズムをホンネ・タテマエ・使い分けという日本語の日常的な慣習的用語と結びつけながら進めている点である。

こうした日本の資本主義化の考察、価値パターンの研究は組織論（所属集団・準拠集団）を媒介にして、感情文化（羞恥）の考察にもつながっているのである。

初期作田の業績の中でも、とくに注目を集めてきたのが、ルース・ベネディクトの『菊と刀』による罪の文化（西欧）・恥の文化（日本）の二類型を批判し、日本特有の「羞恥」という感情を見出したことである。作田は罪、恥、羞恥という三つの感情を論じるにあたり、ベネディクトの文化人類学的な類型が陥ってしまったような、文化そのものを「本質的なもの」と見てしまう排外的な文化本質主義を巧みに回避している。すなわち、ロバート・マートンの集団論を援用し、罪や恥をそれぞれの文化に本質的に固有の現象ではなく、一方の罪を「準拠集団」からの「逸脱」によって生じる感情、他方の恥を「所属集団」における「劣位」から生じる感情と定義し、感情文化を一般性の高い社会学的な概念、理論によって説明しているのである。文化本質主義を社会学的相対主義の立場から捉え返していると言えよう。

その上で、作田はベネディクトの恥、すなわち所属集団における劣位とは異なる、準拠集団と所属集団からのまなざしのずれから生じる恥を「私恥」とし、そのなかでもさらに、準拠集団からのまなざしが強い場合に感じる恥を「羞恥」として区別している。そうすることで、作田は所属集団からの評価的なまなざしではなく（公恥）、さまざまな集団からくる複数のまなざしのずれに晒されることから生じる恥（私恥及び羞恥）の感情を見出したのである。感情を文化的、本質的に考察するベネディクトの枠組みからは生まれてこない考察である。そしてさらに、羞恥は準拠集団からのまなざしが強いことから、ベネディクトの言う罪のニュアンスを帯びる。作田は文化が本質的な性質を帯びることを社会学的集団論によって巧みに回避するだけでなく、一つの感情（西欧由来と考えられている罪）と別の感情（日本固有と見なされる恥）との媒介、移行可能性もその射程に収めているのである。

そしてさらに、ここで明らかにされた羞恥の社会学的メカニズムは、先の日本の資本主義化において考察された複数価値の前論理的相互浸透と集団論において重ね合わされるのである。すなわち、いずれも集団の結束が相対的に弱く、外部からのまなざしにさらされやすく、外部の価値の浸透が容易な「半所属」の構造に由来するのである。また、罪の意識が世界を合理化するフロントランナーとしての駆動力を生み出した西欧型の資本主義的精神と異なり、遅れて資本主義化する後発国では、劣位の感情(恥)の下で生じるキャッチアップするための駆動力がより変革には適合的なのである。しかし、作田は過剰な駆動力を生み出す罪や恥とは異なる羞恥の感情の中に、互いに静かに歩み寄る人々の連帯の可能性を見出しているように思われる。

作田は、執筆順序の観点から見て、日本の資本主義化と羞恥という特徴的な感情文化、そして戦犯受刑者の死生観の考察を行ったのち第一編に立ち帰り、価値概念そのものの再検討に取り掛かっている。因みに第一編は第Ⅰ章「行為の概念」、第Ⅱ章「社会体系のモデル」、第Ⅲ章「価値の制度化と内面化」、第Ⅳ章「責任の進化」、第Ⅴ章「アノミーの概念」、第Ⅵ章「市民社会と大衆社会」からなる。ただし、理論パートにあたる第一編も、最初の三つの章とあとの三つの章とでは理論系統が大きく異なる。第Ⅰ章から第Ⅲ章では、ヴェーバーの行為論、パーソンズの行為体系論〔行為システム論〕及び構造・機能主義、ジンメルの価値概念に依拠し、価値の分析を行うための理論枠組みが設定される。その意味で純粋な理論研究である。

それに対して、第Ⅳ章では主にデュルケムやデュルケム学派周辺の道徳理論の検討がなされ、いわゆる「客観的責任」の社会的条件について論じている。残念ながら本解説では紙幅の関係で取り上げることができなかったが、第二編第Ⅹ章「戦犯受刑者の死生観」で論じられる戦争責任の考察にとって重要な意味をもち、作田における「近代の超克」やアジア太平洋戦争との距離を考える上でも不可欠な論点を提示している。詳細は奥村隆編『作田啓一 vs. 見田宗介』（弘文堂）所収の拙論「戦後社会の生成と価値の社会学」を参照されたい。第Ⅴ章は、デュルケムが社会学に導入し、マートンが発展させたアノミー（通常は「規範喪失」と訳される）を、パーソンズ理論を導入して再解釈したものである。第Ⅵ章でも社会学で発展を遂げた大衆社会論及び市民社会論が作田独自の視点から学説史風に論じられている。その意味で、後半の第Ⅳ章から第Ⅵ章は古典理論の学説研究と言ってよいだろう。以下では、これまで本解説においてしばしば言及してきた価値概念の再検討（ジンメル的価値概念に関わる章）として第Ⅰ、Ⅱ、Ⅲ章の内容を中心に検討していきたい。

まず、本書の理論パートを読み進めるにあたって重要なポイントは、行為及び行為体系、社会体系、文化体系、パーソナリティ体系といった分析単位の理論的な位置関係を適切に理解することである。作田は当時の訳語に従い「体系」という漢字表記を用いているが、今日の読者にとっては「システム」というカタカナ表記のほうが馴染みやすいだろう。本解説では適宜、体系〔システム〕と表記することにしたい。その上で、パーソンズの社会理論の出発点が具体的な行為者ではなく、一定の抽象水準の下で「理論モデル」として設定された「行為」あるいは「行為体系〔行為システム〕」であるということを押さえておきたい。「行為」そのものが、複雑な構成要素からなる一つの体系〔システム〕として捉えられる。つまり「文化体系、社会体系、パーソナリティ体系という三つの下属体系〔サブ・システム〕からなる行為体系」というのがパーソンズ及び作田の基本的な構図なのである。それでは、全体としての行為体系とそれを支える三つの下属体系とはどのような関係にあるだろうか。

行為を統合へと方向づけるのが〔共有〕価値であるが、この価値は文化体系の内部でパターン化されている。このパターン化された価値が、一方の社会体系の中で「制度化」され、具体的な行為者が社会の中で遂行するさいの役割を決定し、他方のパーソナリティ体系に「内面化」されることにより、行為者に役割行為への動機づけを与えることになる。三つの下属体系〔サブ・システム〕は、パターン化された価値によって統合されており、その限りにおいて、全体としての行為体系〔行為システム〕が安定的に維持されるのである。このことから逆に、それぞれの「社会」がどのような価値パターンによって統合されているかを分析することによって、その「社会」の特徴や作動メカニズムを明らかにすることができるのである。例えば、先に言及した普遍主義的業績主義（西欧）や個別主義的業績主義（日本）が価値パターンの分析の例である。

ここまで、ヴェーバーの社会的行為の四類型とパーソンズの行為システム論を踏まえて、行為の概念とそれを支える三つの下属体系（サブ・システム）を（再）定義してきた。つづく課題が価値概念の検討である。すでに述べたように、ヴェーバー＝パーソンズ流の価値概念は、その出自から超越性を帯びており、作田はそれを「超経験的な実体とみなす形而上学思考」として厳しく批判している。さらに超経験的（すなわち超越的）な議論を立てることによって、価値そのものの発生が説明できないという「発生論に関しての弱点」を抱えているとも論じている。それに対して、ジンメルにおける価値とは、行為の選択や交換において生じる「犠牲」や「排除」の代償として獲得される客体の性質である。たとえば、欲求充足という目的をめざす主体の行為を考えてみよう。行為の対象（客体）がすぐに獲得できれば、その客体に価値は生じない。しかし、何らかの望ましい価値の実現を目的とする場合、その行為は価値を実現するために当面の欲求を犠牲にせざるをえない。このようにジンメル的な価値は、選択という行為や交換という相互行為そのものから生じるのであり、行為システムの外部から注入されるものではない。

この価値概念を導入することの利点は、ヴェーバー＝パーソンズとは異なって、価値を独立した概念としてではなく、欲求との関係で規定することができること、しかも同時にヴェーバー＝パーソンズと同じく欲求と区別される概念として設定できることにある。つまり、ヴェーバー＝パーソンズよりもさらに包括的な概念構成が可能となるのである。これは、理論的には超越の水準と内在の水準を価値と欲求、理念と身体あるいは「犠牲にされた欲求」と「実現した欲求」の関係として論じることを可能にする。超越と内在を身体（欲求）の水準で捉えるパースペクティヴは、今後の理論的思考に新しい可能性をもたらしてくるだろう。

ヴェーバー＝パーソンズの行為システム論には、一方のパーソナリティ・システムと社会システム、他方の文化システムにおける価値の「種差」の問題、つまりシステムごとの価値概念の区別がなされていないという問題がある。そこで作田は、前者のパーソナリティ・システムと社会システムに関連する価値を「犠牲」の代償とするのに対し、文化システムでは「意味の一貫性」が要請され、そこでは犠牲ではなく「排除」が獲得の代償となると考える。このように目的―手段の追求に関わる社会システム及びパーソナリティ・システムと意味の一貫性を求める文化システムというシステムとの関連性において、パターン化された価値の種類が区別されるのである。それらを踏まえ、社会にかかわる価値を社会的価値、個人に関わるものを個人的価値、文化に関わるものを文化的価値として区別されるのである。

作田自身も、本書の中で他の概念との十分な調整を行っていないと断っているが、作田の独自性は、行為や行為者の「外部」に想定される価値を、ジンメルを媒介として犠牲と排除を代償として獲得されるものとして、選択や交換そのものの「内部」から価値が発生するプロセスの解明に道を開いたことである。そして、筆者の見るところ、初期作田社会学の可能性の中心もまた、まさしく価値の問題を交換あるいは選択という行為＝相互行為、そして身体の内部に位置付け、価値の脱超越化＝内在化をはかった点にあるように思われるのである。

筆を置くにあたって、作田社会学のもつ可能性について、私見を二つ述べさせていただきたい。筆者は、たびたび国際会議の場で日本の社会学理論を「ガラパゴス社会学（Galapagosized sociology）」として紹介してきた。むろん、ガラパゴス諸島における独自の生態系の存在を念頭においてのことであり、戦後日本の社会学の背景と特徴を説明する概念としての有効性を考え、ポジティヴかつ索出的な概念として使用している。ガラパゴス社会学の特徴として、具体的には日本語という言語の特殊性からくる言語障壁、言語障壁ゆえに生まれた緻密な学説研究、そしてけっして小さくない日本語読者数から発達した高度な翻訳文化と日本語（母語）による研究業績が挙げられる。とくに作田は、ホンネ・タテマエや半所属、羞恥など、日本語話者の一次的構成物（シュッツの言う生活世界の言葉）を二次的構成物（社会学の概念）に作りあげるだけでなく、私恥／公恥という漢字のニュアンスを生かした新たな日本語概念まで創り出している。

ガラパゴス社会学は、日本社会の独自性を社会学という普遍性の光によって照らし出すことを可能にした。しかしそのことは逆に、日本の社会学の遺産を閉じた世界に囲い込むのではなく、海外に発信し相対化する（批判にさらす）ことによって、同時に世界においてより厚みのある「世界の社会学」を構築する一助となる可能性を持っているのである。作田社会学は、まさしくそれにふさわしい射程の広さ、体系性と緻密さを兼ね備えている。

また現在、理論社会学の領域では、境界を越えた価値規範の相互浸透というパーソンズ流の立場に立つシステム理論は「賞味期限」が切れてしまい、「時代遅れ」という評価を受けている。しかし、筆者が専門とするドイツ批判理論においては、複数の領域を調整するメディアの重要性が（再）確認され、社会の諸領域（親密圏、労働世界、公共圏など）に浸透する価値規範を経験的に析出する「規範の再構成のアプローチ」が採用されている。こうした構想において、「価値」が交換という相互行為と社会システムの中で「代償」として内在的に生成し、「望ましい」「一貫した意味」として文化システムにおいてパターン化されるという作田の着想は、日本発・世界に向けての新しい批判理論（規範理論）を構想する重要な手がかりをわれわれに与えてくれるだろう。

以上、本書の概要と可能性を述べてきたが、しかしこれもまた筆者が提案する一つの作田解釈にすぎない。解説を読まれた方はすぐに、ご自身の眼で本文の検討に取り掛かっていただきたい。またすでに、「作田啓一」の名を冠した優れた研究書、たとえば筆者の知る範囲では、奥村隆編『作田啓一 vs. 見田宗介』、岡崎宏樹『作田啓一 生成の社会学』（京都大学学術出版会）、佐藤裕亮『作田啓一の文学／社会学』（晃洋書房）などが刊行されている。さらに本書の再刊を通して作田研究、そしてガラパゴス社会学（日本の社会学）の研究が活性化することを期待したい。

（でぐち・たけし　東京大学教授　社会学）

324, 335, 339, 438
優劣規準　384, 388, 389, 405
要件性　52, 53, 62, 64, 65
要件分析　52, 53
用具　13, 67, 73, 77, 256, 257, 263
〈欲求充足《カセクシス》にとっての適切性《コンジニアリティ》〉
12, 13, 18, 20, 88, 470

ラ 行

立身出世　349, 373, 407, 431, 432, 439, 450
理念的文化　101-105, 111, 115, 145, 159, 322, 323, 328, 331, 339, 361, 370
両立（compatibility）　83-86, 303, 374

連続観　529, 531-534, 562
〈連帯関係〉　68, 69, 71, 72, 78, 89, 90, 126

ファシズム　316, 399, 406, 463, 473, 508
封鎖性（閉鎖性）　106, 111, 120, 121, 211, 231, 237, 347, 439, 440, 446, 449, 450, 482, 557, 561
夫婦関係（中心の家族）　535, 545-547, 556, 565, 569
復讐　172-176, 181, 185, 192, 215, 223, 229, 231, 232, 233
父子関係　148, 568-570
仏教　353, 360, 533, 549
普遍者　387, 388, 412, 414, 416
普遍主義　108-111, 119-121, 140, 146, 150, 154, 156-160, 249, 297, 304, 308, 322, 335, 347, 351-354, 359, 361, 362-363, 366, 375, 384, 385, 434, 437, 438, 440, 476, 477, 481, 482, 487, 491-492, 499, 501
　擬似——　353, 466
　——的業績本位　120, 251, 359, 362, 377, 427
　——的属性本位　363, 481
フラストレーション　137, 513
プロテスタンティズム　110, 132, 355-357, 528, 531
文化体系　18, 32-34, 70, 79, 80, 97, 101, 105-109, 121-123, 149, 322-323, 353, 358, 375
〈文化体系の維持〉　66, 79-82, 90, 113, 122, 123
文化と社会
　——〔の概念上の区別〕　97-111, 108
　——の分離　106-111
文化の下属体系　93-96

平衡《バランス》
　努力と報酬の——　57-60, 75, 76, 90, 263, 361
　満足量の——　55-57, 75
平準化　292, 293, 296

封建遺制　539, 541-542, 557
報酬　22, 43, 44-45, 49, 55, 57, 70-72, 75-76, 114, 135, 256, 257, 263, 270, 271, 274-277, 279, 281, 451, 486
　追加——　57, 75
「豊富」と「自由」　507-511, 520-521
法律　23, 95, 115, 121, 126, 173
「ほしいもの」　22, 36, 37, 111, 112
母子関係　149, 568, 570

マ 行

民主化　292, 368, 513, 536, 537, 540, 565, 569
民主主義　293, 332, 370, 416, 457, 473, 518, 520, 523, 527, 528, 534, 535, 549
目的　10, 13-15, 261, 358
目的—手段（系列）　10, 14, 17, 18, 21, 31-33, 46, 261, 438, 513, 563
〈目標達成〉　13, 19, 22, 73, 74, 79, 87, 89, 90, 96, 99, 113-116, 352, 353, 355, 359-363, 365, 367, 376, 532, 570
「模倣」　127, 132, 558, 564

ヤ 行

役割モデル　139

遊戯集団　141, 153
有機的連帯　142, 143, 153, 268,

445, 448-453, 461, 462, 465, 517, 520, 565
外面的—— 430, 445
自発的—— 430, 453
道徳 23, 32, 76, 77, 96, 115, 121, 140, 142, 143, 184, 216, 322, 330, 342, 490, 493, 497
同輩集団 114, 308, 565
瀆聖 174, 176, 234, 236, 237, 239, 240
「閉ざされた道徳」と「開かれた道徳」 104, 147, 162

ナ 行

「内部指向型」 539
内面化 34, 38, 143, 148, 155, 252, 262, 264, 266, 274, 382-384, 389, 397, 439, 489, 520, 545, 546, 568
価値の—— 16, 44, 45, 49, 115, 126, 136, 251, 252, 272, 280, 282, 355
ナショナリズム 440, 446, 456, 457, 525, 527, 528, 530
「日本の宗教」 355-358, 361
——と「修養」 355, 362, 363
——の呪術性 357, 358
——と「報恩」 353, 355, 360, 362, 373

「望ましいもの」 22, 36-38, 41, 102, 111-114, 123, 127, 136-137, 139, 145, 146

ハ 行

配分
人員の—— 253, 256, 258-263, 267, 268, 277
——の概念 255-257
役割の—— 256, 257, 522
用具および報酬の—— 52, 77-79, 256, 263-267
恥 95, 323, 338, 381-387, 389-393, 396, 398, 407, 409-411, 413, 418, 424-426
——の定義 382
——の変化型（④） 382-384, 389
恥から羞恥への転換 392, 393
恥—羞恥—罪 393
〈恥の文化〉 322-323, 381, 390, 408-409, 425
パーソナリティ体系 18, 22, 34, 46, 57, 80, 81, 97, 252
〈パーソナリティの維持〉 66, 79-81, 82, 90, 113, 369
〔日本の〕母 443, 463-466
犯罪の象徴（代用物） 187, 190, 195, 196, 214
万民平等主義 290-299, 304, 307-310, 316, 317

比較集団 385, 386, 411
庇護＝奉仕の関係 338, 538, 561
ヒューマニズム 334, 425, 499, 504, 529, 543, 544
ピューリタニズム 75, 116-119, 313, 314, 331, 361
評価 16, 20, 84, 85, 94-95
表現様式の体系 93-95, 99-101, 122
非連続観 529-534, 543-548, 556, 563, 564-569
ヒンドゥー教 108

中央志向性　328, 343, 349, 406
中間集団　293, 307, 309-311, 315, 316, 397-399, 403, 406-408, 523, 524, 557, 562
　擬似家族的な――　538, 557
　――の自立性〔の強弱〕　395-399, 402-409, 562
　――の代表機能　309, 406, 407
　――の統制機能　406
　――無力説　307, 309-311, 315, 316
（政治的）中間層　406, 407, 446
注視（視線）　386-388, 390, 393, 399, 404, 405, 407, 415
超越性　117, 120, 121, 138, 146
　―――内在性の軸　120, 121
超自我（良心）　75, 136, 137, 148, 300, 372, 373, 375, 383-385, 397, 415, 545, 546, 556
調和性　138
罪　109, 137, 168, 171, 172, 175-177, 184, 215, 240, 243, 249, 322, 323, 382-385, 390, 391, 393-395, 397, 398, 408, 410, 425, 467, 468, 491, 492-494, 500, 504-506, 529-531, 569
　――の定義　382
　――の変化型（②）　296-298, 305, 393, 394
罪と罰　468, 492
〈罪の文化〉　322, 323, 381, 397, 408, 425
〈適応〉　67, 68, 70, 73, 74, 79, 87, 90, 96, 113-116, 120, 355, 359, 363, 365, 366
適合化　56, 59-61, 63, 65, 73, 75, 82, 83, 86
天皇制　343, 344, 449
　――国家　406, 408, 485, 489
　――「絶対主義」　446, 448, 510
　――の二重構造　344
同一化　133, 135-138, 142, 148, 150, 155, 161, 394, 426, 430, 435, 438, 442, 443, 445, 450-452, 456, 461, 464, 465, 517, 548, 568
　「発達――」　133, 134, 136-138, 148, 151, 156-160
　「防衛――」　133, 137, 148, 150-151, 156, 158-160
動機づけ　14, 41, 45, 64, 66, 72, 74-78, 80-82, 90, 115, 127, 270, 282, 283, 359, 361, 392, 412, 415, 425, 427, 432, 435, 437, 438, 440, 471, 513, 564
「動機づけと文化」　113, 351, 360, 376
〈動機調整〉　74-80, 82, 110, 113-116, 126, 251, 324, 362, 365, 367-369, 371, 375, 376
統合　82, 84-88, 110, 147, 270, 372
　価値――　86-88, 91, 372, 373, 434
　最適――　65, 86-88, 91, 371-373, 375
「統合」　113, 120, 351, 354, 361
統制機構　406, 438, 439, 446-450, 452, 453, 463
統制規準　382
　――の規律機能　382
　――の比較機能　382
同調　102, 115, 261, 272, 280, 282, 299-301, 303, 304, 308, 309, 405, 408, 416, 429-432, 436, 442, 443,

192, 223, 240, 242-244, 249, 434, 483, 488, 500
主観的——　165, 192, 220, 228, 249
——の規則　142-144
——の帰属　194, 216
——の客観説　192
——の主観説　192, 196
——の退化　192
政治的——　495, 496, 500
代表としての——　496
道徳的——　170, 498, 504
内面的な——　496
世間　273, 329, 334, 373, 388, 399, 401, 423, 462-465, 553-555
セルフ・インタレスト（動機志向）　41-45, 48, 59, 84, 137, 266, 268, 278
善悪規準　384, 405
戦後世代　367, 517, 518
潜在（latency）　82
選択　10-12, 24, 25, 27, 30, 31 35, 39, 42, 46, 47, 78, 97, 121, 187, 188, 206, 214, 452, 479, 497
相互作用　52, 53, 55-58, 65, 66, 71, 75, 76, 210, 383
——派（interactionist）　61, 62
相互連関　18, 20, 22, 38, 51, 62, 64, 65, 80, 82, 270, 364
——分析　52
属性（状態・存在）　24, 28, 31, 38, 52, 54, 84, 97, 101-103, 112, 145, 146, 253, 255, 258, 259, 263, 265, 275, 358, 383, 390, 391, 399, 436, 456, 457, 476, 486
——本位（価値）　116, 118-121, 160, 249, 258, 259, 262, 263, 298, 353, 355, 363, 449, 476, 477, 481, 485, 488, 501, 502, 561
尊敬　46, 70, 128, 131, 132, 136, 139-146, 151, 224, 228, 237, 243, 271, 301, 448
一方的——と相互的——　141-143, 145
（未分化の）〈存在〉　391

タ 行

第一次集団　69, 70, 308, 309, 313, 430, 432, 439, 445, 451, 453, 461, 462-464, 484, 485, 513, 554
体系理論と行為理論　18, 20, 34-37, 48, 52, 84, 85, 371
大衆　310, 316, 344, 355, 426, 510, 517, 518, 520
代表　352, 433-436, 448, 464, 469, 481, 483, 484, 488, 496, 553
——者　235, 433, 434, 436, 500, 551, 559
——制　332, 434, 448
〈対立関係〉　79
タテマエとホンネ　322, 328, 329, 331, 332, 335-337, 339, 340, 342. 343, 358, 374
——の相互浸透　340, 342
——の使い分け　322
「他人指向型」　308, 541
タブー　107, 108, 112, 155, 184, 329, 330
タリオ　171, 174, 234
知識欲　155-157
秩序の体系　93-95
地方自治制　446

〈手段としての有効性〉　10-13, 17, 20, 86, 470
準拠者　139, 140, 383
準拠集団（規準設定者）　343, 382, 386, 388-390, 392-394, 396, 407, 408, 562
昇華（sublimation）　115, 152, 153, 155-157, 159, 160, 368, 370
職業集団　35, 265, 276, 291, 302, 373, 430, 439, 445, 448, 453, 458, 459, 461, 462, 553, 554, 559
贖罪　172, 174, 239, 464, 475, 481, 483, 491-494, 497, 499
所属　298, 299, 301, 302, 347, 386, 389, 403, 419, 421, 430, 483, 562
　完全——　338, 340, 347
　〈半——〉　340, 341, 343, 347, 349, 404, 405
所属集団（仲間）　302-304, 307, 362, 363, 382-386, 388-394, 396, 407, 408, 410, 412, 421, 423, 506, 562
（個人の）自律性　138, 142, 148, 150, 299, 300, 302, 303, 308, 536, 537, 539, 541, 545, 546, 551, 566
　機能的——　60
人格　104, 117-119, 130, 132, 133, 139, 143, 146, 148, 156, 191, 196, 200, 203, 212, 224, 235, 236, 243, 300-304, 309, 368, 397, 422, 445, 447, 461, 466, 538, 551
心理＝生理的メカニズム　14-16, 563
優れた仕事（グッドワーク）　262

聖（le sacré）　118, 139, 330
〈成員の欲求充足〉　81, 82
西欧文化（圏）　381, 389, 529, 533, 542
制裁
　「回復的——（sanction restitute）」　167, 232, 233, 250
　儀礼による——　176, 194
　「禁圧的——（sanction repressive）」　167, 168, 250
「政治」　113, 351, 360, 361, 363, 366, 376
成層化　70, 88, 264, 276, 386
制度化　38, 70, 85, 95, 96, 99-105, 111, 113, 115, 116, 122, 128, 137, 145, 160, 169, 230, 252, 267, 280, 294, 322, 323, 325, 327, 339, 340, 362, 402, 437, 560
聖と俗　107, 108, 238, 239
制度的文化　102, 103, 322, 323, 328, 339
「生の必要（besoin de la vie）」　203, 204, 207, 210
勢力（power）　16, 46, 67, 68, 70, 78, 88, 89, 215, 229, 233, 295, 338, 397, 430, 451
〈勢力関係〉　68, 70, 72, 75-77, 89, 113, 367
世界観の体系　93-96, 99, 122, 533, 544, 568
責任
　外面的な——　496
　客観的——　165-170, 178, 180, 185, 191, 192, 220, 224, 229, 232-234, 242, 244, 247, 249
　個人——　165, 192, 249, 500
　宗教的（形而上的）——　494, 497
　集団（連帯）——　165, 185,

251, 254, 258-260, 262, 263-266, 273, 288, 294, 299-302, 321, 377, 379, 401, 431, 437, 550, 555
国　民《ネーション・コミュニティ》――　105, 110, 349, 430, 431, 437, 443, 446, 449, 450, 452, 453
資本主義――　14, 149, 150, 289, 401, 458, 460, 461, 465, 521, 534
市民――　89, 287-312, 314, 317, 318, 396-398, 406, 456, 540
前近代――　234, 243, 244, 260, 305, 310
全体主義――　292
大衆――　287-290, 305-307, 309-312, 314-318, 368, 404-406, 409, 510, 516, 518, 540
文明――　142, 163, 166, 212, 331
未開――　142, 147, 166, 170, 190, 194, 201, 211, 212, 224, 229, 232, 238, 239, 244
民　俗《フォークソサイエティ》――　396, 405, 406
社会化　74, 75, 78, 81, 114, 126-128, 133, 148, 150-152, 154, 156, 325, 373, 558
――される人　127, 150
――する人　127, 150
社会関係　52-60, 62-66, 69, 71-73, 128, 159, 160, 335, 405, 534
三者間の――　59, 60, 64
社会構造　149, 188, 256, 276, 277, 282, 289, 324, 327, 328, 339, 342, 344, 364, 395, 396, 402, 404, 405, 496, 557, 558, 560, 562
「環節的な」――　327
社会集団　52, 69, 71, 82, 399, 430
社会組織　52, 308
社会体系　18, 21, 22, 34, 36, 46, 47, 51, 52, 58, 80, 81, 88, 90, 97, 100, 101, 103, 107, 108, 111, 112, 115, 121, 122, 159, 251, 252, 255-257, 268, 323, 351, 358, 360
「社会的拘束」　127, 128, 143
社会統制　83, 89, 250, 268, 300, 332, 522, 523
社会の下属体系　351, 364
宗教　23, 76, 87, 96, 103, 104, 106-110, 121, 210, 230, 235, 236, 240, 254, 330, 331, 356, 357, 360-362, 364, 513, 535, 543, 544, 556
原始――　96, 103, 109, 110, 116
世界――　108, 116, 487
集団自治制（集団主義）　290, 291, 297-399, 304, 307-309, 311, 235, 237, 238, 240, 399, 512
集団の自立性　395, 398, 404, 405, 551
羞恥　383, 385-396, 398, 404-411, 413-416, 418, 422, 424-427, 464
羞恥から罪への移行　393
儒教　108, 116-119, 353, 360, 361, 377, 563
「受刑者の反作用」　191, 192, 220, 228, 229
「主体性」　80, 536, 537, 556, 565-567, 569
手段　10, 13, 15, 19, 20, 39, 47, 78, 79, 94, 117, 138, 173, 191, 202, 205, 230, 231, 243, 261, 262, 265, 274-277, 280-283, 314, 315, 340, 359-361, 443, 444, 453, 456, 460, 491

118, 336, 462
交換　23, 28, 36, 55, 67-69, 75, 112
——モデル　61
構造
——化　22, 56-60, 68, 74, 105
——的要件　62
——要素（要素単位）　54, 62, 64, 65, 67-70, 74, 77, 78, 112, 114, 124, 289, 300, 301, 339, 341, 365
公恥　389, 390, 425, 426
合理化　263, 357, 377
経済と政治の——　324
宗教の——　103
日本社会の——　353
「合理化」　16, 141
国民的ゴール　437-440, 442, 450-454, 456, 458, 463
互酬性　58, 60, 66, 69, 79, 87, 88
〈互酬性の維持〉　66, 77, 79, 81
個人主義　115, 144, 152, 155, 158, 191, 290-292, 297-299, 301, 304, 307-309, 311, 368, 370, 377, 406, 435, 436, 512
個体　79, 80, 82, 158, 387, 388, 413
国家
——からの自由　510, 511-515
——権力　293, 400, 408, 451, 454, 455, 457, 465, 512, 528, 535, 549, 554, 556
——と個人　292, 512
個別主義　119-121, 150, 151, 154-157, 159, 160, 249, 297, 304, 305, 307, 322, 327, 351, 352-354, 359, 366, 372, 384, 385, 434, 438, 440, 466, 481, 482, 485, 487, 489, 491, 499, 501, 502
——的業績本位　352, 353, 355, 356, 362, 427
——的属性本位　120, 353
コミットメント（commitment）　44, 85, 120, 147, 155, 251, 325, 328, 341, 352, 355, 359, 363, 366, 367, 371, 377, 448, 450, 461, 487, 503

サ 行

最適化　16, 86
自我理想（ego-ideal）　383, 384, 425
志向のくい違い　387-390, 405, 414
自己欺瞞　336, 341, 345, 346, 349
システム・レファレンス　31, 33, 34, 97
死生観　467, 472, 475
「（奉公＝）いけにえ」型の——　475, 481-487, 488, 493, 499-503, 505, 506
「（建設＝）いしずえ」型の——　471, 475, 487-503, 505
「（運命＝）自然死」型の——　475-481, 492, 493, 501-503
「（罪責＝）贖罪」型の——　475, 491-502, 504, 505
私恥　389, 426
自発的活動　273, 278, 281
自発的結社　310, 396, 397, 408, 508, 522, 535, 567
社会
共同体——　305, 306, 308, 310, 396, 398
近代——　190, 236, 243, 244,

〈協働関係〉　72, 73, 78, 79, 90, 129
共同（生活）体《コミュニティ》　74, 79, 106, 107, 110, 114, 230, 236, 245, 324, 330, 396, 398, 402, 403, 406, 555
　――規制　552, 555
　村落――　106, 107, 402, 439
　地域――　396, 406, 409
共同態（協同体）　361, 363, 365, 415-417, 425, 426, 433-439, 442, 446-450, 459, 463, 465, 506, 509, 510, 512, 522, 524, 525, 527, 528, 557
共同目標　51, 53, 71-74, 78, 87, 113, 114
〈共同目標の達成〉　72, 114
〈共有価値の実現〉　81, 82, 368, 369
義理関係　342, 350
キリスト教　102, 103, 110, 119, 175, 216, 358, 425, 430, 434, 530, 531, 533, 542, 543, 545, 546, 556
儀礼　168, 172, 174, 176, 187, 194, 210, 211, 230, 231, 237, 238, 301, 462
均衡化　65, 82, 83, 86, 372
均衡点　63, 64
近代化　300, 301, 306, 335, 337, 349, 353-359, 365, 366, 376, 377, 401, 402, 427, 439, 534, 541, 549, 561
近代的（普遍的）自我　400-402, 419, 437, 439, 442, 445, 446, 449, 451, 452, 455, 456, 461, 465
緊張（strain）　85, 275, 290, 291, 299, 304, 308, 374, 486, 497, 500
緊張処理　81, 82, 114

グループ・ダイナミックス　125

経験的知識の体系　93-96, 99
「経済」　113, 120, 251, 351, 359-361
芸術　23, 76, 77, 96, 544
刑法　167, 168, 170, 177, 187, 232, 235, 242, 493
結合
　共同態的――　361, 363
　「――定量の法則」　64
　全面的――　140, 558, 564
　部分的――　564
〈結合〉　51, 68-71, 73, 74, 76, 79, 87, 88, 90, 96, 111, 113, 115, 116, 120, 165, 250, 355, 363, 365, 367, 372, 562
〈決定〉　74, 77, 78
〈権威関係〉　76, 77
〈原組織〉　557-561, 570
「見地の相互交換」　142, 145

行為
　「価値合理的」――　14, 15, 18, 41, 42, 110
　「感情的」――　12
　――の概念図式　51, 66, 81
　――の相互連関　18, 22, 51
　――の第一次的要因　9, 13, 51
　――の第二次的要因　13
　――の（諸）要因　9-22, 51, 84, 470
　――体系　19, 34, 35, 38, 46, 94, 97, 121-123, 332
　――理論　18, 20, 35-37, 48, 84, 85
　「目的合理的」――　14, 18, 42,

370-373, 375, 377, 379
価値志向（value-orientation） 15, 42-43, 48, 59, 81, 84, 158, 159, 261, 271, 363
価値体系 121, 122, 159, 160, 321, 322, 326, 351, 352, 354, 364, 365, 369, 374, 375, 436, 437, 446, 447, 457, 511, 526
——の概念 121
環節的集団の—— 326
天皇制—— 460
合致（consensus） 83-86
慣習 23, 95, 107, 115, 116, 147, 175, 181, 217, 232, 239, 396, 509, 524
環節増殖（segmentation） 324-326
環節的集団（環節部分） 150, 324, 325, 326, 337, 338, 341-343, 346, 347, 358, 373
官僚制
——支配 406, 459
——組織 360, 450, 461
——と共同態 365, 446-450, 459, 463

機械的連帯 142, 143, 324-326, 335, 340, 396, 434
犠牲（排除） 11, 25, 26, 28-34, 36, 41, 43-45, 49, 97, 174, 184, 216, 275, 455, 461, 469, 484-486
期待 102, 166, 201-203, 209, 211, 212, 218, 223, 247, 248, 252, 255, 277, 325, 329, 394, 405, 408, 429, 432, 433, 435, 448, 460, 463, 551
「——可能性」 166, 218
役割—— 22, 115, 116, 118, 120, 125, 285, 325, 353, 500, 502
予期ないし—— 9, 53, 55, 99, 101, 472, 475
機能集団 154, 292, 522
機能主義 20, 46, 52
——（的）体系理論 18, 34, 35, 52, 371
機能代表制 290, 291, 293-299, 304, 307, 309, 311, 317
機能的要件 21, 62, 65, 66, 72, 74, 78, 79, 81, 111-113, 120, 124, 159, 329, 331, 351, 355, 374
第一次的な—— 66, 78
パーソナリティの—— 252, 385
四つの—— 18, 113, 374, 437
規範 20, 58, 83, 144, 261, 271, 272, 277, 281-282, 300, 301, 303, 304, 325, 326, 348, 364, 368, 396, 398, 430, 453, 522
業績《アチーヴメント》（達成・営為） 155, 157, 158, 260, 262, 263, 267, 270, 276, 297, 298, 302, 307, 314, 353, 361, 391, 426, 439
——主義 262, 264, 277, 280, 538
——本位（価値） 41, 115, 116, 118-121, 150, 249, 251, 252, 258-260, 262, 264, 274, 298, 352-356, 359, 361, 362, 365, 366, 371-373, 375, 377, 427, 487, 489, 492, 500-502, 561
個人的—— 284, 389, 437-440, 442, 447, 449, 451, 463
凝集力（集団士気） 69, 73, 77, 110, 355
「協同」 128, 140, 144, 146, 150-152, 156, 158-160

問題解決——　135
〈隔離（insulation）〉　75, 76, 126
〈隔離関係〉　77, 78, 90, 126, 364
過剰同調　307, 313, 520
——説　307-314
家族
アメリカ新中間層の——　516, 540, 541
——の自立性　399, 554-555
家父長——　76, 308, 338, 433, 447, 449, 458, 482, 535-538, 540, 556, 568
西欧の近代——　542, 545, 546, 548
西欧のブルジョア——　397, 401, 539, 540, 545, 555
日本の——　376, 401, 402, 534, 535, 537, 541, 548, 550-552, 554-556, 565, 569, 570
夫婦（婚姻）——　365, 373, 458, 535, 536, 538-540, 565
家族国家観　365, 482
家族主義　325, 339, 379, 399, 400, 446, 522, 524, 525, 527, 561, 564
「（日本社会の）家族的構成」　326, 327, 538, 557, 558, 559, 563, 564
「型の喪失」　368, 549, 530
「型の変数」　268, 476, 500, 502
価値
エロス——　138, 149, 570
——と効用　26, 30, 31, 46
——と態度　47
——と欲求（願望）　17, 18, 51, 199
〈——の一貫性〉　11-12, 20, 470
——の本質　26
〈——への委託（commitment）〉　16, 41, 44, 70, 84, 85, 120, 138, 147, 160, 251, 328, 330, 339, 341, 352, 355, 359, 363, 365, 367, 371, 376, 377, 439, 440, 448, 451, 482
鑑賞的（審美的）——　20, 32
業績——　28, 115, 116, 251, 252, 355, 361, 365, 366, 371, 372, 373, 375
共有——　58, 70, 81, 82, 85, 88, 99, 100, 372
規律——　138, 148, 570
近代的——　332
行為的——　34, 35, 46
貢献——　115, 116, 326, 327, 355, 361, 365-367, 370, 372, 373, 375, 377, 512
個人的——　34, 113
構成的——　145-147
社会的——　16, 34, 36, 113, 122, 267, 370, 371
宗教的——　330
充足——　115, 116, 331, 363, 365-370, 372-375, 377, 512
集団超越的——　328, 339, 374
集団内在的——　160, 327, 374
制度的——　103, 115
存在——　311, 312, 314-317
伝統的——　251, 252, 332
道徳的——　20, 32, 95, 190
認識的——　20, 32
普遍的——　430, 442, 448, 451, 452
文化的——　32, 34-36, 46, 113
理念的——　103
和合——　115, 116, 160, 326, 327, 355, 361, 363, 365-367,

索　引

〔　〕内は、索引を作る際に補足した。

ア 行

アノミー　58, 251-255, 258, 259, 267, 268, 283, 368-371, 373, 379
　個人的――　252, 368, 379
　社会的――　252, 294, 379
　「単純な――」　285, 373
　慢性の――　254, 255
アメリカ
　――像　507-509
　――的生活様式　509, 510
　――文化　507, 518, 520-522
アメリカ・イデオロギー　519, 520
アメリカニゼイション　507, 511, 512, 518, 525, 526, 528, 535, 540, 541, 569
アンビヴァレンス　282, 340, 341, 358, 464, 520

「家」　366, 400-402, 536, 538, 539, 553
威信（prestige）　70, 78, 432, 433, 442
〈依存関係〉　67, 68, 78, 126
一貫性
　〈――〉体系　31-33, 36
　意味の――　31, 32, 34
　「型《パターン・コンシステンシー》の――」　85, 87, 100, 447, 449
　行為の――　147, 553
　文化の――　100, 101, 323
　「論理的――」　14, 15, 31, 149, 477, 478, 485, 489, 491, 536
逸脱者―劣位者の軸　382, 390, 391
イデオロギー　11, 94, 98, 104, 149, 273, 276, 293, 306, 317, 343, 344, 365, 373, 400, 404, 432, 443, 444, 446, 457, 460, 464, 506, 510, 512, 520, 524, 526, 528

AGIL　90, 115

親子関係（中心の家族）　128, 131, 535, 538, 547-549, 556, 562, 568
親の権威　154, 308, 309, 545, 548, 551, 553, 556, 565
温情〔主義〕　338, 342

カ 行

階級　39, 94, 95, 100, 111, 118, 171, 254, 258, 265, 266, 275, 278, 317, 343, 381, 388, 427, 483, 527
外国文化の受容　70, 105, 511
階層　108, 442, 458, 508, 522
〈階層関係〉　71, 77
開放性　111, 120, 121, 561
学習　74, 79, 80, 118, 126, 128, 133, 134, 135, 138, 152, 156, 158, 159
　価値の意味の――　159
　条件づけの――　135

本書は、一九七二年八月、岩波書店より刊行され、その後、二〇〇一年七月に岩波モダンクラシックスに収められた。文庫化にあたっては、明らかな誤りは正し、固有名詞の表記も一部今日通例のものにした。また、本文中には現在の人権意識に照らして不適切と思われる表現があるが、作品の時代背景と著者が故人であることを鑑み、そのままとした。

ちくま学芸文庫

価値《かち》の社会学《しやかいがく》

二〇二四年六月十日　第一刷発行

著　者　作田啓一（さくた・けいいち）
発行者　喜入冬子
発行所　株式会社　筑摩書房
東京都台東区蔵前二―五―三　〒一一一―八七五五
電話番号　〇三―五六八七―二六〇一（代表）
装幀者　安野光雅
印刷所　株式会社精興社
製本所　株式会社積信堂

ISBN978-4-480-51241-3 C0136